“十三五”江苏省高等学校重点教材（编号：2020-2-146）
扬州大学重点教材

大学生健康素养

案例版

主　　编　刘永兵　黄富宏　李　霖
副 主 编　王　鑫　高　强　徐慧文　师　亚
编委名单　（按姓名汉语拼音排序）

封　琴　扬州市职业大学
高　强　扬州大学
高　霞　扬州大学附属苏北人民医院
顾小花　扬州市妇幼保健院
侯　苹　扬州大学
黄富宏　扬州大学附属医院
李　霖　扬州大学附属医院
林　粼　邗江中等专业学校
刘恒旸　扬州市职业大学
刘　华　扬州大学附属医院
刘　林　扬州大学
刘永兵　扬州大学
冒鑫娥　扬州大学附属苏北人民医院
孟秀凤　扬州市第三人民医院
彭　源　广州市第一人民医院
邱　爽　扬州市中医院
渠吉岭　扬州大学
师　亚　扬州大学
汪　婕　扬州大学附属医院
王桂琴　扬州大学附属医院
王　林　江苏省扬州五台山医院
王思思　扬州大学附属医院
王　鑫　扬州大学附属苏北人民医院
夏海建　扬州大学附属医院
徐慧文　扬州大学
徐　媛　扬州大学附属医院
许贵如　福建医科大学
薛　谨　扬州大学广陵学院
杨砚池　扬州市职业大学
邹明玮　扬州大学

科学出版社
北　京

内 容 简 介

《大学生健康素养》(案例版)是一本提升大学生健康素养，培养大学生形成健康生活方式，并用于维护身体、心理、社会健康的指导性教材。少年强则中国强，高校应在健康中国战略中发挥自己的力量，担负起应尽的社会责任。

本教材包括8章内容，分别为：绪论、大学生核心素养之健康生活、大学生心理健康及维护、大学时期疾病预防与健康保健、大学生安全性行为与性生理、大学校园环境与健康学习、大学生人际交往与健康、大学生安全合理用药与常见疾病的用药知识。

本教材从大学生身体、心理、社会等方面阐述如何在大学期间树立正确的健康观念，成为一名拥有健康体魄、充满正能量的青年。

图书在版编目(CIP)数据

大学生健康素养：案例版 / 刘永兵，黄富宏，李霖主编. —北京：科学出版社，2021.11

"十三五"江苏省高等学校重点教材·扬州大学重点教材

ISBN 978-7-03-069868-1

Ⅰ. ①大… Ⅱ. ①刘… ②黄… ③李… Ⅲ. ①大学生–健康教育–高等学校–教材 Ⅳ. ①G647.9

中国版本图书馆CIP数据核字(2021)第192841号

责任编辑：王 颖 / 责任校对：宁辉彩

责任印制：李 彤 / 封面设计：陈 敬

科学出版社 出版

北京东黄城根北街16号

邮政编码：100717

http://www.sciencep.com

北京九州迅驰传媒文化有限公司 印刷

科学出版社发行 各地新华书店经销

*

2021年11月第 一 版 开本：787×1092 1/16

2022年 1 月第二次印刷 印张：16

字数：400 000

定价：69.80元

(如有印装质量问题，我社负责调换)

前 言

十九大报告提出“实施健康中国战略”，指出“人民健康是民族昌盛和国家富强的重要标志”，事关“两个一百年”奋斗目标的实现。要以人民健康为中心，为人民群众提供全方位、全周期健康服务。

《“健康中国 2030”规划纲要》提出：加大学校健康教育力度，提高全民健康素养。“健康中国”建设主要指标之一就是要提高居民健康素养水平：2015 年达到 10%；2020 年达到 20%；2030 年达到 30%。健康素养是指个人获取和理解基本健康信息和服务，并运用这些信息和服务做出正确决策，以维护和促进自身健康的能力，是衡量公众健康素质和健康水平的重要指标之一，包括基本知识和理念、健康生活方式与行为、基本技能。

《大学生健康素养》（案例版）正是在上述背景下编写而成的，是一本提升大学生健康素养，培养大学生形成健康生活方式，并用于维护其身体、心理、社会健康的指导性教材。高校应在“健康中国”战略中发挥自己的力量，担负起应尽的社会责任。

本教材包括 8 章内容，分别为绪论、大学生核心素养之健康生活、大学生心理健康及维护、大学时期疾病预防与健康保健、大学生安全性行为与性生理、大学校园环境与健康学习、大学生人际交往与健康、大学生安全合理用药与常见疾病的用药知识。

每章均以案例导入，从大学生身体、心理、社会等方面阐述如何在大学期间树立正确的健康观念，掌握健康的生活方式，从而维护和促进身体健康，以积极向上的姿态迎接人生中一个个挑战。

本教材具有以下特色。

1. 选题符合“健康中国”战略 健康素养水平是《“健康中国 2030”规划纲要》和《健康中国行动（2019—2030 年）》的一项重要卫生健康监测指标。提升公众健康素养水平，是推进“健康中国”建设的重要内容，是提升人民群众健康水平的重要措施。本教材全面准确地阐述大学生健康素养的基础理论、基本知识、基本方法和学术体系，为大学生健康成长提供有力支撑，为建设中国特色社会主义事业培养合格的接班人。

2. 教学内容融入最新科研成果 本教材更加侧重学术和科研知识与教学的融合，反映护理学学科教学和科研最新进展，以及社会和科技发展对人才培养提出的新要求。使大学生在学习健康素养基本知识与技能的同时，提高其自我健康管理能力及学术水平。

3. 教学模块与大学生需求紧密衔接 《大学生健康素养》（案例版）教材遵循教学规律和人才培养理念，能够满足教学需求和大学生需求。共分为 8 个模块，与大学生在校期间生活、学习、工作过程中所面临的问题和困境紧密联系。8 个模块基本覆盖大学生学习期间所应掌握的所有健康知识和技能，结构严谨、逻辑性强、体系完备，反映了学科特有的思维方式。为大学生答疑解惑，引导其积极向上、奋发进取，培养其健康的生活方式，从容应对各种挑战，并为今后走上工作岗位奠定坚实基础，对大学生起到良好的引导和教育作用。

4. 教学方法符合大学生的学习特点 应用案例式教学法编写本教材，以大学生常见身体、心理、社会健康问题编写案例，吸引学生关注，并以布鲁姆教育目标分类学经典教学理论做指导，使学生从学会知道到学会做到，最终学会发展，达到学习和教育目标。将线上线下混合式教学方法引入该课程。通过线下面对面讲授与线上学习资源相结合的方式，提高学习效率，强化学习效果。

本教材的编写得到了“大学生健康素养”课程组全体教师的大力支持，从指导思想、总体框架、案例选择、内容设计甚至参考文献等，无不凝聚着老师们的辛劳和汗水，对他们的付出表示衷心的感谢！也对本教材编写过程中所有给予我们帮助的各位同仁致以真挚的谢意！本教材获得扬州大学出版基金资助，在此表示感谢！

刘永兵　黄富宏　李　霖

2020 年 12 月 16 日

目　　录

第一章　绪　　论

学习要求

识记： 能够描述健康素养的定义，能够说出健康素养与健康的关系，能够描述健康素养的影响因素，能够说出 teach-back 方法的定义。

理解： 能正确区分健康素养的内涵，理解健康素养两个研究视角的关系，能够针对不同人群选择相应干预措施，能理解 teach-back 方法的应用范围。

运用： 能够选择适合的健康素养评价体系进行人群健康素养评价，能够运用 teach-back 方法进行健康教育。

第一节　健康素养基本知识

案例 1-1　　**2018 年中国居民健康素养监测报告**

2018 年中国居民健康素养监测在全国 31 个省（自治区、直辖市）336 个县区级监测点开展，监测内容以《中国公民健康素养——基本知识与技能》为依据，包括基本健康知识和理念、健康生活方式与行为、基本技能三个方面。监测对象为 15～69 岁常住人口，共得到有效调查问卷 70 615 份。

监测结果显示：2018 年中国居民健康素养水平为 17.06%，比 2017 年增长 2.88 个百分点；2018 年基本知识和理念素养达到 30.52%，比 2017 年提升 4.70 个百分点；健康生活方式与行为素养水平为 17.04%，较 2017 年提升 2.74 个百分点；基本技能素养水平为 18.68%，较 2017 年提升 2.30 个百分点。

问题： 1. 以上数据反映了哪些问题？

2. 你认为应该如何应对？

3. 作为一名大学生，你认为该如何提高自身健康素养？

一、健康素养的产生背景

在过去 40 余年中，医学理论和技术研究取得了飞速的发展，但是人们的健康状态、医疗费用的开支、医患关系的满意度却没有得到与医学发展同步的改善，反而有恶化的趋势。美国医学会（American Medical Association，AMA）首先发现了这个问题，随后展开了一系列研究，结果发现很多公众并不知道健康风险，不明白医生传递给他们的诊疗建议，不理解生活方式对健康结果的影响，很少主动去获取健康信息并采取合适的措施促进自身健康。正如理查德·卡莫纳博士指出的，“我们所知道的没有被公众很好应用”。个人素养与健康结局之间的关系逐渐成为研究者们关注的焦点。

1974 年，“健康素养”一词第一次出现在一篇题为“健康教育与社会政策”的论文中，该论文讨论了健康教育作为一个政策问题对卫生保健系统、教育系统、大众传播等方面的作用及影响，并提出应为学生制定健康素养最低标准，成为健康素养研究的标志。继而，美国一些健康教育专家在研究中开始注意个人素养与健康的关系。从 20 世纪 90 年代至今，健康素养作为一个公共问题受到各国政府、卫生保健组织及利益相关机构的多方关注，得到更多的发展和深化。

二、健康素养的定义

1995 年，美国《国家健康教育标准》中对健康素养的定义为“个体获得、解释和理解基本健康信息与服务，并能运用信息和服务来促进个体健康的能力水平”。它强调个体本身的文化素养、知识获得、处于复杂健康背景下解决问题的技能和健康教育材料的使用能力等。

1998 年，世界卫生组织（WHO）将健康素养定义为“健康素养代表着认知和社会技能，这些技能决定个体具有动机和能力去获得、理解和利用信息，并通过这些途径能够促进和维持健康”。该定义揭示了健康素养的两个重要组成元素——互动和批判，要求个体有理性的思考分析，通过做出健康决策以及解决问题等高级认知技能和沟通提问等社会技能来改善自身的健康状况，从而提高个体和整个群体的健康水平，进一步拓宽健康传播和健康教育的内容。

1999 年，美国医学会下属健康素养研究会将健康素养定义为“个体具备一定的技能，包括在医疗环境中所需要的基本阅读和计算能力”，并提出具体的技能应包括“可阅读并理解药物说明书，可看懂预约卡片以及其他与健康相关的宣传材料”。该定义体现了医疗卫生保健体系中关键的一个内容，但是界定的范围较窄，只把人的健康素养限定在单纯的医疗卫生保健体系中。

2000 年，美国在《健康人类 2010》政策报告中提出未来 10 年公民的健康目标，并定义健康素养：“它是一个标尺，用来衡量一个人是否具备自如地获取、理解并采纳相关健康信息的能力，是否能正确接受健康方面的服务，并能借助这些信息和服务，对自己的健康状况做出恰当的决定。”该定义是目前看来涵盖面最全的一个定义。它不仅囊括以往定义中涉及的内容，也包含个体处于各种健康背景下，应对健康问题的能力。这个定义不再局限在医疗保健系统内，而扩展到个体从各种途径主动获取信息。

2005 年在曼谷举行的第六届全球健康促进大会上通过的《全球健康促进曼谷宪章》，把提高人们的健康素养作为健康促进的重要行动和目标之一。

从健康素养的定义不难看出，人们对健康素养的认识和研究在不断深入。健康素养不仅是个体具备的信息获取、理解、决策的能力以及其他在卫生保健系统运用自如、维护和促进自身健康所具备的综合能力，而且是个人能力与医疗环境，乃至整个社会环境的互动。健康素养来自教育、文化和社会融合因素，以及卫生服务等，它不只是一个简单的个人问题。健康素养的研究可能涉及普通素养、信息技术、现存的卫生保健基础设施等方面。健康素养不仅关乎个人效益，同样关乎社会效益。健康素养已被认为是重要公共卫生问题，世界上许多国家相继开展了大规模的人群调查。

三、健康素养的内涵

健康素养作为个体的一种能力，要求人们不仅要有健康的相关知识，更要有独立分析思考和理解并做出正确判断的能力。基于对健康素养这一概念的思考，纳特比姆的依据社会认知理论、互相依赖理论以及弗莱雷的赋权教育模式和健康素养内涵从低向高连续发展的不同阶段，将健康素养分为功能性健康素养、互动性健康素养和批判性健康素养三个层次。

（一）功能性健康素养

功能性健康素养（functional health literacy）：主要是指读写、交流、识数等基本文化素养与获取健康信息或服务等健康促进实践活动的结合，即在日常生活情景中需要的基础阅读、写作和计算能力，反映传统健康教育的结果。通常情况下，功能性健康素养体现在能看懂体检预约单、顺利完成检查和看懂 24 小时制时钟等方面。功能性健康素养把目标定位在规避健康风险和改善健康服务的知识掌握上。

（二）互动性健康素养

互动性健康素养（interactive health literacy）：是一种更先进的认知能力，主要是指在日常生活中通过各种传播方式，积极寻求获得健康信息并应用新知识改变健康状况，这一素养会影响健康信息在健康行为形成和改变中的作用。学校、社区等公共场所的健康教育项目属于提升互动性健康素养的健康教育形式。

互动性健康素养定位在个人处理知识的能力，特别是改善动机和对所获信息的运用方面。

（三）批判性健康素养

批判性健康素养（critical health literacy）：是最高级别的认知技能，主要是指和社会技能相联系的高级认知和素养，即能采用批判思维分析健康信息，并根据自己的实际情况将健康知识运用到日常生活事件中，利用信息对生活事件和状况拥有更大的控制力，属于健康素养的高级形式。此模型已被广泛应用于健康素养的研究中。

健康素养受到来自个体、社区以及医疗系统等诸多方面的影响。在个体层面，基本文化素养、亲友支持、沟通能力、健康知识以及获取健康信息的难易程度都会影响个人的健康素养。同时，随着年龄的下降，人们的健康素养会有所降低。自卑、低自我效能以及恐惧都会导致低水平的健康素养。在社区层面，社会和文化规范会影响人们的健康信念以及提升健康素养的动机。社区内健康信息的易得性、相关性以及适宜性会影响人们的健康素养水平。在健康系统层面，医生以及机构对健康素养的重视程度会影响医患沟通的效率，对人们的健康状况会产生较大的影响。

健康素养是一个多层次、融合多种素养的内涵体系，并且与整个社会环境有着紧密的联系，处于不断演变与发展之中。随着时代的演进、社会环境的变化以及人们对健康理解的变化，健康素养的内涵也将发生变化。

四、健康素养的研究视角

国外在研究健康素养过程中逐步形成了以临床为导向和以公共卫生为导向的两大研究视角。以美国为代表的前期健康素养研究侧重于临床导向，大多数研究文献揭示低健康素养、患者决策、处方药的依从性、疾病自我管理能力之间的关系。以英国、澳大利亚、加拿大为代表的健康素养研究侧重于公共卫生导向。近年来，各国的研究逐渐趋向于将临床与公共卫生导向相结合，更加全面地研究与健康素养相关的问题。

（一）临床医学导向

临床医学导向，主要指在医疗环境中，围绕医生与患者开展健康素养方面的研究，探讨提升医生在紧张繁忙的医疗环境中快速甄别出健康素养不足的患者，并将健康信息更有效地传递给患者的能力，以及患者获取、理解、接受健康信息的能力。主要评估的是患者的功能性健康素养，帮助医生与患者更好地沟通，让患者更好地理解治疗过程和提高治疗的依从性等。

有效的健康传播开展有赖于医生认识到患者健康素养所存在的不足。因此，有学者强调，医生在向患者传递健康信息时，应照顾到健康素养水平较低的患者，而即使是健康素养较高的患者，他们也会青睐以图片、录像以及其他多媒体为载体的信息传播渠道，文字的表述应该简单易懂。在实际沟通中，应尽量使用简单的语言，放慢语速，同时也可以让患者家属一同参与。因此，医生应增强识别健康素养较低患者的能力，并通过追问等形式确认患者是否真正理解其所表达的意思。“teach-back”或“show me”是特别值得推荐的一种交流方式，通过诸如“你能将我刚才告诉你的知识复述或演示一遍给我看吗？我需要弄清楚我真的让你明白了，这对你回家以后好好照顾自己很重要”这样的对话，要求患者及时反馈所领悟到的信息。临床视角鼓励患者参与沟通，提倡患者通过“What is my main problem？”（我主要的健康问题是什么？），“ What do I need to do？”（我应该怎么做？），“Why is it important for me to do this？”（对我来讲，这样做为什么重要？）3 个与他们自身健康状况和疾病治疗最相关的提问，从医护人员那里获得最大的利益。研究表明，当患者觉得他们的参与能够得到一个期望的积极结果，他们更愿意沟通。可见，健康素养是医生和患者共同面临的问题，提升健康素养也是双方共同的责任。

此外，临床视角对多种疾病健康教育材料的可读性与患者阅读水平的匹配进行了大量的研究，发现大多数的阅读材料在大学或研究生水平，对普通患者太难。美国和加拿大都推荐患者健康教育材料在中学阅读水平。建议健康教育材料在内容上要注重行动和行为而不是基本原理，在形式上要注意语言句式简单，采用对话、图表、符号等特别的方式书写，特别像针对如何正确用药这类最容易为患者误解而对预后至关重要的信息一定要简明易懂。

研究表明，健康素养较高的人群比健康素养较低的人群更容易控制住糖尿病病情的发展，针对获得性免疫缺陷综合征（艾滋病，AIDS）、高血压、哮喘等疾病的研究也得出同样的结论。可见，运用健康素养这一概念来指导患者自我管理能力的提升，对于改善健康状况、降低治病成本有着积极的意义。

在临床医学导向研究中发展了很多健康素养测评工具，如各版本成人医学素养快速评估（the rapid estimate of adult literacy in medicine，REALM）、成人功能性健康素养测试（the test of functional health literacy in adults，TOFHLA 和 S-TOFHLA）、最新重要标识（the newest vital sign，NVS）、医学术语认知测试（the medical term recognition test，METER）等。

（二）公共卫生导向

以公共卫生为导向的研究中，把健康素养作为健康教育和健康促进的成果。这一研究视角将健康素养置于整个公共空间和健康保健的背景中。政府在制定有关健康方面公共政策的同时，应强化公众的社会参与意识，积极为公民社会的形成做出贡献，这也是提升功能性健康素养、互动性健康素养和批判性健康素养的关键所在。其目标是提升公众更好地控制影响健康因素的能力，促使公众采纳健康行为及采取有益于健康的个体及社会行动，促进群体健康水平的提高，从而达到改善公共卫生干预与医疗服务预期效果的目的。公共卫生视角试图提高人们的健康知识水平，人们将知识应用于实践，与社会融合，更好地做出健康决策，改善自身的健康。

公共卫生视角发展深度不如临床视角，但更切合 WHO 对健康素养的定义，健康素养不仅仅是阅读理解，还包含主动获取和有效利用信息，实现患者授权和自治。公共卫生视角将健康素养的含义拓展到互动性和批判性健康素养。主要开展以健康知识、疾病知识、完成相关健康任务的技能、健康信息获取方式等内容的大规模公众普查，在健康素养与健康结局的因果途径、健康素养干预方面做出有益的探索，对干预效果的评价研究不多。

公共卫生视角认为，学校常规教育和个人利用各种媒介自主学习是提高健康素养水平的有效途径，强调教育在健康素养中的作用，认为教育可以提高公众的自我效能，不仅使人们改变个人生活方式、提高对疾病管理建议的依从性，而且能提高人们对社会决定健康的意识，积极改善整个社会环境，营造一个健康和谐的社会。

2000 年 6 月，WHO、泛美卫生组织和墨西哥卫生部在墨西哥城联合举办的第五届全球健康促进大会上，提出应建立一套针对社区健康素养评估的指标体系，并强调其中应包含健康素养中的“关系”元素，类似于纳特比姆提出的“互动性健康素养”。

（三）两个研究视角之间的关系

健康素养研究的两个视角既有相似性也有明显的差异性。两个视角的共同点都强调要获得并理解健康信息，并据此做出正确的决策，最终改善健康，减少健康不平等。两者都认同通过教育可以提高健康素养，但临床视角健康教育的目的是加强依从性，而公共卫生视角健康教育的目标是通过改善个人和社区健康，最终形成健康和谐的社会。

对于健康素养和知识的关系，临床视角和公共卫生视角不同。临床视角认为健康知识只是促进健康素养，本身不是健康素养的组成部分。公共卫生视角认为知识以及知识的获取是健康素养的主要部分，而不是独立的结果。这种认识上的差异增加了健康素养测量问题的难度，特别是从公共卫生视角。

近年来，各国研究逐渐趋向于将临床与公共卫生导向相结合，更加全面综合地评价健康素养相关能力。健康活动素养量表（the health activity literacy scale，HALS）是一个非常接近综合测试健康素养能力的工具，它测试五个不同健康相关能力的领域，但至今在调查中没到得到足够的验证。以上所提及的评估健康素养的工具以英语和西班牙语两种语言的版本居多，由于健康素养受经济、社会、文化影响很大，我国健康素养调查不适合直接采用国外测评工具。国外的版本测评多数侧重于临床视角，我国自行设计开发的《中国公民健康素养调查问卷》侧重公共卫生与健康促进方面。

五、国内外研究现状

（一）国外研究现状

美国等发达国家对公民健康素养十分重视，已进行了 40 多年的研究，制定了健康素养评价标准体系，进行过数次全国健康素养调查，开展形式多样、针对性强的公民或特殊人群（如患者）健康素养促进活动，制定了相应的规划和考核评价标准，如美国《健康人民 2010》。

研究显示，美国健康素养低下的问题非常严重，33.9%讲英语和 53.9%讲西班牙语的调查对象的健康素养很低。在医学发展突飞猛进的 21 世纪，许多美国人仍然没有采取恰当的健康行为来提高生活质量、延长寿命，如不能定期进行乳腺癌、直肠癌、宫颈癌等的筛查，并不是因为不关心身体健康，而是因为没有很好地理解和利用健康知识，不知道应该定期检查。人们对卫生保健有着很大的需求，但是缺少最基本的使用现有卫生资源的能力。

2003 年，美国相关学者呼吁重视患者的阅读、理解和采纳医生信息等方面的能力——健康素养问题，这一问题正在逐渐增长，它影响着 4000 万余美国人。尽管缺乏健康素养和卫生产出之间并没有直接的因果关系，但种种研究表明，缺乏健康素养影响着卫生产出。美国有关的研究机构评估了健康素养对利用医疗服务的影响，证明低健康素养人群使用更多的卫生资源和医疗服务。研究显示：1998 年美国的医疗系统为低健康素养人群的额外支出达 730 亿美元，同时还伴随着无法计算的误工时间。

美国医学研究所（Institute of Medicine，IOM）报道，自 2003 年以来，美国因成年人健康素养缺乏，每年增加本可避免的 690 亿美元医疗费用。B.D. Weiss 等的研究表明，低健康素养患者平均每年花费 12 974 美元在卫生保健上，而整体人口平均只有 2969 美元。低健康素养患者医疗费用高的原因可能是他们没有能力选择合适的服务，更多地使用低效的医疗服务而延误疾病的诊治时间，导致疾病恶化、急诊利用率增高，而多次就诊提升了医疗费用。一项为期两年的低健康素养患者随访研究发现，患者的住院率比前一年提高了 2 倍，而且这种联系在调整健康状况及社会经济变量之后依然存在。此外，低健康素养人群会因误解医生的建议而增加医疗差错的风险，他们对自身的健康有更低的期待，对医疗体系有更多的不满意。

如果能提高人们的健康素养，有效使用卫生系统，为自己的健康做出正确决定，将节省有限的医疗资源，改善医疗卫生系统条件，帮助人们更好地处理他们的健康需求。

因此，美国卫生部门鼓励健康素养研究，提供政策支持，促进健康素养学科及研究方法的发展，将健康素养作为高质量医疗服务和健康传播的重要组成部分。

（二）我国研究现状

我国对健康素养的研究起步较晚，专门研究的开展不是很多也不深入。但是一些相关的调查，如国家卫生服务调查及由中国科协主持进行的、自 1992 年开始的中国公众科学素养调查和分析均显示：我国公众的健康素养调查和研究迫切需要。

2005 年，中国疾病预防控制中心健康教育所首次在全国范围内开展我国公众健康素养状况调查，2007 年正式启动健康素养研究工作，卫生部组织专家结合国际上的意见和我国的实际情况，对健康素养的定义为：个人获取和理解基本健康信息和服务，并运用这些信息和服务做出正确判断，以维护和促进自身健康的能力。同时提出现阶段我国公民应具备的 66 项基本健康知识和理念、健康生活方式与行为和基本技能，作为中国公民健康素养的基本内容。

2008 年 1 月，卫生部第 3 号公告（以下简称“公告”）正式向全国发布了《中国公民健康素养——基本知识与技能（试行）》，这是世界上第一份界定公民健康素养的政府文件。在此基础上，卫生部组织专家编写了《健康 66 条——中国公民健康素养读本》（以下简称《读本》），全面阐述了健康 66 条的主要内容。2008 年 5 月 12 日，由卫生部主办的中国公民健康素养促进行动启动。同年 8 月，卫生部办公厅又下发了《中国公民健康素养促进行动工作方案（2008—2010 年）》，为我国全面开展健康素养促进工作提出目标和具体措施。

2009 年 12 月，卫生部首次正式对外公布“中国居民健康素养调查结果”。研究显示，我国居民具备健康素养的总体水平为 6.48%，即每 100 人中只有不到 7 人具备健康素养。其中老年人是健康的脆弱群体，65～69 岁人群健康素养水平是各年龄段中最低的，为 3.81%；55～64 岁年龄组次之，为 4.69%。

我国政府高度重视提高居民健康素养工作，将其作为深化医药卫生体制改革的重要内容，制定多种措施大力开展健康素养促进工作。十九大报告中指出，人民健康是民族昌盛和国家富强的重要标志，提出实施“健康中国”战略，对健康中国建设做出全面部署，强调坚持预防为主，预防控制重大疾病。随着十九大报告实施“健康中国”战略的提出，居民健康素养成为全面实现小康社会征程中亟待补齐的短板。《“健康中国 2030”规划纲要》中提出，2020 年居民健康素养水平要达到 20%，到 2030 年，居民健康素养水平提升至 30%。中华预防医学会会长王陇德表示，提高人们的健康素养是保证健康的最经济、最高效、最根本手段。

《中国居民健康素养监测报告》（2018 年）显示，我国居民健康素养升至 17.06%，农村居民、中西部地区居民、老年人群等的健康素养水平仍相对薄弱。报告显示，城市居民健康素养水平为 22.44%，农村居民为 13.72%，但农村的提升速度高于城市。从地区分布来看，东部地区为 22.07%，中部地区为 13.51%，西部地区为 13.23%。

健康素养水平标志着全民健康意识的总体情况，而开展健康素养监测是为了科学、准确地评价和衡量全民健康素养水平，为政府制定公共卫生政策、合理的策略、有效地分配卫生资源提供依据。

总体上讲，我国健康素养研究从传统的健康教育和促进中转变而来，更多地定位在公共卫生视角，包括基本健康知识和理念、健康生活方式与行为、基本技能三个方面，以对以上三个方面的普及和了解为主，对于个体主动获取理解健康信息与健康结局和费用的影响、个人健康素养与有效使用医疗卫生保健体系提供的服务之间的关系等方面的研究非常少。上述情况影响和制约着我国健康促进与健康教育事业的发展。因此亟须开展这方面专门的研究，确定我国公众的健康素养水平现状，找出健康素养的影响因素，加强相关部门和个人对健康素养的了解，减少因缺乏健康素养导致的损失。

案例 1-1 分析讨论

1. 我国居民健康素养水平稳步提升，但仍然存在发展不均衡的状态。

2. 有关部门应认真贯彻落实党中央、国务院决策部署，积极推动“健康中国”建设，社会各界积极支持参与卫生与健康工作，广大媒体要加大健康知识宣传力度，不断提高中国居民健康意识，促进全民健康素养水平的提高。

3. 作为一名大学生，应该积极参与到“健康中国”的建设工作中。大学生是中国的未来和民族的希望，要立志成才，不仅要具备较高的思想道德素质、科学文化素质，还需要有良好的身体素质，这是大学生成才的重要因素。保持身心健康，不仅关系到学业、理想和前途，也关系到社会进步、国家昌盛和民族振兴。大学学习期间，要重视健康素养的学习，培养良好的生活方式，养成健康的生活习惯，为将来承担建设祖国的重任积蓄力量。

链接　　人民日报：实施健康中国战略

习近平同志在党的十九大报告中提出“实施健康中国战略”，这是以习近平同志为核心的党中央从长远发展和时代前沿出发，坚持和发展新时代中国特色社会主义的一项重要战略安排，必将为全面建成小康社会和把我国建成富强民主文明和谐美丽的社会主义现代化强国打下坚实健康根基。我们要坚决贯彻中央决策部署，凝心聚力，扎实推进，一步一步把美好愿景变为现实。

第二节　健康素养与健康的关系

案例 1-2　　《中国学生体质监测发展历程》调查结果

2017 年《中国学生体质监测发展历程》调查结果显示，我国大学生体质依然呈下降趋势，只是下降速度趋缓。与此同时，身体形态也在发生变化，尤其是肥胖率持续上升，每 5 年提高 2%～3%。此外，2015 年国民体质监测报告显示，7～19 岁的学生体质状态，大学生下滑最严重。“健康教育怎么样，效果说了算”，有教育专家建议，学校应根据自身特点，制定一套能够准确反映学生健康教育效果的指标体系和测评方式，如定期对学生进行心理和体能测试、组织一些疾病预防基本常识问答以及实践活动等，并将这些结果融入学分成绩等硬指标中。

问题： 1. 你对体质监测的结果有哪些看法？

2. 造成大学生体质下滑和体质改变的原因有哪些？

3. 作为一名大学生，你认为该如何应对？

一、健康素养与健康状况的关系

健康素养可以用来预测人群健康状况，是一个比社会经济、年龄、民族等因素更强的预测因子。整体来说，健康素养水平影响着与健康相关的各个方面，包括健康知识水平、健康生活方式与行为、自身健康状况及对卫生服务的利用情况。

目前，在健康素养水平对健康状况影响方面的研究较为全面，其中健康状况涉及服药或治疗的连续性、住院频率、就医费用、死亡率等，并且低水平的健康素养不仅对个体健康状况产生影响，还会对整个社会的公共健康状况以及经济发展状况产生影响。

调查发现：低健康素养人群普遍存在，美国 2003 年全国性调查发现，美国健康素养低下问题非常严重，14%的成年人没有基本的健康素养技能，20%的人只有基本的健康素养技能，黑种人和西班牙裔人有更低的健康素养水平，分别为 58%和 57%；也有报道，美国低健康素养比例为 34%～59%，有三分之一的青少年和青年人为低健康素养水平，澳大利亚 24%的调查对象具备有限的健康素养，21%的被调查者很有可能缺乏健康素养，加拿大有 60%的成年人没有具备必要的健康素养技能。

健康素养低的人不能很好地与医生进行必要的交流、不能遵从医嘱或自我保健程序，对自己的权利、义务不能充分了解，他们不会预防性的保健，因而发病率、患病率均高于健康素养高的人，住院率也比健康素养高的人高很多。R.L. Rothman 还认为，低健康素养者没有足够的有关严重慢性病的知识，临床结局一般较差。

健康素养严重影响着国家的公共卫生和个人的医疗保健，低健康素养会给人们整体健康状况和国家卫生系统带来负面影响，促使疾病的患病率或发病率增加、伤害的发生，还导致额外的卫生支出，如住院率增加、卫生资源浪费、医疗保健费用增加等。对于个人来说，低健康素养严重影响到个人健康状况和医疗保健行为，如疾病的自我管理、医患关系、治疗的依从性、高额健康费用的支出等。低健康素养的人更倾向于较少的健康教育参与，他们更少利用预防性服务和成功管理疾病。

从公共卫生角度讲，提高个人和公众健康素养是健康教育、健康促进、健康传播的核心功能，因此任何关于健康教育和健康促进的研究都有助于改善健康素养。但目前的研究主要局限在健康素养水平对健康状况的影响上，缺乏健康素养对健康态度、健康信念、健康行为等方面影响的相关性研究。针对健康素养的干预性研究也较少，而且适用于健康素养的干预理论还有待于进一步证实。

二、健康素养与其他相关概念的关系

（一）健康素养与健康素质

1. 健康素质的定义 WHO 提出的健康定义，使得健康的含义更为广泛。健康素质不仅仅是体力、精力、耐力、毅力等身体指标，同时与人的知识、心理、道德、角色诸领域的因素有关，还包含个体对自身健康的管理能力。基于以上对素质和健康含义的理解，可将健康素质定义为人在先天生理基础上，经过后天环境、教育及自身实践的影响，形成的相对稳定的身体、心理及社会适应状态。

2. 健康素质的影响因素

（1）先天生理基础：由遗传因素及孕妇身体情况决定的先天条件，即先天生理基础是健康素质的基础和前提。

（2）外界环境：包括环境污染、食品卫生等问题。外界环境直接影响人们的生活质量，进而影响健康水平。社会、文化、经济因素也对人们的健康素质造成直接或间接的影响。

（3）教育：包括家长的教育、学校的教育、社会的教育。健康教育发挥着重要的作用，它向人们介绍健康知识，改变人们的健康态度，帮助人们采取健康的生活方式，从而促进健康素质的提高。

（4）自身实践：包括对健康行为的选择和执行情况。

以上因素长期共同作用于人体，使人们形成相对稳定的身体、心理及社会适应状态，表现为人的健康素质。

3. 健康素质的意义 健康素质是人的基础素质，也是人的综合素质，乃至整个人生的必要基础和前提条件。身体、心理素质越高，越有利于其他素质的形成、改善和提高。健康素质是发展的基础，个体的素质是整个民族素质的基础，因而提高民族素质的基础在于提高个人素质。

素质既是相对稳定的，又是可变的、可塑的，可以通过教育培养使之发展。因而开展素质教育是可能的和必要的。对于人来说，健康素质一生都在不断地发展、变化，因此，人的健康素质可以不断地改善和提高，也可以降低。认识这一点，对于增强、改善和提高健康素质的自觉性、不断提高生活质量是十分重要的。

4. 健康素养与健康素质的关系 个体的健康素质很大程度上取决于健康素养的高低，而健康素养与健康素质又有很多相同的影响因素，如二者均易受外界环境、文化、社会、经济等因素的影响。人的健康素质的提高离不开健康素养的培养。随着对健康素养认识的提高和研究的不断深入，我国将更全面了解公众的健康素养情况，并制定出公众可以接受的健康传播计划及提高公众健康素养的计划，进而提高人们自我管理健康的能力。

健康素质与健康素养也存在着不同，健康素养强调的是个体对健康信息的读写能力，以及利用信息做出正确选择的能力。其中读写能力是基础，是基于个体素养的高低而变化的。而健康素质涵盖的范围更充分地体现了对健康的理解。健康素质中体现了先天生理基础对个体的作用，外界环境和教育对个体健康状态的作用，以及读写、选择健康行为，最终作用于人体产生的结果，是个体某时期内相对稳定的状态。

因此，只有更广泛地进行社会参与，加强多部门的合作和支持，从卫生、文化、经济、社会等各方面提高对健康促进的重视程度，才能最终达到提高国民健康素养，进而提高全民族健康素质的目标。

（二）健康素养与健康促进

1. 健康促进的定义 健康促进（health promotion）一词早在20世纪20年代就有学者提出，直到近十几年来才引起人们的广泛重视。1986年11月第一届健康促进国际大会在加拿大渥太华召开，发表的《渥太华宣言》，标志着健康促进理论的建立，使健康促进在全球迅速得到发展。宣言中指出：健康促进是促使人们维护和改善他们自身健康的过程。这表明健康促进是以整个人群为对象，并具有丰富的实践内容。

WHO 给健康促进作了以下定义：健康促进是人们维护和提高自身健康的过程，是协调人类与环境之间的战略，规定个人与社会对健康各自所负的责任。

加拿大英属哥伦比亚大学健康促进研究所主任 Lawrence W.Green 教授指出：健康促进是指一切能促使行为和生活条件向有益于健康改变的教育和生态支持的综合体。其中环境包括社会的、政治的、经济的和自然的环境，而支持即指政策、立法、财政、组织、社会开发等各个系统。

1995 年 WHO 西太平洋区办事处发表《健康新地平线》（*New Horizons in Health*）重要文献，指出“健康促进是指个人与其家庭、社会和国家一起来采取措施，鼓励健康的行为，增强人们改进和处理自身健康问题的能力”。健康促进的基本内涵包含个人行为改变，政府行为（社会环境）改变两个方面，并重视发挥个人、家庭、社会的健康潜能。

健康促进已经把一些独立的甚至完全不同的研究领域整合到一起，并在大多数发达国家成为卫生服务的一个重要组成部分。

2. 健康促进的内容

（1）制定促进健康的公共政策。把健康问题提到各个部门、各级政府和组织决策者的议事日程上。

（2）创造支持的环境。健康促进必须创造安全、满意和愉快的生活工作环境。系统地评估环境对健康的影响，以保证社会和自然环境有利于健康的发展。

（3）加强社区的行动。充分发动社区力量，积极有效地参与卫生保健计划的制定和执行，帮助他们认识自己的健康问题，并提出解决问题的办法。

（4）发展个人技能。通过提供健康信息，教育并帮助人们提高做出健康选择的技能来支持个人和社会的发展。

（5）调整卫生服务方向。健康促进中的卫生服务责任由个人、社会团体、卫生专业人员、卫生部门、工商机构和政府共同分担。通过共同努力，建立一个有助于健康的卫生保健系统。

3. 健康促进的三个组成部分

（1）预防：在健康促进中起着重要作用，分为三级预防。每一级预防对健康促进、健康教育者具有不同的含义，每一级要求不同的目标和干预策略。

一级预防：强调在疾病、损伤或健康状况恶化发生前进行预防性干预，通常采用医学、社会学、教育学与健康促进相结合的策略。

二级预防：早诊断、早治疗疾病以控制疾病的后果、严重性以及流行，实施早发现、早治疗，是治疗性的。

三级预防：进行特定的干预以帮助残疾或有病的个体减轻残疾或疾病对他们的影响，也包括教育公众和企业使康复者尽可能发挥最大的作用。

（2）健康教育：是健康促进中的核心组成部分。健康教育是一个过程而不是一个结果。它是一系列根据目的而设计出的连续的行为，包括设计、部署一些体验来影响人们的思想、感情和行为以有利于他们自身的健康并有益于社区健康。许多决定性因素影响个人关于健康实践的决定。知识、自我认识、宗教信仰、同伴影响、教育水平、经济状况、文化差异、个人价值观和家庭模式是其中一些影响因素。健康教育者的作用是识别影响个体特征、环境和行为的因素，并制订引导个人的不健康行为向获得更高健康水平转化的计划。

（3）健康保护：包括司法和财政控制、其他法规和政策、自愿练习，目的在于增进健康和预防疾病，它的使命是减少人们受到环境危害、不安全或不健康行为的可能性，可让健康的选择更容易。

4. 健康素养与健康促进的关系 健康素养对于健康促进有着重要意义，特别是在一级预防中，一个拥有健康素养的人能够更好地保持健康的良好状态。在二级预防中，健康素养则发挥着更加重要的作用，医患之间有效的沟通可以减少错误信息的传递，健康素养高的人，能够较好地与医务人员进行沟通，传达有效的信息，因而更有利于疾病的预防与治疗。

国际上广泛认同健康教育与健康促进是改善人群健康素养水平的主要手段之一，并将健康素养的改善情况作为反映健康教育与健康促进行动效果的一个主要指标。健康素养的研究对于健康促进工作的开展有着重要的指导意义，健康素养作为健康促进领域的重要研究议题，研究成果进一步证实加强开展健康促进工作的必要性，也为更加有效地开展健康促进工作提供了指南。而基于健康促进工作的思考也会为健康素养研究提供新思路，二者的相互作用对于实践的探索和理论的升华有着非常积极的意义。

（三）健康素养与健康信息素养

1. 健康信息素养的定义 WHO 预言，信息是通往健康的必经之路。美国医学图书馆学会（American Medicine Library Association，AMLA）首先注意到公众健康信息素养（health information literacy，HIL）缺失这一问题，于 2003 年成立了健康信息素养专项组，鼓励医院管理者、卫生保健提供者、健康教育者以及图书馆员一起通过健康信息素养促进来增进公众的健康素养。自 2003 年健康信息素养的概念与促进策略提出以来，患者和公众的健康信息素养逐渐受到研究者和政府的重视，卫生与健康领域信息素养的研究对象也由医学生、卫生保健提供者以及卫生管理决策者向患者和公众过渡。

健康信息素养是健康素养与信息素养两个概念的渗透与融合，它是指意识到健康信息需求，熟悉可能的信息源并应用它们来检索相关信息，评价信息质量以及在某一具体情况下的适用性，分析、理解并利用信息做出合理健康决策的一系列能力。

国内信息素养的研究热点主要集中在大学生的信息素养教育领域，而面向患者和公众的信息素养教育几乎是空白。因此，公众的健康信息素养研究应该引起国内相关部门的高度重视。对于公众来说，具备健康信息素养不仅能帮助他们提高自身的预防保健意识，增强防病治病的能力，减少医疗费用的支出，更能为国家节省大量的卫生资源。

2. 健康信息素养的意义 信息时代，人们并不是找不到信息，而是找到的信息真假混杂，有的甚至自相矛盾，使人无所适从。对健康信息的识别能力，直接关系到公众自身的生命安全。Oates 与 Paasche 研究证明，理解和利用健康信息的能力与患者的疾病负担之间有着密切的因果关联。Carla 通过论述健康信息素养的价值与重要性指出 HIL 教育是对全球健康（global health）的一大贡献。Rowena 研究证明，健康信息素养培训能够对患者护理和公众健康的维持起到积极的影响。埃利斯认为，通过增强患者获取、理解和利用互联网公共健康信息资源的能力，健康信息素养可作为解决健康不公平问题的有效途径。Ogunsola 认为，健康信息素养是发展中国家缓解贫困的一项重要战略，通过在发展中国家提高面向公众的健康信息的可读性和可获取性来增进健康素养。健康信息素养影响人们对健康和疾病的认识，对健康促进和预防保健服务的参与度，也影响着疾病治疗的临床决策以及自我疾病管理的效果。

通过提高公众阅读和应用健康信息的能力，提高公众的健康信息素养，改变公众对健康和疾病的认识，促进公众参与健康促进和预防保健的积极性，加强患者的疾病自我管理能力，有利于缓解我国当前老百姓“看病难、看病贵”的难题。此外，健康信息和知识还是改善患者生活质量和促进公众健康的重要工具。因此，健康信息素养对公众个人健康、国家卫生经济和决策都十分重要。

3. 健康素养与健康信息素养的关系 健康素养包含两个层面：知识层面，即基本的健康知识与技能；能力层面，即健康信息素养。后者是健康素养的核心，是指认识到信息需求，并有效地获取、评价和利用所需信息的能力，寻找知识变得比掌握知识本身更加重要，由此引发研究者和政府对健康信息素养的关注。

2004 年，美国医学图书馆联盟（National Network of Libraries of Medicine，NNLM）明确指出要区别健康素养和健康信息素养，指出公众健康素养的促进应该由医院图书馆员、公共图书馆员以及健康教育者同时承担。

信息素养是个人能力和素质发展的重要基础。信息素养是思维能力、问题解决能力、决策能力以及合作能力的基础，这些能力的有机整合就形成了个人的综合能力，具有这种综合能力的人就会具有较强的实践能力和创新能力。通过提高居民的健康信息素养，进而提高居民接受健康信息、寻求健康知识的能力，将有利地推动健康教育工作的开展，使居民更好地了解与掌握健康知识，逐步提高居民的健康素养。

（四）健康素养与科学素养

1. 科学素养的定义 科学素养是由文化素养引申而来的，译自英文 scientific literacy。经济合作与发展组织（Organization for Economic Co-operation and Development，OECD）认为：科学素养包括运用科学基本观点理解自然界并能做出相应决定的能力。科学素养还包括能够确认科学问题、使用证据、做出科学结论，并就结论与他人进行交流的能力。它包括三个部分，一是具有足够的能力阅读报纸/杂志中表达科学信息的科学词汇；二是基本了解科学的研究过程；三是了解科学技术对个人和社会的影响。

1979 年美国首次进行科学素养调查，以科学素养三部分的评分作为评价标准，在国际上被广泛使用。中国自 1992 年开始进行公众科学素养调查，采取目前国际通用的评估方法，截至 2004 年已进行了 5 次调查。因为它关乎综合国力的提高和人的综合素质的提高，公众科学素养结果还会影响国家宏观科技决策，因此科学素养已被人们所广泛重视。

2. 健康素养与科学素养的关系 虽然健康素养与科学素养两者在内涵上有一定的交叉，在我国却是一个比较陌生的词汇。因此，我们应借鉴科学素养概念在我国的普及，公众科学素养调查的深入开展，以及调查结果的广泛使用，适时组织开展健康素养调查研究工作，这不仅使我国获得的公众健康素养指标和数据能够与国际社会进行比较，而且能及时准确地了解公众的健康知识、行为、信念及技能等重要信息，为政府部门的有关决策提供依据。同时，通过健康素养调查，结合媒体的广泛宣传，使人们了解、熟悉健康素养的含义，从而重视提高自身健康素养，促进全民健康。

三、国内外健康素养评价体系

（一）国外健康素养评价体系

目前，国外常用的健康素养评价体系主要包含四大类别：视读类健康素养测试、理解类健康素养测试、理解运用类健康素养测试和健康素养快速甄别测试。

1. 视读类健康素养测试 通常采用成人医学素养快速评估（rapid estimate of adult literacy in medicine，REALM）工具进行。REALM 是一种评估成年患者阅读和拼读能力的筛选工具。

REALM 包含 66 项从单音节逐步到多音节、常见医学术语和表达身体部位或疾病的名词，评估中参与者大声朗读难度逐渐增大的单词表，根据读出词汇的数量和是否发音正确来评估被测试者的阅读水平，给出一定分数并转换成一个相应的等级，该评估把素养水平分为四个等级。阅读水平小于或等于 8 级被认为健康素养低，大于 8 级被认为健康素养充分。

REALM 可以帮助医护人员估计患者的文化知识水平并据此为其提供合适的教育材料或指导。REALM 通常花费 2～3 分钟，已在国外公共卫生界、医学研究和临床领域成功应用。REALM 的优点在于操作简单和节省时间，而且所测试的内容是在现实中确实给低健康素养的患者带来困难的词汇。REALM 的缺点在于不能测定理解能力，而只能简单测定认知能力。目前仅有英语版本，但已有研究开始尝试西班牙语或其他语言的工具。

2. 理解类健康素养测试 通常采用成人功能性健康素养测试（test of functional health literacy in adults，TOFHLA）来进行。相比于侧重评估人们视读能力的 REALM，TOFHLA 主要是通过测量患者在医疗环境中的计数和阅读理解两个方面的能力。

TOFHLA 包括 17 项计算能力测试，50 项完形填空形式的阅读能力测试，使用真实医疗环境中的阅读材料，如医疗方案中患者的权利和义务部分、上消化道手术准备指令标准的医院知情同意书和药品瓶上的标签。两部分回答问题的总分为健康素养得分，满分为 100 分，得分在 0～59 分为健康素养不足，得分在 60～74 分为健康素养临界、得分在 75～100 分为健康素养充分。很多研究把不足和临界合并成一个类，即健康素养有限。TOFHLA 有很好的信度和效度。TOFHLA 需要花费大约 22 分钟，可以把患者划分为三个等级，研究人员在 1998 年开发了简化版的 TOFHLA（S-TOFHLA），只需不超过 12 分钟就可以达到相同的目的。目前，TOFHLA 和 S-TOFHLA 有英语和西班牙语两个版本。

3. 理解运用类健康素养测试 目前采用的是健康素养评估分量表（health literacy component，HLC）。2003 年的美国全国素养评估（national assessment of adult literacy，NAAL）中，研究者开发出健康素养评估分量表，作为健康素养的评价工具。这也是世界范围内第一种用于全国性大样本的健康素养评估工具，测量的是成人对健康相关材料的阅读理解和计算等素养水平。评估问卷中使用的 28 项与健康相关的信息（包括药品说明、医疗指令、健康保险、疾病预防和卫生福利等），考察了语言素养（prose literacy）、文件素养（document literacy）及计算素养（quantitative literacy）技能。健康素养评分范围为 0 到 500 分，得分在 0～184 分认为健康素养低于基本水平，得分在 185～225 分认为健康素养处于基本水平，得分在 226～309 分认为健康素养适中，得分在 310～500 分认为健康素养充分。HLC 既可以作为整个素养水平的一部分，也可以单独评估健康素养水平。

4. 健康素养快速甄别测试 使用一组快速甄别问题在短时间内了解患者的健康素养，优点是答题时间短，并且不会让患者感到尴尬，如“你会经常让别人帮你看从医院获取的材料吗？”“填写医院表格时你自信吗？”“你能看懂从医院获取的表格或其他文字材料吗？”，但是目前快速甄别测试研究的局限性在于样本量较小并且样本单一。

国外对健康素养的评估方法侧重于对患者健康信息的视读能力、理解能力、运用能力以及计算能力等功能性健康素养的评估。在测试中讲求健康情境的设置，进而更加有效地评估人们对于情境的理解以及对所传递信息的运用。但国外大部分健康素养评估体系是基于临床医学环境建立的，所涉及的测评内容与临床环境有着密切的联系，缺乏对日常生活中健康素养的测试，并且没有考虑到社会、文化等因素对健康素养的影响。

（二）国内健康素养评价体系

健康素养实践在我国正处于起步阶段，2008年中国健康教育中心受卫生部委托组织实施了《首次中国居民健康素养调查》。调查采用全国统一的《中国公民健康素养调查问卷》，目前的测评内容基于我国发布的健康素养66条的要点，包含了现阶段我国城乡居民必须理解或掌握的最基本的健康相关信息。

有别于国外健康素养的定义和测量指标，本次调查依据《中国公民健康素养——基本知识与技能（试行）》公告的内容，将健康素养划分为基本知识和理念、健康生活方式与行为以及基本健康技能三个方面，界定了健康素养的内涵，符合健康行为的形成与发展需要，以健康知识普及和信念形成为基础、以技能掌握为支撑的行为改变模式；此外，根据我国当前存在的主要健康问题，将健康素养分为科学的健康观、传染病预防素养、慢性病预防素养、安全与急救素养以及基本医疗素养五类，这种划分紧密结合了影响健康的主要因素，抓住居民普遍关注的健康问题，切合今后一段时期内卫生工作的重点和任务，为健康素养的促进和干预明确了工作重点和方向。

国内健康素养评估体系基于公共卫生视角，侧重日常生活中人们对健康信息的认知和运用能力的测试。其缺乏对信息理解能力以及计算能力的测试，并且测试时间较长，加之缺少临床环境下医学健康知识的内容，使之不适于在临床医学环境下较为快速地对患者的健康素养进行测评。同样，国内健康素养评估体系也主要集中在功能性健康素养上，同样没有考虑社会大环境对健康素养的影响。

四、健康素养的影响因素

不可否认，健康素养是诸多因素（如社会、经济、文化教育等）共同作用的结果。健康素养是衡量居民与健康相关知识、行为、技能水平的指标，因此，它在很大程度上取决于居民的文化程度。在少数民族、新移民和穷人群体中健康问题比较突出，说明社会、经济、文化及其他因素也直接对医疗保健产生重大影响。概括而言，目前广泛引起关注的影响因素主要是民族、文化程度、年龄、地区、家庭收入及健康信息的可读性等。

1. 文化程度 在一定意义上反映了居民健康素养的高低，在医疗环境中，文化程度低的患者不能进行正确的求医流程，在表格的填写、遵循医疗指导等方面都有困难；他们与医生交流往往会发生障碍，不能正确理解医生的指令，从而影响医生的诊断；文化程度还会限制个体获取关于自身健康相关的权利和护理方面的关键信息。此外，文化程度低的人不能正确利用所需要的医疗卫生服务设施，而文化程度高的人在阅读理解水平、知识面、分析能力和筛选信息能力等方面都优于文化程度低的人，从而可能更准确有效地理解相同的信息，且文化程度高者易于采取主动寻求健康知识的行为，并且对自己的健康不良行为产生较强的约束力，对健康行为通过动力定型产生良好的行为习惯。众多研究都表明了低文化程度与低健康素养水平的密切关系，但文化程度与健康素养并不呈正相关关系，也就是说，高文化程度的个体并非一定具有较高的健康素养。特别是在一些使用正式语言或专业术语较多的场合，信息的传递较少借助肢体语言和口头表达技巧，没有医学背景的人往往很难理解医学专业术语。

2. 年龄　也是一个被普遍关注的影响因素。许多研究报道，健康素养与年龄呈负相关关系。这不仅是因为老年人自身的因素，也是因为年龄引起许多老年患者智力的下降，会出现难以理解和使用卫生保健系统的情况。在当前社会，老龄化越来越突出，尤其要引起人们重视。美国国家成年人健康素养研究报告显示，44%的 65 岁以上的老年人素养技能评分最低。研究者对受教育时间和认知缺陷等因素平衡后发现，健康素养水平随着年龄的增长而下降。国内也有一些学者做了年龄与健康素养关系的研究，如刘顺玉等对广州居民的调查发现年龄越大者其健康素养知识知晓率越低。

3. 地区　不同地区的居民健康素养水平有差异。肖砾、马昱等对中国城乡居民的健康素养水平调查发现，城市居民的健康素养得分指数及综合指数均高于农村居民。

这种差异的存在可以解释为是城市和农村之间经济、文化、医疗卫生服务等各方面现实不平等的一种自然反映。因为农村居民健康素养知识来源途径有限，影响了他们的健康知识的获得，进而影响了健康行为和健康技能的形成。国外学者 R.J. Adams 等对澳大利亚 15 岁以上居民健康素养的调查显示，低健康素养水平更易发生在出生于澳大利亚、新西兰、英国及爱尔兰以外的澳大利亚居民。W.E. Zahnd 对城市和农村居民的调查也发现，农村居民的各项健康素养水平均低于城市居民，虽然校正混杂因子后，差异未见统计学意义。

4. 家庭收入　家庭收入对公民健康素养水平的影响不容忽视。一般认为，家庭收入高的居民经济压力相对较小，很少为生活担忧，在满足基本生活需要的基础上，仍有经济能力和精力了解和获得更多营养知识以提高、促进营养状况和健康状况；但是，当收入达到一定的高度后，健康素养水平又有所下降，这可能是由于这部分人群经常生活在快节奏当中，容易忽视健康，健康与金钱方面未能调整到一个很好的平衡状态，而使自身的健康方面的素养有所降低。徐焱对苏州市某区居民调查显示：居民健康素养随着收入的增高而升高增加，但收入超过 1 万元时，其健康素养水平又有所下降。R.J. Adams 等对澳大利亚居民的调查也报道家庭年收入低者（＜20 000$）相对其他组更多的为低健康素养（OR=1.6，95%CI 为 1.2～2.2）。R.E. Bautista 对癫痫患者健康素养的研究也发现，家庭收入低者，其有关健康素养的知识及技能均较低。此外，还有一系列研究也报道了收入与健康素养水平相关。

5. 健康信息的可读性　虽然传播技术发展迅速，但在公共卫生领域、医疗场所，与健康相关信息的普及都是以书面的形式（宣传画、小册子等）传递给患者及居民的。目前，国外对该因素的研究较多，如路易斯安那州立大学（LSU）的研究发现，他们设计的免疫接种易读读本比美国疾病预防与控制中心的通用接种手册更易于被患者读懂（76% vs 1%）。可读性好、通俗易懂的材料才能使居民，尤其是文化程度不高的居民顺利、准确地理解其含义，进而达到提高居民健康素养水平的目的。然而，这一因素虽然也引起了我国学者的广泛关注，但是在现有的关于健康素养影响因素的研究中还较少涉及。

除此之外，其他一些因素（如职业、家庭常住人口数、自身健康状况、是否参与健康培训及体重指数等）也在一些研究中涉及，这些因素对健康素养水平的作用及其影响程度的大小，在以后的研究中需进一步考证。

五、健康素养的干预措施及效果

健康素养干预到底从哪里下手？针对什么人？采取什么方式？干预的效果怎样？一直是研究的热点。A.L. Robert 研究发现，不同人士对健康素养及其干预持有不同的态度。一种观点主张在临床诊所针对患者及其家属开展健康素养干预活动，旨在改善患者的认知和提高医患交流的质量。一种观点主张通过正规的学校课堂教育提高整个人群的健康素养，以便做好疾病的预防和早期筛查。还有一种观点主张个人利用大众媒体自主学习，主动寻求健康信息，以维护自身健康。这三种观点，都有大量的研究文献支持。

（一）临床教育干预

1. 针对医生和护士实施的干预 任何有效的健康素养干预都要涉及健康保健专业人员和患者两个方面。2003 年 AMA 致力于内科医生、护士、药师健康素养的培训和提高，为他们提供医学知识、信息技术、交流技巧等多方面的培训，保持他们对知识更新的敏感，使他们既能更新自己的知识，也能为患者提供信息处方。政府建立了专门的网站，帮助医护人员使用清晰易理解的语言代替复杂的医学术语促进交流。IOM 也通过多种途径致力提高医护人员评估患者的健康素养水平，为不同知识层次的患者制定有效的沟通方法。

2. 针对患者及其家属实施的干预 C.T. Schaefer 对涉及糖尿病、艾滋病、乳腺癌、充血性心力衰竭、前列腺癌、髋关节和膝关节置换等患者的 16 篇健康素养干预文献进行综述发现，对于低健康素养患者干预的主要措施是使健康教育材料更容易理解，期望患者能够更好地自我管理疾病和提高依从性。Jacobson 指出，有效教育患者，如果用书面材料，就要考虑患者的阅读水平和理解能力。为患者提供的印刷材料文字简洁易懂，最好配有图片，或者使用先进的多媒体技术，通过音频、视频帮助患者理解。不过 Davis、Berkel 等的研究发现，计算机多媒体教育，患者易于理解，可以增加短期的健康行为，但对于长期的影响远达不到既定的目标。在临床环境中，对患者或其家属使用量身定制的教育材料，采用“一对一”、“teach-back”的方式非常值得推荐，不论患者原来具备的健康素养如何，这种方式可以显著增加患者对相应疾病知识的掌握，减少充血性心力衰竭患者的住院率和死亡率、提高艾滋病患者的依从性、结肠癌的筛查率、哮喘患者的自我管理能力，而且健康素养越低的患者获益越大。

（二）学校教育干预

1. 针对普通学生实施的干预 不容置疑，教育能改善整体素养，也能提高健康素养。尽管青少年不是医疗消费的主体，但研究已证实，很多健康问题都源于儿童和青少年时期。尽早培养青少年的健康素养，接受基于所获得的信息做出重要健康决策的挑战，学会管理自身健康非常重要。Nicola J.Gray 选择 157 名 11～19 岁的英、美青少年，使用网络搜索健康信息，发现青少年在如何正确拼写医学术语、构建准确描述症状的搜索问题（功能性）、鉴别搜索引擎反馈的信息质量（批判性）、通过网上咨询或向父母寻求帮助解决实际问题（交互性）上都遇到挑战。他们中有的会积极想办法解决问题，有的选择放弃。想办法解决问题的孩子最终收获很多。青少年时期是最容易掌握健康素养技能的阶段，学校的干预措施就是要采取灵活多样的方式教育孩子们提高健康素养意识、形成健康行为，如积极进行体育锻炼、合理膳食以及使用健康信息的基本技能，以减少成年以后的健康问题。

2007 年，IOM 和美国教育部门发起一个项目，由高中生绘制美国两个地区的健康资源地图，包括药剂师、临床医生、医学提供者及相关资源的分布，并让他们直接参与书面材料的可读性分析，与居民面谈了解是否理解书面材料上的信息。学生们发现，他们认为大多数信息可读性尚可，但有 2/3 的受访者却理解有困难。这项活动使学生切身体会到健康素养问题的普遍，意识到健康资源应该方便需要的人查找，而且要更简洁，便于理解。政策制定者应该鼓励投资健康教育课程和网络健康资源，提高青少年的健康素养技能。但是学校健康素养教育的现状堪忧，从幼儿园到五年级，开设健康教育课程的学校数量减少了，而且专业性健康教育老师比例小于 10%。如果学校不重视健康教育，社区今后防治疾病的困难增加就不足为怪了。

2. 针对医学生实施的干预　医学生是未来的健康服务提供者，他们不仅要达到普通学生的健康素养要求，还要学会与健康素养有限人群的互动技能，学会评估健康材料的可读性，不断地自主学习新的医学知识。IOM 建议，医学院校要将健康素养整合到课程教学中，贯穿医学教育的始终。

芝加哥大学普利兹克医学院开设了一门跨越前 3 年的健康素养课程。第一，通过视频资料让医学生知道低健康素养对患者产生的不良影响，引起医学生对健康素养问题的重视。第二，通过病史采集、体格检查，学习以患者为中心的交流方法，让医学生明白采用医学术语和通俗易懂的语言交流的不同效果。第三，学习评估书面材料的可读性，并将复杂的患者教育手册转换成简单的小册子。第四，通过向模拟的低健康素养患者介绍乳腺 X 线片，学习 teach-back 交流方法。第五，内科见习期间，学生被要求通过网络自主学习，对接诊患者随访，并记录保健决策、互动协议计划等。课程测试结果表明：接受课程训练的学生中只有不足 1/3 的学生能够使用 teach-back 方法，提示对于医学生需要更有效的健康素养干预方式。

西北大学医学院对一年级新生也开设了健康素养课程，包括 12 周的交流技能课程和 6 周的医学文化课程。在交流技能课程中，学生与模拟患者的互动都采用视频录像记录，刚开始是 3～4 个学生一组与患者接触，后来是一对一与患者接触。要求学生向患者建议进行结肠癌筛查，主要让学生明白所有患者都能从清晰简明的信息中获益。在医学文化课程中，介绍健康和卫生保健的差距、健康与疾病的关系、潜意识偏见、素养等内容。素养这一环节，主要强调用通俗易懂的语言和 teach-back 方法。

哈佛大学医学院也为医学生开设到社区健康扫盲的课程，既让学生了解健康素养的重要性和用简单语言与患者交流的困难程度，也让社区群众获益。

（三）自主学习干预

1. 通过网络途径的干预 网络集庞大的信息和良好的交互性于一体，已成为人们自主学习的有效途径。使用互联网获取健康信息的人群普遍认为：相对于没有搜索互联网健康信息之前，互联网健康信息可以帮助他们更好地理解自己的健康状态和进行健康保健决策，可以促进他们对医疗环境和治疗的理解，可以使他们决策是否有必要去拜访医生或得到更好的治疗，还可以使他们更自信地向医生倾诉，鼓励他们遵循医生的建议。这些结果显示，互联网的健康信息在增强患者主动性和使患者参与管理自己的健康方面起着重要的作用。

政府和医学专业机构也将网络作为公众健康素养干预的阵地，开发了一些高质量的权威网站，如包含卫生专业技术咨询、培训、指导、写作和健康知识宣传等内容的专业网站。这类网站不仅提供一些适用于医护人员的专业知识，也为普通公众和组织开辟了一条了解健康知识的途径。

研究显示，年龄偏大、居住在偏远地区的人以及受教育少于 12 年的人群使用网络的频率比较低，利用网络平台传递健康教育信息要充分考虑这点。目前比较有益的尝试是与地方信息中心或图书馆合作，培训弱势群体的计算机技能或为他们提供网络基本设施。对于不能有效使用网络的健康素养较低的人群，要充分发挥电视、广播的教育作用。

2. 通过图书馆实施的干预 图书馆一直是公众接受新知识、更新观念的重要场所。国外图书馆通过提供丰富的健康信息资源、与医学院校合作、向公众推荐健康信息资源的使用等方式积极参与公众健康素养干预项目。美国国立医学图书馆（NLM）继 1997 年将为专业人员服务的权威数据库 MEDLINE 以 PubMed 的形式免费向全球开放后，1998 年又发布了 MedlinePlus，专门为普通公众免费提供高质量最新的健康信息。2004 年 NLM 又专门制订了解决健康差距的战略计划，其中要求各级图书馆与医疗机构合作，设置健康教育中心，教育社区居民利用信息技术搜索健康网页，将所获健康信息运用到自身的卫生保健中。NLM 与圣安东尼奥图书馆得克萨斯大学卫生科学中心、得克萨斯州 A/M 大学（TAMU-CHUD）联合进行的旨在培训社区居民使用 MedlinePlus 提高健康素养的 Colonias 项目非常成功。Colonias 项目研究发现，许多居民通过使用 MedlinePlus 网站来获取困扰自己或家人的疾病信息（如根据网站上提供的疾病症状，判断是否患了此病；获得照顾儿女的基本知识；如何服用药物及药物可能的副作用；癌症的早期迹象等）。有些居民发现他们的疾病并不像想象中严重，心情会放松下来，不再对自己的健康状况忧心忡忡。大部分情况是这些信息让他们发现自己的疾病比想象更加严重，促使他们重视自己的疾病及早去看医生。很多居民在看医生之前先通过 MedlinePlus 网站来检索与他们健康情况有关的信息，以便更好地向医生咨询。一些居民会使用 MedlinePlus 网站来核对医生告知信息的准确性、查找疾病的非处方治疗方法。社区居民在使用 MedlinePlus 后，知道要合理饮食、适当运动、控制体重、改变不良生活方式以预防慢性病，才能生活得更健康、更长久。参与项目的社区居民对使用健康资源这样的培训有极大的兴趣，并表示要将这些信息和查询技巧告诉家人和朋友，让他们也能够从中受益。随着图书馆与医疗机构合作的深入，图书馆在帮助人们自主学习健康知识，提高健康素养方面将发挥更重要的作用。

鉴于健康素养是一种多维度的个人综合能力，对公众个人健康和国家卫生经济决策极其重要，欧美发达国家已经意识到只有促使医学、教育学、传播学、伦理学、计算机等多学科领域的专家合作，才有望真正提高公众的健康素养。

六、健康素养未来的研究方向

1999 年，美国医学会召集特设委员会研究健康素养的一系列问题。委员会提出了四个研究方向：健康素养的筛选、提高与低素养患者之间的交流、缺乏健康素养的经济成本和健康结局、健康素养缺乏影响健康结局的途径。之后，与健康相关领域的人员围绕这四个方面展开了一些研究。根据 2003 年 NAAL 报告，美国公众健康素养普遍较低、卫生保健体系识别和应对健康素养问题也有缺陷。对此，IOM 强调了卫生保健机构工作的四个主要方面：定义健康素养的范围、识别创建公众卫生素养（health-literate public）的障碍、评估过去的工作、确定今后努力的方向。IOM 号召政府和个人都要投资，开发有效的测评工具和健康信息交流标准。2006 年，包括美国卫生健康研究与质量机构（AHRQ）、疾病控制与预防中心（CDC）、美国国立卫生研究院（NIH）等多机构出资资助健康素养的研究。重点领域为健康素养是哪些健康结局的关键影响因素、健康素养研究方法和技术的改善、健康素养的预防和干预策略。最近美国卫生和人力服务部门（DHHS）发表了有关健康素养的项目通知。这个项目的主要内容是：①增进对健康素养属性的理解；②增加对健康素养与健康行为、疾病预防治疗、慢性病管理、健康差距、环境因素风险评估以及健康结局之间关系的理解。该项目得到 NIH 等 12 个机构的支持，暗示对健康素养有更广泛的关注。

从中可以看出，健康素养的研究从医疗系统内扩展到整个社会，既有理论层面的研究，如对健康素养的概念含义定位、健康素养与健康结局的因果关系等；也有实践层面的研究，如多学科联合研究健康素养测评工具、使用新技术消除交流障碍、健康素养具体预防和干预措施等。今后还要加强对健康素养干预效果的评价方面的研究。

未来我国健康素养的可能研究方向为：①加强健康素养整体评估体系的研究，建立适合中国国情的公众健康素养评估体系和患者健康素养快速评估体系；②进一步拓展不同人群健康素养的研究，如青少年、残疾人、少数民族群体以及流动人口、留守儿童等弱势群体。另外，加强对社区、学校等不同组织结构内部特定人群健康素养的研究，以有效地整合社会资本、金钱资本、人力资本，更好地提升健康素养；③加强有关健康素养与健康态度、健康行为之间关系的实证研究，从而有助于加强健康教育工作的针对性，强化健康教育效果；④加强在临床医学环境与公共健康环境下健康素养研究成果的整合；⑤加强对提升健康素养的健康教育活动的效果评估，为完善干预方法提供有力参考。

案例 1-2 分析讨论

1. 大学生身体素质状况整体较弱，随着年级增加呈现下降趋势，年级与体质状况成反比，年级越高，身体状况越差。

2. 第一，大学生参与锻炼的主观意识薄弱，尤其是高年级学生，参与锻炼的意愿较低。第二，锻炼方法不合理，锻炼效果不明显。第三，未养成良好的生活方式，如晚睡，睡眠时间少，睡眠质量差，身体素质不断下降。第四，不能很好地调节学习和生活压力，其所造成的精神负担严重影响大学生身体素质。

3. 掌握健康素养相关知识，养成良好的生活和学习习惯，培养正确的生活方式，加强体育锻炼，增强维护身心健康的能力，尽快适应大学生活。

链接　《“健康中国2030”规划纲要》指导思想

推进“健康中国”建设，必须高举中国特色社会主义伟大旗帜，全面贯彻党的十八大和十八届三中、四中、五中全会精神，以马克思列宁主义、毛泽东思想、邓小平理论、“三个代表”重要思想、科学发展观为指导，深入学习贯彻习近平总书记系列重要讲话精神，紧紧围绕统筹推进“五位一体”总体布局和协调推进“四个全面”战略布局，认真落实党中央、国务院决策部署，坚持以人民为中心的发展思想，牢固树立和贯彻落实新发展理念，坚持正确的卫生与健康工作方针，以提高人民健康水平为核心，以体制机制改革创新为动力，以普及健康生活、优化健康服务、完善健康保障、建设健康环境、发展健康产业为重点，把健康融入所有政策，加快转变健康领域发展方式，全方位、全周期维护和保障人民健康，大幅提高健康水平，显著改善健康公平，为实现“两个一百年”奋斗目标和中华民族伟大复兴的中国梦提供坚实健康基础。

第三节　提高健康素养的方法和技巧

案例 1-3　一个高血压病例引发的思考

小美，护理专业大四学生，正在附属医院实习。带教老师分配给她一个任务，要求她给一名高血压患者进行健康教育。患者的情况如下：

患者，男性，58 岁。既往有高血压病史 7 年，最高血压 155/95mmHg，曾先后服用贝那普利、复方利舍平氨苯蝶啶片等药物治疗，血压一直控制不佳。2 个月前，每天加用氨氯地平 5mg 治疗，血压有波动，同时伴有颜面潮红和双下肢水肿而停用，故来诊。既往吸烟史 10 年。查体：血压 150/95mmHg，各瓣膜听诊区未闻及杂音，心率 76 次/分，肝脾未触及，双肾区无叩击痛，双下肢无水肿。

带教老师要求她为患者讲解以下 6 个方面的健康教育内容：①低盐低脂饮食；②戒烟限酒；③心理平衡；④适量运动；⑤监测血压；⑥用药。

问题： 1. 小美如何选择最有效果的健康教育方式？

2. 小美如何提高健康教育效果？

3. 如何对小美的健康教育效果进行评价？

随着社会的发展和人口老龄化的加剧，老年人的慢性病呈上升趋势。由于 60%～70%的老年人合并有慢性病，人类的疾病谱、死亡谱也在发生着转变，要求老年人在自我健康管理中承担更为重要的角色。因而，对老年人开展一系列的护理干预是预防和控制慢性病的有效途径。

采用有效的慢性病健康教育干预方法，提倡健康的生活方式，控制不良行为的危险因素，普及慢性病的预防保健知识，提高自我保健能力，增强遵医行为，增加对社区卫生服务的利用率，这些方法在提高慢性病患者对危险因素的知晓率和促进健康行为的形成等方面有着至关重要的作用。

（一）teach-back 定义及影响

teach-back 是一种用来检查人们对沟通交流信息或者是学习内容理解程度的方法。它包括要求受教育者用自己的语言解释或说明正在讨论的问题，例如："为了确认我已经清楚地给你解释了这张表格的内容，你能告诉我你认同我刚才给你解释的那些部分吗？""请告诉我你将怎样使用哮喘呼吸器，以至于我能确定我已经清楚地给你解释了哮喘呼吸器的用法""我们今天谈论了好多，你能告诉我你认为哪些最重要吗？"，等等。如果受教育者没有清楚地说明自己对于信息的理解，可以尝试采用通俗的词语再解释一遍，或者画一张表格形象化表达，又或者简化指令，然后要求受教育者再解释一遍对信息的理解。直到受教育者掌握所有的信息。这种方法不仅可以保证信息的正确传达，而且还可以加强信息在人脑中的保留时间。

大量文献表明，teach-back 方法主要用于医疗领域，来提高患者对健康知识的理解与掌握程度，该方法也得到极高的社会认可。错误的理解医嘱将会导致严重的健康问题，而叮嘱之后简单的询问"你清楚了吗？""你理解了吗？"，也不会起到真正的效果，只有使用 teach-back 方法，检查患者对于医嘱的理解程度，才会收到事半功倍的效果。美国医学会论坛报道：teach-back 是一种很有效的方式来确保患者理解他们被告知的信息。美国卫生保健与质量研究机构认为：teach-back 是评价患者对医疗服务满意度的 11 个评价中的最高评价之一。美国国家伦理中心保健机构认为：teach-back 可以提高临床工作效率，帮助临床医生识别与患者间的沟通障碍并形成他们自己的沟通技巧。

（二）teach-back 研究现状

1. teach-back 国外研究现状 teach-back 作为一种全新的教育方法，在国外主要应用于医疗领域。根据美国医学会的研究调查，美国成人中约有一半的人对医嘱理解有困难，如医生向他们解释为何会生病以及患者该如何遵医嘱用药。Kessels 等研究发现，对于医生给患者提供的医疗信息，有 40%～80%被直接忘记；或者将近 50%的信息记忆是错误的。大部分患者是因为缺乏医学知识而导致对医嘱的误解，包括老年人、年轻人、英语水平有限的移民者、拥有不同文化信仰的人群、没有良好教育背景以及有认知缺陷的人。另外，McGuire 等也发现，给患者提供的信息越多，他们越容易忘记。因为大部分医生都会不经意地高估患者的理解力，即使他们用最通俗的语言进行解释，其实患者还是不懂。

Weiss 等研究发现，人们对医嘱的理解能力与其本身的健康素养水平有很大关系，健康素养水平低会直接导致住院率的增加，住院时间的延长，门诊患者数量的增加，甚至会导致更严重的疾病。低健康素养水平以及对健康知识的误解，造成的直接后果就是大大增加医疗开支。此外，健康素养水平低，是一种较普遍的现象。经调查发现，在美国，大约 50%的成年人缺乏健康素养，而只有 12%的人群能熟练掌握和理解健康知识。因此，Schillinge 等引入 teach-back 方法，也被称为"show-me"或者是"closing the loop"，让患者用自己的语言表达对医嘱的理解。研究发现，这种方式非常有效，不仅能加强患者的理解能力，改进医生的沟通技巧，而且它还适用于各种健康素养水平的患者，最终可以提高患者的健康素养水平。Schillinger 等研究发现，使用 teach-back 方法可以促进医生与糖尿病患者之间的沟通交流，加强患者对糖尿病知识的理解程度，使血糖得到更好的控制。有研究表明，临床医生使用 teach-back 方法后，患者对健康知识的掌握情况从 60.8%上升到 83.5%，而且医务人员与患者之间的满意度也有所提高。

2. teach-back 国内研究现状 我国对 teach-back 的研究主要集中在教育领域。其中，最常见的是应用在临床医学的教学过程中，探讨 teach-back 方法对医学生学习成绩及综合素质的影响。在 teach-back 的实际应用过程中，常被译为“小老师”或是“教学回顾”。吴苏婷等研究发现，传统的护理技能教学仅是教师示范，学生观摩，不利于学生科学能力的培养和综合素质的提高。邓翠莲等在基础护理技能操作课程的学习过程中，改变过去传统教学方法，采用“小老师”教育的教学方法，让学生主动参与到教学过程中，完成对知识、技能和情感的融合与构建，鼓励学生积极主动去参与、去思考、去创造，使教学内容变得生动活泼，同时注重学生综合能力的培养，真正实现以学生为中心的教学。马珊珊在培养学生周末自主管理实验室模式探讨中也采用了“小老师”的教育方法。在实验室开放期间，形成以实验室学生管理为主，小组长和“小老师”为辅的共同管理模式。通过培养学生担当实验室管理员，参与到周末实验室管理中去，使其综合能力得到提高，增加学生与教师、同学的沟通机会，锻炼学生的沟通技巧，提高学生的沟通能力，降低因沟通不良而产生的护理纠纷问题。葛伟等采取让学生轮流示教当“小老师”的讲课方法，对学生基础护理操作进行岗前培训。师生共同备课，“小老师”自己设计教学方案程序，通过“小老师”查阅医学文献激发他们的思维和创新能力。

（三）teach-back 的干预研究

teach-back 作为一种新的教育方法，在国外，其干预研究主要应用在一些慢性疾病的管理方面：提高患者对健康知识的理解与掌握程度，改善遵医行为；提高患者的自我管理能力，最终使患者的健康素养水平提高。在我国，teach-back 方法主要应用范围在教育领域，将其作为一种健康教育方法来研究与健康素养之间的关系尚未见报道。因此，借鉴国外经验，在我国应多开展这方面的研究。

Namratha 等采用 teach-back 方法对两组糖尿病患者进行为期 2 周的健康教育，来研讨 teach-back 方法是否会对患者的健康素养水平产生影响。结果发现，采用 teach-back 方法教育组的患者对于糖尿病知识的掌握情况明显高于普通教育组的患者，而且健康素养水平改变程度也比普通方法教育组的高。因此，Namratha 认为采用 teach-back 方法对患者进行干预，是一种保持长期学习的有效的教育方式。

W. Matthew 等研究 teach-back 方法的使用和教育时间长短与心脏病患者的再入院率以及相关自我护理知识的掌握情况有无关系。他们选取了符合条件的研究对象，将 teach-back 方法作为常规治疗的一部分，各组除教育时间长短不同以外，在年龄、性别、文化程度、疾病严重程度等各方面均无统计学意义。最后结果显示，使用 teach-back 方法可以降低患者的再入院率，提高其自我护理能力，但教育时间的长短没有明确规定，要根据患者自身情况而定。

L. Feleta 等使用 teach-back 方法改善部分贫困地区母亲的健康素养水平，普及一些常见疫苗的正确使用时间及方法，目的是降低儿童传染病的发病率，收到了比较显著的效果。

（四）在我国开展 teach-back 研究的建议

目前我国的医疗服务保障体系还不是很健全，对于患者在住院期间接收到的健康教育知识，医生并没有要求患者进行反馈。因此，患者对教育知识的掌握情况以及健康知识对患者是否有效等方面很少有研究。且近年来随着我国人口老龄化的加剧，老年人慢性病的患病率也逐渐增高，这就对医务工作者提出了严峻的挑战。因此，对我国开展 teach-back 研究给出以下建议。

1. 针对老年患者 应加强医务工作者对老年人心理状况的了解。老年人离退休之后约有 1/3 的人会有不适应，出现失落感和焦躁情绪，有的甚至还会出现血压波动、食欲障碍、睡眠障碍等症状。社会活动的局限化也可能使得部分老年人感到孤独厌世，出现怀旧、少言、沉默、恐惧、无聊、抑郁、多疑等心理状况。一些老年人甚至会出现性格的转变，由原来的温和变得专横、武断。因此，当医务工作者面对老年患者，应该对他们多多包容与理解。在使用 teach-back 教育方法时，要详细耐心地向他们讲述应该注意的健康问题，以一种更加适合老年人的方法检测他们对健康信息的掌握程度。

2. 针对文盲、半文盲患者 应因人施策。对于文盲、半文盲患者，医务工作者应灵活采用 teach-back 方式，多以图、表等简单易懂的方式向患者传达医疗指令，尽量避免医学术语，注意说话语速不要太快，并做到多多提醒，要求患者能用自己的语言表述被传达的医疗指令。

3. teach-back 使用注意要点

（1）提前做好计划，teach-back 问题要围绕谈话的主题，用简短的语言帮助患者记住核心的问题，并反复强调加深他们的印象。

（2）对于能够自己阅读的患者，可以提供一些书面材料，帮助他们理解和记忆。

（3）对于患者不能准确回答的问题或者是回答错误的问题可以使用不同的词语或者是一些图画进行重复，减少患者因学习产生的压力。

（4）使用一些通俗易懂的语言或者是家庭用语，将自己置身在一个家庭谈话或者是朋友间的谈话之中。尽量使谈话的内容简单，避免专业术语。将有助于改善与患者间的沟通交流。适当给患者发言权，这在知识的掌握方面将会发挥积极的作用。

（5）在使用 teach-back 方法时，医生要学会从自身找责任（如问患者“我说得清楚么？”），而不是把责任归于患者（“你明白了吗？”），每说完一个知识点，要停下来让患者去叙述，而不是等把一切都说完了再问患者是否明白。

（6）要学会识别患者的“小聪明”，例如，患者说自己按时服药了，我们要注意检查他的药品清单，患者说的一天服三次，要落实他理解的三次到底是否正确等，以避免他们不懂装懂所引起的一些问题。

案例 1-3 分析讨论

1. 小美可以选择 teach-back 健康教育方法。

2. 小美可以通过以下 6 个方面提高健康教育效果：①提前做好计划；②对于能够自己阅读的患者，可以提供一些书面材料；③对于患者不能准确回答的问题或者是回答错误的问题可以使用不同的词语或者是一些图画进行重复，直至患者听懂为止；④使用通俗易懂的语言；⑤学会从自身找责任；⑥要学会识别患者的“小聪明”。

3. 对 6 个方面的健康教育内容，每个知识点设置 1～2 个关键问题向患者提问，每道题设置一定分值，请患者作答。根据患者回答情况予以评分，从而了解小美的健康教育效果。

问题与思考

1. 大学校园里如何进行健康素养宣传和教育？

2. 如何对你的同学强调提高健康素养的重要性？

3. 如何提高家人的健康素养？

（刘永兵　薛　谨　邹明玮　渠吉岭）

第二章　大学生核心素养之健康生活

学习要求

识记：能够正确描述痛风发作的诱因；能够正确陈述睡眠各时相的特点和睡眠周期；能够识记常见生活方式病的临床表现；能够正确描述建立健康生活方式的方法。

理解：能正确说明睡眠对个体的意义；能够理解饮食对于痛风控制的重要性；能够正确解释视疲劳的原因；能够正确理解生活常见病的诊断；能够理解健康生活方式和掌握基本健康技能的重要性。

运用：能运用正确的方法护理与预防痛风；能运用正确的方法评估睡眠状况；能够采取恰当的措施缓解视疲劳；能够识别常见的生活方式病；能够建立健康的生活方式，掌握基本的健康技能。

第一节　不健康的生活方式

生活方式是指人们长期受一定文化、民族、经济、社会、风俗、规范等影响而形成的一系列生活习惯、生活态度和生活制度，包括个人嗜好、认知方式和业余时间的行为活动等。WHO 指出，人类的健康 60%依靠良好的生活方式和行为习惯。健康的生活方式对大学生的体质及心理健康、生活满意度、自尊有积极的促进作用；不良的生活方式有损身体健康，如引起头痛、肥胖、非酒精性脂肪肝病等，甚至导致死亡。目前大学生的不健康生活方式也越来越常见，本节主要对大学生痛风发作、睡眠障碍和视疲劳进行阐述。

一、痛　　风

案例 2-1　　**聚 会 之 后**

沙同学，20 岁，在暑假期间常和朋友聚会狂欢，差不多每次聚会都会喝酒，且经常暴饮暴食，开学后和同学聚会，有次晚上喝多了，半夜突然出现脚疼的现象，尤其是右脚趾疼得厉害，且还变得又红又肿，第二天到医院检查后发现血尿酸高达 600μmol/L，诊断为“痛风”。沙同学既往体健，无急、慢性传染病史及手术史、外伤史，无药物过敏史，预防接种史不详。

问题：1. 该同学的生活方式健康吗?

2. 该同学痛风发作的原因是什么?

3. 该同学应该如何护理呢?

痛风（gout）是原发性或继发性嘌呤代谢障碍、血尿酸增高而引起的组织损伤性疾病，以特征性急性关节炎反复发作和高尿酸血症为特征，长期患病者可有痛风石和肾结石形成。大学生是一个特殊的群体，就餐多在院校食堂、学校周边饮食产业，学生对健康知识掌握不足，不能合理饮食，摄入较多的肉类、海鲜、酒类等，使本病发病率逐渐升高。

（一）病因和发病机制

痛风与尿酸增高有关。引起高尿酸血症的原因，可以是尿酸产生过多，也可以是尿酸排泄减少，或生成超过排泄，或生成增多与排泄减少同时存在，均可使尿酸积累而出现血尿酸增高。痛风临床上分为原发性和继发性两类，原发性痛风系先天嘌呤代谢紊乱性疾病，这些患者多有家族史，可能与遗传有关。继发性痛风多是由于其他疾病、药物等引起尿酸产生增加或排出减少，从而导致高尿酸血症。另外，痛风的发病与饮食结构、环境因素有一定关系。嘌呤代谢紊乱引起体内尿酸聚积或因肾脏排泄尿酸减少均可引起高尿酸血症。尿酸达到饱和状态时，尿酸结晶可在中枢神经系统以外的各部分，特别是关节部位和肾脏产生沉积，这种沉积可引起急、慢性痛风性关节炎，急、慢性尿酸肾病和尿酸肾结石等。

（二）临床表现

男性比女性发病率高，脑力劳动者及营养良好的人发病较多。

1. 高尿酸血症 患者可以没有任何症状，只是在血液生化检查时，才知道血尿酸增高。无症状期仅有血尿酸持续性或波动性增高。从血尿酸增高至症状出现时间可长达数年至数十年，有些可不出现症状。但随着年龄的增长，出现痛风的比例增加，症状出现与高尿酸血症的水平和持续时间有关。

2. 急性痛风性关节炎 是原发性痛风最常见的首发症状，由尿酸盐结晶、沉积引起，常由手术、外伤、饮酒、暴饮暴食、过度疲劳等诱发。典型发作起病急骤，疼痛剧烈，多数在半夜或清晨突感关节剧痛而惊醒，数小时内症状发展至高峰，关节及周围软组织出现明显红、肿、热、痛和活动受限，可有关节腔渗液。常有发热，有时伴畏寒或寒战，白细胞数增高，红细胞沉降率（血沉）升高。最易受累位是踇趾和第一跖趾关节，其后依次为踝、膝、腕、指、肘等关节。初次发作常呈自限性，一般经 1～2 天或数周自然缓解，缓解时局部可出现特有的脱屑和瘙痒表现。部分患者发作时血尿酸水平正常。

3. 痛风石及慢性关节炎 进入慢性关节炎期，尿酸盐在关节内沉积增多，炎症反复发作，波及关节增多，最终使关节僵硬、畸形、活动受限。少数可累及肩、髋关节及脊柱。

4. 肾结石与痛风性肾病 肾尿酸结石的发病率约为 25%，可有肾绞痛、血尿。尿酸结晶在肾小管沉积所致急性肾衰竭称为尿酸性肾病。肾间质组织沉淀所致者称为痛风性肾病。后者呈慢性病程，逐渐发展为慢性肾功能不全。

（三）实验室及其他检查

1. 血尿酸常增高。

2. 在旋光显微镜下关节液的白细胞内可检出针形尿酸盐结晶。

3. 痛风石活检或穿刺内容物有尿酸盐结晶。

4. X 线片显示受累关节骨软骨缘邻近关节的骨质有圆形或不整齐的穿凿样透亮缺损。

5. 诊断性治疗，痛风患者急性关节炎期服秋水仙碱后，关节疼痛迅速缓解。

（四）护理与预防

1. 休息　急性关节炎期，除关节红肿热痛和功能障碍外，患者常有发热，应绝对卧床休息，抬高患肢，避免受累关节负重，也可在床上安放支架支托盖被，减少患部受压。待关节痛缓解 72 小时后，方可恢复活动。手腕或肘关节受累时，为减轻疼痛，可用夹板固定制动，也可在受累关节冰敷或用 25%硫酸镁湿敷，消除关节的肿胀和疼痛。痛风石严重时，可能导致局部皮肤溃疡的发生，故要注意维持患部清洁，避免发生感染。在日常生活中：①应注意尽量使用大肌群，如能用肩部负重者不用手提，能用手臂者不要用手指；②避免长时间持续进行重体力劳动；③经常改变姿势，保持受累关节舒适；④若有关节局部温热和肿胀，尽可能避免其活动。如运动后疼痛超过 1～2 小时，应暂停进行此项运动。

2. 药物　急性期治疗首选秋水仙碱，是痛风急性发作的特效药，一般服药后 6～12 小时症状减轻，24～48 小时 90%的患者症状缓解。发作间歇期可选用苯溴马隆、别嘌呤醇等药物。

3. 饮食　避免进食高嘌呤食物，通常根据食物中嘌呤的含量将食物分为三类。第一类为嘌呤含量高的食物，每 100g 食物含嘌呤 100～1000mg，如动物心、肝、肾、脑，鲭鱼，鱼子，小虾，贻贝，鹅，斑鸡，以及各种肉汤等；第二类为嘌呤含量中等的食物，每 100g 食物含嘌呤 90～100mg，如畜、禽肉类，鱼、贝类、干豆类、菠菜、扁豆、龙须菜、蘑菇等；第三类为嘌呤含量很少的食物，这类食物包括除上述提及外的所有植物性食物以及蛋、奶类及其制品和油、糖等食物。急性期患者可选用第三类食物，蛋白质按 0.8～1.0g/kg 供给。缓解期患者除第三类食物外，可适当选用第二类食物，蛋白质以每天不超过 80g 为宜。总之，急性期及缓解期患者应禁用第一类食物。日常饮食宜清淡、易消化，忌辛辣和刺激性食物。严禁饮酒。

4. 疾病预防　平时要保持心情愉快，避免情绪紧张；肥胖者应减轻体重；生活要有规律，防止受凉劳累、感染、外伤；日常注意控制饮食，避免进食高蛋白和高嘌呤的食物等。饮食治疗的原则是低热能、低脂肪、低嘌呤及禁酒、茶及咖啡。低热能、低脂肪饮食的目的是防止肥胖；低嘌呤饮食则是减少外源性的嘌呤摄入，有利于病情控制。

案例 2-1 分析讨论

1. 沙同学的生活方式不健康。

2. 喝酒，暴饮暴食。

3. 遵医嘱用药；抬高患肢，避免受累关节负重；可在受累关节冰敷或用 25%硫酸镁湿敷，消除关节的肿胀和疼痛；避免进食高嘌呤食物，日常饮食宜清淡、易消化，忌辛辣和刺激性食物，严禁饮酒，多进食碱性食物，每天至少饮水 2000ml。

二、睡眠障碍

案例 2-2 **连续熬夜之后**

2016 年 8 月 29 日上午 6 点 40 分左右，某大学一名 2015 级 C 姓学生突然晕厥，送至校医院进行初步抢救后，转院至某医院继续抢救。当日晚 6 点左右，男生因抢救无效离世。同学评价：C 同学学习优异，社团活动积极，生前就任于社团联合会社团品牌发展部。据部门成员称，C 同学对人很好，工作能力强，人缘好，唱歌、跳舞都很好，还是学霸。另外，C 同学还在街舞社、演艺社等多个社团积极活动。“开朗、多才”是 C 同学多位朋友对他的共同印象。C 同学的舍友反映 C 同学刚参加完支教活动，回来之后一直在熬夜。

问题：熬夜有哪些危害？

大学生睡眠质量和睡眠习惯关联很大，尤其是睡前在床上做一些和睡眠无关的事，容易影响睡眠。其中，手机等电子设备是影响大学生睡眠的主要因素。有 79%的大学生上床后不会立刻睡觉。一半以上的大学生在上床后 30 分钟内闭眼睡觉。从上床到闭眼的这段时间里，大学生会利用手机等电子设备进行丰富的娱乐活动。最常见的活动是看剧（含综艺/电影）、在线聊天、刷社交应用。和女大学生相比，男大学生上床后打游戏、看直播的人更多。其实，睡前少看发光屏幕非常有助于睡眠。而一旦玩起手机，就会控制不住自己，进而导致熬夜，以及难以进入深度睡眠。在这些活动的影响下，大学生的入睡时间自然更晚。68%的大学生在 23～24 点入睡，有 18%的大学生在 24 点以后入睡。相比于儿时几乎没有睡眠烦恼的他们来说，现在大学生需要面临难以入睡、睡眠障碍等多种问题。

（一）睡眠的生理机制

觉醒和睡眠是一种昼夜节律性的生理活动，是人类生存的必要条件。睡眠是一种周期发生的知觉的特殊状态，由不同时相组成，对周围环境可相对地不做出反应。睡眠是休息的一种重要形式，任何人都需要睡眠，通过睡眠可以使人的精力和体力得到恢复，可以保持良好的觉醒状态，这样人才能精力充沛地从事劳动或其他活动。睡眠对于维持人类的健康具有十分重要的意义。

1. 睡眠的发生机制 睡眠中枢位于脑干尾端，研究发现，脑干尾端与睡眠有非常密切的关系，此部位各种刺激性病变可引起过度睡眠，而破坏性病变可引起睡眠减少。睡眠中枢向上传导冲动作用于大脑皮层（或称上行抑制系统），与控制觉醒状态的脑干网状结构上行激动系统的作用相拮抗，从而调节睡眠与觉醒的相互转化。大量的研究结果表明，睡眠并非脑活动的简单抑制，而是一个主动过程。另外还发现，睡眠时有中枢神经介质的参与，部分研究结果认为，在人脑内，腺苷、前列腺素 D_2 可促进睡眠，而 5-羟色胺则可抑制睡眠。

2. 睡眠的时相（sleep phase） 根据睡眠发展过程中脑电波变化和机体活动功能的表现，将睡眠分为非快速眼动睡眠和快速眼动睡眠两个时相。非快速眼动睡眠又称慢波睡眠或正相睡眠；快速眼动睡眠又称快波睡眠或异相睡眠。睡眠过程中两个时相互相交替进行。

成人进入睡眠后，首先是慢波睡眠，持续 80～120 分钟后转入快波睡眠，维持 20～30 分钟后，又转入慢波睡眠。整个睡眠过程中有 4～5 次交替，越近睡眠的后期，快波睡眠持续时间越长。两种睡眠时相状态均可直接转为觉醒状态。但在觉醒状态下，一般只能进入慢波睡眠，而不能进入快波睡眠。

3. 睡眠周期（sleep cycle）　在正常状况下，睡眠周期是慢波睡眠与快波睡眠不断重复的形态。每一个睡眠周期都含有 60～120 分钟不等的有顺序的睡眠时相，平均是 90 分钟。在成人每 4～6 个睡眠时相周期，在睡眠周期的交替进行中，如果在任何一期将个体唤醒，再继续睡眠时，不会回到将其唤醒的那个睡眠时相中，而是从睡眠最初状态开始。在夜间，若睡眠经常被中断，患者将整夜无法获得深度睡眠和快波睡眠，患者正常的睡眠形态受到干扰，睡眠质量大大下降，因此患者就不得不通过增加睡眠总时数来补充缺乏的深度睡眠和快波睡眠，以至于造成睡眠形态发生紊乱。

（二）睡眠障碍

睡眠障碍（sleep disorder）是指睡眠量及质的异常，或在睡眠时出现某些临床症状，也包括影响入睡或保持正常睡眠能力的障碍，如睡眠减少或睡眠过多，以及异常的睡眠相关行为。睡眠障碍分为器质性睡眠障碍和非器质性睡眠障碍。按照 WHO 编写的精神与行为障碍分类对非器质性睡眠障碍的诊断，非器质性睡眠障碍包括睡眠失调（失眠、嗜睡和睡眠觉醒节律障碍）和睡眠失常（睡行症、睡惊和梦魇）一组障碍。其中失眠在大学生人群中最为常见。《2020 中国大学生健康调查报告》显示，77%的被调查大学生在过去一年中都有过睡眠困扰，其中主要问题是睡眠不足。大学生出现最多的 3 个睡眠问题是早上睡不醒、醒来头脑很沉不清醒和做梦多，前两个都和睡眠不足有关。

1. 失眠（insomnia）　是临床上最常见的睡眠障碍，是以入睡及睡眠维持困难为主要表现的一种最常见的睡眠障碍，是睡眠质量或数量不能满足正常需求的一种主观体验。失眠可分为入睡性失眠、睡眠维持性失眠和早醒性失眠。实际上多数失眠患者均为混合性失眠，上述二至三种表现往往同时存在。

2. 分类　根据引起失眠的原因不同，失眠可分为原发性失眠与继发性失眠。原发性失眠，即失眠症；继发性失眠是由心理、生理或环境的因素引起的短暂失眠，可见于下列情况：①精神因素所致的失眠，如焦虑；②躯体因素引起的失眠，如疼痛；③环境因素引起的失眠，如噪声、室温过高；④药物因素引起的失眠，如利舍平、苯丙胺、甲状腺素、氨茶碱等可引起失眠，停药后失眠即可消失。此外，长期不适当地使用安眠药会造成药物依赖性失眠；大脑弥散性病变可引起失眠，如脑血管疾病。

3. 诊断标准　《中国精神障碍分类与诊断标准》（第 3 版）中对原发性失眠的诊断标准是：一种以失眠为主的睡眠质量不满意状况，其他心理及身体的不适症状均继发于失眠，包括难以入睡、睡眠不深、易醒、多梦、早醒、醒后不易再睡、醒后不适感、疲乏或白天困倦。失眠可引起患者焦虑、抑郁或恐惧心理，并导致精神活动效率下降，妨碍社会功能。

（1）症状标准：①几乎以失眠为唯一的症状，包括难以入睡、睡眠不深、多梦、早醒，或醒后不易再睡，醒后不适感、疲乏，或白天困倦等；②具有失眠和极度关注失眠结果的优势观念。

（2）客观标准：根据多导睡眠图结果来判断。①睡眠潜伏期延长（长于 30 分钟）；②实际睡眠时间减少（每夜不足 6 小时）；③觉醒时间增多（每夜超过 30 分钟）。

（3）病程标准：至少每周发生 3 次，并至少已持续 1 个月。

（4）排除标准：排除躯体疾病或精神障碍症状导致的继发性失眠；如果失眠是某种躯体疾病或精神障碍（如神经衰弱、抑郁症）症状的一个组成部分，不另诊断为失眠症。

继发性失眠则是由疼痛、焦虑、抑郁或其他可查证因素引起的失眠。

4. 治疗

（1）失眠认知行为治疗（cognitive behavioral therapy for insomnia，CBTI）：可改善失眠患者的主客观睡眠参数。美国医师协会《成人慢性失眠障碍的管理》指南推荐：所有成人患者均应接受针对失眠的认知行为治疗，作为慢性失眠的初始治疗；若单用 CBTI 治疗失败，应与患者探讨短期的药物治疗的受益、危害及成本，共同商议治疗对策，以决定是否联用药物治疗。睡眠卫生教育可以帮助失眠患者认识不良睡眠习惯的严重性，分析寻找形成不良睡眠习惯的原因，培养良好的睡眠习惯；松弛疗法可以缓解应激、紧张和焦虑带来的入睡困难和躯体不适，降低卧床时的警觉性及减少夜间觉醒；睡眠刺激控制疗法可改善睡眠环境与入睡之间的相互作用，恢复卧床作为诱导睡眠信号的功能，使患者易于入睡，重建睡眠-觉醒生物节律；睡眠限制疗法通过缩短卧床清醒时间，增加入睡的驱动能力以提高睡眠效率；CBTI 可以改变患者对失眠的认知偏差以及非理性信念和态度。对于伴有焦虑或抑郁情绪，或伴有人格障碍，或伴人际关系不良的患者，可结合个体、家庭、团体等各类心理咨询治疗。

（2）药物治疗：目前使用的主要为苯二氮䓬类和非苯二氮䓬类药物。苯二氮䓬类药物可缩短失眠者的睡眠潜伏期、增加总睡眠时间，不良反应包括日间困倦、头昏、肌张力减退、认知功能减退、跌倒风险增加等，包括艾司唑仑、阿普唑仑、地西泮、劳拉西泮、氟西泮等；非苯二氮䓬类药物半衰期短，一般不产生日间困倦，产生药物依赖的风险较传统苯二氮䓬类低，逐渐被广泛使用，包括唑吡坦、唑吡坦控释剂、佐匹克隆、右佐匹克隆和扎来普隆等；对于时差变化引起的症状、睡眠时相延迟综合征和昼夜节律失调性睡眠障碍等可用褪黑素和褪黑素受体激动剂以调节睡眠-觉醒周期，此类药包括雷美尔通、阿戈美拉汀等；对于伴有明显抑郁、焦虑心境时，抗抑郁药是不错的选择，如三环类抗抑郁药物、选择性 5-羟色胺再摄取抑制剂、5-羟色胺和去甲肾上腺素再摄取抑制剂以及其他抗抑郁药物。

案例 2-2 分析讨论

睡眠对于维持人类的健康具有十分重要的意义。长期熬夜容易引发失眠，患癌风险增加，对消化系统、心血管系统、神经系统、皮肤的正常代谢等都会带来不良影响，如猝死、高血压、腹胀、记忆力下降等。

三、视 疲 劳

案例 2-3 **用眼过度之后**

李某，22 岁，大四女生，白天除学习之外，经常沉迷于手机，到了晚上睡觉前，她会躺在床上，关了灯，用手机看电子书，直到睡着。这样的习惯已经持续了好几年。直到半年前，李同学眼部不适逐渐加重，经常眼睛胀痛、充血，感觉视力明显下降，看东西变得模糊。来到医院的门诊时，她的眼压升高，已近 60 mmHg（正常眼压的范围 10～21mmHg），出现了角膜水肿、虹视等现象。

问题： 1. 该同学眼压增高的原因是什么？

2. 请思考自己的用眼方式，有何改进之处？

视疲劳是一组用眼后出现视觉障碍、眼部不适及全身症状的症候群。患者常有眼部的疼痛、酸胀、流泪、视物模糊、眼干涩、眼痒等症状，严重者甚至出现头痛、恶心、呕吐等全身症状。视疲劳是眼科常见病，它是以患者自觉眼症状为基础，眼或全身器质性因素与精神（心理）因素相互交织的综合征。随着现今智能手机和电脑的大规模普及，加之大学生的学业压力大，大学生群体中视疲劳的患病率显著地增加。控制大学生视疲劳的发生率，对于预防眼部疾病具有重要的意义。

（一）病因

1. 眼本身的因素

（1）与视觉直接有关的因素：①屈光不正；②屈光参差；③调节疲劳或调节异常（调节痉挛、调节麻痹、调节衰退等）；④屈光系统有异常而影响视力（玻璃体混浊、晶状体部分混浊、角膜混浊等）；⑤视网膜、视神经疾患。

（2）眼外肌功能方面的因素：①隐斜；②斜视；③辐辏功能异常（辐辏衰退）。

（3）用目力过多。

2. 用眼时间过长 大学生与课本、电脑、手机、电视等接触最多，不注意阅读姿势、距离和时间极容易发生视疲劳，视疲劳的发生与用眼时间的长短相关，用眼时间越长，视疲劳的发生率也越高。当前大学生对于电子产品过度依赖，长时间使用电子设备会增加视疲劳的发生率。

3. 佩戴不合适的眼镜 佩戴不合适的眼镜，不仅不能调节视力，而且会增加眼睛的负担，造成视疲劳。凹球镜的过矫增加了调节的负担，欠矫则视远不清；凸球镜的过矫增加了集合的负担，欠矫则不能减轻调节的负担；柱镜过矫易产生畸变，对视觉干扰较大，而欠矫则视物不清。另外，眼镜的光学中心与瞳孔中心不一致又产生三棱镜效应。以上情况均易致视疲劳。

4. 精神心理状态不良 相关文献报道，视疲劳与精神心理状态有关，精神心理状态良好、性格开朗外向的人群患视疲劳的概率较小，反之，则患视疲劳的概率较大，说明良性的心理情绪可以增强机体的免疫力，保护视力。

5. 睡眠不足 充足的睡眠可以促进睫状肌功能的恢复，减少眼球肌肉暂时性痉挛，缓解视疲劳。目前高校大学生课业繁重，沉迷于手机等电子产品，部分学生甚至游戏成瘾，彻夜不眠，得不到充分的休息，导致大学生视疲劳人数激增。

6. 膳食结构不合理及体育锻炼缺乏　大学生的饮食结构较为单一，不注意饮食结构，并且缺乏运动，大学生的身体素质越来越差。近几年，大学生校园内猝死的报道屡见不鲜，身体是革命的本钱，在学习知识的同时更好地保持一个健康的体魄，以提高视力。

（二）有效缓解视疲劳的方法

1. 养成良好的用眼习惯　连续看书、电脑、电视、手机等超过 1 小时，要主动休息 10 分钟，看看绿色植物或者远眺，阅读时要保持正确的姿势和距离，距离不能过近，感觉视疲劳时，可以做眼保健操来缓解眼部不适。

2. 矫正屈光不正，佩戴合适的眼镜　屈光不正的学生应该佩戴合适的眼镜，配镜原则是要根据患者屈光状态、视力情况、年龄、学习、有无视疲劳、眼位情况及集合功能、调节功能等多因素综合考虑，并在主客观验光基础上进行分析综合。

3. 眼轴矫正，眼外肌训练　积极在医生的指导下进行眼轴矫正，眼外肌训练，这对于眼位异常、调节或集合功能不足导致的视疲劳是非常有用的。

4. 保持健康积极的心态　在学习、生活中遇到困难和挫折，要注意调整心态，积极应对，不要悲观沮丧，失败乃成功之母，只有在不断的失败中吸取教训才能够迈向成功，放松心情，舒缓压力，变压力为动力，用健康的心态去迎接挑战。

5. 合理膳食结构和适量的体育锻炼　在饮食上，膳食结构要合理，多吃黄色或绿色的蔬菜，少吃辛辣刺激性食物，食物要清淡、易消化，不抽烟不喝酒，保证充足的睡眠，坚持每天进行适量的体育锻炼。参加体育运动尤其是户外运动不仅可以提高人体免疫力、增强身体素质，还可以使身心放松。保持良好的身心状态，可以缓解身体疲劳，同时也有助于缓解眼部疲劳。

总而言之，视疲劳是一种多发病，在大学生中普遍存在。在日常生活中，一定要早睡早起，规律作息，不抽烟喝酒，养成良好的生活习惯，适量运动，佩戴合适的眼镜，注意用眼习惯和卫生，如果眼部有不适，尽快到专门的眼科医院找医生治疗，切忌自行用药，以免贻误病情。

案例 2-3 分析讨论

1. 不健康用眼，过度用眼。
2. 对照文中的健康用眼，找出存在问题进行改进。

（薛　谨）

第二节　不健康生活方式带来的健康风险

WHO 研究认为，在影响健康的因素中，个人的生活方式占到 60%，日常生活方式是否合理，其实是决定一个人健康与否的关键因素。而这个对健康最为重要的因素却往往被人们所忽视。为什么会这样？因为生活方式对健康的影响具有隐蔽性和滞后性的特点。

生活方式病，是指人们长期受某些生活习惯和行为方式的影响而导致的病症，如影响青少年健康的肥胖症、高血压、糖尿病、近视眼等疾病，从广义而言，都可以称之为生活方式病。这些过去是中老年人才易患的病，现在由于生活方式的变化，越来越多地光顾青少年人群。除这些传统意义上的生活方式病以外，当前影响青少年健康的还有各种新型的生活方式病。由于现代生活方式的变化以及许多新技术、新事物不断在改变人们的生活习惯和行为方式，因此当前也就出现了各种新型的生活方式病，如计算机综合征、手机焦虑症、干眼症、空调综合征、久坐综合征、果汁综合征等。而大学生对新技术、新鲜事物更为敏感，受传统生活观念的约束较少，因此他们受新型生活方式病的影响也更为显著。下面对大学生应注意的生活方式病做简单的介绍。

一、肥　胖　症

案例 2-4　　肥　胖　症

大学生小美最近很烦恼，这次的体检，身高 163cm 的她，体重达到了 75kg。细细回想，自从进入大学以来，她就经常吃各种美味的蛋糕甜品及喝奶茶饮料，学校安排的每日跑步也是能逃就逃，体重就一点点地增加了。

问题： 1. 计算该同学体重指数。

2. 试分析该同学体重增加的原因。

肥胖症（obesity）是指遗传和环境因素等多种因素相互作用，引起体内脂肪堆积过多和（或）分布异常，体重增加的慢性代谢性疾病。在世界范围内，肥胖症发病率逐年增加，WHO 已将其定位为一种重要的疾病，肥胖症及其相关疾病可损害患者身心健康，使生活质量下降，预期寿命缩短。它已成为世界范围内重要的公共卫生问题。

近年来，我国大学生中肥胖比例迅速上升，主要是由于学生缺乏日常的体育锻炼，加之生活条件的改善，摄入过多高能量、高脂肪含量的快餐。肥胖症多由饮食结构不均衡、饮食习惯不合理、睡眠时间不足等综合因素所致。

（一）临床表现

肥胖者的早期表现仅仅是体重增加、外形改变，不同类型的肥胖，脂肪分布也有所不同。随着肥胖严重程度的加重，可能渐渐出现各种临床异常的表现。一般而言可以分为三类。

1. 心理表现　肥胖者往往对自己的肥胖自惭形秽，甚至产生自我厌弃的感觉，因而可以导致焦虑、抑郁、负疚感等不良心态，甚至产生对他人的敌意。有些肥胖者的心理负担可能表现为某些躯体症状，如头痛、胃痛、失眠等，但实际上他们并没有神经或躯体上的疾病。

2. 躯体表现　中重度肥胖症可引起活动不便、气促、肌肉疲乏、关节疼痛以及水肿等表现。

3. 并发症表现　肥胖症可同时发生血脂异常、脂肪肝、高血压、冠状动脉粥样硬化性心脏病（冠心病）、糖耐量异常或糖尿病等疾病，并伴有高胰岛素血症，即代谢综合征。

4. 原发疾病的表现　继发性肥胖患者，还可能出现引起肥胖的原发疾病的表现，如下丘脑性肥胖，往往出现头痛、视力下降、发育迟缓、性功能减退、尿崩症、嗜睡以及行为改变等症状。

（二）诊断要点

根据病史、临床表现和判断指标可诊断。

1. 体重指数（body mass index，BMI） 用于测量肥胖程度，是诊断肥胖症最重要的指标。计算公式：BMI=体重（kg）/身高^2（m^2）。近年主张用 BMI 作为衡量指标。WHO 提出 BMI≥25kg/m^2 为超重，BMI≥30kg/m^2 为肥胖。2003 年《中国成人超重和肥胖症预防控制指南（试行）》推荐的标准为：BMI≥24kg/m^2 为超重，BMI≥28kg/m^2 为肥胖。

2. 腰围（WC）、**腰/臀比**（waist/hip ratio，WHR） 对于 BMI 大于 35kg/m^2 的患者，腹部脂肪含量直接影响机体的健康。腹部或者内脏脂肪与心血管疾病具有强相关性。我国成年男性 WC≥85cm，女性 WC≥80cm 为向心性肥胖标准。

3. 体脂率 是将脂肪含量用其占总体重的百分比的形式表示。一般认为男性体脂率＞25%，女性＞33%是诊断肥胖的标准。体脂率（%）=1.2×BMI+0.23×年龄−5.4−10.8×性别。其中男性性别取值为 1，女性取值为 0。即使体重仍维持在相同的水平，随着年龄的增长，其体脂率也有所增长。具有相等 BMI 的男性和女性，前者体脂含量比后者低 10%。

4. 理想体重（ideal body weight，IBW） 用于测量肥胖程度，但主要用于计算饮食中的热量和各种营养素的供应量。IBW（kg）=身高（cm）−105，或 IBW（kg）=[身高（cm）−100]×0.9（男性）/0.85（女性）。欧美国家以体重超过理想体重的 10%为超重，超过理想体重的 20%为肥胖。

5. 其他 计算机断层扫描（CT）、磁共振成像（MRI）以及双能 X 射线吸收法（DEXA）是评估体内脂肪分布最准确的方法，一般仅限于研究用。

案例 2-4 分析讨论

1. BMI=体重（kg）/身高^2（m^2）=75/1.63^2 =28.23

2. 该同学体重增加的原因：缺乏日常的体育锻炼，摄入过多高能量、高脂肪含量的饮食，饮食结构不均衡，饮食习惯不合理。

二、原发性高血压

案例 2-5 **高 血 压**

21 岁的大学四年级学生陈飞，因为大学即将毕业，找工作四处碰壁，经常感觉头晕，睡眠一直不好，于是去医院就诊。经检查，医生发现他的血压高达 160/100 mmHg，24 小时动态血压监测结果也不理想，并且出现左心室肥大，最终被诊断为高血压心脏病。

问题：试分析哪些人容易患有高血压。

原发性高血压（primary hypertension）是以血压升高为主要临床表现伴或不伴有多种血管危险因素的综合征，通常简称为高血压病。原发性高血压是临床最常见的心血管疾病之一，也是多种心、脑血管疾病的重要危险因素，长期高血压状态可影响重要脏器（如心、脑、肾）的结构与功能，最终导致这些器官的功能衰竭。原发性高血压应与继发性高血压相区别，后者约占 5%，其血压升高只是某些疾病的临床表现之一，如能及时治疗原发病，血压可恢复正常。

原发性高血压为多因素疾病，是在一定的遗传易感性基础上，多种后天环境因素综合作用的结果。引起高血压的原因，除遗传因素外，一般来说与生活方式有很大关系，如高脂肪物质摄入过多、过量吃盐和吸烟等生活方式因素，都会引起高血压。此外，外界环境及身体的不良刺激，引起强烈而长期的精神紧张及情绪波动，使大脑皮层功能失调，以及内分泌的改变，同时交感神经兴奋使全身小动脉痉挛也会引起血压逐渐升高。

根据起病和病情进展的缓急及病程的长短，原发性高血压可分为两型，即缓进型和急进性。前者又称良性高血压，绝大部分患者属于此型，后者又称恶性高血压，仅占患病率的 1%～5%。

1. 缓进型（良性）高血压

（1）临床特点：缓进型高血压多在中年以后起病，有家族史者发病可较早。起病多数隐匿，病情发展慢，病程长。早期患者血压波动，血压时高时正常，在劳累、精神紧张、情绪波动时易有血压升高。休息、去除上述因素后，血压常可降至正常。随着病情的发展，血压可趋向持续性升高或波动幅度变小。患者的主观症状和血压升高的程度可不一致，约半数患者无明显症状，只是在体检或因其他疾病就医时才发现有高血压，少数患者则在发生心、脑、肾等器官的并发症时才明确高血压的诊断。

（2）症状：早期患者由于血压波动幅度大，可有较多症状。而在长期高血压后即使在血压水平较高时也可无明显症状。因此，无论有无症状，都应定期检测患者的血压。

1）神经精神系统表现：头痛、头晕和头胀是高血压常见的神经系统症状，也可有头枕部或颈项扳紧感。高血压直接引起的头痛多发生在早晨，位于前额、枕部或颞部。经降压药物治疗后头痛可减轻。高血压引起的头晕可为暂时性或持续性，伴有眩晕者较少，与内耳迷路血管障碍有关，经降压药物治疗后症状可减轻。但要注意有时血压下降得过快过多也可引起头晕。部分患者有乏力、失眠、工作能力下降等症状。

2）靶器官受损的并发症

脑血管病：包括缺血性脑梗死、脑出血。

心脏：出现高血压心脏病（左心室肥大、扩张），冠心病，心力衰竭。

肾脏：长期高血压致肾小动脉硬化，肾功能减退，称为高血压肾病，晚期出现肾衰竭。

其他：主动脉夹层、眼底损害。

3）体征：听诊可闻及主动脉瓣区第二心音亢进、主动脉瓣区收缩期杂音。长期高血压可有左心室肥大，体检心界向左下扩大。左心室扩大致相对二尖瓣关闭不全时心尖区可闻及杂音和第四心音。

2. 急进型（恶性）高血压

（1）临床特点：此型多见于年轻人，起病急骤，进展迅速，典型表现为血压显著升高，血压持续≥200/130mmHg，且头痛较剧烈、头晕、视力模糊、心悸、气促等。肾损害最为突出，有持续蛋白尿、血尿与管型尿。眼底检查有出血、渗出和乳头水肿。如不及时有效地进行降压治疗，预后很差，常死于肾衰竭，少数因脑卒中或心力衰竭死亡。

（2）诊断要点：主要依据诊室血压，采用经核准的水银柱或电子血压计，测量安静休息坐位时上臂肱动脉部位血压。在未使用降压药物的情况下，非同日（一般间隔 1～4 周）3 次测量血压，收缩压≥140mmHg 和（或）舒张压≥90mmHg 即诊断为高血压。收缩压≥140mmHg 且舒张压<90mmHg 为单纯收缩期高血压。患者既往有高血压病史，目前正在使用降压药物，血压虽然低于 140/90mmHg，也诊断为高血压。

案例 2-5 分析讨论

除遗传因素外，有着不良生活方式的人易患高血压，如高脂肪物质摄入过多、过量吃盐和吸烟等生活方式因素，都会引起高血压。此外，外界环境及身体的不良刺激，引起强烈而长期的精神紧张及情绪波动时，也会引起血压逐渐升高。

三、糖 尿 病

案例 2-6　　糖 尿 病

漫漫最近总是没精神，大四课很少，索性就整天待在宿舍里。这天，漫漫又是一副没睡醒的样子，嘱咐室友给自己带饭，漫漫便倒在床上休息。等室友把饭给漫漫打回来的时候，却发现怎么也叫不醒她。室友赶紧拨打了 120，救护车将漫漫送到医院，医生检查发现漫漫血糖高得吓人，诊断为 2 型糖尿病、高血糖性昏迷。对症治疗后，漫漫很快苏醒了，但漫漫需要终身用药治疗糖尿病。医生了解到，漫漫平时有个爱好，就是喝奶茶，几乎天天喝。

问题：试分析漫漫罹患糖尿病的原因。

糖尿病（diabetes mellitus，DM）是由于胰岛素分泌缺陷和（或）胰岛素作用缺陷导致糖、蛋白质、脂肪代谢异常，表现为以慢性高血糖为特征的代谢疾病群。典型病例可出现多尿、多饮、多食、体重减轻等表现，即“三多一少”症状，可并发眼、肾、神经、心脏、血管等组织的慢性进行性病变。病情严重或应激时可发生急性代谢紊乱，如酮症酸中毒、高渗性昏迷等。1999 年，WHO 公布了糖尿病新的分类法，即 1 型糖尿病、2 型糖尿病、妊娠糖尿病和其他特殊类型糖尿病。

目前青少年中 2 型糖尿病发病率呈上升趋势，不良生活方式是重要原因。许多医学专家把 2 型糖尿病看作是一种典型的“生活方式病”。据统计，80%的 2 型糖尿病患者中，体重较标准体重超出 20%以上的青少年对汉堡包、炸鸡百吃不厌，喜欢喝饮料，有着高热量、高脂肪、低膳食纤维的饮食结构，而且整天玩手机、电脑游戏造成缺少运动。这种身体能量“输入”剧增，“支出”减少的情况，很容易使人肥胖和罹患糖尿病。

（一）临床表现

典型表现为“三多一少”，即多尿、多饮、多食和体重减轻。

1. 多尿　血糖升高后，不能被充分利用，随肾小球滤出而不能完全被肾小管重吸收，以致形成渗透性利尿，出现多尿。血糖越高，排出的尿糖越多，尿量也越多。

2. 多饮　因多尿失水，刺激口渴中枢，出现烦渴多饮，饮水量和饮水次数都增多，以此补充水分。排尿越多，饮水也越多，形成正比关系。

3. 多食　由于葡萄糖不能被机体充分利用而随尿排出，患者常感饥饿，导致食欲亢进、易饥多食。

4. 体重减轻　外周组织对葡萄糖利用障碍，使脂肪和蛋白质分解加速以补充能量，加之失水，患者体重明显减轻、形体消瘦，以致疲乏无力，精神不振。

（二）诊断要点

糖尿病诊断标准：①糖尿病症状，加随机血糖（指不考虑上次用餐时间，一天中任意血糖水平）≥11.1mmol/L；或空腹血糖（FPG）≥7.0mmol/L，空腹定义为至少 8 小时内无热量摄入；或口服葡萄糖耐量实验（OGTT）2 小时血浆葡萄糖≥11.1mmol/L。②无糖尿病症状者，需另日重复检查以明确诊断。

案例 2-6 分析讨论

漫漫平时不注重体育运动，高热量、高脂肪、低膳食纤维的饮食结构，这种身体能量“输入”剧增，“支出”减少的情况，很容易使人肥胖和罹患糖尿病。

四、网络成瘾症

网络成瘾症（internet addiction disorder，IAD），是指在无成瘾物质作用下的上网行为冲动失控。网络成瘾症发病年龄为 15～40 岁，24 岁以下的网民占总人数的 51.5%，青少年是易患高发人群。我国青少年网络成瘾症发病率高达 13.2%。伴随着网络的普及，网络成瘾症成为青少年新的精神疾病。

（一）临床表现

对网络有心理依赖感，不断增加上网时间；从上网行为中获得愉快和满足。离开网络后会感觉不快；在个人现实生活中不愿意参与社会活动和与他人交往；以上网来逃避现实生活中的烦恼与情绪问题；往往否认过度上网给自己的学习和生活造成的损害。过度使用网络常常会导致青少年出现情绪障碍和社会适应困难。在心理方面，会出现注意力不能集中和不持久，记忆力减退，对其他活动缺乏兴趣，为人冷漠，缺乏时间感，情绪低落；在身体方面，会出现不能维持正常的睡眠周期，停止上网时出现失眠、头痛、注意力不集中、消化不良、恶心厌食、体重下降；在行为方面，会出现品行障碍，产生攻击性行为。

（二）诊断要点

根据《网络成瘾临床诊断标准》，如果个人平均每天用于非工作学习日的连续上网时间超过 6 小时，且符合以下症状标准超过 3 个月，即为“网络成瘾症”：①对网络的使用有强烈的渴求或冲动感。②减少或停止上网时会出现周身不适、烦躁、易激惹、注意力不集中、睡眠障碍等戒断反应；上述戒断中通过使用其他类似电子媒介（如电视、掌上游戏机等）来缓解。

同时，以下 5 条至少符合一条：

1. 为达到满足感而不断增加使用网络的时间和投入程度。

2. 使用网络的开始、结束及持续时间难以控制，经多次努力后均未成功。

3. 固执地使用网络而不顾其明显的危害性后果，即使知道网络使用的危害仍难以停止。

4. 因使用网络而减少或放弃了其他兴趣、娱乐或社交活动。

5. 将使用网络作为一种逃避问题或缓解不良情绪的途径。

（三）“网瘾”有六大征兆

1. 每天上网时间超过 6 小时。且越来越长，无法自控，特别是晚上常至深夜。

2. 行为反常，上网成瘾的青少年不仅会有视力下降、生物钟紊乱、神经衰弱等生理特征，还有逃学、废寝忘食、不与人交往、对人冷漠、暴躁、关机后急躁不安等表现。

3. 经常在网上与陌生人聊天、通电话、约会等。

4. 电脑里常出现暴力、色情、赌博等图片。

5. 有说谎隐瞒上网的情况及迷恋程度等行为。

6. 宁肯借钱上网或甘冒一定危险，如去偷钱或者偷用别人账号上网等。

五、电脑综合征

案例 2-7 **电脑综合征**

最近，周同学每天在宿舍用电脑追剧，总觉得脖子疼、腰疼。某天早上，她突然觉得头痛，随后呕吐，直到吐出血来，被同学送到某医院看病。

问题：请分析该同学出现以上情况的原因？

当前，一些青少年沉迷于网络，每天在电脑前一待就是三四个小时，常有人感到身体不太舒服，眼睛发干，腰背酸痛，做事总集中不了精神，而且情绪低落。到医院看病，医生说是由于长时间过度上网导致的电脑综合征。

电脑综合征主要有以下症状：眼睛涩、发红，视觉疲劳，手指手腕僵硬，颈椎酸胀，肩膀肌肉紧张，腰背肌群疲劳，头晕目眩，神经衰弱，注意力不集中，机体免疫力下降，严重者可造成颈椎和腰椎劳损。根据具体症状电脑综合征有以下几类。

（一）鼠标手

鼠标手是电脑族出现后的又一个新兴医学名词。网络游戏迷或那些在工作中必须使用电脑的人每天重复在键盘上打字和移动鼠标，易引起腕管综合征，俗称“鼠标手腕管综合征”。

1. 临床表现 主要症状表现为正中神经分布部位出现感觉异常（主要是拇指、示指、中指掌侧），随着症状加重，患者会在夜间出现疼痛和感觉异常。如果症状持续发展，可使正中神经进一步损害，引起皮肤感觉缺失和鱼际肌肌力减退，手指活动乏力，晚期可有鱼际肌萎缩。

2. 诊断要点

（1）Tinel 征：体检拇、示、中指有感觉过敏或迟钝。鱼际肌萎缩，拇指对掌无力。腕部正中神经 Tinel 征阳性（正中神经叩击试验）。在腕韧带近侧缘处用手指叩击正中神经部位，拇、示、中三指有放射痛者为阳性。

（2）屈腕试验（Phalen 征）：屈肘、前臂上举，双腕同时屈曲 90°，1 分钟内患侧即诱发出正中神经刺激症状者为阳性，阳性率为70%左右。腕管内有炎症或肿块者，局部隆起、有压痛或可扪及包块边缘。

（3）伸腕试验：维持腕于过伸位，很快出现疼痛者为阳性。

（4）电生理检查：鱼际肌肌电图及腕-指的正中神经传导速度测定有神经损害征，对诊断有一定意义。

（二）角膜炎、结膜炎

处于发育阶段迷恋电脑游戏的青少年，在电脑前的时间大多很长，短则四五个小时，长则十多个小时，不少人患有干眼症，又称角结膜干燥综合征。这是由长时间注视电脑屏幕，眨眼次数减少引起的。正常人眨眼间隙为 5～6 秒，而这些注意力高度集中于电脑的人，其眨眼间隙可高达 30 秒之长，而且眨眼程度不完全。这样，保护眼球的泪水被空气蒸发，导致角膜和结膜干燥，会引发角膜炎、结膜炎等一系列眼部疾病，特别是处于空调环境或佩戴隐形眼镜的人，干燥症状更加明显。

1. 临床表现 常见的症状是眼部干涩和异物感，其他症状有烧灼感、痒感、畏光、充血、痛、视物模糊易疲劳、黏丝状分泌物等。

2. 诊断要点 可通过临床表现及泪液分泌试验、泪膜破裂时间、活检及印迹细胞学检查、泪液渗透压、干眼仪或泪膜干涉成像仪等一系列辅助诊断确诊。

（三）颈椎病

颈椎病（cervical spondylosis）指椎间盘退行性变及继发性椎间关节退行性变所致脊髓、神经、血管损害的相应症状和体征。颈椎病本来是四五十岁以上中老年人的常见病，如今在年轻人身上也时有发生。对颈椎不利的生活习惯包括趴在桌上睡觉、喜欢垫高枕头看书睡觉、玩电脑长时间不换姿势等。

1. 临床表现 颈椎病的临床症状较为复杂。主要有颈背疼痛、上肢无力、手指发麻、下肢乏力、行走困难、头晕、恶心、呕吐，甚至视物模糊、心动过速及吞咽困难等。颈椎病的临床症状与病变部位、组织受累程度及个体差异有一定关系。

2. 诊断要点

（1）影像学检查

1）X 线检查：对于神经根型颈椎病和脊髓型颈椎病，X 线的正侧位摄片可显示颈椎生理前凸减小或消失，椎间隙变窄，骨质增生，钩椎关节增生；左右斜位片可见椎间孔变形、缩小；过伸、过屈位片可见颈椎不稳等征象。

2）脊髓造影、CT、MRI 检查：可显示脊髓受压情况。

（2）脑脊液动力学试验脊髓型颈椎病者显示椎管有梗阻现象。

案例 2-7 分析讨论

该同学长期姿势不当引发颈椎病，出现严重呕吐症状，因为吐得太厉害，胃黏膜撕裂，导致吐血。

（刘恒旸 薛 谨）

第三节 健康的生活方式和技能

案例 2-8 **生 活 方 式**

朱某，20 岁，大二男生，沉迷于网络游戏，经常打游戏至凌晨，每天晚上十点吃一顿夜宵，早晨起床也不吃早餐，上课经常迟到，课堂上精神萎靡不振、昏昏欲睡。一学年下来，由于多门课程挂科，面临无法按时升学的问题，朱某为此失眠、焦虑，倍感压力。

问题：该同学的生活方式如何？存在哪些问题？

健康不仅仅是没有疾病或虚弱，而是身体、心理和社会适应的完好状态。每个人都有维护自身和他人健康的责任，健康的生活方式能够维护和促进自身健康。大学生作为我国社会群体的重要组成部分，其身心健康不仅影响着个人学业成就、理想和前途，也关系到社会的进步、国家的昌盛和民族的振兴，对我国未来的发展起着举足轻重的作用。每一个大学生都应具备这种责任感和使命感，立志成才，树立崇高理想，而拥有健康的体魄是这一切的前提。因此，提高大学生的健康意识，促进大学生养成健康的生活方式尤为重要。生活方式是影响人类身心健康的重要因素，健康的生活方式是保证大学生心理健康的前提，也是预防疾病的重要手段，对大学生的体质及心理健康、生活满意度、自尊有积极的促进作用。同样，掌握一定的健康技能可以更好地维护和促进健康，对促使大学生养成健康的生活方式，掌握基础的健康技能，势必会产生深远的积极影响。

一、健康的生活方式

大学生健康的生活方式主要包括合理膳食、规律作息、坚持运动、戒除不良生活习惯等多个方面。

（一）合理膳食

大学生脑力劳动紧张，体力活动较多，能量消耗大，这些都需要由食物营养来补充。若此阶段营养摄取不均衡，身体会出现疲劳、精力不集中和容易生病等现象。大学生的营养特点主要体现在两个方面：一方面大学时期主要以用脑力学习知识为主，大脑的思维、记忆、理解等活动十分活跃，脑力消耗量大，故大脑对各种营养素的需要量也随之大幅度地增加；另一方面大学时期正处在青春发育的顶峰时期，人体的生长发育需要足量全面的营养素进行补充，以促进青春发育的完成。因此，从营养学角度讲，大学生的膳食除保证足够的糖以外，还要特别注意蛋白质、磷脂和维生素 B_1、维生素 B_2、烟酸的充分供给，以营养脑细胞，保持记忆力，提高注意力和理解能力，促使大脑功能的活跃，思维敏捷，提高学习效果。总体来说，大学生合理膳食需要注意以下原则。

1. 饮食适度 保持和维护人体的正常体重是健康的重要指标。适度饮食、饥饱适当，使热能和蛋白质的摄入与消耗相适应，避免体重超重和消瘦。进食时应细嚼慢咽，使机体有时间去感受饥饱状况，从而避免暴食引发的热能过量。保持正常体重，避免超重与肥胖。要判断体重状况，可借助体重指数，其是目前国际上常用的衡量人体胖瘦程度以及是否健康的一个标准。

2. 养成良好的饮食习惯 保持一日三餐规律，按时就餐，专心进食，若边看剧边吃饭会增加无意识进食，减少外卖和夜宵。膳食要清淡，要少油、少盐、少糖，食用合格碘盐。讲究饮水卫生，每天适量饮水。生吃蔬菜水果要洗净，不吃变质、超过保质期的食品。

3. 食物的多样性应合理搭配，注意协调食品结构 第一类为谷物、薯类、杂豆类，主要提供糖类，是热能的主要来源；第二类为动物性食品，包括肉、蛋、奶等，主要提供蛋白质、脂肪、矿物质、维生素 A、维生素 B 族；第三类为大豆及其制品，主要提供蛋白质、脂肪、膳食纤维、矿物质、维生素 B 族；第四类为蔬菜水果，这主要提供膳食纤维、矿物质、维生素 C 和胡萝卜素；第五类为纯热能食物，主要包括植物油脂、各种食用糖和酒类，可直接提供热能。从这五类食品来看，在膳食时应注意多种食物协调饮食。膳食应当以谷类为主，多吃蔬菜、水果和薯类，注意荤素、粗细搭配，食用植物油。其中，热能来源以粮食为主，避免西方发达国家膳食模式所带来的脂肪过多、热能太高的弊端。提倡每天食用奶类、豆类及其制品，进食深绿色的或其他色的蔬菜，以补充人体所需的胡萝卜素和矿物质。

4. 适度增加膳食纤维 含量较高的食物膳食纤维主要是指随食物摄入体内的不被分解的纤维。这类纤维能刺激肠道蠕动，减少慢性便秘，而且对心血管类疾病、糖尿病、结肠癌等有一定的预防作用。在每天的饮食中，应适度增加富含膳食纤维的食物，如杂粮、豆类、富含纤维较多的果蔬等。

（二）规律作息

在日常生活中，很多大学生该休息的时候不休息，经常熬夜玩手机，然后第二天上午逃课睡觉，长此以往，引起恶性循环，大学生学业和健康均得不到保障。这个阶段的成年人，尤其是在校大学生，是被剥夺睡眠时间的主要人群。殊不知，睡眠具有非常重要的生理意义，不仅可以恢复精力，增强免疫力，康复机体，促进生长发育，还可减轻心理压力，使人感到轻松愉快。大学生们要了解睡眠的重要性，并坚持健康的睡眠习惯，这样可以极大地改善生活方式以及提高做事、学习的效率。

1. 保持规律的作息 规律的作息可以让身体适应特定的睡眠或清醒时间，从而让生物钟保持协调一致。确定自己需要多少睡眠之后，就需要确定一个睡眠作息表，并尽可能地坚持。如果周末的时候作息同往常稍有不同，也尽量将起床的变化时间限制在 1 小时之内。

2. 形成睡前惯例 睡觉前应该形成一些惯例，睡前 90 分钟，洗个热水澡或泡个热水脚，定好第二天的起床闹钟后，关掉手机和其他电子屏幕，可以看纸质书籍或听音乐。在这个过程中，安静等待体温的自然下降，如果感觉困意来临，果断上床睡觉。如果宿舍周边环境不是太好，可以选择听舒缓的音乐，或者你喜欢的白噪声。如果有烦心事，建议在这 90 分钟里，坐在书桌前，准备一支笔、一张纸，把你担心的事情一条一条写下来。在写的过程中，思路会从一团乱麻变成一条一条的线，这个方法可以帮助缓解睡前焦虑。另外一种方法则是利用睡前的时间练习压力管理技巧，如放松练习、沉思，以及生物反馈。睡前时间可做的事情有多种，重要的是找到自己喜欢做的、能让自己放松下来并可以减轻压力的事情，然后用一种能为入睡做好准备的方式将这些活动组织起来。

3. 创造最佳的睡眠环境 评估宿舍的房间环境，看看有哪些东西可能会阻碍晚上良好的睡眠。控制噪声，耳塞或者能够产生“白噪声”的设备也很有用，它们可以掩盖外面的声音；避光，睡眠环境光线越暗越好，尽可能减少室外和室内光线的影响，也可以戴上遮光眼罩；布置好自己的床铺，使其舒适、整洁；保持室内凉爽通风，睡眠的最佳温度取决于个人偏好。一般来说，温度不宜过高，空气能自由流通，以房间内不会感觉憋闷为宜，另外，要注意体温在夜里会下降，需多准备一个毯子或者衬衫，以免夜里醒来感觉冷；将手机妥善安置在视线看不到的地方，不要将手机带到床上。

4. 警惕睡眠干扰因素 了解饮料以及其他物质如何干扰睡眠。

（1）限制咖啡因：咖啡因延长了入睡所需要的时间，并减少了实际睡眠时间。另外，咖啡因还具有利尿作用，起夜次数增加，这也意味着会进一步干扰睡眠。

（2）避免饮酒：酒精会减少入睡等待时间，但深度睡眠和快速眼动睡眠的时间被严重削减，同时，酒精还是一种利尿药，此外，它会加重打鼾及其他夜晚呼吸问题，有时甚至会达到非常危险的程度。

（3）停止吸烟：尼古丁是一种神经系统兴奋剂，会使心跳加快、血压升高，引发脑电波的快速活动，从而干扰睡眠。

（4）保持摄入水分的平衡：如果晚上摄入过多液体，夜里可能会多次起夜。相反，如果睡前几个小时什么东西都不喝，则可能会在夜里脱水，因口渴而醒来。找到一种平衡，以不至于增加起夜，夜间睡眠又不至于口渴为宜。

（5）避免摄入导致胃部不适的食物：睡前避免进食过辣等刺激性或不易消化的食物，确保在晚餐和入睡时间之间空出几个小时。同时，也不能空腹睡觉，让肚子一直“咕噜”叫。如果经常出现这种现象，可以在睡觉前的一两个小时吃些好消化的零食。

（三）坚持运动

伴随生活方式的改变，大学生对健康愈加重视。运动有利于提高肺活量，增强心血管功能，改善和提高中枢神经系统的工作能力，强健骨骼，提高免疫力，预防疾病，延缓衰老，促进心理健康等。总之，运动是一种副作用最小或没有副作用的促进健康的方式，它不仅有益于健康的提升，更可以增加快乐，增进社会和谐，促进国家活力，可见科学的体育锻炼对健康有着良好的促进和维持效果。

1. 明确健身锻炼的作用和目的，发展兴趣健身 锻炼是一种自愿行为，明确目的和主动积极是参加并坚持身体锻炼的首要条件。大学生只有在充分理解健身带来的益处并将自身需求联系在一起，才能自愿、主动、积极地进行身体锻炼活动。同时，对体育运动本身的兴趣也是极其重要的。把身体锻炼纳入个人活动计划，成为生活的一部分，身体锻炼才能持之以恒。伴随生活方式的改变，大学生对健康愈加重视。《2020 中国大学生健康调查报告》调查显示，维持身体健康是大学生运动的首要目的。其次是减肥，将减肥作为运动目的的人数占 37%。有 27%的大学生是出于对运动的热爱而运动。代餐粉、塑身衣、减肥药……以瘦为美的审美观念催生出各种各样的减肥方法。相对而言，大学生更信任通过运动达到瘦身效果，尤其是女大学生。女大学生中有近一半人运动的主要目的是减肥。相比女大学生，男大学生运动更多是因为喜欢运动本身，他们享受运动时突破自己的过程。

2. 全面锻炼 全面锻炼身体是指通过体育锻炼使身体形态、功能、身体素质和心理品质都得到全面而和谐的发展。人体是一个由各种组织、器官和系统所构成的有机整体。各个器官系统虽有相对的独立性，但它们之间又相互影响、相互制约，都是按照“用进废退”的规律发展。如果体育锻炼不注意对身体各部位各系统的全面发展和促进，就会造成身体发展的不均衡和不协调。例如，爱好踢足球的人如果不注意发展上肢力量，就会下肢粗壮而上肢单薄；从事长跑的人，如果不注意发展四肢力量，虽然心肺系统的功能大大提高，但力量较差。跑步是大学生中最普及的运动。大学生作为脑力劳动者，则应进行提高心肺系统功能和中枢神经系统调节能力的体育锻炼，如可以将跑步与打羽毛球相结合等。

3. 持之以恒 运动锻炼必须持之以恒，使之成为日常生活中的重要内容。锻炼身体要有连续性和系统性，只有经常参加体育锻炼，安排适合自己兴趣、爱好的运动项目，科学地制订健身计划，才能不断有效地增强体质。科学实验表明：不经常参加体育锻炼或中断体育锻炼的人，会使原有的身体功能、素质和运动技术水平明显的下降。中断锻炼身体时间越长，消失越明显。不规律的运动频次也会增加伤痛风险，建议每周能有 3 次以上固定的运动时间，养成稳定的运动习惯。合理安排锻炼间隔，要有长期计划，短期安排，计划安排要根据身体适应运动负荷的能力。一般情况下，轻微的运动安排间隔时间短；强度大的运动安排的次数可少些，间隔时间稍长。

4. 循序渐进 是指锻炼者要按照事先制订的锻炼计划，经常地、持之以恒地从事身体锻炼，锻炼的内容、形式要由简到繁、由易到难，运动负荷要由小到大。在健身锻炼中，人的运动过程，是一个从不适应向适应转化的过程。初次参加活动，哪怕负荷不大，也会产生强烈的反应。而通过长期的相同的负荷锻炼，机体就会逐渐适应。当机体出现持续性适应后，就要适时、适度的增加运动负荷，循序渐进，既要保证运动负荷能对机体产生足够的刺激，同时也要保证锻炼的刺激强度在机体的承受范围之内。控制运动强度的简单操作方法是测量运动中的心率，大学生运动时的心率一般在每分钟 120～180 次，建议在运动时把目标心率控制在最大心率的 75%以内。锻炼开始时，要重视准备活动，尤其一些缺乏体育锻炼基础的人，或中断体育锻炼很久的人，不要参加剧烈的运动项目，在运动结束后，要做好放松整理活动。

（四）戒除不良的生活习惯，定期体格检查

暴饮暴食、嗜烟、酗酒、滥用药物、经常熬夜等都是不良的生活习惯。一些大学生不仅不爱锻炼，而且生活毫无规律，早晨不起晚上不睡，饮食也是饥饱无常。要记住，坏的生活习惯不是一天养成的，好的行为也不是一天就能实现的。需提升自己对健康的重视，树立养成良好生活习惯的决心。另外，要注意定期进行体格检查。现今社会，很多疾病发病呈现年轻化趋势。疾病发生、发展也是一个由量变到质变的过程，要知道自己健康与否，定期健康体检是一条有效途径。其目的是了解自己的健康状况，把握健康主动权，早期发现疾病的危险因素和某些疾病先兆，未雨绸缪，以便及早防治，防患于未然，并获得健康指导。

二、健康生活技能

健康技能是指一个人管理健康危害因素、保护和促进自身健康所需要的技术、方法、

策略、能力和素质。健康技能主要包括四个方面：

1. 获取、理解和利用卫生信息及知识的能力　指主动阅读健康知识读物、获取医学常识的技能，应用健康知识的能力。大学生的总体健康状态良好，面对生活和心理上的困扰会尝试解决。《2020 中国大学生健康调查报告》指出，86%的大学生平时会通过各种渠道接触到健康信息，医院是近一半大学生了解健康信息的重要渠道。微信公众号、微博、抖音等新媒体渠道也是大学生获取健康知识的常见方式，通过阅读专业书籍来学习健康知识的大学生占 21%，说明在日常生活中，大学生的健康观念已经崛起，会关注健康信息，主动找寻解决健康困扰的方法。网络健康信息的广泛传播有利于科普，但大学生仍需要注意对获取的健康信息进行鉴别，避免盲信、盲从，在遇到健康问题时可选择规范的医疗机构进行咨询和治疗，如校医务室或当地公立三级医院等。

2. 健康危害因素的管理能力　包括：拒绝烟草和饮酒的技能，远离毒品；饭前便后正确洗手和早晚刷牙等个人卫生的管理能力；辨别有害物品的技能，会识别常见的危险标识，如高压、易燃、易爆、剧毒、放射性、生物安全等，远离危险物；环境卫生的管理能力，注意所处环境的卫生与舒适度，如在太阳下暴晒被褥、衣裤，常开窗通风保持室内空气清新；不安全行为的管理能力，如避免在深水区游泳以防溺水、避免打架斗殴和自残自杀等行为、注意交通安全等。

3. 安全避险能力　发生火灾时，拨打火警电话 119，用湿毛巾捂住口鼻、低姿逃生；发生地震时，选择正确的避震方式，震后立即开展自救、互救。寻求紧急医疗救助时拨打 120，健康咨询服务时拨打 12320；发生创伤出血量较多时，应当立即止血、包扎；对怀疑骨折的伤员不要轻易搬动；遇到呼吸、心搏骤停的伤病员，会进行心肺复苏等；抢救触电者时，要首先切断电源，不要直接接触触电者。

4. 社会心理适应技能　包括协调人际关系的技巧、人际沟通技巧、心理紧张压力和挫折应对技术等。学业压力是大学生的主要心理困扰，紧跟其后的困扰是人际关系和性格，大学中的人际交往相比以往会更加复杂，面对的不仅仅是自己的同班同学，还有来自社团、学生组织的同学和老师。进入高年级后还会有就业的压力。对大学生来说，应该主动学习和掌握更多样、更健康的压力管理方式，可以有意识地选择以运动、参加艺术性活动、社交等方法，来排遣压力。作为心理障碍近年来越来越高发的特殊人群，大学生群体需要对自身的心理健康水平保持敏感。同时，也应该随时明白，当真的产生自己处理不了的情绪状态时，可以第一时间向谁求助，如校心理咨询中心、校心理健康中心、学院内分管学生心理健康工作的老师，甚至校医院的专业医生。

案例 2-8 分析讨论

该同学生活方式不健康，熬夜、不吃早餐，生活、学习效率下降。

（薛　谨）

第四节　健康信息素养

WHO 预言，信息是通往健康的必由之路，信息与健康联系在一起。健康也开始更多地取决于个体对自身身体状况的关注度与对健康信息的获取与应用，而不是单纯地依靠医疗的干预。高质量的信息对健康是必不可少的；健康信息的获取、判断及应用有助于人们预防疾病、早期发现及治疗疾病，能够提高国民的健康素质。随着互联网的快速发展与普及，网络已经成为大多数人获取医疗健康信息的重要渠道，但是网络虚假信息的泛滥也使得公众获得的健康信息出现可读性差、来源可靠性模糊等问题。同时健康服务体系的日益复杂和专业，使得人们必须具备足够的能力去评价健康信息的质量、理解和应用健康信息。因此，是否具备健康信息素养成为人们能否正确获取、判断和利用健康信息的重要相关因素。

一、信息素养与健康素养

健康信息一般泛指养生、疾病、生理、心理、营养、治疗与护理等相关信息，是一类信息资源集合，涵括了与人们健康相关的所有信息。有学者将其进行类别划分：保健类信息、疾病信息、美容养生信息、心理疾病相关信息、医学信息等。

信息素养是指通过信息来源获得信息并利用其解决问题的能力，包括获取信息的意识、获取能力、评价信息以及应用信息。信息素养在如今信息爆炸时代更侧重于对信息资源的前沿意识、对信息的筛选过滤、价值评价以及合理应用以解决问题的能力。

1974 年 Simonds 等指出，健康素养意指个体通过获取、分析、评价、利用资源来维护自身健康状态的能力。健康素养的概念包含两个层面：一方面是狭义健康素养，包括了基本健康知识与技能储备；另一方面是个体获取及应用健康信息的能力，即健康信息素养。《“健康中国 2030”规划纲要》指出，中国公民健康素养要从 2015 年的 10%提升到 2030 年 30%。

二、健康信息素养的概念

2003 年美国医学图书馆学会（Medical Library Association，MLA）首次提出健康信息素养（health information literacy，HIL）的概念，它是指个体在参与健康决策过程中意识到健康信息需求，充分利用知晓的健康信息来源获取相关健康信息，评估信息的质量及适用性，在充分理解分析这些信息后应用其制定适当健康决策的能力，即利用健康信息改变自身健康状态的一系列能力。健康信息素养是信息素养与健康素养的有机融合，也是健康素养能力层面的内涵。是否具备足够的健康信息素养将会影响糖尿病患者能否有意识利用个人或公共资源获取糖尿病的相关信息、能否选择与自身健康需求匹配的健康信息并恰当地利用健康信息做出好的健康决策。

三、健康信息素养的内涵

健康信息素养的内涵包括健康信息认知（health information cognition，HIC）、健康信息获取（health information search，HIS）、健康信息评价（health information evaluation，HIE）、健康信息应用（health information application，HIA）和健康信息道德（health information morality，HIM）五个方面。

（一）健康信息认知

健康信息认知是指个体在日常关注与维护自身健康状态的过程中，能够意识到健康相关信息的重要性，能够认识到健康维护与促进活动对健康信息的需求，表达出自身主动查找健康信息的意愿。健康信息认知具备与否是个体健康信息素养高低的主导因素之一。

（二）健康信息获取

健康信息获取能力指的是个体知道身边各类可利用的健康信息来源并且能够筛选出可靠性较高的信息来源加以利用，从而获取所需的健康相关信息；一般健康信息获取能力还囊括了个体对健康信息的归纳总结能力，以为进一步检索内容提供指导。

（三）健康信息评价

健康信息评价能力意指个体在获取相关健康信息之后，在具备主动评判健康信息意识的前提之下，能够理解接触到的健康信息并具有评价辨识健康信息的能力以筛选出高质量的健康信息。

（四）健康信息应用

健康信息应用能力在于前三个环节都完成之后，个体将已经获得并掌握的健康信息应用于改变自身健康状态，且愿意与他人分享或者交流相关健康信息的能力。

（五）健康信息道德

健康信息道德近年来被广泛认可并纳入健康信息素养内涵意义，其对个体在获取及应用健康信息的过程中的道德层面的评价（如是否传播未经证实的健康信息、是否歪曲健康信息、能否保护自身及他人的健康隐私等）是健康信息素养内涵的重要方面。

四、健康信息素养的研究与发展

（一）国外健康信息素养的研究与发展

国外有关健康信息素养的研究起步早，针对其定义、内涵、评价及对健康的意义等方面做了大量研究。由美国国立图书馆承担的健康信息素养研究项目专门探究健康信息素养认知的价值、开发相关培训课程以及基于网络的公众健康信息素养自我指导工具，以培养公众查找和利用信息的知识与技能，发挥卫生管理者及保健提供者在面向公众健康信息素养推广中更广泛的作用。成人医学素养快速评估工具（rapid estimate of adult literacy in medicine，REALM）、成人功能性健康素养测评量表（test of functional health literacy in adults，TOFHLA）和最新重要信息素养量表（newest vital sign，NVS）是国外较为经典的用于评估健康信息素养的量表。

（二）国内健康信息素养的研究与发展

国内健康信息素养相关研究起步较晚，且多集中于大学生和普通居民，针对健康信息素养的测评工具较少且相对狭隘。2012年国家卫生和计划生育委员会组织进行的全国居民健康素养监测中利用《全国居民健康素养调查问卷》及《中国公民健康素养——基本知识与技能释义》进行测评，主要通过评价信息获取能力、评判电子信息能力、对药物说明书的理解能力以及对医学类科普文章的理解能力来反映健康信息素养水平，此次首次报告的健康信息素养水平，为18.16%。此后持续监测，2018年最新监测报告中显示全国居民健康信息素养水平为27.18%，平均每年增长不足1.5个百分点，总体形势严峻。中南大学王辅之、罗爱静教授及其团队开发的适宜中国国情及居民生活习惯的健康信息素养自评量表，充分结合健康信息素养概念框架，可较全面地评估健康信息素养的五个内涵意义，共29个条目。该量表设计合理，选项简洁，易于理解与填写，且信效度良好。但该量表由于为受测者自评报告，受其主观影响较大，获得的健康信息素养测试结果为受测者主观认为水平，与其实际能力可能存在一定出入。近年来，诸多学者也通过自编或改编量表探究了各地不同人群的健康信息素养，虽然由于评价工具多样性各研究结果间难以对比，但总体显示中国居民目前健康信息素养处于较低水平，且有待提高。

（三）大学生健康信息素养的研究与发展

随着相关研究的深入，除对普通公众的健康信息素养水平进行普查以外，研究者们也逐渐意识到针对特定疾病或者具备特异性特征的人群的健康信息素养普查及研究具有重要意义。目前针对各类慢性病、不同地区、不同职业、不同年龄层次等个体健康信息素养的研究均逐步展开，其中对我国大学生健康信息素养的研究也逐渐深入。传统量表通过评价个体阅读、拼写或计算能力等来反映健康信息素养存在一定片面性，往往不能真实反映受测者的健康信息素养。基于互动关系的健康信息素养评价有效规避了这种局限性，通过评价个体在不同场景及情境中从信息资源中获取健康信息的意识、获得健康信息的能力、评判健康信息的能力以及应用健康信息的能力来反映个体的健康信息素养水平，主要包括研究准备自我测评工具、研究准备自我测评卫生专业版本、交流和批判性量表以及日常健康信息素养筛查量表，这些问卷在大学生健康信息素养的评价中占据了重要地位。其中研究准备自我测评工具的两个版本分别适用于医学类大学生及不同学科、不同专业的多学科大学生。Ivanitskaya对大学生的信息检索能力、判断健康相关网站及文章的可信度能力进行调查，调查发现绝大多数的学生都知道单个关键词搜索可能返回过多文档，但是很少有大学生会通过同时使用多个搜索类别来缩小搜索结果；且接近一半的学生难以区分主要和次要信息来源，在引用期刊文献或已发表内容中存在错误或疑问，整体结果显示目前在校大学生缺乏寻找和评估网上可获得的健康信息的重要能力。Raimo Niemela等学者的研究结果发现了三个独立的健康信息素养因素，即健康信息获取驱动，对个体自身获取、理解与应用健康信息的信赖，健康信息辨别。

五、大学生健康信息素养发展不足与展望

国内外研究学者在探究健康信息素养的现状及其意义时均注意到全面考虑其内涵的重要性，在开发应用相关研究工具时均充分纳入了相关内涵。在进行健康信息素养评价时均注意到对不同疾病或不同人群进行特异性的区别分析。总结国内外研究发现我国在大学

生健康信息素养研究中存在一些不足。

健康信息素养的概念最早出现于 2003 年，是顺应新世纪信息发展及人们对健康关注而产生的新兴词汇。我国针对健康信息素养的研究总年度不长，国外在该领域的探究起步较早，评价工具多样化，基于互动关系的健康信息素养评价普遍应用。国内有关健康信息素养的调查研究近几年才逐渐兴起，主要的评价工具种类较少、形式单一，且在特异性人群研究中仍然存在不足。有关大学生健康信息素养的评价工具十分稀少，大多数学者应用普适性的健康信息素养评价工具评估大学生健康信息素养，这显然忽视了大学生群体的文化程度、生活环境、信息习惯、健康背景等因素的差异。与此同时，有关大学生健康信息素养的研究内容广度不足、缺乏深度，较少的研究指出了健康信息素养对大学生群体健康的实际意义及干预模式。因此，接下来的有关大学生健康信息素养的研究应该逐步完善大学健康信息素养评价机制、开发特异性健康信息素养评价工具、探究健康信息素养对大学健康维系的重要意义及校园干预手段。

第五节　健康信息素养与健康的关系

案例 2-9　　掌握健康信息的重要性

案例一：李某，男，19 岁，家住在偏僻的山村，曾以全县文科第一的身份被某重点院校外语系录取，入学后发现他的分数在全班几乎是倒数几位，特别是外语成绩落后一大截。以前的优越感不再有，相反心理压力极大，总感到比其他同学差，上课抬不起头，怕老师知道他成绩不好，与同学交往也极少，总是一个人独来独往，一个学期下来，外语笔试勉强通过，口语得了全班倒数第一。情绪从此一落千丈，变得郁郁寡欢，无心学习，也无法处理好与同学的人际关系。曾经优秀的他，在大学却变得如此落魄，他接受不了这样的现实，内心十分痛苦。不仅如此，原生家庭的差距让他在与同学们相处的过程中自惭形秽，逐渐与同学疏远，不再参加集体活动，拒绝老师们的关心与建议。

案例二：王某，女，20 岁，就读于某大学文学专业，由于对英语专业的热爱选择在第一学年结束时转专业，她在转专业之后发现与同班同学英语水平有很大的差距，高中时期对英语的热爱在这种落差之下逐渐消磨，出现失眠、焦虑、注意力不集中等问题。但是王某知道这些症状是由于对自己的期望值过高，从而无法接受理想与现实差距的心理应激反应。在主动寻求学校心理咨询老师排解之后，她找出自己的缺点，及时调整目标，分段实现理想，正确认识自己，不断鼓励自己，给自己积极的暗示。最终在第二学年结束时赶上班级进度，并获得学校奖学金。

问题： 1. 两个案例中李某与王某面临了相似的问题，他们做出的反应分别是什么呢？

2. 王某对自己的症状作出判断并向心理老师寻求帮助的行为是基于什么发生的？

3. 我们根据以上两个案例学到了什么？

一个国家健康水平的整体提升，离不开每一个公民的健康信息素养。健康信息素养是指运用所得信息做出有效健康计划的一系列本领。2007 年中国公民科学素养调查的统计数据表明，近 90%的公民在健康保健类新闻上有强烈好奇心，这说明中国大众在十多年前就已经有了防病保健的意识，对自身健康状态有了很强的关注度。当前，建设“健康中国”已上升为国家战略。公众日益增强的健康意识，对健康信息的需求不断提升。遗憾的是，由于大众健康信息素养的缺失，对健康信息的利用效能还有待提高。

健康信息素养是对人们一系列与健康信息有关能力的衡量，包括对自身健康信息需求的认识、搜寻健康信息的能力、分辨健康信息质量的能力，并能通过获取的健康信息改善自身的健康状态的能力。健康信息素养较好意味着个体能从健康信息中获益的可能性。健康信息素养对个体的健康状态有正向影响作用，同时健康状态也会影响健康信息素养五个内涵方面的发展与平衡。

一、健康信息素养对健康的影响

（一）健康信息认知对健康的影响

较好的健康信息认知意味着个体对自身健康状态具有足够的关注度并且能够意识到健康信息对维护良好健康状态具有重要意义。这类人群不仅会十分关注健康变化、监测各项指标、及时发现身体异常、解决简单健康问题、帮助家人朋友维护健康状态，还在搜寻健康信息、寻求和配合医疗卫生帮助方面会更加主动。

（二）健康信息获取对健康的影响

健康信息获取不仅仅包括获取能力，还涵盖针对具体事件或情境，个体在获取、澄清及确认与健康相关知识或信息的过程中表现出来的行为。健康信息获取是个体掌握健康信息的前提，健康信息是维护健康状态必不可少的。健康水平会受到生活方式的影响，健康信息搜寻作为生活方式中的一部分，也会对健康水平产生影响。健康信息搜寻在满足人们健康信息需求的同时，也提升了搜寻信息源，评价、理解与使用健康信息的能力，无形中提高了个体的健康素养。与此同时，健康信息获取行为会提升个体进行健康维护活动的参与感，对一些患者而言，能够缓解心理压力、重建恢复健康的信心。健康信息行为能提升个体对保持健康和应对疾病的能力，进而提升了健康水平。良好健康信息搜寻习惯的养成与健康信息搜寻能力的提高将会使人们受益终身。

（三）健康信息评价对健康的影响

良好的健康信息评价能力能够使个体在获取到健康信息之后加以分类、评价、判别、筛选，最终获得高质量的、有益的、符合自身健康需求的健康信息。这一能力会在个体积累健康信息的过程中逐步改善提升。该能力的重要性在于能够帮助个体过滤掉具有误导性的、有误的、模棱两可的信息，并且能够筛选出最符合自身健康状态与需求的信息，并且反馈于健康信息获取的过程。个体评价健康信息的过程与获取健康信息的过程是交织进行、相辅相成的。我们在获取到一些健康信息之后，对这些信息做出评估辨别、总结归纳，去其糟粕取其精华，结合分析健康需求后再进一步获取健康信息，再次反馈，交织循环，直到完全获得符合需求的健康信息，每一次获取评价的过程都会是一次健康信息的积累。

（四）健康信息应用对健康的影响

健康信息应用是健康信息的最终价值体现，这一过程建立在前三个过程的基础之上实现。有学者在研究中发现，糖尿病患者的遵医药物治疗与健康信息获取过程不相关，可能的原因是药物治疗方案及患者获取药物信息多直接对接医生，其执行程度取决于药物降糖效果的直接受益与体验。而大多数的自我管理行为与健康信息应用关系更为紧密。有研究指出，健康知识的积累可能不会必然引起自我管理行为的改变，即健康信息不一定能够应用于自我保健活动，建立健康促进行为。健康信息能否向健康行为转化，还受到患者能否认识到这些知识的重要性、能否合理评价知识的适用性并应用于健康行为决策的影响，这涉及患者“知晓知识”与“是否执行”的差异，即健康信息的应用与否。因此，个体掌握了日常保健知识或疾病相关信息及治疗护理的相关健康信息，其最终的价值与意义在于能将其应用于健康决策及将其顺利转化为对自身健康状态有益的各项健康促进行为，改善健康状态。

（五）健康信息道德对健康的影响

健康信息道德较高的个体不会传播未经证实的健康信息、不会歪曲健康信息、能够保护自身及他人的健康隐私等，且善于向家人朋友传达正确的健康知识，这类积极参与健康信息流转过程的个体能够收获心理上的满足感，建立获取、评价、应用健康信息的自信心。

二、健康信息素养影响个体养生保健行为

相比于不关注或不能获取健康信息，或无法评价健康信息的人群而言，一个具备较好健康信息素养的人，意味着其可以选择性地接受健康信息以及促进健康的相关服务，以此来改善自身的生活理念和行为方式，减少可能的健康危险因素。充足的健康信息是实行养生保健行为的前提，只有掌握了相应的健康知识，才能够知晓在何时如何采取恰当的自我保健行为，规范个人生活习惯。为了帮助人们更好地掌握基本的健康保健知识与技能，学会日常所需的健康保健行为，2008 年卫生部发布了《中国公民健康素养——基本知识与技能（试行）》。针对近年来我国居民主要健康问题和健康需求的变化，国家卫健委组织专家进行修订，编制了《中国公民健康素养——基本知识与技能》（2019 年版）。健康中国行动的第一项行动是“实施健康知识普及行动”，健康素养的提升人人都需要。《中国公民健康素养——基本知识与技能》也就是我们俗称的“66 条”，界定了现阶段健康素养的具体内容，是公民最应掌握的健康知识和技能。

三、健康信息素养影响个体心理状态

步入信息化社会，科技正在以加速度的方式裂变，生活节奏其实越来越快。网络信息带来更加碎片化的知识来源，越来越多的人能够得窥更大的世界，不平衡感加剧。个体信仰缺乏，在金钱社会欲望横行的当下，心无法恒定。原来处于自我抑制的状态下，心理问题原本潜伏的人，通过多元化网络渠道暴露出来。第一，欲望和现实的偏离，竞争压力、人口压力、社会竞争导向等。第二，心理需求比之前更大。第三，普世价值观念和个体自

我需求满足的差距。现代社会的人们尤其是年轻一代承担巨大压力的比比皆是。当心理压力或焦虑状态超负荷于个体承受阈值，将会面临或多或少的心理问题。当个体健康信息素养较好时，会积累相关心理知识、排解方法，使心理问题在逐渐严重之前得以解决或寻求专业人员帮助。并且掌握相关的健康知识能够帮助一些患者缓解有关疾病的恐惧或不确定感，使其在接受治疗与护理的过程中能够更好地配合，反馈身体主观感受，以提高治疗效果。对于一些终身性慢性疾病，如高血糖、糖尿病等，需要长期服药，患者往往存在对疾病治愈的无望感；当患者健康信息素养较低时则会误理解为药物或自我管理行为无用或效果不良，从而表现出低服药依从性、低指标检测行为等，导致严重症状及并发症的发生。

四、健康信息素养影响个体疾病预防与求医行为

当公众对健康信息有足够关注度时，会自然而然地将其获取的信息与自身健康相联系，会更了解自身的健康状态，同时会获得更多的疾病防治和健康保健的相关知识，这将在一定程度上有助于预防和早期发现疾病。换言之，拥有更多健康信息、具备更高评价及运用健康信息能力的人，可以成为医疗保健活动中更积极的参与者和受益者。当公众没有对健康信息的需求意识或缺乏评价及应用能力时，则可能存在一定的健康隐患，这将影响患者的安全、医疗质量和健康结果。相关调查研究显示，健康信息素养的提高可以改变个人的健康状态，对降低居民医疗费用、提高全民健康水平有重要的理论和现实意义。

五、健康信息素养对大学生的特异性影响

现代大学生多面临考试压力、人际焦虑、睡眠不足、缺乏锻炼等健康困扰，大学生对自己的健康状态不满意。对大学生健康信息素养搜寻动机的研究中显示，在信息意识方面，大多数调查样本的动机主要是为了解疾病症状信息以便自我诊断，因此大学生关注的健康信息类型主要是疾病的症状、治疗方法及疗效。此外，大学生对健康信息的关注还在于对目前治疗方法前沿医学的了解、增加自身对疾病健康的知识储备、寻求其他有效治疗方法、对家庭病患的护理、寻求更加科学的生活方式、找寻排解学习考试压力的方法等。大学生群体在健康信息素养上的表现与一般人群存在显著的差异，主要表现在认知能力更强、健康信息来源更加丰富且科学、获取途径更多样智能、对健康信息的判别能力以文化程度为基础更具优势，但是大学生在健康信息的应用上并没有突出表现，可能是受到健康状态的影响。大学生健康信息主要搜寻动机是为了自己和家人，搜寻的健康信息也主要是应用于自身和家庭，因此可靠的健康信息来源对大学生乃至其家人健康意义重大。

六、健康状态对个体健康信息素养的反馈影响

当前健康信息搜寻媒介日趋多元化，线上包含各类网络健康社区、健康手机应用、社交媒体、搜索引擎，线下包括健康类教育活动、健康类图书与报纸、健康类电视与广播节目。健康信息素养水平的高低会影响大学生健康信息搜寻媒介的选取，健康信息素养水平越高的用户会更倾向于使用网络进行健康信息搜寻。而对于大学生群体，网络的高效与私密性能更好地满足其对健康信息的需求，大学生习惯于通过网络进行健康信息搜寻。低健

康素养者在日常生活中对健康信息的获取会遇到障碍，如健康信息质量判断、健康信息术语理解能力不足等，这都会对健康信息利用和健康水平产生影响。同时，不同健康水平下健康信息素养也会具有差异性。

进一步来看，民众自身获取健康信息的能力与他们对信息的需求不匹配。对于大部分人而言，健康信息往往代表着专业、复杂、难以理解，再加上很多专业信息需要特定渠道才能有效获取，这就导致大部分民众难以直接、准确地获取他们能理解的健康信息。基层卫生系统及图书馆等作为具有基层、公众教育职能的机构，其能为大众提供可靠的信息平台与渠道，有利于民众获取和理解健康信息。从更深的层面来看，健康教育机构的运行发展本就具有一定局限性，存在体系不统一、专业人才缺乏、经费无保障等问题，需要卫生基层单位和图书馆等与之配合，共同落实健康教育，促进健康信息素养的提升，维护公众健康水平。

案例 2-9 分析讨论

1. 李某产生一些消极情绪，认为自己能力不够，自己不够聪明，不能正确认识自己，对自己失去信心，并且拒绝别人的帮助。王某知道自己的原因所在以及产生的心理问题，知道学校会提供相关咨询服务，主动寻求帮助。

2. 王某知晓一些心理学常识，知道自己产生心理落差以及相关症状的原因。总而言之，王某掌握了相关健康知识，并且能够灵活运用于自身，同时知晓心理相关健康信息源与获取途径，这是王某能够走出心理问题的根本原因。

3. 我们需要提高自身的健康信息素养，帮助自己和他人维护生理、心理等方面的健康状态。

问题与思考

1. 自身有何不良的生活习惯？

2. 如何戒除不良生活习惯，并建立健康的生活方式？

（冒鑫娥　侯　苹）

第三章　大学生心理健康及维护

学习要求

识记：能正确陈述心理现象的定义；能识别情绪和情感的区别与联系；能正确复述心理测评的概念；能正确陈述心理治疗的定义；能正确描述心理治疗的目的。

理解：能正确描述气质与性格的差别；能归纳潜意识的投射方式；能比较经典条件反射理论和操作条件反射理论的异同；能解释心理测评的特点；能举例说明心理测评的种类；能识别焦虑相关障碍、抑郁障碍、双相情感障碍、强迫症和精神分裂症的临床表现；能描述认知行为疗法中常用技术的机制；能解释认知行为疗法的治疗原理。

运用：能举例说明潜意识的来源；能根据心理测评的使用过程及方法制定测评方案；能应用焦虑障碍、抑郁障碍、双相情感障碍的鉴别诊断标准进行案例分析；能亲自实践放松训练技术、系统脱敏疗法及理性情绪疗法的具体步骤。

第一节　大学生心理学基础知识及重要理论

案例 3-1　　**小艾尔伯特实验**

华生在 1930 年出版的《行为主义》一书中描述道，如果给他一些健康的婴儿，他可以把其中任何一个训练成医生、艺术家、律师甚至小偷，不论他们原本的天赋、爱好或血统是什么。在他最著名的亦是最具争议的一项实验中，华生将一位名叫小艾尔伯特的男孩与小白鼠放在一起，以期让他害怕小白鼠，但初期实验并没有想象的那么顺利，小艾尔伯特似乎不怎么惧怕小白鼠，甚至和小白鼠愉快玩耍；后期华生便将巨大骇人的噪声加入实验，使噪声和小白鼠总是配对呈现，小艾尔伯特每次都在痛苦和惊慌中忍受折磨，经过很长一段时间的配对实验后，华生将噪声移除实验，小艾尔伯特仅仅只看到小白鼠也无比害怕和痛苦，而当初第一次见小白鼠时的轻松和愉悦全然消失。不仅如此，小艾尔伯特还对其他任何白色物体和毛绒物体（如小白兔、小白猫、毛绒大衣等）均感到十分恐惧。这个实验在今天显然是被禁止的，但华生此项研究确实对其他心理学家产生了启发，开辟了心理学研究的大门，而小艾尔伯特在华生实验之后，没几年就去世了。

问题：1. 该实验阐述了哪个著名的心理学理论？

2. 小艾尔伯特对其他白色或毛绒物体亦产生恐惧心理的现象称之为什么？

3. 大学生活中该理论可用于解释哪些事件？

4. 为什么类似实验在当今社会是完全被禁止的？

WHO 提出健康的概念：健康不仅是指没有疾病，并且要有良好的心理状态和社会适应能力。心理健康是指长时间具有活力的生命状态，会积累人的内在经验，从而具有良好的社会适应能力，能够更有效地发挥自身潜能。《中国城镇居民心理健康白皮书》通过对全国约 112 万人的心理健康分析，显示 73.6%的我国城镇居民正处于心理亚健康的状态，有 16.1%的居民有着不同严重程度的心理健康问题。目前，心理健康问题已成为严重的全球公共卫生问题。大学生作为社会的重要组成群体，心理健康问题逐年增多，亦应引起大学生群体以及全社会的广泛关注与重视，而掌握心理学基础知识与重要理论是维护大学生心理健康的首要环节。

一、心理现象及心理实质

（一）心理现象

心理学（psychology）是研究心理现象发生、发展及其变化规律的科学，而心理现象是心理活动的表现形式，包括心理过程和人格两个方面。

1. 心理过程（mental process） 是指人的心理活动发生和发展的过程，包括认知过程、情绪情感过程和意志过程，即常说的知、情、意。

2. 人格（personality） 也称个性，是指一个人的整体精神面貌，即具有一定倾向性的心理特征的总和，包括人格倾向性、人格特征和自我意识。

（二）心理实质

大脑是心理的器官，心理活动是大脑的功能，心理是人脑对客观现实主观能动的反映。人脑对客观世界的反映并不是机械被动的，而是积极主动的，有选择性的。心理对客观世界的反应会随当时的处境、主体的需求和经验而转移，即表现出选择性，而该选择性又取决于人的社会需要。这种社会性需要便体现出人的主观能动性，也是为什么人有时候会对同一个客观事物在不同的条件下会做出不同的反应，甚至产生错误的反应。在反应的过程中，人还会根据实践的结果、条件的变化来调整行为，改正错误，使得反应结果同客观世界进一步趋同。

二、心理过程

（一）认知过程

1. 感觉（sensation） 是当前直接作用于感觉器官的客观事物的个别属性在人脑中的反映；或者说是机体的感觉器官对环境变化（刺激）的反应。根据刺激的来源不同分为外部感觉和内部感觉。外部感觉是由机体以外的客观刺激引起、反映外界事物个别属性的感觉，包括视觉、听觉、嗅觉、味觉等；内部感觉是由机体内部的客观刺激引起、反映机体自身状态的感觉，包括运动觉、平衡觉和机体觉。

2. 知觉（perception） 是人脑对直接作用于感觉器官的客观事物的整体属性的反映，是一系列组织并解释外界客体和事件产生的感觉信息的加工过程。当物体作用于人的感觉器官时，人不仅能反映这个物体的个别属性，而且通过各种感觉器官的协同活动，在大脑里将物体的各种属性，按其相互的联系和关系，组合成一个整体，这种对客观事物和机体自身状态的整体反映过程就是知觉。

3. 注意（attention） 是个体的心理活动对一定对象的指向和集中。平时所说的“专心致志”“目不转睛”“全神贯注”等都是对注意的描述。集中性和指向性是注意的两大特性。根据注意时的主动程度可将其分为三类。

（1）无意注意：也称不随意注意，指既没有预定目的，也不需要意志努力的注意，即外界事物引起的不由自主的注意。情绪、兴趣、需要等与无意注意有密切联系。

（2）有意注意：又称随意注意，指有预定目的也需要意志努力的注意。有意注意是主动注意，受人意识的调节支配。保持有意注意的条件包括活动目的与任务、兴趣、过去经验和人格等。

（3）有意后注意：指有既定目的又无须太多意志努力的注意，为有意注意之后出现的注意的特殊形式。有意后注意对完成长期任务有积极的意义，关键是要对活动本身产生直接兴趣。

4. 记忆（memory） 是过去的经验在头脑中的反映，包括识记、保持、再认或重现（回忆）三个基本环节。记忆是人脑对外界信息的编码、存储和提取的过程。记忆是积极能动的心理活动。人不仅对外界信息的摄入是有选择的，而且信息在人脑中也不是静止的，而是在编码、加工和储存。信息能否提取或提取的快慢，与编码的完善程度及储存的组织结构有密切联系。按记忆的保留时间长短和编码方式可将其分为三类。

（1）瞬时记忆（immediate memory）：又称感觉记忆，指刺激停止后，感觉信息在一个极短时间就会消失的记忆，其材料保持时间很短，为0.25～2秒。

（2）短时记忆（short-term memory）：又称初级记忆、操作记忆或工作记忆，是指在瞬时记忆基础上，信息能保持5秒至1分钟左右的记忆。

（3）长时记忆（long-term memory）：又称二级记忆，指保存时间从1分钟以上直至许多年甚至终身的记忆。长时记忆的信息是有组织的知识系统，该系统对人的学习和行为决策具有重要意义。

5. 思维（thinking） 是人脑借助语言、表象和动作对客观事物的一般特性和规律性的间接的、概括的反映。思维是认识的高级形式，它揭示了事物本质特征和内部联系，并以概括的形式进行判断、推理，解决人们面临的各种问题。根据思维方式可将其分为三类。

（1）动作思维：是以实际动作或操作来解决问题的思维，即思维以动作为支柱，依赖实际操作解决直观具体问题。在个体心理发展中，此种思维方式是1～3岁幼儿的主要思维方式。

（2）形象思维：是利用具体形象来解决问题的思维，思维活动依赖具体形象和已有表象。从个体心理发展角度讲，形象思维为3～6岁的儿童主要采取的思维方式，在现实生活中，艺术家、文学家及设计师更多地运用形象思维。

（3）抽象思维：是以抽象概念和理论知识解决问题的思维，这是人类思维的核心形式，成人思维大部分为抽象思维，主要由语言、符号参与构成。

（二）情绪情感过程

1. 情绪和情感 情绪和情感是人对客观事物是否符合自身的需要而产生的态度的体验，是个体对事物的好恶倾向。

2. 情绪与情感的联系 情绪与情感的联系在于情绪和情感均作为一种主观体验，是对客观现实的反映；情感是在情绪的基础上发展起来的，通过情绪反应得以表达；情绪的变化往往反映情感的深度，在情绪发生的过程中，常常蕴涵着情感。

3. 情绪与情感的区别 从时间角度而言，情绪发生的较早，而情感出现较晚；在表现形式上，情绪更具外显性，而情感则较为隐性；从特性方面观之，情绪具有情境性、短暂性和冲动性，而情感具有稳定性、深刻性和持久性的特点；同时，情绪多与人的生理需要相联系，而情感则与人的社会需要相联系。

4. 情绪的分类 根据情绪发生时的强度、速度、紧张度和持续性，可把情绪状态分为心境、激情和应激三种不同程度的水平状态。

（1）心境（mood）：是一种具有感染性的、较微弱而持久的情绪状态，它是情感的内扩散过程。“忧者见之忧，喜者见之喜”“情哀则景哀，情乐则景乐”就较典型地说明了心境的作用。

（2）激情（excitement）：是一种强烈的、短暂的、爆发的情绪状态。它通常由对人具有重大意义而又突然来临的事件所引起，如狂喜、暴怒、绝望、极度悲痛等。当人处于激情状态时意识控制能力下降、认知范围狭窄、思维逻辑混乱，不能正确评价自己行动的意义及后果，往往会发生“事后连自己也难以想象的事”，类似“一失足成千古恨”的例子生活中其实很多。

（3）应激（stress）：又称过度紧张，是指个体在承受巨大的精神或躯体压力时，产生的一种突出的生理和心理反应的全身性状态。突然发生的重大事故、面对死亡、亲人意外死亡以及躯体严重损伤等都可能造成高度的情绪反应，并伴随生理功能的剧烈改变。这种状态如长期持续，极有可能会降低人们对疾病的抵抗能力，产生各种各样的心身疾病。

5. 情感的分类 情感是同人的社会性需要相联系的主观体验，人类高级的社会性情感主要有道德感、理智感和美感三种。

（1）道德感：是根据一定的道德标准在评价人的思想、意图和行为时所产生的主观体验，属于社会历史范畴，不同时代、不同民族、不同阶级有着不同的道德评价标准。

（2）理智感：是在智力活动过程中，认识和评价事物时所产生的情绪体验。例如，人们在评价事物时坚持自己见解的热情；为真理献身时感到的幸福与自豪；由于违背和歪曲了事实真相而感到羞愧等。

（3）美感：是根据一定的审美标准评价事物时所产生的情感体验。人的审美标准既反映事物的客观属性，又受个人的思想观点和价值观念的影响。

6. 情绪、情感的健康问题 情绪、情感的发生与发展必须有明确的诱因，无缘无故的情绪、情感表达被认为是不健康的；情绪、情感反应适度，一般与内外环境刺激的强弱成正比，否则亦被认为是不健康的反应；情绪的发生与发展既要稳定又要灵活，即初期强烈而后期逐渐减弱，若反应时强时弱或情绪“固着”，都属于不健康范畴；情绪情感应受到个人大脑的调节和控制；健康的情绪情感应能产生积极的效能，推动积极和增力行为的产生。

（三）意志过程

1. 意志（will） 是人自觉地确定目的，并以此支配调节自身的行动，克服困难，努力实现预期目的的心理过程。人在社会生活中不仅要能认识客观世界，还应针对客观现实进行有意识、有目的、有计划的改造活动，以便更好地适应外界环境。这种自觉确定活动目的，并为实现预定目标而进行的有意识的支配并调节行动的心理现象，即意志过程。

2. 意志品质 意志在个体身上的表现不同，有的人意志坚强，有的人则意志薄弱。而坚强的意志品质是克服困难、完成各项任务的重要保证。意志品质归纳为自觉性、果断性、坚韧性和自制性共四个方面。

（1）自觉性：是指个体在行为目的明确、行为意义认识充分后，再采取行动的品质。这种品质与坚强的信念、科学的世界观密不可分。

（2）果断性：是指个体能够明辨是非，迅速而合理地决断，并采取决定的品质。这种品质是以深思熟虑为基础，能够正确全面地考虑行动目的和方法，当机立断。

（3）坚韧性：也称顽强性，是指个体以充沛的毅力和顽强的斗志克服重重困难，努力实现目标的品质。坚韧的意志是经过长期磨炼得来的，其含义一方面是指善于抵制各种主观诱因的干扰；另一方面是指能够较持久地坚持决定。

（4）自制性：是指个体能够自觉地控制自己的情绪，约束自己的言语和行为的品质。一种高尚的“慎独”修养对来自于躯体内外的消极情绪有克制能力，无论在何时何地都能自觉地排除各种干扰，坚持执行决定。

三、人　　格

（一）人格倾向性

人格倾向性是个体对客观环境的态度和行为积极性的特征，包括需要、动机、兴趣、爱好、态度、理想、信仰和价值观等。人格倾向性是人格系统的动力结构，是人格结构中最活跃的因素，以积极性和选择性为特征，决定着人对周围世界认识和态度的选择和趋向。需要是人格倾向性的源泉；动机、兴趣和信念等都是需要的表现形式；世界观处于最高指导地位，指引和制约人的思想倾向和整个心理面貌。

（二）人格心理特征

人格心理特征是个体在其心理活动中经常地、稳定地表现出来的特征，主要包括气质、性格和能力，集中反映了人的心理面貌的独特性。

1. 气质（temperament）　是一个人生而具有的典型的、稳定的心理特征，是表现在心理活动的强度、速度、灵活性与指向性等方面的一种稳定的心理特征，与人们日常生活中所说的“脾气”“秉性”“性情”等含义相近。需要注意的是，人之间的气质差异是先天形成的，无好坏之分，不能决定人的社会价值，不能决定一个人的成就。气质与性格、能力等其他人格心理特征相比，更具有稳定性，如“江山易改，本性难移”所描述的即是气质具有稳定性及不易改变的特点。四种传统气质类型与高级神经活动类型的对比关系，见表 3-1。

表 3-1　四种传统气质类型与高级神经活动类型的对比特征

神经（气质）类型	强度	均衡性	灵活性	行为特点
兴奋型（胆汁质）	强	不均衡	灵活	攻击性强，易兴奋，不易约束，抑制力差，外倾性明显，情绪兴奋高、易变
活泼型（多血质）	强	均衡	灵活	活泼好动，反应灵活，好交际，情绪兴奋性高，外倾，注意和兴趣易发生转移
安静型（黏液质）	强	均衡	不灵活	安静、坚定、反应迟缓、有节制、不好交际，内倾，情感稳固深刻且不易外露，忍耐，言语不多，意志稳定难以转移
抑制型（抑郁质）	弱	不均衡	不灵活	胆小畏缩，消极防御反应强，多愁善感，不耐挫折，情感体验深刻且不易形之于外，观察细致，想象丰富

2. 性格（character）　是个体对客观现实的稳定态度和与之相适应的习惯化行为方式。性格是在后天环境中逐渐培养形成的，具有直接的社会价值，不同的性格特征所产生的社会价值不同，如诚实和善良等性格对社会产生积极作用，而虚伪和残忍等性格会对社会产生消极作用。性格可影响一个人的社会成就，古语云“积行成习，积习成性，积性成命”，即是阐明了性格会决定个体命运的观点。性格虽然较为稳定，但并不是一成不变的，其会随着个体后天所处环境的变化及所经历的各类事件的影响而缓慢变化着，可塑性比气质更大。

3. 能力（ability）　是指顺利完成某一活动所必需的主观条件，是直接影响活动效率，并使活动顺利完成的人格心理特征。能力具有两层含义，一方面指已经表现出来的实际能力，另一方面指还未挖掘的潜力。能力总是和个体所做的活动密切联系，离开了具体活动既不能表现个人的能力，也不能发展个人的潜力，能力将失去存在的价值和意义。能力与知识、经验和个性特质共同构成人的素质，成为胜任某项任务的条件。心理学家认为天才不是“天赋之才”，不是一个人先天就有的才能，而是指在后天社会实践活动中得到高度发展的才能，是各种能力的独特且完善的结合。根据韦氏智力测验结果，把智力商数[（intelligence quotient，IQ），简称智商]智商 130 及以上的人称为智力超常，而智商低于 70 的人称为智力低常，普通人智商处于 100 左右，称为中常，见表 3-2。

表 3-2　智商分类表

智商	分类	人口占比（%）
130 及以上	智力超常	1
110～129	智力偏高	19
90～109	智力中常	60
70～89	智力偏低	19
69 及以下	智力低常	1

（三）自我意识

1. 自我意识的定义　自我意识（self-consciousness）是指个体对作为主体和客体存在的自己各方面的意识，是衡量个体人格成熟水平的标志。自我意识是一种多维度、多层次、结构复杂的心理现象，是人心理区别于动物心理的一大特征。

2. 自我意识的结构　从知、情、意三方面分析，自我意识的结构由自我认识、自我体验和自我调控三个子系统构成。

（1）自我认识：属于认知范畴，在自我意识系统中具有基础地位。自我认识是指个体对自己的洞察和理解，包括自我观察和自我评价。自我观察是指个体对自己的感知、所思所想及意向等内部感觉的觉察，并且对所觉察的情况做初步的分析与归纳；自我评价是指个体对自己的想法、期望及品德、行为和个性特征等的判断与评估，是自我调节的重要条件。自我评价的标准多种多样，所以自我评价的角度各有不同。

（2）自我体验：属于情绪情感范畴，是指自我意识在情感上的表现，包括自尊、自信、自爱、自卑、自豪感和成就感等。其中最主要的是自尊和自卑，自尊不足就会产生自卑。自我体验可以促使个体的自我认识转化为信念，来进一步指导个体的言行。同时，还可以通过自我评价的结果，对良好的行为进行激励，对不恰当的行为予以抑制。

（3）自我调控：属于意志行为范畴，是自我意识的能动性的反映。自我调控是指个体自我意识在意志行动上的表现，包括自主、自立、自律、自我检查、自我监督、自我控制和自我教育等。其中自我控制和自我教育是最主要的方面。

四、重要心理学理论

（一）精神分析理论

精神分析理论（psychoanalysis），又称心理动力理论，由19世纪末奥地利精神科医生弗洛伊德（Sigmund Freud，1856—1939）创立，是现代心理学的奠基石。

1. 潜意识理论　是精神分析理论的基石，将人的精神活动分为意识、前意识和潜意识三个层次。

（1）意识（consciousness）：是人能自觉到的部分，是心理活动中与现实联系的部分，是人们当前能够注意到的心理活动，如感知觉、情绪、意志和思维等，意识活动遵循现实原则。

（2）前意识（pre-consciousness）：是介于意识和潜意识之间的部分，包括目前未被注意到或不在意识中但通过自己集中注意力或他人的提醒又能被带到意识区域的心理活动和过程。

（3）潜意识（unconsciousness）：又称无意识，是个体无法直接感知到的那一部分心理活动，主要包括不被外界所接受的各种本能冲动、需求和欲望，或明显导致精神痛苦的过去事件的经历。这些不被外界或个人所接受认可的心理活动如果保存在意识之中，个体精神会很难承受，于是会通过压抑过程将其排挤到潜意识中。

1）潜意识实际举例。①潜意识对行为的影响：一见钟情就是典型的潜意识。一方早在记忆深处有一个喜欢的范例，或许是邻居家的大哥哥或大姐姐，随着时间推移，这种喜欢慢慢成为一种纯净的潜意识，等到再遇见一个音容笑貌与原有范例较为相似的人时，这个人就会立刻喜欢上对方，这就是一见钟情。除此之外，一见成仇、一见如故等也都源自潜意识。②潜意识顶替意识：潜意识经常顶替意识，让人保持原有的状态。例如，在骑车或开车时，人很容易走神，意识被其他事情占据，这时潜意识就顶替了意识指挥人们开车。在这个过程中，潜意识会规避风险，如开车时虽然在想工作，也可以不知不觉地回避行人，红灯亮起时也会停车。③潜意识与催眠：睡觉是意识和潜意识一同关闭，梦游是意识关闭而潜意识打开，催眠是由潜意识指挥意识关闭，然后把潜意识放大，在潜意识层面跟被催眠者进行沟通。由此可见，催眠并不等同于睡眠。从理论上讲，潜意识具有自利性和天生的自我保护性，因此在潜意识主导或梦游、催眠的情况下，人们是不会做出对自己不利的事情来的。

2）潜意识投射方式。①生活中的失误：一个关于结婚戒指和离婚率统计的报告显示，蜜月旅行时丢掉结婚戒指的人，其离婚概率普遍偏高。因为对于蜜月期新婚夫妻而言，结婚戒指是非常重要的信物，一般情况都不会丢失，但如果出现这种失误，往往就意味着丢失一方的潜意识里对其婚姻不满。由此可见，人们可从生活失误中观察出一些问题。②梦境：弗洛伊德在《梦的解析》一书中详细阐述了各种梦的意向，其认为梦是潜意识的外部表现，潜意识平时被压制在人的心灵最深处，当人体意识在睡眠时被关闭，机体放松戒备，潜意识便以梦的形式开始活动。③心理疾病：当人体内心压制太多的本能欲望、意念、负面情绪情感、矛盾或精神创伤等，潜意识无法正确排解而过于饱和，超出机体承受力范围，便会以心理疾病的形式表现出来。④观物：同一件物品如果由不同人解析，则会有不同的看法，如一片云彩，有的人感觉像大象，有的人可能感觉像蛤蟆，这会折射出个人潜意识中的某些活动。⑤沙盘游戏：亦称箱庭疗法，是在治疗师的陪伴下，让来访者从摆放各种微缩模具的架子上，自由挑选小模具摆放在盛有细沙的特制的沙盘里，其创造出一些场景会由治疗师运用荣格的"心象"理论去分析来访者的潜意识。⑥绘画：绘画心理学是依据绘画者所画的图画，从布局、大小、线条、色彩等多个角度去分析绘画者的心理。绘画心理分析师通常会让绘画者，画一个家庭、树、房屋、人或者自由绘画，可投射出来访者的人际关系、潜意识及性格特征等，通过引导来访者对作品进行解读，帮助其从自我创作中了解自己、发现自己的问题，从而更好地解决问题。⑦肢体动作：人在无意识间所展现的肢体动作也会透射出潜意识。例如，一个人双手环抱，通常表明他的态度是防御、抗拒、拒绝。需注意的是，人的肢体动作有两种，一种是潜意识性动作，另一种是意识性动作。肢体动作的意识化程度最高且最容易伪装，具有一定迷惑性，只有经常观察并且善于观察他人，才能从对方肢体动作的蛛丝马迹中洞察潜意识。

3）潜意识的来源：潜意识来源主要有三种，即童年经历、生活创伤或冲击、与外界环境或教育冲突的诸多本能欲望。①破坏欲：当人们被问及为什么爱玩保龄球时，大部分人的答案可能是"锻炼身体""时髦""高档生活享受"等，但其实在潜意识里这是为了满足人们的破坏欲。看到被码得整整齐齐的球瓶被推倒，人们内心会释放出一种难以言喻的快感。②无偿占有欲：远古时代，无偿占有欲是动物的本能，儿童大多都会有抢占别人玩具的行为，但在习得社会规范后，无偿占有欲便被压制在人们的潜意识中，从未消失。现代曾风靡一时的"开心农场""蚂蚁森林"，人们玩得不亦乐乎，这便是对无偿占有欲的一种释放与宣泄。③控制欲：也是人性的原始欲望，如果没有被满足，往往会产生补偿反应。例如，在单位被削掉权力的人回家后会希望掌握家庭主导权，在学校表现平平的小孩回家后较多控制父母，而学生干部则不太会和父母反抗，因为其在学校有很多可管理的学生对象，满足了自身的控制心理。

2. 人格结构理论 弗洛伊德认为人格结构由本我、自我和超我三部分构成。

（1）本我（id）：对应潜意识形态下的心理活动，是与生俱来的，人格结构中最原始的部分，是由先天的本能、欲望、冲动所组成的能量系统。它不会理会社会道德和外在的行为规范，是无意识、非理性、非社会化的，只遵循一个原则，即享乐原则（pleasure principal）。

（2）自我（ego）：对应大部分的意识活动和小部分的无意识心理活动，是个体在后天社会环境中不断习得社会规范和道德准则后由本我逐渐发展而来的，带有理性和审慎。主要作用是调节本我与超我之间的矛盾，以顺应现实环境的要求，从而保护个体安全，因此其遵循的原则为现实原则（reality principal）。

（3）超我（superego）：对应意识下的心理活动，是人格中最理性的部分，类似于良心、良知和理性等，特点在于能完全按照社会法律、规范、伦理、习俗来明辨是非，分清善恶，位于人格结构的最高层。其包含三个作用，一是抑制本我的冲动，二是对自我进行监控，三是追求完善的境界。其遵循的原则为至善原则（principal of ideal）。

（二）行为主义理论

行为主义理论（behaviorism theory）又称“刺激-反应”理论，由20世纪20年代美国心理学家华生（J.B. Watson，1878—1958）在苏联生理学家巴甫洛夫（I.P. Pavlov，1849—1936）的经典条件反射理论的基础上创立。

1. 经典条件反射理论　20世纪初，巴甫洛夫在研究消化生理过程中通过实验发现条件反射现象，创立了经典条件反射理论。巴甫洛夫用食物刺激狗的口腔产生唾液分泌反射，食物被称为非条件刺激，其所引起唾液分泌的反射过程称为非条件反射。当非条件刺激（食物）与唾液分泌无关的中性刺激（铃声）总是同时出现时，经过一段时间后，铃声便可成为同食物一样的信号，称为条件刺激，此时由条件刺激（铃声）所引起唾液分泌的反射过程，称为条件反射。因此，经典条件反射就是指某一中性刺激（铃声、语言、动作等）通过反复与非条件刺激相结合强化的过程，最终转化为条件反射，从而引起原本只有非条件刺激才能引起的行为反应。

（1）强化：中性刺激与非条件刺激在时间上的结合称为强化，强化的次数越多，条件反射就越巩固。一切来自体内外的有效刺激（包括复合刺激、刺激物之间的关系及时间因素等）只要跟非条件刺激在时间上结合（即强化），都可以成为条件刺激，形成条件反射。一种条件反射巩固后，再用另一个新刺激与条件反射相结合，还可以形成第二级条件反射。

（2）消退：只给铃声而不给食物，多次以后，铃声引起的唾液分泌量将逐渐减少，甚至完全不能引起分泌，出现条件反射的消退。

（3）泛化：用500Hz的音调与进食相结合来建立条件反射，在实验初期阶段，许多其他音调也可以引起唾液分泌，只不过它们跟500Hz的音调差别越大，所引起的条件反射效应就越小。

（4）分化：只对条件刺激（500Hz的音调）进行强化，而对近似的刺激不给予强化，这样泛化反应就逐渐消失。动物只对经常受到强化的刺激（500Hz的音调）产生食物分泌条件反射，而对其他近似刺激则不产生效应。

2. 操作条件反射理论　由美国行为主义心理学家斯金纳20世纪30年代在经典条件反射的基础上创立的实验方法。斯金纳的动物实验装置被称为“斯金纳箱”，早期结构简单，即在一个木箱内装有一个操作用的按键或杠杆，还有一个提供食物的食盒。动物接触按键或按压杠杆，食物盒就会投放一粒食物，以此来对动物的按压操作行为给予强化，从而使动物按压杠杆的动作反应概率增加，这种现象被称为操作条件反射。这种反射与巴甫洛夫的经典性条件反射不同，经典性条件反射是由条件刺激引起行为反应的过程，而操作性条件反射是首先做某种操作反应，然后才得到行为强化的过程。据此，斯金纳进一步提出两种学习，一种是经典性条件反射式学习，另一种是操作性条件反射式学习，两种学习形式同样重要，而后者更能代表实际生活中人的学习情况，即操作-奖励/惩罚-行为强化/消退。

3. 社会观察学习理论　社会观察学习理论由美国心理学家阿尔伯特·班杜拉（Albert Bandura，1925—2021）于1952年提出，着眼于在观察学习的过程中，人们获得了示范活动的象征性表象，并引导适当的操作。1961年，在斯坦福大学班杜拉的实验室中，一个女人正对着一个叫波波的不倒翁疯狂地拳打脚踢，一刻都不停歇，当这个女人在殴打这个巨大的充气波波时，旁边有一个小孩正注视着她，1 分钟左右的观察之后，这个孩子被放进另一个充满玩具的房间，这些有趣的玩具很快会被拿走，最后房间里就只剩下难过沮丧的小孩和波波，而班杜拉则在一旁进行观察。观看了女人殴打波波的这个孩子开始模仿那些攻击性行为，对玩偶拳打脚踢，到处扔甩，甚至试图用锤子来砸波波。但其他孩子，在看到成年人友好地对待波波或仅仅是无视波波之后，并没有难过沮丧或表现出任何攻击性行为。观察学习的全过程由四个阶段构成。

（1）注意过程：是观察学习的起始环节，在注意过程中，示范者行动本身的特征、观察者本人的认知特征以及观察者和示范者之间的关系等诸多因素影响着学习的效果。

（2）保持阶段：示范者虽然不再出现，但他的行为仍对观察者有影响。要使示范行为在记忆中保持，需要把示范行为以符号的形式表象化。通过符号这一媒介，短暂的榜样示范就能够被保持在长时记忆中。

（3）示范行为：把记忆中的符号和表象转换成适当的行为，即再现以前所观察到的示范行为。这一过程涉及运动再生的认知组织和根据信息反馈对行为的调整等一系列认知的和行为的操作。能够再现示范行为之后，观察学习者是否能够经常表现出示范行为要受到行为结果因素的影响。

（4）行为结果：包括外部强化、自我强化、替代性强化（替代性强化是指观察者看到榜样或他人受到强化，从而使自己也倾向于做出榜样的行为）。

（三）人本主义理论

人本主义理论（humanistic theory）于 20 世纪 50～60 年代兴起，由美国心理学家马斯洛（A.H. Maslow，1908—1970）和罗杰斯（C.R. Rogers，1902—1987）创立。

图 3-1　马斯洛需要层次理论

1. 马斯洛需要层次理论　马斯洛认为，人的需要是分层次的，由低到高依次为生理需要、安全需要、社交需要、尊重需要、自我实现需要五个等级，见图 3-1。需要层次越低，力量越大，潜力越大；随着需要层次的上升，需要的力量相应减弱；高级需要出现之前，必须先满足低级需要。在从动物到人的进化中，高级需要出现得比较晚，婴儿有生理需要和安全需要，但自我实现需要在成人后才出现；所有生物都有食物和水分等生理需要，但只有人类才有自我实现的需要。

2. 罗杰斯自我理论　罗杰斯认为，一个人看待他自己的方式是预测即将发生行为的最重要因素，因为伴随现实的自我概念，还有一种对外界现实和该个体认为他所处境况的真实感知。在罗杰斯看来，刚出生的婴儿除了一般意义上的认识，是不知道自己是唯一的独立实体的，当他们在生长发育过程中，父母和其他重要人物逐渐影响他们时，每个孩子才不断意识到有一种“他”的东西。孩子开始说“我想要……”“我想……”“把那个东西给我”“这是我的”，这些自我意识便开始萌芽。自我概念包括具有“我”之特性的一切想法、知觉及其价值，是个体整个现象场中与自身相联系的那部分知觉及其相关的意义，它是个体看成“我”的那部分现象场。在罗杰斯看来，人格不健全的人其自我概念与经验是不一致的，他们将自己的真实体验拒之于意识之外，防御性地维持着自我，他们的评价系统不是建立在自己真实体验的基础上，而是为了得到别人的赞许，投射别人的态度。因为罗杰斯相信人自身内部存在一股巨大的理解自己并改变其自我概念和指导自己行为的潜能，只要提供适宜的氛围或条件，这些潜能就能开发出来。

（四）认知理论

认知理论（cognitive theory）是 20 世纪 50 年代由美国临床心理学家阿尔伯特·埃利斯（Albert Ellis，1913—2007）和美国精神病学家贝克（A.T. Beck，1921—）等代表性人物所发展起来的。

1. 埃利斯 ABC 理论　埃利斯认为，在内外环境刺激 A（activating events）和情绪后果 C（consequence）之间，存在着信念系统 B（beliefs）的影响，即激发事件 A 并不是直接引起情绪变化 C 的根本原因，而是个体对待事件 A 的看法或信念 B 影响的结果。例如，你与恋人一起约好去旅行，结果他失信于你，这是激发事件 A；这让你非常愤怒甚至想与他分手，这是结果 C；看起来是因为事件 A 导致了情绪与行为结果 C，但实际上是你对 A 事件的看法或信念 B 决定了你最终的情绪或行为结果 C。如果你和恋人分手了，你在事件 A 中的信念可能是“他应该重视和我一起的旅行，他应该履行和我的约定，他临时改变主意就是完全不在乎我，他根本就不爱我”；但换一个人对待这件事情，也许就没有和恋人分手，其中的信念可能是“他可能有不得已的原因，他也不想这样的，我是他的恋人，我应该理解他，旅行以后也会有机会的”。后者与前者相比，是两种截然不同的信念，前面比较负面、消极，而后者比较理性、积极。由此可知，事件 A 的发生是客观的，而情绪或行为结果 C 是主观的，原因就在于不同人对于事件发生的信念系统 B 是不同的。

2. 贝克情绪障碍理论　贝克认为，人们从童年时期开始通过生活经验建立起来的认知结构或图式，是一种比较稳定的心理特征，形成了人们对待自己和外部世界的假设，用于对自身所接收到的各种信息进行过滤、区分、评估和编码，指导对新信息的知觉、对旧信息的回忆及借助图式进行判断与推理，支配和评估行为。这种个人的认知图式形成之后相当稳固，通常不予表达，在其后的生活中继续得到修改和补充。例如，生活中部分人会以挣钱多少来判断成功与否，那么当一项新工作薪资比目前的高，这部分人的评价将是积极的；但如果新工作薪资很少，这部分人便会认为这一工作意味着自我价值降低，于是拒绝这一工作而继续去寻求高工资工作，这个判断过程就是这部分人群的认知图式在主导。然而，问题就在于人们有些认知图式是僵硬的、极端的、消极的，例如生活中许多人认为女性不生孩子就没有价值，就是极其顽固的错误偏见，并且难以予以纠正，十分稳固，有时给自己和家人均带来莫大的情绪困扰和精神折磨，而当遇到这类认知图式时，需要专业人员疏导。

案例 3-1 分析讨论

1. 该实验阐述了经典条件反射理论，引起小艾尔伯特产生恐惧心理的噪声属于非条件刺激，小白鼠属于中性刺激，两者结合一段时间以后，小白鼠转化为了条件刺激，单独的小白鼠亦能引起小艾尔伯特的恐惧反应，即建立了条件反射。

2. 泛化现象，小艾尔伯特将对小白鼠的恐惧泛化到了其他类似的白色或毛绒的物体上。

3. 大学生活中存在许多可应用经典条件反射解释的事件，如你最初对某课程无感，但任课老师在课堂活动中夸赞了你，你便对这门课心生好感，后期哪怕没有老师的继续夸奖，你对课程的好感度依然会持续一段时间。其中，夸赞属于非条件刺激，夸赞本身就会引起人体的舒适感，而课程属于中性刺激，当夸赞和该门课程相联系作用于你时，课程便转变为条件刺激作用于你，使你后期上这门课时即便已经没有夸赞也依然能产生身心舒适的感觉，即建立了条件反射。如若后期，该门课程老师继续表扬你，此条件反射会被强化，你会越来越喜欢这门课；但若在课堂中批评了你，那前期建立的令人舒适的条件反射也许会逐渐消退。

4. 因为该实验违背了医学伦理，无论是研究中期还是研究后期均给研究对象造成了难以磨灭的痛苦和伤害，不符合尊重生命和保障安全的研究基本准则。无论未来是否从事临床医学工作或科研，在各行各业奋斗的大学生均应培养自身关爱生命和保护弱小的高尚品德和精神，面对各类违法暴力或虐待行为，均应具有勇敢无畏与之抗衡的责任与担当，共同维护各类人群的心理健康。

（师　亚）

第二节　大学生心理学测评常见方法与技术

案例 3-2　**新生入学人格测评**

2017 年，某高校心理健康教育中心对新入校的飞行专业 127 名新生进行人格测评调查以更好地了解新生心理健康状况。负责本次测评的心理老师根据本次测评的目的和对象进行量表筛选，打印所需量表，并按要求筛选一名具备心理专业背景的学生作为测评助手。经与新生辅导员沟通，确定此能力测评的时间是开学第二周周末晚上，地点在某讲堂。测评开始前先由心理老师向所有参与学生介绍本次心理测评的目的、方法和注意事项。每个学生在测评现场领取量表 1 份（艾森克人格问卷）和黑色签字笔，在讲堂现场自行填写问卷，并于 45 分钟内全部填写完成并上交。

问题：1. 当心理老师选择量表的时候应该从哪几个方面判断量表的质量？

2. 当前新生接受的心理测评方法是什么？

3. 作为测评助手，如果你发现主试老师在测评结束后对测试结果保存的安全性不够，可能会泄露测评结果，你该如何处理？

4. 请综合文献查阅，探讨在对测评学生进行人格测评的时候，除使用上述方法，还可以使用其他哪些方法？

一、心理测评的概念

人类的心理现象和过程是客观存在的事实，是可以被测量和评估的。心理测评是以一定的心理学理论为基础，按照一定的规则，通过对个体或群体行为的客观化、标准化测量，最终对个体或群体的心理特质确定数量化价值的过程。行为是心理测评的直接对象，这是由心理现象和过程的特性造成的。心理现象和过程具有抽象性和内在性，无法被直接度量，因此，对于心理特质的认知、分析和界定只能通过可反应心理特质的行为度量进行。

二、心理测评的特点

（一）间接性

与某些物理现象（如身高、体重等）的测量方式不同，心理测评是一种间接性测评，其测评结果是针对人的心理，但测评的对象却是人的行为。因为，人的心理是抽象的、内在的、无法被直接测量的，但人的心理可以表现为外显行为，虽然行为与心理不是一一对应的关系，但我们可以通过间接甄选有代表性的行为来度量和分析人的心理。

（二）客观性

科学的心理测评过程是客观的，测评的实施、计分和结果的解释等各个过程需借助标准化的工具进行，标准化的施测过程将保证同一心理测评对所有的测评对象是一样的，测评的结果不会受到施测过程的影响，如更换实施测试的人或计分的人。由于标准化测评过程的存在，极大地降低了主观随意性对测评的影响，从而保证心理测评过程的客观性，进而使测评结果具有较高的信效度。

另外，心理测评结果也具有一定的客观性，这种客观性通过测评结果的数量化体现出来。依托统计手段，隐藏在数字背后的规律和联系可以被客观地解释，心理测评工作者可以对人的心理做出更精细化的分类。数字化结果的客观性还保证了不同研究者对这同一术语理解的一致性，从而促进彼此之间的沟通、交流和交叉实验。

（三）相对性

在心理测评的过程中，我们对代表心理特质的行为进行比较，比较的标准是与测评对象所在群里的大多数人的行为或某些实现已经制定的标准，如我们测量一个医学本科生对艺术活动兴趣的大小，所谓“大小”的标准是针对大多数医学本科生的研究结果而言，好比所有医学本科生对艺术活动的兴趣大小是一个有序的行为序列，那么比较的过程看的就是该名学生在这个序列所处的位置。

（四）广泛性

心理测评的广泛性是针对测评结果而言。与其他测评一样，心理测评的结果也存在误差，误差的来源是多方面的，如测评工具的选择、测评者的测量能力、被测者是否存在测评焦虑、测评的客观环境、测评时间安排以及测评结果的解读等。因此，测评结果往往具有一定的误差，为减少误差，心理测评往往要求测评工作者遵照一致的标准进行。

心理测评的广泛性还体现在测评结果的应用。由于大多数的心理测评可以在短时间内针对测评对象的某一心理特质给出数量化的判断，因此被广泛应用在各个领域，其应用效果包括了解认知、人格等方面的差异；在临床或教育实践中用来诊断、预测和评价某一心理特质，如智力；对某一人群进行分类安排，如根据能力测验结果为新员工安置不同的岗位，为心理辅导、心理咨询、心理教育和心理科研的发展和实施提供服务和辅导手段。

三、心理测评的种类

心理测评的种类有以下几种分类方法。

1. 根据测评对象分类　心理测评可分为认知测评和人格测评。认知测评又称为能力测评，测评内容包含智力、能力、教育、创造力等多个方面；人格测评度量人的个性中除能力以外的部分，包括性格、情绪、需要、动机、兴趣、态度、焦虑等心理特征及其相关行为。

2. 根据实施 1 次测评参与的人数分类　心理测评可分为个别测评和团体测评。顾名思义，前者是指在 1 个测评中，测评者针对一个被测者实施测验，在这种测评中，测评者可以全心全意、仔细观察被测者的语言、动作、行为等，拥有与被测者充分互动的机会，但所需时间较长。团体测评则是在 1 个测评中，测评者可同时对多个被测对象实施测验，相比个别测评可节省时间、人力、物力和精力，但该方法无法对被测者进行细致、全面的观察。

3. 根据测评材料分类　心理测评可分为语言/文字测评、非语言/操作性测评。语言测评是指测评的题目是通过语言或文字的方式呈现，被测者也要求运用语言或文字作答，该方法对被测者的文化背景及语言能力有要求；非语言测评则可以用图片、符号、实物（木头、方块等）呈现测评内容，被测者无须使用语言或文字应答，其回答方式往往是操作或回应。非语言测评克服了语言测评中对文化背景的要求，适用于学龄前儿童、不认识字的成人或不同文化背景的人群使用，但相对耗费时间。

另外，根据测评的计分方式分类，心理测评可分为有标准对照答案的客观性测评和无固定标准答案的非客观性测评。

四、心理测评的方法

常用的心理测评方法包括自然观察评估法、作业量表法、投射试验法、自陈量表法、心理实验法等。

（一）自然观察评估法

自然观察评估法是指测评者根据事先制订的计划，通过眼睛、耳朵等器官并借助一定的科学仪器（照相机、录音机、显微录像机等）在一定的时间内观察在被测者完全自然的情况下发生的语言、动作、行为、表情等，并对考察结果进行描述、分类、评估和判断的过程。根据观察者是否参与被观察者的活动，可分为参与性观察评估和非参与性观察评估。自然观察法是直观的测评方式，有助于获取真实、客观、自然、生动的测评素材，并且具有及时性，可以收集到当下正发生的变化。但该方法的量化程度低，受到观察时间、对象、观察者本身感官及主观意识的影响。

以章小童等所完成的《大学生学习型团队信息搜寻行为影响因素探究》为例，该研究以高校倡导团队学习为背景，以大学生搜寻学习型团队的行为为研究对象，随机选取8个大学生数学建模团队作为样本，以数学建模竞赛现场为研究情境，在比赛现场运用参与式观察法，借助人工观察记录表、录屏软件、摄像机等辅助工具对研究对象的团队信息搜寻行为进行自然观察，在观察中获得大量视频资料和现场记录资料。在该研究中，通过自然观察法所得的观察实地笔记、现场摄影视频、录屏软件视频为研究者分析大学生学习型团队信息搜寻行为提供了原始数据，保证了研究结果的可靠性。

（二）作业量表法

在心理测评中，量表是常见的测评工具，在选择量表的时候均需要考虑其质量，高质量的符合测评要求的量表是保证测评结果可靠的重要前提。衡量量表的质量指标包括信度、效度和项目区分度。作业量表法是心理测评中应用较为成熟、应用较为广泛且较为严格的方法。在作业量表法中，测评者根据一定的操作流程，通过作业的方式刺激和引导被测者回答，以此测定个体智能的发展状况。

下面以心理测验中应用最早也是最广泛的智力测验说明。斯坦福-比奈智力量表是世界上最著名的智力测验，测验过程应用了作业量表法。斯坦福-比奈智力量表包含15个分测验，包括词汇、珠子记忆、算数、词句记忆、图形分析、理解、谬误、数字记忆、伪造和仿画、物品记忆、矩阵、数列、折纸与剪纸、语文关系、等式。例如，在词句记忆分测验中，测评者将对被测者口述包含2～22个字长的句子，如“喝牛奶”“汽车跑得快”“我的风筝上的线断掉了”等，被测者根据听到内容进行复述，测评者根据其回忆的准确性、完整性进行打分。例如，在数字记忆分测验中，测评者要求被测者顺序背诵数字，一共14题，再倒序背诵数字，一共12题，根据背诵的情况进行评分。再例如，在语文关系分测验中，被测者一共需要18个小作业题，每题有4个词语，类似“报纸、杂志、书本、电视”，被测者将被要求分析前面3个词的特征、想象并指出与第四个词语的比较区别。

除在大学生、成人等群体应用外，作业量表法在儿童早期心理健康诊疗中应用也较为广泛，如比纳-西蒙量表。

（三）投射试验法

投射试验法（projective test）是指测评者通过向被测者提供一定的媒介，让被测者对媒介进行联想、构造、表露、完成或选择等操作以显示出其心理特质的方法。心理投射法中应用的媒介一般是没有明确意义的，如随意的线条或句子、有意义的图片、没有规则的数字等。被测者一般不被告知测试的真实目的，他们在测试过程中意识到的是对媒介的自由反应，因此心理投射法具有较高的客观性，测试结果较为真实，该方法在心理疾病或精神疾病的诊疗中应用较多。

下面以大学生人格测评的投射试验为例，介绍经典的几种投射试验：

1. 罗夏墨迹测验（Rorschach inkblot test，RIBT） 是迄今为止全球应用最广泛的投射试验之一，在该试验中，测评者向被测者展示多种墨迹图片，观察被测者对墨迹图片的反应，再通过计分方式和解释原则推测人格特质。当前，在试验中使用最广泛的是罗夏设计的 10 张对称的不同的墨迹图片，包括 5 张黑白图片，每一张图片的墨迹深浅程度不一致；2 张黑色和红色斑点组成的图片以及 3 张彩色的图片。

RIBT 的测试开始之前，测试者需先营造一个自由、轻松的环境，让被测者处于放松、舒服的状态。在被测者尽可能自然的状态下，向其依次展示 10 张墨迹图片，被测者可对图片的反应做出自由、详细的回答，并且没有时间限制；测试者要认真观察被测者的反应，逐句记录其反应的语言、反应的时间、各反应之间较长的停顿时间、测试中影响最大的位置、被测者出现的其他动作、情绪、重复反应倾向等。同时测试者还可针对被测者的反应进行提问，如做出测试反应的依据是什么？引起反应的要素是什么，如图片的颜色、形状、阴影等。最后测试者通过反应的部位决定反应的因素、反应的内容和普遍性反应对测评结果进行评分和解释，以此判断被测者的人格。

2. 主题统觉测验（thematic apperception test，TAT）　是由哈佛大学心理学家默瑞及其同事在 20 世纪 30 年代编制，1943 年发展到第三套主题统觉测验，也是迄今为止应用最广泛的一套。该测验系统包含了 30 张意义不清的黑白图片和 1 张空白图片，图片内容多数为人物，也有一部分风景。所有的图片被组成 4 套测验，分成 2 个系列。在测试的过程中，测评者将向被测者依序展示图片，要求被测者根据看到的图片内容编一个故事，并回答 4 个问题：图片中正在发生什么？是什么原因导致这个情境的发生？图片中的人正在想什么？这个故事会有什么样的结局？如果是对于空白图片，则要求被测者自行想象一个图，对这个图进行描述，并编一个故事。完成一个系列的测试一般需要一个小时，在完成一个系列后的一天或以后更长的时间再进行第二个系列的测试。

TAT 测试的分析结果没有客观、公认的公式，因此用于诊断时其信效度有待进一步考究。根据默瑞的评分方法，在解释测验结果的时候应注意分析被试者认为代表自己的主角是谁？主角的动机倾向和情感、主角的环境力量特别是人事力量、故事的结果、主题、兴趣和情操等。由于该测验的测试及解释难度较高，要求测评者需接受专门的培训。

3. 其他人格投射试验　除 RIBT 和 TAT 外，还有很多表露人格的投射试验，因为人格表露的方式是多样化的，包括绘画、舞蹈、音乐等。以绘画为例，艺术创作是反映人内心的一种媒介，麦克弗的画人测验（draw a person test，DAP）是投射人内心冲动、焦虑及其他内部状态的方法之一。在该测验中，要求时测评者画一个人（A），之后再画一个与 A 性别相反的人。测试者通过观察被测者对人像各个部分的绘画顺序和绘画完成之后的提问对其人格进行定性分析。除画人测试外，布克（Buck）提出的“屋—树—人测试”（house-tree-person test）、伯恩斯（Burns）和考夫曼（Kaufman）设计的家庭活动绘画技术（kinetic-family-drawing technique，K-F-D）以及卡尔柯乞的画树测试（drawing-a-tree test）均属于绘画法在人格测评中的应用。

（四）自陈量表法

自陈量表法是一种被测者自我评定的方法，多以自我报告的形式展示结果。施测者通过向被测者提供一定的测试工具（如量表），让被测者根据所提供的句子或词语描述自己的行为或感受的一种方法。同作业量表法一样，自陈量表法在选择测评量表的时候需慎重考虑其信效度以保证测评结果的可靠性。该方法所涉及的测评表一般题量较多，涉及多个分测维度，适用于个体和团体测试，被测者回答方式包括口头、纸笔或网络应答。自陈量表法的测试结果易受测试对象配合度的影响，但整体操作流程较为简单，测试结果的收集较快，在个性问卷调查或性格特征调查中应用较为广泛。

下面以大学生情绪稳定测量为例，介绍一种自陈式量表——艾森克人格问卷简式量表。艾森克人格问卷简式量表，由艾森克等编制，共 48 个项目，包括精神质（P）、外向性（E）、神经质（N）和说谎倾向（L）/效度量表四种人格因素的分量表，每个量表包含12 个项目，其中神经质（N）量表常用来被测量情绪的稳定性。我国学者钱铭怡等于 2000 年引进该量表，在国内修订，经检验该量表具有良好的信效度，适用于年龄在 16 岁及以上的人测试。下面提供具体量表内容及结果参考：

【指导语】在这份问卷中，共有 48 个问题，请你依次回答这些问题，在每个问题后面的“是”或“否”选择一个。请根据自己的实际情况作答，无须猜测正确答案，因为答案不存在正确与错误之分。问卷无作答时间限制，请认真查看题目，不要在未看懂问题的时候作答，也请不要拖延太长。

1. 你的情绪是否时起时落？

是（　　）否（　　）

2. 当你看到小孩（或动物）受折磨时是否感到难受？

是（　　）否（　　）

3. 你是个健谈的人吗？

是（　　）否（　　）

4. 如果你说了要做什么事，是否不论此事可能如果不顺利你总能遵守诺言？

是（　　）否（　　）

5. 你是否无缘无故地感到“很惨”？

是（　　）否（　　）

6. 欠债会使你感到忧虑吗？

是（　　）否（　　）

7. 你是个生机勃勃的人吗？

是（　　）否（　　）

8. 你是否曾贪图过超过你应得的分外之物？

是（　　）否（　　）

9. 你是个容易被激怒的人吗？

是（　　）　否（　　）

10. 你会服用能产生奇异或危险效果的药物吗？

是（　　）　否（　　）

11. 你愿意认识陌生人吗？

是（　　）　否（　　）

12. 你是否曾经有过明知自己做错了事情却责备别人的情况？

是（　　）　否（　　）

13. 你的感情容易受伤害吗？

是（　　）　否（　　）

14. 你是否愿意按照自己的方式行事，而不愿意按照规则办事？

是（　　）　否（　　）

15. 在热闹的聚会中，你能使自己放得开，使自己玩得开心吗？

是（　　）　否（　　）

16. 你所有的习惯是否都是好的？

是（　　）　否（　　）

17. 你是否时常感到“极其厌倦”？

是（　　）　否（　　）

18. 良好的举止和整洁对你来说很重要吗？

是（　　）　否（　　）

19. 在结交新朋友时，你经常是积极主动的吗？

是（　　）　否（　　）

20. 你是否有过随口骂人的时候？

是（　　）　否（　　）

21. 你认为自己是一个胆怯不安的人吗？

是（　　）　否（　　）

22. 你是否认为婚姻是不合时宜的，应该废除？

是（　　）　否（　　）

23. 你是否很容易地给一个沉闷的聚会注入活力？

是（　　）　否（　　）

24. 你曾毁坏或丢失过别人的东西吗？

是（　　）　否（　　）

25. 你是个忧心忡忡的人吗？

是（　　）　否（　　）

26. 你爱和别人合作吗？

是（　　）　否（　　）

27. 在社交场合，你是否倾向于待在不显眼的地方？

是（　　）　否（　　）

28. 如果在你的工作中出现了错误，你知道后会感到焦虑吗？

是（　　）　否（　　）

29. 你讲过别人的坏话或脏话吗？

是（　　）　否（　　）

30. 你认为自己是个神经紧张或“弦绷得过紧”的人吗？

是（　　）　否（　　）

31. 你是否觉得人们为了未来有保障，而在储蓄和保险方面花费的时间太多了？

是（　　）　否（　　）

32. 你是否喜欢和人们相处在一起？

是（　　）　否（　　）

33. 当你还是个小孩子的时候，你是否曾有过对父母耍赖或不听话的行为？

是（　　）　否（　　）

34. 在经历了一次令人难堪的事之后，你是否会为此烦恼很长时间？

是（　　）　否（　　）

35. 你是否努力使自己对人不粗鲁？

是（　　）　否（　　）

36. 你是否喜欢在自己周围有许多热闹和令人兴奋的事情？

是（　　）　否（　　）

37. 你曾在玩游戏时作过弊吗？

是（　　）　否（　　）

38. 你是否因自己的“神经过敏”而感到痛苦？

是（　　）　否（　　）

39. 你愿意别人怕你吗？

是（　　）　否（　　）

40. 你曾利用过别人吗？

是（　　）　否（　　）

41. 你是否喜欢说笑话和谈论有趣的事？

是（　　）　否（　　）

42. 你是否时常感到孤独？

是（　　）　否（　　）

43. 你是否认为遵循社会规范比按照个人方式行事更好一些？

是（　　）　否（　　）

44. 在别人眼里你总是充满活力的吗？

是（　　）　否（　　）

45. 你总能做到言行一致吗？

是（　　）　否（　　）

46. 你是否时常被负疚感所困扰？

是（　　）　否（　　）

47. 你有时将今天该做的事情拖到明天去做吗？

是（　　）　否（　　）

48. 你能使一个聚会顺利进行下去吗？

是（　　）　否（　　）

【计分方式】选择“是”得1分，选择“否”得0分。

1. 分量表归属

（1）精神质（psychoticism，P）量表

正向计分：10、14、22、31、39。

反向计分：2、6、18、26、28、35、43。

（2）外向（extroversion，E）量表

正向计分：3、7、11、15、19、23、32、36、41、44、48。

反向计分：27。

（3）神经质（neuroticism，N）量表

正向计分：1、5、9、13、17、21、25、30、34、38、42、46。

反向计分：无。

（4）说谎倾向（lie，L）量表

正向计分：4、16、45。

反向计分：8、12、20、24、29、33、37、40、47。

表 3-3　按全国比例构成的 EPS-RSC 常模

性别	年龄（岁）	人数	P 量表		E 量表		N 量表		L 量表	
			M	*s*	*M*	*s*	*M*	*s*	*M*	*s*
男性	16～19	262	3.15	1.82	7.74	2.77	4.70	2.96	4.43	2.55
	20～29	843	3.00	2.00	8.05	2.67	4.57	3.06	4.90	2.66
	30～39	652	2.88	2.04	7.82	2.68	4.01	2.78	5.61	2.66
	40～49	522	2.91	2.34	7.34	2.88	4.34	2.95	6.55	2.78
	50～59	347	2.67	2.21	6.95	2.98	3.90	2.89	7.19	2.66
	60～69	300	2.68	2.31	7.08	3.01	3.70	3.00	7.73	3.08
	≥70	50	2.92	2.79	6.89	3.08	4.38	3.39	8.00	3.13
	小计	2976	2.90	2.13	7.60	2.83	4.25	2.97	5.90	2.93
女性	16～19	229	2.63	1.81	8.13	2.58	4.93	2.75	4.86	2.43
	20～29	728	2.68	1.82	7.44	2.79	4.81	2.95	5.32	2.70
	30～39	626	2.44	1.82	7.50	2.87	4.49	2.89	6.64	2.76
	40～49	518	2.55	2.30	7.15	2.86	4.44	2.95	7.45	2.98
	50～59	307	2.36	1.82	6.92	2.90	4.48	2.88	7.73	2.68
	60～69	206	2.51	1.98	7.28	2.95	4.44	3.12	7.72	2.96
	≥70	25	2.32	1.89	7.28	3.48	4.88	3.25	8.84	2.58
	小计	2639	2.54	1.94	7.38	2.85	4.61	2.93	6.51	2.96
总计		5615	2.73	2.05	7.50	2.84	4.42	2.95	6.19	2.96

注：①全国各大地区和职业类群相应的常模见 EPQ-RSC 使用手册。

②EPQ-RSC 的 4 个量表结果的解释和施测者注意事项见 EPQ-RSC 使用手册。

2. 测评结果分析

（1）P 量表：P 分高的人可能表现为不关心他人，喜欢独身，感觉到在哪里都不合适，难以适应；某些时候可能会表现出残忍、冷酷、不近人情、迟钝、甚至有挑衅的行为。P 分低则无以上表现。

（2）E 量表：E 分高的人可能表现为外向的情绪，如广泛社交、喜欢朋友、热爱冒险，渴望刺激，情感相对冲动，行为比较容易受到冲动的控制。E 分低则可能相对内向，表现为喜欢安静、较为保守、交友固定，生活有秩序，做事有规划。

（3）N 量表：N 分高的人可能表现为情绪的稳定性较低，容易出现焦虑、担忧、紧张，容易生气，闷闷不乐，情绪反应强烈，缺乏理智。N 分低的则情绪可能比较稳定，情绪反应速度慢，变化幅度小，大多数时候是平静的。

（4）原来作为分别答卷有效或无效的效度量表。L 分高，表明测试结果可能存在被测者掩饰等情况。

（五）心理实验法

心理实验法与自然观察评估法强调的自然发生不同，心理实验法是基于某些理论前提，有目的、有计划地控制（改变或创造）测试条件，以观察、记录和分析被测者心理活动发生变化的过程和特点等的一种方法。测试的环境可以是自然环境，如教室、宿舍等，也可以是实验环境，如特定的实验室。心理实验法对发生的条件改变要求较为严格，一般只能有一种条件的改变，以避免多种改变造成的相互影响，因此该方法的目的性较强，但要求严格，设计较为困难，所产生的费用一般也较高。

例如，在心理治疗中我们常用沙盘治疗游戏技术理论（sandplay therapy，即箱庭疗法）来治疗某些人群的心理疾病或促进心理健康。以沙盘治疗游戏技术理论为基础，有学者利用团体沙盘治疗技术试验尝试改善没有激烈冲突的大学生宿舍人际关系。在实验中，研究者选取三个符合条件、没有激烈冲突的宿舍作为实验对象，共 11 名大学生。研究者对每个宿舍进行团体沙盘游戏，每周干预一次，共干预 8 次，在干预结束后通过访谈分析三个宿舍大学生在人际关系方面的改善程度。该心理治疗即为心理实验法，研究者为研究对象有目的地进行沙盘游戏条件，以此观察其人际关系变化。

（六）仪器测量法

仪器测量法是指利用各种科学、客观的仪器对研究对象的某些指标进行测试，以了解其心理活动的方法。目前，可用于测量心理活动测评或心理研究的仪器日益增多，如多导仪、眼动仪等。例如，在情绪测评方法中，部分学者主张使用自主神经系统测量、惊跳反应测量、脑测量等推断人的心理变化。主张使用自主神经系统测量的学者认为，不同的情绪状态包含了不同的自主神经系统变化，他们假设情绪反应对应某一特定的自主神经系统活动（如焦虑与心率增快相关），因此在情绪测量中，他们可能会通过现代医疗器械（如心电监护仪）收集皮肤电反应或心血管反应的相关指标，如心率、血压等，通过分析仪器测量到的指标，探究其与心理活动的相关性。主张使用脑测量的学者一般需要使用脑测量或神经影像学测量，他们通过脑电图、功能性磁共振成像或正电子发射断层扫描等技术来获取某些生理信号，如左半球激活或右半球激活，以此判断被测者是处于回避状态还是趋近状态。除情绪外，心理测量中的动机、技能等领域也越来越多地使用仪器测量法。

（七）访谈法

访谈法（interview）又称晤谈法，是指测评者通过与被测者进行面对面谈话以评估其心理活动的方法。访谈的目的是为了针对访谈主题得到深入的理解，在方法中，深度比广度更重要。根据访谈的标准化程度，访谈法可分为结构性访谈和非结构性访谈，前者是根据访谈前制定的结构统一问题展开谈话，后者则无视先制定的、统一的访谈提纲，访谈的问题较为开放；根据访谈对象的人数，访谈法可分为个体访谈和小组焦点访谈。

访谈的过程包括确定访谈主题、设计访谈形式、实施访谈、记录访谈内容并转录、分析并确认文本内容、发表等。传统的访谈为面对面进行，现在随着网络科技的发展，网络访谈也逐步兴起，该方法以 e-mail 和在线聊天工具（QQ、微信等）为媒介，相比面对面访谈可避免访谈者和受访者舟车劳顿，节省双方的时间和精力；可扩大受访者的范围，如可以纳入海外的受访者等；可通过网络文字往来在访谈过程中形成逐字稿，减少访谈后期的语音转录，同时有助于保护双方的隐私。

在心理测评中，访谈法可作为测评的主要方法，以《“键盘侠”现象的透视和引导——基于20名在校大学生访谈的梳理分析》一文为例加以介绍。

研究者首先确定了研究主题——高校大学生部分群里存在部分“键盘侠”（keyboard man）的情况，即学生在线上表现为占据道德制高点、肆意评论以彰显个人正义感，在线下却冷漠围观、胆小怕事、躲避群体社交，线上线下存在巨大的人格反差。

在确定研究主题后，研究者确定了访谈的方式，通过抽样访谈了20名在校大学生，访谈方式为一对一半结构式深入访谈。访谈的内容包括：大学生对“键盘侠”行为特质、出现频率、立场观点、情感倾向、群体氛围、网络人格与现实人格、评判标尺、道德准则、社会影响等状况，以及对自我网络行为的影响与分析等。

访谈结束后，研究团队对访谈的文字进行记录、整理、汇总和归纳，以大学生主体意识表述为基础，结合访谈主题进行剖析。

在对访谈资料进行分析后，研究者认为大学生团体的“键盘侠”现象是由该群体主张缺位、感性驱动、言行双标、道德失范、认同追寻等原因造成的。

五、心理测评的使用过程

心理测评的使用是否科学关系着测评结果可靠与否。一个心理测评的使用过程包括选择测评者、选择测评的种类、实施测评、获取测评分数、报告测评结果。

（一）选择测评者

测评者在整个心理测评的过程中扮演着至关重要的角色，特别是主测者。对测评者的筛选条件包括技术和道德两个方面，作为承担心理测评的专业人员，必须具有扎实的专业理论知识，娴熟的测评专业技能，特别是在个别心理测评试验中，应对测评的目的、内容、实施过程、评分方法和结果解释了如指掌。同时担任测评的专业人员还被要求具有崇高的职业道德，对测评的内容严格保密，不可提前泄露测评内容，也不可泄露测量结果或被测者的相关信息，不可私自翻印或更改测评的材料和方法，杜绝侵权和违法行为。

（二）选择测评的种类

测评者或测评组织者在每一次测评之前应首先考虑选什么类型的心理试验。在选择之前，应清楚地认识测评目的和预期结果，制订周详的计划；同时要熟悉被测者的基本情况，判断测评结果是否受被测者年龄、性别、受教育程度等的个人情况干扰或限制；另外，在选择测评种类的时候，应重点考察所选试验的基本情况（结构、内容、测评等）、试验的使用对象（成人或儿童、农村居民或城镇居民等）以及测验的心理学指标（信度、效度、常模等）。

（三）实施测评

实施测评前要熟悉测验的结构、内容和操作流程，准备测评的相关材料，如是否需要纸笔、录屏工具、沙盘等；同时还要认真核对被测者与测评相关的资料；在测评过程中要注意使用通俗易懂、能引起兴趣的指导语，遵循标准化的测评流程以保证测评结果的客观性。另外，在测评过程中，测评者还应该与被测者保持良好的互动和协调，以防因为被测者产生测评焦虑、从众心理等导致测评结果出现偏差。

（四）获取测评分数

根据每一个测评试验的操作指导获取测评原始分数，但在大多数心理测评中，原始分数本身不具备明确的意义，需与一定的参照标准对比才能对测评提供有用的价值。因此，在获取原始分数后，往往需要对分数进行转化和对照，得出最终分数，如百分位数、发展分数等。

（五）报告测评结果

心理测评的结果将对被测者的认知或人格做出量化的分析。需要注意的是，测评结果的分析报告往往是综合性的，例如，一个人在智商测评中低于正常值时，测评者不能依靠这个单一的结果将其判断为“弱智”，除智商分数之外，还应该观察其社会适应性，通过家长和学校了解其智力相关的信息，如学习成绩等。测评结果的综合分析是结果解释和建议的基础，在心理测评中，被测者及相关人员（如家长）往往不会被告知测评的分数，而是会得到一个测评的结果和解释，以避免由于分数引起的误解。

案例 3-2 分析讨论

1. 信度、效度、项目区分度。

2. 自陈量表法。

3. 在第一时间提醒主测老师。心理测评者在整个心理测评的过程除需过硬的专业知识和技能外，还被要求具有崇高的职业道德，对测评的内容严格保密，不可提前泄露测评内容，也不可泄露测量结果或被测者的相关信息，不可私自翻印或更改测评的材料和方法，杜绝侵权和违法行为，如果该测评者对结果保存不当，造成泄密，是违反职业道德的表现之一，应勇敢及时予以提醒，保护心理测评对象的隐私，保证测评工作的质量。职业道德是从事各行各业的个体均应该遵守的社会准则，这不仅是心理测评行业的要求，更是承担各类社会责任和服务的个体所必备的基本素质。作为大学生，除学习专业知识外，也应该掌握与之相关的职业道德，建立科学的、合法的是非判断标准，促进社会服务的不断发展。

4. 人格测评可使用自陈量表法、投射试验、情境测验、评定量表、认知风格测验、社会计量法等。

（许贵如）

第三节　大学生常见心理障碍的临床表现及诊断

案例 3-3　　**自残的女孩**

患者，女，18 岁，因情绪低落，兴趣减退 1 年余入院。患者 1 年余前渐起情绪低落，闷闷不乐，兴趣减退，胡思乱想，做事情没有动力，不能够正常上学。白天感到乏力疲倦，嫌烦怕吵。注意力不能集中，感到头晕，头脑不清晰，记忆力下降，思维反应较前迟钝。易激惹，容易因小事大发脾气，存在冲动行为，如摔东西、尖叫。感到悲观，生活没有意思；存在自伤自杀观念及行为，反复用美工刀划伤自己，割腕，一次口服整盒舍曲林，一次口服整盒奥氮平。为自己不能安心学习及性格不开朗感到内疚、自责，自诉每次自伤后内心的罪恶感会有所减少。夜间睡眠差，多梦，仅能睡 4～5 小时，醒后难以再次入睡。病程中敏感多疑，怀疑他人针对自己，但否认被监视、被害感。偶有心慌胸闷，心神不宁。病程中否认情绪高涨，兴奋话多等症状。为进一步诊治，门诊收治入院。起病以来，食纳精神欠佳，情绪易兴奋，易疲劳，大小便正常。既往史、个人史、家族史无特殊。病前性格偏内向、孤僻、以自我中心，交际能力一般。

入院查体：神清，精神欠佳，生命体征基本平稳，左侧前臂可见数十条瘢痕，心、肺、腹等体格检查未见明显异常，神经系统检查无明显异常。精神检查：意识清楚，步入病房，定向力好，接触尚合作，仪态整洁，注意欠集中，言语低沉话少，活动减少。内感性不适，无幻觉、错觉，无感知综合障碍。思维反应较前迟钝，思维逻辑正常，思维内容无异常。情绪低落，焦虑，言语活动偏少，有自杀意念及自杀行为。情感反应与周围环境基本协调。意志行为减退，社会功能受损。智力稍减退，远事、近事、即刻记忆减退；计算力减退；常识水平正常，理解、判断力尚可；自知力部分存在。辅助检查（SCL-90，本院）：抑郁 4.85，焦虑 5.0，强迫 4.7；SDS：83 分，重度抑郁。诊断：抑郁症。

问题： 1. 如何深入细致地确认抑郁的主要症状？

2. 临床评估自杀风险等级的标准是什么？

3. 采取哪些措施对自杀风险进行防范和处理？

4. 从该案例患者的自残行为中应该反思什么？

一、焦虑相关障碍

（一）惊恐障碍

惊恐障碍（panic disorder，PD）又称急性焦虑障碍。其主要特点是突然发作的、不可预测的、反复出现的强烈的惊恐体验，一般历时 5～20 分钟，伴濒死感或失控感，患者常体验到濒临灾难性结局的害怕和恐惧，并伴有自主神经功能失调的症状。惊恐障碍是一种慢性复发性疾病，伴随显著的社会功能损害，其日常功能甚至明显低于患其他严重慢性躯体疾病（如糖尿病、关节炎）的患者。其终生患病率为 1%～4%，女性是男性的 2～3 倍。起病年龄呈双峰模式，第一个高峰出现于青少年晚期或成年早期，第二个高峰出现于 45～54 岁，儿童时期发生的惊恐障碍往往不易被发现或表现出与教育相关的回避行为。

1. 临床表现　惊恐障碍的特点是莫名突发惊恐，随即缓解，间歇期有预期焦虑，部分患者有回避行为。

（1）惊恐发作：患者在无特殊的恐惧性处境时，突然感到一种突如其来的紧张、害怕、恐惧感，此时患者伴有濒死感、失控感、大难临头感，患者肌肉紧张，坐立不安，全身发抖或全身无力，常常有严重的自主神经功能紊乱症状，如出汗、胸闷、呼吸困难或过度换气、心动过速、心律不齐、头痛头晕、四肢麻木和感觉异常等，部分患者可有人格或现实解体。惊恐发作通常起病急骤，终止迅速，通常持续 20～30 分钟很少超过 1 小时，但不久可突然再发。发作期间始终意识清晰。

（2）预期焦虑：患者在发作后的间歇期仍心有余悸，担心再发或发作后果，不过此时焦虑的体验不再突出，而代之以虚弱无力，需数小时到数天才能恢复正常行为。

（3）回避行为：60%的患者对再次发作有持续性的焦虑和关注，害怕发作产生不幸后果。出现与发作相关的行为改变，如回避工作或学习场所等。部分患者置身于某些场所或处境时，可能会诱发惊恐发作，这些场所或处境使患者感到一旦惊恐发作，则不易逃离或得不到帮助，如独自离家、排队、过桥或乘坐交通工具等，称为场所恐惧症，因此在 ICD-11 诊断分类中，惊恐障碍又被分为伴有场所恐惧症的惊恐障碍或不伴有场所恐惧症的惊恐障碍。

2. 诊断标准

（1）反复出现不可预期的惊恐发作，一次惊恐发作是突然发生的，强烈的害怕或强烈的不适感，并在几分钟内达到高峰，发作期间出现下列 4 项及以上症状。注：这种突然发生的惊恐可以出现在平静状态或焦虑状态，可能观察到与特定文化有关的症状（如耳鸣、颈部酸痛、头疼、无法控制的尖叫或哭喊），此类症状不可作为诊断所需的 4 个症状之一。

1）心悸、心慌或心率加速。

2）出汗。

3）震颤或发抖。

4）气短或窒息感。

5）哽噎感。

6）胸痛或胸部不适。

7）恶心或腹部不适。

8）感到头昏、脚步不稳、头重脚轻或晕厥。

9）发冷或发热感。

10）恶心或腹部不适。

11）发冷或发热感。

12）感觉异常（麻木或针刺感）。

13）现实解体（感觉不真实）或人格解体（感觉脱离了自己）。

14）害怕失去控制或“发疯”。

15）濒死感。

（2）至少在 1 次发作之后，出现下列症状中的 1～2 种，且持续 1 个月（或更长）时间。

1）持续地担忧或担心再次的惊恐发作或其结果，如失去控制、心脏病发作、“发疯”。

2）在与惊恐发作相关的行为方面出现显著的不良变化，如设计某些行为以回避惊恐发作，如回避锻炼或回避不熟悉的情况。

（3）这种障碍不能归因于某种物质，如滥用的毒品、药物的生理效应，或其他躯体疾病，如甲状腺功能亢进、心肺疾病。

（4）这种障碍不能用其他精神障碍来更好地解释。例如：在未特定的焦虑障碍中，惊恐发作不仅仅出现于对害怕的社交情况的反应；在特定恐怖症中，惊恐发作不仅仅出现于对有限的恐惧对象或情况的反应；在强迫症中，惊恐发作不仅仅出现于对强迫思维的反应；在创伤后应激障碍中，惊恐发作不仅仅出现于对创伤事件的提示物的反应；在分离焦虑障碍中，惊恐发作不仅仅出现于对与依恋对象分离的反应。

（二）社交焦虑障碍

社交焦虑障碍（social anxiety disorder，SAD）又称社交恐惧症（social phobia），是以在社交场合持续紧张或恐惧，回避社交行为为主要临床表现的类焦虑恐惧障碍。在美国，社交焦虑障碍的终生患病率为 13.3%，女性较男性常见，平均发病年龄为 15 岁，平均发病 12 年后进行首次治疗，高达 80%的患者从未接受治疗，70%的患者受教育程度较低，2%的患者不能工作。

1. 临床表现　核心症状是显著而持续地担心在公众面前可能出现丢丑或有尴尬的表现，担心别人会嘲笑、负性评价自己，在别人有意或无意的注视下，患者就更加拘束、紧张不安，因此常常回避社交行为。尽管患者意识到这种紧张和恐惧是不合理的，但仍然设法回避相关的社交场合，在极端情形下可导致自我社会隔离，对必须即将进行的社交充满紧张不安，并在社交时有强烈的焦虑和痛苦、脸红、手抖、不敢对视等，在尽可能完成必须的社交行为后就匆忙离去，这些回避行为可严重影响患者的个人生活、职业功能和社会关系。

社交焦虑障碍患者出现社交焦虑的场合多为公共场合进食、公开讲话、在他人的注视下签署重要文件、遇到异性、学校环境等。有学者认为，从羞怯到回避型人格障碍，再到社交焦虑障碍是一症状连续谱。部分患者可能通过物质滥用来缓解焦虑而最终导致物质依赖，特别是酒精依赖。该病患者共病广泛性焦虑抑郁障碍和双相障碍比较常见。

2. 诊断标准　社交焦虑障碍担心的焦点是个体的行为方式或表现出焦虑症状时会被他人做出负性评价，病程标准要求持续不少于 6 个月。社交焦虑或害羞在普通人群中均很常见。在某些发展阶段，如青春期，或在经历诸如婚姻或职业改变等生活转变之后，这种关注可能会特别突出。当这种焦虑阻碍个人参与所期望的活动或在这种活动中出现明显痛苦时，就发展成为社交焦虑障碍。

二、抑 郁 障 碍

抑郁障碍（depression）是指由多种原因引起的以显著和持久的抑郁症状群为主要临床特征的类心境障碍。据 WHO 统计，全球约有 3.5 亿抑郁障碍患者，在 17 个国家进行的精神卫生健康调查中发现平均每 20 人就有 1 人曾患或目前患有抑郁障碍，抑郁障碍的年患病率为 1.5%，终生患病率为 3.1%，高达 1/5 的妇女在分娩后会出现产后抑郁症状。2013

年的 Meta 分析资料显示，中国大陆抑郁症的现患率为 1.6%，年患病率为 2.3%，终生患病率为 3.3%。北京大学国家发展研究院 2013 年调查研究报告显示，中国现有 40%（约 7400 万）的老年人有程度较高的抑郁症状，与男性老年人相比，女性相对的心理健康状况更为糟糕，具有程度较高抑郁症状的比例高达 47.6%。根据 2014 年《自然》杂志报道的全球抑郁症流行病学情况，中国的抑郁症患病率为 3.02%，然而我国仍缺乏全国大规模样本的新近患病率资料。

1. 临床表现　抑郁障碍的临床表现可分为核心症状群、心理症状群与躯体症状群三个方面。

（1）核心症状群：抑郁的核心症状包括心境或情绪低落，兴趣减退以及快感缺失，这也是抑郁障碍的主要表现，包括自我感受到或他人可观察到的心境低落，高兴不起来，兴趣减退甚至丧失，无法体会到幸福感，甚至会莫名其妙出现悲伤；低落的心境几乎每天都存在，一般不随环境变化而好转；但一天内可能出现特征性的昼夜差异，如有些患者晨起心境低落最为严重，傍晚开始好转。以上三个主征是相互联系的，可以在一个患者身上同时出现，互为因果。但也有不少患者只以其中某一、两种症状突出。有的患者不认为自己情绪不好或是没有任何情感体验，但就是对周围事物不感兴趣。

（2）心理症状群：抑郁发作还包含许多心理学症状，可分为心理学伴随症状（焦虑、自罪自责、精神病性症状、认知功能损害以及自杀观念和行为、自知力等）和精神运动性症状（精神运动性迟滞或激越等）。①焦虑：焦虑与抑郁常常伴发，而且经常成为抑郁障碍的主要症状之一，患者表现为心烦、担心、紧张、胡思乱想，担心失控或发生意外等，也可表现为易激惹、冲动，常因过度担忧而使注意力不能集中。②思维迟缓：患者表现为思维联想速度减慢，反应迟钝、思考问题困难，感觉“脑子像是生锈了”或是“像涂了一层糨糊一样”，决断能力降低，变得优柔寡断犹豫不决，甚至对一些日常小事也难以顺利做出决定。③认知功能损害：主要表现为近事记忆力下降、注意力障碍，抽象思维能力差、学习困难，空间知觉、眼手协调及思维灵活性等能力减退；认知扭曲或负性认知偏差也是认知障碍的主要特征之一，如对各种事物均做出悲观、消极的解释，将周围一切事物都看成灰色的，患者会产生“三无”和“三自”症状，感到无助、无望与无用，产生自责、自罪及自杀观念。④精神运动性迟滞或激越：迟滞患者表现为思维发动迟缓和思流缓慢，在行为上表现为显著持久的抑制，行为迟缓、生活被动、懒散，常独坐一旁或整日卧床，不愿和周围人接触交往，不想做事，不愿外出，常闭门独居；严重者个人卫生都不顾，不修边幅，甚至发展为少语、少动、少食或不语、不动、不食，达亚木僵或木僵状态，成为“抑郁性木僵”。激越患者表现为脑中反复思考一些没有目的的事情，思维内容无条理，大脑持续处于紧张状态，但由于无法集中注意力来思考一个中心议题，因此思维效率下降，无法进行创造性思考；在行为上则表现为烦躁不安、紧张，有手指抓握、搓手顿足或踱来踱去等症状，有时不能控制自己的动作，但又不知道自己因何烦躁。⑤精神病性症状：严重的抑郁障碍患者可出现幻觉或妄想等精神病性症状，可以与抑郁心境协调或不协调；与心境协调的精神病性症状内容多涉及无能力患病、死亡、一无所有或应受到惩罚等，与心境不协调的精神病性症状有如被害妄想、没有情感背景的幻听等。

（3）躯体症状群：包括睡眠、饮食、体重和行为活动表现等方面，部分患者还存在疼痛、心动过速、口干、便秘等症状。①睡眠障碍：是抑郁障碍最常伴随的症状之一，表现为入睡困难、睡眠浅、多梦、早醒、睡眠感缺失等，其中以入睡困难最为多见，一般比平时延时半小时以上；而早醒最具有特征性，一般比平时早醒 2～3 小时，醒后不能再入睡。②进食紊乱：主要表现为食欲下降伴体重减轻，食欲减退的发生率约为 70%，轻者表现为食不知味、没有胃口，但进食量不一定出现明显减少，此时患者体重的改变在一段时间内可能并不明显；严重者完全丧失进食的欲望，进食后感到腹胀、胃部不适，体重明显下降，甚至出现营养不良。③精力下降：表现为无精打采、疲乏无力、懒惰，感到疲惫不堪、筋疲力尽，觉得自己整个人都垮了、散架了，常常诉说“太累了”“没有精神”“没劲、缺乏动力”等。④性功能障碍：可以是性欲的减退乃至完全丧失、性功能障碍，有些患者勉强维持性行为，但无法从中体验到乐趣；女性患者会出现月经紊乱、闭经等症状。⑤其他非特异性躯体症状：包括头痛、脖子痛等躯体任何部位的疼痛，口干、出汗、视物模糊，心慌、胸闷、喉头肿胀，恶心、呕吐、胃部烧灼感、胃肠胀气、消化不良，便秘、尿频、尿急等。

2. 诊断标准

（1）在同样的 2 周时期内，出现 5 个或以上的下列症状，表现出与先前并且较既往有显著的功能变化，其中至少有一项是心境抑郁或丧失兴趣或愉快感。注：不包括那些能够明确归因于其他躯体疾病的症状。

1）几乎每天大部分时间都心境抑郁，既可以是主观的报告（如感到悲伤、空虚、无望），也可以是他人的观察（如表现流泪）。注：儿童和青少年，可能表现为心境易激惹。

2）几乎每天或每天的大部分时间，对于所有或几乎所有的活动兴趣或乐趣都明显减少（既可以是主观体验，也可以是观察所见）。

3）在未节食的情况下体重明显减轻，或体重增加（如一个月内体重变化超过原体重的 5%），或几乎每天饮食都减退或增加。注：儿童则可表现为未达到应增体重。

4）几乎每天都失眠或睡眠过多。

5）几乎每天都精神运动性激越或迟滞（由他人观察所见，而不仅仅是主观体验到的坐立不安或迟钝）。

6）几乎每天都疲劳或精力不足。

7）几乎每天感到自己毫无价值，或过分地、不恰当地感到内疚（可达到妄想的程度，并不仅仅是因为患病而自责或内疚）。

8）几乎每天都存在思考或注意力集中的能力减退或犹豫不决（既可以是主观的体验，也可以是他人的观察）。

9）反复出现死亡的想法（而不仅仅是恐惧死亡），反复出现没有特定计划的自杀观念，或有某种自杀企图，或有某种实施自杀的特定计划。

（2）这些症状的引起有临床意义的痛苦，或导致社会、职业或其他重要功能方面的损害。

（3）这些症状不能归因于某种物质的生理效应，或其他躯体疾病。

注：诊断标准（1）～（3）构成了重性抑郁发作，对于重大丧失（如丧痛、经济破产、自然灾害的损失、严重的躯体疾病或伤残）的反应，可能包括诊断标准（1）所列出的症状，如强烈的悲伤，沉浸于丧失、失眠、食欲不振和体重减轻，这些症状可以类似抑郁发

作。尽管此类症状对于丧失来说是可理解的或反应恰当的，但除对于重大丧失的正常反应之外，也应该仔细考虑是否还有重性抑郁发作的可能。这个决定必须要基于个人史和在丧失的背景下表达痛苦的文化常模来做出临床判断。

（4）这种重性抑郁发作的出现不能更好地用分裂情感性障碍、精神分裂症、精神分裂样障碍、妄想障碍，或其他特定和非特定精神分裂症谱系及其他精神病性障碍来解释。

（5）从无躁狂发作或轻躁狂发作。

注：若所有躁狂样或轻躁狂样发作都是由物质滥用所致的，或归因于其他躯体疾病的生理效应，则此排除条款不适用。

三、双相情感障碍

双相情感障碍（bipolar disorder，BPD）是一类既有躁狂发作或轻躁狂发作，又有抑郁发作（典型特征）的常见心境障碍。躁狂发作常见情感高涨、思维奔逸、言语活动增多、意志行为增强，抑郁发作则出现情绪低落、快感缺失、意志活动减退、疲劳、反应迟缓等症状。双相障碍一般呈发作性病程，躁狂和抑郁常反复循环或交替出现，也可以混合方式存在，每次发作症状往往持续一段时间，并对患者的日常生活和社会功能等产生不良影响。

1. 临床表现

（1）躁狂发作（manic episode）：典型的躁狂发作以情绪高涨、思维奔逸和意志行为增强“三高”症状为特征，属于精神运动性兴奋状态。当事者的内心体验和行为与外在环境一致称为协调性兴奋，反之，称为不协调性兴奋。①情感高涨：是躁狂发作的最主要的原发症状，主要表现为患者自我感觉良好，兴高采烈、乐观热情、生活快乐、幸福。其高涨的情感具有一定的感染力，言语诙谐风趣，常博得周围人的共鸣，引起阵阵欢笑。②思维奔逸：是指患者思维联想速度明显加快，思维内容丰富多变，自觉脑子灵活，反应敏捷。语量大、滔滔不绝，说的口干舌燥、声音嘶哑，还是不停地高谈阔论；语速快，讲话急促、感到说话的速度跟不上思维速度，讲话的内容常从一个主题很快转到另一个主题。③意志行为增强：多为协调性精神运动性兴奋，即内心体验、行为方式与外界环境相协调。患者自觉精力旺盛，整日忙碌，爱管闲事；感觉自己能力强，想做大事，但做事常虎头蛇尾，有始无终；爱交往爱凑热闹，爱开玩笑搞恶作剧作弄他人；病情严重时，自我控制能力下降，可出现攻击和破坏行为。④夸大观念及夸大妄想：患者自我感觉良好、言辞夸大，认为自己才华出众、出身名门、权位显赫、神通广大、腰缠万贯等，有的患者在夸大的基础上会出现被害体验或妄想。⑤睡眠需求减少：患者睡眠明显减少，常诉“我的睡眠质量非常高，不愿把有限的时间浪费在睡眠上”，终日奔波但不知疲倦没有睡意。⑥其他症状：有的患者表现性欲亢进，对配偶的性要求增加，甚至在公共场合表现对异性过分亲热的动作或行为。

（2）轻躁狂（hypo-manic episode）：临床表现为持续至少数天的情绪高涨，精力充沛、活动增多，夸大和易激惹。例如，患者表现为自我评价高，有显著的自我感觉良好；睡眠需要比平时减少，如只需睡3个小时就恢复活力；言语比平时明显增多或有说话压力感；

患者自觉思维奔逸或思维赛跑感，注意力不集中，易被外界的事情吸引而随境转移，活动明显增加或动作激越；社交活动增多，轻度挥霍，性欲增强。轻躁狂时患者的症状严重程度比较轻，其社会功能或职业功能只有轻度损害，不易被常人识别，但家属已经感到患者与正常状态存在明显差别，患者缺乏自制力。

（3）抑郁发作（major depressive episode）：以情绪低落、思维迟缓和意志行为减退“三低”症状为特征，伴有认知功能减退和躯体症状，属于精神运动性抑制状态。

2. 诊断标准 符合下列躁狂发作的诊断标准是诊断为双相Ⅰ型障碍的必要条件。在躁狂发作之前或之后可能有轻躁狂或重性抑郁发作。

（1）躁狂发作

1）在持续至少 1 周的一段时间内，在几乎每一天的大部分时间里（或如果有必要住院治疗，则可以是任何时长），有明显异常且持续的心境高涨、膨胀或易激惹，或异常且持续的有目标的活动增多或精力旺盛。

2）在心境紊乱、精力旺盛或活动增加的时期内，存在三项（或更多）以下症状（如果心境仅仅是易激惹，则为四项），并达到显著的程度，且代表着与平常行为相比有明显的改变。

A. 自尊心膨胀或夸大。

B. 睡眠的需求减少（如仅 3 小时睡眠，就精神饱满）。

C. 比平时更健谈或有持续讲话的压力感。

D. 意念飘忽或主观感受到思维奔逸。

E. 自我报告或被观察到的随境转移（即注意力太容易被不重要或无关的外界刺激所吸引）。

F. 目标导向的活动增多（工作或上学时的社交或性活动）或精神运动性激越（即无目的非目标导向的活动）。

G. 过度地参与那些很可能产生痛苦后果的高风险活动（如无节制的购物，轻率的性行为，愚蠢的商业投资）。

3）这种心境紊乱严重到足以导致显著的社会或职业功能的损害，或必须住院以防止伤害自己或他人，或存在精神病性特征。

4）这种发作不能归因于某种物质的生理效应（如滥用毒品、药物、其他治疗）或由其他躯体疾病所致。

注：由抗抑郁治疗（如药物、电休克治疗）引起的一次完整的躁狂发作，持续存在的全部症状超过了治疗的生理效应，这是躁狂发作的充分证据，因此可诊断为双相Ⅰ型障碍。诊断标准 1）～4）构成了躁狂发作，诊断为双相Ⅰ型障碍需要个体一生中至少有 1 次躁狂发作。

（2）轻躁狂发作

1）在至少连续 4 天的一段时间内，在几乎每一天的大部分时间里，有明显异常且持续的心境高涨、膨胀或易激惹，或异常且持续的活动增多或精力旺盛。

2）在心境紊乱、精力旺盛或活动增加的时期内，存在三项（或更多）以下症状（如果心境仅仅是易激惹，则为四项），它持续存在，并且与平时行为明显不同，且达到显著的程度。

A. 自尊心膨胀或夸大。

B. 睡眠的需求减少（如仅 3 小时睡眠，就精神饱满）。

C. 比平时更健谈或有持续讲话的压力感。

D. 意念飘忽或主观感受到思维奔逸。

E. 自我报告或被观察到的随境转移(即注意力太容易被不重要或无关的外界刺激所吸引)。

F. 目标导向的活动增多（社交的，工作或上学的，或性活动）或精神运动性激越。

G. 过度地参与那些很可能产生痛苦后果的高风险活动（如无节制的购物、轻率的性行为、愚蠢的商业投资）。

3）这种发作伴有明确的功能改变，这些改变在没有症状时不是个体的特征。

4）心境紊乱和功能改变能够被其他人观察到。

5）这种发作没有严重到引起社交或职业功能方面的显著损害或需要住院。如果存在精神病性特征，根据定义，则为躁狂发作。

6）这种发作不能归因于某种物质的生理效应（如滥用毒品、药物、其他治疗）。注：由抗抑郁治疗（如药物、电休克治疗）引起的完整的轻躁狂发作，持续存在的全部症状超过了治疗的生理效应，这是轻躁狂发作的充分证据。然而，需要谨慎的是，通过 1 项或 2 项症状（特别是使用抗抑郁药物后出现的易激惹性增高、急躁或激越）不足以做出轻躁狂发作的诊断，也并不一定表明个体有双相的素质。

注：诊断标准 1）～6）构成了轻躁狂发作，轻躁狂发作虽然常见于双相Ⅰ型障碍，但对于双相Ⅰ型障碍的诊断而言并不必要。

四、强　迫　症

强迫症（obsessive-compulsive disorder，OCD）是一种以反复出现的强迫观念、强迫冲动或强迫行为等为主要临床表现的神经症性障碍。强迫症终生患病率为 0.8%～3.0%，平均发病年龄为 20 岁，女性患病率稍高于男性，为 1∶1.2。其症状复杂多样，病程迁延，易慢性化，致残率较高，对婚姻、职业、情感、社会功能都有严重影响。但尽管如此，很多患者早期并不会主动寻求医治。强迫症与抑郁症、社交恐怖、抽动秽语综合征、酒精使用障碍、焦虑症、进食障碍、人格障碍等有较高的共病率，因而容易误诊。

患者的症状复杂多样，涉及思维、情绪、意志、行为等很多心理活动过程，尽管症状表现形形色色，但其共同的特征是“自我强迫”。

1. 强迫观念（obsession）　是指反复闯入患者意识领域的、持续存在的思想、观念、表象、情绪、冲动或意向，对患者来说没有现实意义，非己所欲，违反了个人意愿；明知没有必要或不正常，试图忽略、压抑或用其他思想、动作来对抗它，但又无法摆脱，为此感到焦虑和痛苦。强迫观念可表现为某些想法（强迫思维），反复回忆（强迫性回忆）、反复思索无意义的问题（强迫性穷思竭虑）、脑中总是出现一些对立的思想（强迫性对立思维）、总是怀疑自己的行动是否正确（强迫性怀疑）。强迫性思维常伴有强迫动作。

2. 强迫行为（compulsion）　是指强迫症患者通过反复的行为或动作以阻止或降低强迫观念所致焦虑和痛苦的一种行为或仪式化动作，常继发于强迫观念。这种行为通常被患者认为是无意义的或无效的，且反复企图加以抵抗，导致明显焦虑。虽然强迫行为并不是为了获得快感，但是可以使焦虑或痛苦暂时缓解。对于病程漫长的患者，抵制可能十分微弱。强迫性行为有的为外显性，为能看得见的仪式或行为；有的则较为隐匿，如默默计数或祷告；有的为了消除强迫思维而用另外一种思维来抵抗或消除。从根本上讲，这些行为既不能给人以愉快，也无助于任务的完成。强迫行为与患者所担心、害怕的事情之间的联系常常不合逻辑，如将物品排列整齐是为了防止心爱的人受到伤害，或明显超过了正常界限，如每天花几小时的时间洗澡来防止生病。

3. 回避行为 患者通常采用回避行为、中和或随意的形式以减轻焦虑，故患者通常回避会诱发强迫思维和强迫行为的人、地点及事物。疾病严重时，回避可能成为最受关注的症状，因为治疗使患者更多地暴露在诱发强迫症状的环境中，治疗过程中随着回避行为的减少，强迫行为可能增加。

五、精神分裂症

精神分裂症（schizophrenia）是组病因未明的精神病，多起病于青壮年，具有思维、情感和行为等多方面障碍，以及精神活动不协调。通常意识清晰，智能尚好，有的患者在疾病过程中可出现认知功能损害，病程多迁延，呈反复加重或恶化，但是部分患者可以保持痊愈或基本痊愈状态。精神分裂症可见于各种文化和地理区域中，其发病率与患病率在世界各国大致相等，终身患病率约为 1%，男女患病率大致相等。90%的精神分裂症起病于 15～55 岁，发病的高峰年龄段男性为 10～25 岁，女性为 25～35 岁。

1. 前驱期症状 是指在明显精神症状出现前，患者所表现的一些非特异性症状。最常见的前驱期症状可以概括如下。①性格改变：表现为对亲属、同事或同学的态度从热情变得冷淡，或温和沉静的人突然变得蛮不讲理，为一点微不足道的小事就发脾气等。②认知改变：出现一些古怪或异常的观念和想法等，如痴迷某些抽象的概念、哲学和宗教迷信问题等。③对自身和外界的感知改变：如突然出现对周围环境的恐惧、害怕，对某些人或某件事不放心；有的患者对自身的长相或身体的某个部位不合理的关注等。④行为改变：敏感多疑，社交退缩，兴趣丧失，生活懒散，不注意个人卫生等。⑤躯体改变：睡眠和食欲改变、虚弱感、头痛、背痛、消化道症状等。⑥部分青少年患者会突然出现强迫症状为首发症状。

2. 显症期症状

（1）阳性症状：包括幻觉、妄想及言语和行为的紊乱（瓦解症状）。①幻觉：幻听、幻视、幻嗅、幻味、幻触均可出现，但以幻听最常见。幻听可以是非言语性的，如虫鸣鸟叫，机器的隆隆声或音乐声等，也可以是言语性的，如听到有人在喊自己的名字，或听到某人或某些人的交谈秽语或议论，或听到来自神灵或外星人的讲话。②妄想：在疾病的初期，部分患者对自己的某些明显不合常理的想法也许还会持将信将疑的态度，但随着疾病的进展，患者逐渐与病态的信念融为一体，并受妄想的影响而做出某些反常的言行。另外，妄想的内容可与患者的生活经历、受教育程度与文化背景有一定的联系。例如，一位在化工行业工作的工程师认为自己喝水的杯子被人做了手脚，每天会释放出定量的毒药，造成自己慢性中毒；一位年长的护士认为自己在上次住院时被人注射了艾滋病病毒；一位生活在交通闭塞的山区的患者坚信自己被“神打”而导致长期躯体不适。③瓦解症状群：包括思维形式障碍和思维过程障碍、怪异行为和紧张症行为以及不适当的情感。思维形式障碍按严重程度由轻到重可表现为病理性赘述、思维散漫离题、思维破裂及词的杂拌。思维过程障碍包括思维奔逸、思维阻滞、思维贫乏、抽象概括能力受损、持续言语、音连意联、过度包含等。怪异行为表现为单调重复、杂乱无章或缺乏目的性的行为，如鬼脸、幼稚傻笑、脱衣、脱裤、当众手淫等。紧张性木僵表现为运动抑制，轻者动作缓慢、少语少动（亚木僵），重者终日卧床，不语不动，肌张力高，有时出现蜡样屈曲。不适当情感是指患者情感表达与外界环境和内心体验不协调，常表现为情感的反应性降低以及反应过度或不适当等形式。

（2）阴性症状：是指正常心理功能的缺失，涉及情感、社交及认知方面的缺陷，其中意志减退和快感缺乏是最常见的阴性症状。①意志减退：患者从事有目的性的活动意愿和动机减退或丧失，轻者表现为安于现状，无所事事，对前途无打算、无追求、不关心，个人卫生懒于料理；重者终日卧床少动，孤僻离群，行为被动，个人生活不能自理，甚至本能欲望也缺乏。②快感缺乏：表现为持续存在的、不能从日常活动中发现和获得愉快感，尤其是对即将参与的活动缺乏期待快感，期待快感的缺乏会降低患者参与活动的动机。③情感迟钝：表现为不能理解和识别别人的情感表露和（或）不能正确的表达自己的情感，患者在情感的反应性、面部表情、眼神接触、体态语言、语音语调、亲情交流等方面均存在缺陷。④社交退缩：包括对社会关系的冷淡和对社交兴趣的减退或缺乏，表现为少与家人与亲友交往，性兴趣下降，难以体会到亲情与友爱，不主动参与社交活动。⑤言语贫乏：表现为言语交流减少，回答问题时内容空洞简单，严重者几乎没有自发言语。

案例 3-3 分析讨论

1. 可通过如下标准判断，①抑郁情绪：很多抑郁患者用诸如“郁闷、忧愁、沮丧”等词语描述心境低落的症状，要善于用“对焦”的沟通技巧来核实，还要注意观察忧郁的表情与眼神，以及唉声叹气、哭泣、流泪等抑郁常见的外显行为。②兴趣减退及愉快感缺乏：要询问平时的兴趣和爱好、探索新事物的兴趣，日常活动（如读书、看电视等的兴趣），是否对几乎所有事情都失去兴趣，在进行活动时能否沉浸其中并感到快乐等。③精力下降：需明确询问“在过去的2周以来你觉得身体比以前或平时更加疲劳或精力不足吗?”如果回答否定，那么可以进一步询问“即使做一些小量的活动后，如步行两站路，你感觉身体要比想象的更疲劳吗?”④注意力不集中：应明确询问一些具体问题，如“阅读报纸时能将一篇文章从头到尾读完吗?”“能理解文章的意思吗?”

2. 自杀风险评判等级，①低风险：闪现的自杀观念，能够自我打消。②低-中风险：经常出现自杀观念但没有付诸行动的想法或出现付诸行动的想法时能够很快地予以自我否定。③中度危险：不仅经常出现自杀观念而且有付诸行动的具体计划，但没有行动准备。④高度风险：有自杀准备行动，如选择地点、购买药品、散发财产、安排后事、写遗书等。⑤极高风险：自杀未遂成为就诊的主诉。自杀未遂和自杀家族史是自杀的两个重要影响因素。

3. 防范措施如下，①早期防范：在资料收集时注意进行风险评估。②支持性心理干预：应向学生家属交代自杀风险，必要时（中高度自杀风险的患者）要争取家属陪住，劝说学生不要采取行动，善于发现并利用学生自我打消念头和行动的原因来减少当前的自杀风险。③严防再次自杀：对于因自杀未遂的学生，应保持高度警惕，防范在很短的时间内发生第二次自杀。应引入紧急心理危机干预，必要时采取保护性约束措施。

4. 大学生应从该案例中反思到当代青少年的心理承受能力需要不断强化，深刻认识到无论是日常生活中还是情感关系中遇到困难和挫折是在所难免的现象，我们应正视所遇到的各类磨砺和打击，学习历史上以及自己身边那些无数优秀前辈、同辈甚至晚辈们面对磨难依然无所畏惧并勇敢生活的乐观精神，从学会爱惜自身健康做起，并尽己之能帮助所需之人，善行渺小抑或伟大，均为社会有用之人。

（高　霞）

第四节　大学生心理健康维护的常用方法

案例 3-4　　莫名的恐惧

王同学，女，22 岁，小时候曾在父亲自行车上摔落，后每次坐车便紧张、害怕，担心自己会产生意外。但是，她知道这样的担心不必要，有时能控制自己的紧张情绪。1 年前，患者父母离异，期末考试挂科，近日来患者自感睡眠差，易醒，烦躁不安，对学习、生活不感兴趣，对坐车感到恐惧，每次坐汽车感到胸闷气短，双手握拳，全身出汗，今在其父亲陪同下来心理卫生中心就诊。患者既往体健，无急、慢性传染病史及手术史、外伤史，无药物过敏史，预防接种史不详。家族无异常精神病史。病前性格：外向、急躁。体格检查：未发现明显的阳性体征。精神检查：神清，交谈合作，自述病史，未引出幻觉妄想内容，情绪焦虑，不适主诉多，抱怨躯体不适，自知力存在，主动求治。心理测验：汉密顿抑郁量表（HAMD）28 分，汉密顿焦虑量表（HAMA）29 分。自杀风险评估 0 分，低风险。

问题： 1. 该患者适合哪种心理治疗方法？

2. 当患者出现焦虑紧张情绪时，如何帮助患者缓解、应对这种负性情绪？

3. 系统脱敏的步骤有哪些？

4. 从该案例中王同学恐惧再次被诱发的主要因素中应反观什么？

大学生心理是否健康主要表现在以下三个方面。首先，要有良好的自我认知，能满足个人基本的需要，能对自我成长负责，能成功地解决生活中遇到的各种冲突和矛盾；其次，与他人能保持良好的人际关系；最后，能适应各种内外环境的改变。本节主要介绍如何从认知层面通过心理治疗的方法来维护心理健康。

一、心理治疗概述

（一）心理治疗（psychotherapy）的概念

Strupp 指出，心理治疗是系统地利用人际关系进行治疗，通过影响患者的思维、情感和行为的改变来达到减轻情绪困扰、缓解疾病的目的。患者和心理治疗师在认知和情感上的共同参与是有效的心理治疗工作的基础。传统的心理治疗一词是指在患者-心理治疗师关系中，通过心理技术治疗精神障碍。在此过程中，受过训练的专业人员会与患者建立特定的关系，以帮助患者解决精神疾病症状、行为问题或帮助其实现个人成长。Wolberg 将心理治疗概念化为一种改变行为和改变一个适应不良的人对更具有建设性结果的态度的努力。他将心理治疗定义为一种用于解决情感本质的问题的治疗方式，在这种治疗过程中，受过训练的人审慎地与患者建立专业关系，其目的是消除、改正或延缓现有症状，调整紊乱的认知和行为模式，促进健康人格的成长与发展。

（二）心理治疗的目的

心理治疗不仅仅是两个人之间关于某个问题的交谈，这是一项相互协作的项目，是在专业水平上启动和维护，以达到特定的治疗目标。这些目标主要包括：

1. 消除现有症状　消除引起困扰和障碍的症状是心理治疗的主要目标之一。

2. 改善现有症状　在某些情况下，可能无法达到消除症状的目的（如动力不足，自我力量减弱或经济拮据），目的可以是改变而不是治愈症状。

3. 缓解现有症状　有一些恶性形式的问题，如心理治疗仅在痴呆症中起到延缓不可避免的恶化过程的作用，这有助于保持患者与现实的联系。

4. 调解受干扰的行为模式　许多职业、教育、婚姻、人际和社会问题都受到情感上的启发。从单纯的症状缓解到纠正紊乱的人际模式和关系，心理治疗可以发挥至关重要的作用。

5. 促进积极的人格成长和发展　应对正常人的不成熟和与生长受抑制有关的特征性困难。在这里，心理治疗的目的是解决心理社会发展中的障碍，以实现更完整的创造性自我实现，更富有成效的态度以及与人之间更令人满意的关系。它也旨在：加强患者做正确事情的动力；通过促进感情的表达来减轻情绪压力；释放增长潜力；改变不良适应的习惯；改变人的认知结构；帮助完善自我认识；促进人际关系和沟通。

（三）心理治疗的主要流派

心理治疗的流派多种多样，下面介绍以下几种主要流派。

1. 精神动力治疗　起源于弗洛伊德的精神分析理论，主要关注潜意识动机和冲突在寻找行为根源中的作用。精神动力治疗基于的假设是：问题是由未解决的（通常是无意识的）冲突而发生的，这些冲突通常源于童年。这种疗法促进理解并增强求治者之间的应对能力。

心理治疗师通常使用自由联想来引出个体内隐的无意识的愿望和冲突。在自由联想中，求治者被要求说出任何他/她的想法。这种疗法也侧重于梦的分析，该疗法认为，在睡眠过程中，正常自我控制的深度放松要比自由联想中的可能放松得多，因此，与在清醒的思想中相比，无意识的过程在睡眠中更容易操作。因此，梦提供了关于潜意识需求的潜在丰富信息来源。移情分析也是精神分析疗法的核心。

2. 认知行为治疗　以行为主义的学习理论和认知心理学有关的理论为基础，主要涉及纠正或改变不良行为。在这种心理治疗中，识别出不良适应行为，然后借助各种技术来替换或纠正此类行为。学习理论在行为疗法中发挥了重要作用。该疗法主要基于巴甫洛夫在经典条件反射方面以及斯金纳的操作条件反射。常见的治疗技术包括放松疗法、系统脱敏疗法、满灌疗法、厌恶疗法等。

认知疗法主要关注思维模式、情感和行为之间的关系，其基本观点是：认知过程及其导致的错误观念是行为和情感的中介，情感与适应不良认知有关。通过认知和行为技术来改变患者的不良认知。常采用认知重建、心理应付、问题解决等技术进行心理辅导和治疗，其中认知重建最为关键。该疗法具有代表性的是阿尔波特·埃利斯的合理情绪行为疗法，阿伦·贝克和雷米的认知疗法以及梅肯鲍姆的认知行为疗法。

3. 人本主义治疗 是一种主要着重于求治者的主观、意识体验的方法。治疗师的重点更多地放在了现在。与治疗师相比，求治者扮演着积极的角色，治疗师主要扮演创造有益环境的角色。人本主义疗法的主要形式是由卡尔·罗杰斯（Carl Rogers）开发的。卡尔·罗杰斯的疗法被称为“以客户为中心的疗法”，或者最近被称为“以人为中心”的疗法。这种疗法主要关注于同理心、治疗师对求治者的无条件积极关注以及治疗师对求治者的同理和无条件积极关注的沟通。

4. 存在主义疗法 心理治疗的存在主义疗法有时会出现，在世界上的一些地区，存在主义哲学引起了人们浓厚的兴趣。弗兰克尔（Frankel）和罗洛（Rollo May）是存在主义的主要贡献者。存在主义哲学是一种与人类生存意义有关的哲学。他们认为，人们可以自由选择他们可以选择的替代方案，在解决他们自己的道德冲突问题方面发挥着巨大的作用，属于逻辑疗法的范畴。

每个疗法都有各自的特点与优势，下面为大家介绍常用的认知行为疗法中的一些常用技术：放松疗法、系统脱敏疗法、理性情绪疗法。

二、放松疗法

（一）放松疗法的概念

放松疗法又被称为松弛疗法或放松训练，是通过简短的训练程式，有意识地控制自身的心理及生理活动，降低机体的唤醒水平，提高适应能力，使自身的身、心、灵得以完全放松，调整那些因紧张所造成的生理、心理功能紊乱的一种心理治疗方法。

研究表明，放松疗法可以降低交感神经的兴奋性，降低血压，减慢心率，减慢呼吸频率，降低全身肌肉张力，改善血液循环，降低皮质醇水平，减轻心理压力，提高幸福感，被广泛应用于各种心身疾病的预防和辅助治疗。

（二）放松疗法的机制

放松疗法认为，若机体的生理反应发生改变，其心理反应也会随之改变。其中机体的生理反应包括不易被个体随意控制的，由自主神经系统支配的“内分泌”系统反应和可被个体意念操控的“随意肌肉”反应，由随意神经系统支配。因此，人们可以通过有意识地控制“随意肌肉”，使肌肉放松，同时间接地松弛“情绪”，以建立放松的心理状态，促进身心健康。

放松疗法的作用机制是基于交互抑制理论，即认为人是不可能同时处于放松和紧张两种状态。大量研究表明，个体的生理、心理健康是互为因果，相互影响的。机体如果长期处于紧张刺激下，生理、心理功能在相互影响下均会出现紊乱，导致各种身心疾病的发生。而此时运用放松疗法，便可以在引起个体负性情绪的刺激出现时，给予抑制负性情绪的行为反应，阻断"负性情绪—肌肉紧张—负性情绪加重"的恶性循环，达到身心松弛状态。通过反复的训练，建立积极的条件性情绪反射，预防及治疗疾病。

（三）放松疗法的类型

放松疗法种类较多，下面介绍几种常用的放松训练类型。

1. 渐进式肌肉放松训练　1938年由Jacobson首次提出，通过训练全身肌肉的反复"收缩—放松"，使训练者体验紧张和放松的感觉，通过反复训练，达到反射性的放松状态。是目前被广泛运用的一种放松训练技术。

（1）环境：安静、整洁，光线柔和，周围无噪声及干扰。

（2）准备工作：选择一个舒适的姿势，或坐或躺于舒适的椅子或床上，衣着宽松，排空大小便。轻闭双眼，深而慢的呼吸，保持精神专一，当训练者完全平静放松后开始训练。

在进行系统肌肉放松训练前，训练者需先学会先绷紧再放松肌肉的方法，握拳和伸屈手臂是常选择的测试训练，训练者尽量收紧局部肌肉（握拳或屈臂），维持5秒左右，直至肌肉出现轻微不适后逐渐或突然放松紧张的肌肉，以感受肌肉放松与紧张的感觉差异。

该方法针对个体的16组肌群进行集中训练，共做两遍训练，具体实施步骤如下。

1）握紧拳头——放松；伸开五指——放松。

2）紧屈前臂——放松；紧伸前臂——放松。

3）肩膀向后用力夹紧肩——放松；向上耸肩——放松。

4）保持肩部平直转头向右——放松；保持肩部平直转头向左——放松。

5）屈颈使下巴接近胸部——放松。

6）尽力张大嘴巴——放松；闭口咬紧牙关——放松。

7）尽可能地伸长舌头——放松；尽可能地卷起舌头——放松。

8）舌头用力抵住上腭——放松；舌头用力抵住下腭——放松。

9）用力睁大双眼——放松；紧闭双眼——放松。

10）尽可能地深吸一口气，屏气——放松。

11）肩胛抵住椅子，拱背——放松。

12）收紧臀部肌肉——放松；臀部肌肉用力抵住椅垫——放松。

13）伸直双腿并抬高15～20cm——放松。

14）将腹部用力向内缩紧（腹部凹陷）——放松；绷紧并尽可能地挺腹（腹部鼓出）——放松。

15）伸直双腿，足趾上翘背屈（脚尖用力向上翘，脚跟向后向下朝地面压紧，绷紧小腿）——放松；足伸直跖屈（脚尖用力向下压，脚跟向上抬起）——放松。

16）屈趾（脚趾用力抓紧鞋底）——放松；翘趾（用力顶住鞋面）——放松。

每次肌肉收紧需维持5～10秒。训练的频率为1～2次/天，每次15～20分钟，可选择闲暇时间或睡前进行训练。目前主要采用录音、口头及借助生物反馈仪器进行指导。通过反复练习，建立反射性的放松反应，提高对焦虑、紧张等负性情绪的控制力，维持身心健康。

2. 深呼吸放松训练　是一种简单有效的放松方法，其机制就是通过腹式呼吸活跃副交感神经系统，调节自主神经功能，达到放松的目的。该方法不受时间、地点等条件限制，可随时练习。

训练者站或者坐着，轻闭双眼，双肩放松，自然下垂，一手放于腹部，一手放于胸部，用鼻缓慢、深深地吸气，吸到足够多时，憋气2秒，用嘴把吸进去的气缓缓地呼出：深深地吸进来，慢慢地呼出去……深深地吸进来，慢慢地呼出去……。吸气时，感受腹部向外鼓出，呼气时，腹部向内凹陷。训练者在呼气的同时最好配合一些暗示语，如自己在心里默念："我现在很放松……很放松"，如此反复，直至焦虑、紧张感减轻。

3. 想象放松训练　这是常用的一种放松方法，主要通过唤醒个体愉悦、舒适情境的想象和体验来减轻焦虑、紧张等负性情绪反应。训练者需要在指导语的指引下或者充分发挥自我想象。

首先，训练者选择自然、舒适的姿势（坐或躺着），然后，充分发挥自我想象力，通过想象，训练思维"游逛"。想象的内容可以根据自己的经历、生活经验，想象令自己感到放松、舒适的环境或场景，唤起愉悦舒适的心理体验，如"蓝天白云，碧绿的草地……""湛蓝的大海，绵绵的细沙……""舒适地泡在浴缸里，听着轻缓的音乐……"，让自己的精神得到小憩，体会安静、舒适、平和的感觉。若训练者没有丰富的想象力，可回想自己曾经看过的影视节目中的精彩片段和场景。

常用指导语如"我静静地走在沙滩上，蓝天白云，湛蓝的大海，岸边是高大的椰树，脚下是绵绵的细沙，阳光温柔地照在身上，你感到无比的舒畅。微风带着一丝丝海腥味，轻轻地拂过你的脸颊，你静静地聆听着海浪悦耳的歌唱，阳光照得你全身暖洋洋的，你觉得整个身体都十分的平静，心情也十分的放松，非常轻松，非常自在"。

4. 自生训练　又叫自主训练、适应训练等，在他人或自我指导语暗示下进行训练，松弛身心紧张状态，维持和促进身心健康发展。

该方法包括六个基本的训练步骤：肢体（双臂、双腿）沉重感训练、肢体（双臂、双腿）温暖感训练、心脏调整训练（练习"心脏在静静地搏动"）、呼吸调整训练（练习"呼吸平稳"）、腹部温暖感训练（进行"胃周围温暖"的自我暗示训练）、额部清凉感训练（练习额部"清凉感"）。

训练者选择一个放松、舒适的姿势（坐或躺），轻闭双眼，做几次深而慢的呼吸，并专注在自我呼吸上面，排除杂念，心里可反复默念"心安静下来，安静下来……"；在指导语的指引下，交替紧张和放松身体所有肌肉数次；专注于某部位躯体的放松，并体会每一肢体沉重的感觉；体会肢体和腹部温暖的感觉（胃肠不适者可辅以腹部温暖感训练）和额头清凉的感觉（高血压者可辅以前额清凉感训练）。

常用指导语举例："我的呼吸很深、很慢""我现在很放松……""我感到双腿很重、很重……抬不起来了""我全身感到很温暖，很舒适，很放松……""我感到前额很清凉，很舒服，很轻松……"等。

5. 沉思　又称静默、冥想、静思等，是指个体间注意力或意识集中到一个客体、声音、意念或体验而进行的一种训练，以平息精神激动，使人体放松。该方法主要包括东方静默法（三线放松法，较常用）、松弛反应法和超觉静坐法。下面为大家介绍其中常用的方法。

（1）松弛反应：是由美国学者 Benson 设计的一种放松训练方法，操作简单，条件限制少，易于实施。

训练者安静地坐在舒适的位置，闭上眼睛。彻底放松全身的肌肉，从你的脚开始，直到你的脸，让他们放松。通过鼻子呼吸。注意自己的呼吸。当呼气的时候，自己默诵"一"。例如，吸气—呼气，"一"，吸气—呼气，"一"等等。轻松自然地呼吸。连续 10～20 分钟。在此期间，你可以睁开眼睛检查时间，但不要使用闹钟等报警。当你完成后，静静地坐几分钟，不要站起来，起初闭着眼睛，后来睁开眼睛。不要担心你是否成功地实现了深度放松。保持被动的态度，允许以自己的速度进行放松。当产生分心的想法时，试着忽略它们，不要纠结它们。不要在饭后 2 小时内练习，因为消化过程可能会干扰放松反应的激发。

（2）三线放松：是一种特殊的非药物疗法。该方法需要练习者集中意念，默念"松"字诀，配合调身、调息、调意，有意识地放松全身，最终达到身心放松的一种主动放松手段。具体方法如下。

首先选择一个安静舒适的环境，可依据自身喜好播放轻柔的音乐，音量大小适宜，一般 30 dB 左右。练习者可仰卧于床上（床不宜太软）或平坐于椅或凳子上（一般座椅或凳子的前 1/3，不要坐满）。坐位时，双脚平放于地，自然分开，与肩同宽，腰背自然伸直，双臂自然下垂，双手掌心向下，轻放于双腿上。仰卧位时，四肢自然伸展，双臂自然放于身体两侧，手掌掌心向内，轻贴于大腿两侧。轻闭双眼，做三次深呼吸（用鼻缓慢吸气，经口缓慢吐出），调整身心进入轻松平静状态，按照"三线"的顺序调整，通过意念逐步调整身体各部位以放松全身。

"三线"就是指将身体分为前、后及身体双侧（此为一条线）三条线。

第一条线（身体双侧）：头部两侧——颈部两侧——双肩——双上臂——双肘——双前臂——双腕——双手——十个手指指尖。止息点：中指指端中冲穴。

第二条线（前）：面部——颈部——胸部——腹部——双大腿前面——双膝——双小腿——双脚——十个脚趾。止息点：足大趾末节内侧隐白穴。

第三条线（后）：后脑——颈椎——背部——腰部——大腿后部——双侧腘窝——小腿后部——双足足跟——双足足底。止息点：足底涌泉穴。

每次意念到一个部位时，心里默念"松"字，如此往复，逐步放松"三线"上的所有部位。每放松一条线，需在止息点轻轻意守 1～2 分钟，此为一个循环，每个循环为 5～6 分钟，每次可练习一个或多个循环。最后都是将意念守于丹田 3～4 分钟后将意念收回，回归当下。此方法可在焦虑、紧张时随时使用。

注意事项：需要注意的是将呼吸、意念和默念"松"字协调配合，并且要细细体会"松"的感觉。如体会不到"松"感，可先紧张四肢肌肉，再突然放松，体验"松"的感觉，这样可加速松弛反应的到来。

总之，放松训练是一种自我调节技术，当身体呈现出紧张状态时，会增加心理的压力，而当身体放松时，会有助于压力的缓解。

三、系统脱敏疗法

（一）概述

系统脱敏疗法是一种重要的行为矫正治疗方法，此技术由约瑟夫·沃尔帕（Joseph Wolopel）开发，专门针对缓解适应不良的焦虑症。通过将放松与想象中的场景相结合，该场景描绘了求治者指出导致其感到焦虑的情况。在这种情况下，将求治者经历的焦虑与放松相结合，从而帮助其在想象引起焦虑的对象或情况时，系统化地降低对焦虑的敏感性。该技术在帮助个体应对恐惧症方面具有较好的疗效。

（二）系统脱敏的治疗原理

系统脱敏疗法主要建立在经典条件反射和操作条件反射的基础上，其基本原理就是对抗条件反射，是一个交互抑制的过程。机体可能会由于某一外界刺激产生紧张情绪，当这种刺激与紧张情绪形成条件反射时，个体只要一想到这一刺激情境时，便会产生焦虑、紧张情绪。而系统脱敏疗法就是诱导求治者缓慢暴露出导致其紧张情绪的刺激情境，在此情境下，通过习得性放松技术来拮抗这种紧张、焦虑的情绪，最终消除焦虑或恐惧情绪。

（三）系统性的脱敏治疗步骤

1. 放松训练　首先求治者需要学会自如地运用放松技术进行放松，使身心很快达到松弛状态，一般需反复练习 6～10 次，练习时间约为 30 分钟，训练频次为 1～2 次/天。放松方法较多，其中渐进式肌肉放松技术最常被使用。

2. 建立恐怖或焦虑的等级层次

（1）让求治者说出令其感到恐怖或焦虑的事件，事件之间的主题是相互独立的。

（2）求治者与治疗师共同制定一定的等级，等级的制定具有个体特异性。要求本人按照引发其主观焦虑或恐怖的事件或情境的强度由小到大顺序排列（从引起非常低水平的焦虑情境致引起极度焦虑情境）。如案例中害怕坐“车”的王某：①坐出租车回家；②坐电动车慢行；③坐电动车快行；④乘坐公共汽车一站；⑤乘坐公共汽车多站；⑥去游乐场坐电马；⑦乘坐短程火车。

3. 进行系统脱敏

（1）进入放松状态：求治者运用放松技术使自身达到完全松弛状态，常采用渐进式肌肉放松技术。放松过程中，让求治者说出目前处于的放松程度，这种主观程度一般用主观感觉尺度来衡量。该尺度为 0～100 等级，0 代表完全放松，100 代表最紧张。治疗师通常考虑寻找一个反应相当平静和放松的等级级别，一般在 15～20。

（2）想象脱敏训练：此阶段由求治者根据咨询师的口头描述进行想象。从最低等级层次的事件或场景开始，当求治者对想象的事件感到紧张焦虑时，停止想象并进行放松练习，放松全身。待求治者平静后反复重复上述过程，反复次数不限，直至求治者如此想象不再感到紧张焦虑为止，则该等级脱敏完成。各等级间的级差应该设置平均，以此类推，逐级而上。需要注意的是，一次想象训练不超过四个等级，若训练中某一等级出现较强的情绪反应，则应降级重新训练，直至完全适应时再往高等级训练。

（3）现实训练：当求治者想象脱敏训练全部通过后，将其暴露于实际环境中进行脱敏训练。训练仍从最低级开始，逐级而上，至最高级，直至情绪反应消除。治疗频率为1～2次/周，时间为30分钟/次。

以上就是系统脱敏的基本方法，该方法已经被临床广泛用于恐怖症以及广泛性焦虑障碍。

四、理性情绪疗法

情绪是个体对刺激事件的态度和反应，是人类进化获得的具有适应功能的心理衍生物，是人际交流、文明发展的心理工具。现代情绪心理学研究认为，情绪状态是由认知过程、生理状态和环境三种因素共同作用的结果，其中认知过程对情绪的产生起着重要的作用，很多情绪的困扰都是由个体非理性信念造成的。

（一）概述

理性情绪疗法也称合理情绪疗法，是帮助求助者解决因非理性信念而产生的情绪困扰的一种心理治疗方法，由美国心理学家埃利斯于20世纪50年代在美国创立。其核心理论又称为ABC理论。A（activating events）指发生的事件；B（beliefs）指人们对事件所持的态度、看法、评价，即认知；C（emotional and behavioral consequences）指观念或信念所引起的情绪及行为后果。该理论认为：事件（A）本身并非是引起情绪反应或行为后果（C）的原因，而人们对事件的不合理信念（B）（想法看法或解释即认知）才是真正原因所在。例如，小明向心仪已久的女同学公开表白被拒绝（事件A），如果他的想法（B）是“在同学面前多没有面子，他们一定会嘲笑我；我怎么那么没用，没有人会喜欢我”，等等，可想而知小明产生的情绪（C）是忧郁、沮丧等负性情绪。同样的事件，倘若小明的想法（B）是“同学们不一定会嘲笑我，也许会跟我聊聊他们的经验；我不喜欢被拒绝，但拒绝并不代表我没有用，不值得喜欢”，等等，就会引起积极的、肯定的情绪和体验（C）。可见，左右我们情绪的不是发生的事件本身，而是我们对事件的理性或非理性的认知。

（二）非理性信念的特征

1. 绝对化的要求 是指个体以自己的意愿作为出发点，认为某一事物必定会发生或不会发生的信念，非黑即白。这种特征通常是将“想要”“希望”与“必须”和“应该”这类词联系在一起，如“我必须获得奖学金”“我必须成功”“我应该比别人做得好”等。

2. 过分概括的评价 过分概括化是一种以点概面、以偏概全的不合理的思维方式，就好像总是以一本书的封面来判定它内容的好坏一样。它是个体对自己或别人不合理的评价，其典型特征是以某一件或某几件事来评价自身或他人的整体价值。例如，一些人面对失败的结果常常认为自己“一无是处”或“毫无价值”可言。这种片面的自我否定往往会导致自责自罪、自卑自弃的心理以及焦虑和抑郁等不良情绪。而一旦将这种评价转向于他人，就会一味地责备别人，并产生愤怒、敌意的负性情绪。

3. 糟糕至极的结果 糟糕至极是一种对事物可能发生的后果产生非常糟糕、非常可怕、甚至是一种灾难性的预期的非理性观念。对任何一件事情来说都有比之更坏的情况发生，因此没有一种事情可以被定义为百分之百的糟糕透顶。若人坚持这样的观念，那么当他认为遇到了糟糕透顶的事情发生时，就会陷入极度的负性情绪体验中。

（三）常见的非理性信念及分析

埃利斯总结的 11 类非理性信念及相应分析如下。

1. 每个人绝对要获得周围环境，尤其是生活中每一位重要人物的赞许和喜爱 这个观念实际上是不可能实现的事。因为在人的一生中，不可能得到所有人的认同，即便是父母、老师等对自己很重要的人，也不可能永远对自己持一种绝对赞许和喜爱的态度。因此，如果坚持这种信念，就可能千辛万苦，委曲求全以取悦他人，以获得每个人的欣赏，但结果必定会使他感到失望、受挫和沮丧。

2. 个人是否有价值，完全在于他是否是个全能的人，即能在人生中的每个环节和方面都能有所成就 这也是一个永远无法达到的目标，因为世界上根本没有十全十美、永远成功的人。一个人可能在某方面较他人有优势，但在另外方面却可能不如别人。虽然他以前有过许多成功的境遇，但无法保证在每一件事上都能成功。因此，若某人坚持这种信念，他就会为自己永远无法实现的目标而徒增伤悲。

3. 世界上有些人很邪恶、很可憎，所以应该对他们做出严厉的谴责和惩罚 世上既然没有完人，也就没有绝对的区分对与错、好与坏的标准。每个人都可能会犯错误，但仅凭责备和惩罚则于事无补。人偶然犯错误是不可避免的。因此，不应因一时的错误就将他们视为“坏人”，以致对他们产生极端排斥和歧视。

4. 如果事情非己所愿，那将是一件可怕的事情 人不可能永远成功，生活和事业上的挫折是很自然的，如果一经遭受挫折便感到可怕，就会导致情绪困扰，也可能使事情更加恶化。

5. 不愉快的事总是由外在环境的因素所致，不是自己所能控制和支配的，因此人对自身的痛苦和困扰也无法控制和改变 外在因素会对个人有一定影响，但实际上并不是像自己想象的那样可怕和严重。如果能认识到情绪困扰之中包含了自己对外在事件的知觉、评价及内部言语的作用等因素，那么外在的力量便可能得以控制和改变。

6. 面对现实中的困难和自我所承担的责任是件不容易的事情，倒不如逃避它们 逃避问题虽然可以暂时缓和矛盾，但问题却始终存在却得不到解决，时间一长，问题也便会恶化或连锁性地产生其他问题和困难，从而更加难以解决，最终会导致更为严重的情绪困扰。

7. 人们要对危险和可怕的事随时随地加以警惕，应该非常关心并不断注意其发生的可能性 对危险和可怕的事物有一定的心理准备是正确的；但过分的忧虑则是非理性的。因为坚持这种信念只会夸大危险发生的可能性，使人不能对之加以客观评价和有效地去面对。这种杞人忧天式的观念只会使生活变得沉重和没有生气，导致整日忧心忡忡，焦虑不已。

8. 人必须依赖别人，特别是某些与自己相比强而有力的人，只有这样，才能生活得好些 虽然人在生活中的某些方面要依赖于别人，但过分夸大这种依赖的必要性则可能使自我失去独立性，导致更大的依赖，从而失去学习能力，进而产生不安全感。

9. 一个人以往的经历和事件常常决定了他目前的行为，而且这种影响是永远难以改变的　已经发生的事实是个人的历史，这的确是无法改变的。但是不能说这些事就会决定一个人的现在和将来。因为事实虽不可改变，但对事件的看法却是可以改变的，从而人们仍可以控制、改变自己以后的生活。

10. 一个人应该关心他人的问题，并为他人的问题而悲伤、难过　关心他人，富于同情，这是有爱心的表现。但如果过分投入他人的事情，就可能忽视自己的问题，并因此使自己的情绪失去平衡，最终导致不仅没有能力去帮助别人解决问题，而且会使自己的问题更糟。

11. 对人生中的每个问题，都应有一个唯一的正确的答案　如果人找不到这个答案，就会痛苦一生。人生是一个复杂的历程，对任何问题都要寻求完美的解决办法是不可能的事。如果人们坚持要寻求某种完美的答案，那就会使自己感到失望和沮丧。

（四）理性信念与非理性信念的区分标准

默兹比提出的5条区分合理与不合理信念的标准如下。

1. 理性的信念大都是基于一些已知的客观事实；非理性的信念则包含更多的主观臆测成分。

2. 理性的信念能使人们保护自己，努力使自己愉快地生活；非理性的信念则会产生情绪困扰。

3. 理性的信念使人更快地达到自己的目标；非理性的信念则使人难以达到现实的目标而苦恼。

4. 理性的信念可使人不介入他人的麻烦；非理性的信念则难以做到这一点。

5. 理性的信念能使人阻止或很快消除情绪冲突；非理性的信念则会使情绪困扰持续相当长的时间而造成不适当的反应。

（五）理性情绪治疗的基本步骤

理性情绪疗法的基本步骤分为四个阶段：诊断阶段、领悟阶段、修通阶段、再教育阶段。

1. 诊断阶段　本阶段咨询师的主要任务是根据ABC理论对求助者的问题进行初步分析和诊断，通过与求助者交谈，找出他情绪困扰和行为不适的具体表现（C），以及与这些反应相对应的诱发性事件（A），并对两者之间的不合理信念（B）进行初步分析，找出求助者最希望解决的问题。在此基础上，还要和求助者协商制定咨询目标。这种目标一般包括情绪和行为两个方面的内容，通常是要通过治疗使来访者情绪困扰和行为障碍得以减轻或消除。最后，咨询师还应向求助者解说合理情绪疗法关于情绪的ABC理论，使求助者能够接受这种理论及其对自己问题的解释。

2. 领悟阶段　此阶段的主要任务是帮助求助者领悟理性情绪疗法的原理，使求助者真正理解并且认识到：①引起其情绪困扰的原因并不是外界发生的事件，而是他对事件的态度、看法、评价等认知内容，是信念引起了情绪及行为后果，而不是诱发事件本身。②要改变情绪的困扰不是致力于改变外界事件，而是应该改变自己的认知，通过改变认知，进而改变情绪。只有改变了自己的不合理信念，才能减轻或消除他们目前存在的各种症状。③求助者可能认为情绪困扰的原因与自己无关，咨询师应该帮助求助者理解领悟，引起情绪困扰的认知恰恰是求助者本人的认知，因此情绪困扰的原因与求助者本人有关，因此他们应对自己的情绪和行为反应负有责任。咨询师的任务和前一阶段没有严格区别，只是在寻找和确认求助者的不合理信念上更加深入；而且通过对理论的进一步解说和证明，使求助者在更深的层次上领悟到，他的情绪问题不是由于早年生活经历等的影响，而是由于他现在所持有的不合理信念，因此他应该对自己的问题负责。

3. 修通阶段 这一阶段的工作是合理情绪疗法中最主要的部分。咨询师的主要任务是运用多种治疗技术（如与不合理信念辩论、合理情绪想象技术、家庭作业及其他方法）使求助者放弃或修正原有的非理性观念，并代之以合理的信念，从而达到深层次认知的改变，使症状得以减轻或消除。

4. 再教育阶段 咨询师在此阶段的主要任务是巩固前三个阶段治疗所取得的效果，帮助求助者进一步摆脱原有的不合理信念及思维方式，使新的观念得以强化，从而使求助者在咨询结束之后仍能用学到的东西应对生活中遇到的问题，以能更好地适应现实生活。在这一阶段，咨询师可采用的方法和技术仍可包括修通阶段的内容，如继续使用与不合理信念辩论的技术、合理情绪想象的方法以及各种认知性、情绪性和行为方面的家庭作业。除此之外，咨询师还可应用技能训练，使求助者学会更多的技能，提高他应对各种问题的能力，有助于改变他们那些不合理的信念，强化新的、合理的观念。这类训练具体包括自信训练、放松训练、问题解决训练和社交技能训练。前两种技术主要是为了提高求助者应付焦虑性情绪反应的能力；后两种则主要帮助求助者提高寻求问题解决的最“优”方法的能力和社会交往的能力。此阶段治疗的主要目的是重建，即帮助求助者在认知过程、思维模式以及情绪和行为表现等方面重新建立起新的反应模式，减少求助者在以后生活中出现情绪困扰和不良行为的倾向。

合理情绪疗法是埃利斯通过切身体验感悟和总结出来、用于帮助自己及他人进行心理自我调节的方法。主要目标是减低求助者各种不良情绪体验，使他们在治疗结束后能带着最少的焦虑、抑郁（自责倾向）和敌意（责他倾向）去生活，从而帮助他们拥有一个较现实、较理性、较宽容的生活哲学，并学会合理、现实地思维方式。

总之，大学生们要学会用理性的观念乐观地看待人和事，积极探索发生的事件对人有利的一面，及时清除情绪上的垃圾，才能够持续地保持心理健康。

案例 3-4 分析讨论

1. 该患者适合认知行为疗法。患者童年存在着创伤性事件，患者对“车”有了特殊的恐惧，随着多年以来的强化，患者的“情绪”记忆也不断加深，患者每次坐车，便会产生“灾难”的解释，这样患者处于“焦虑”情绪的中心，而无法保持理性的思维，患者在精神交互作用下，症状逐渐加重，以至于影响生活和学习。需要采用认知行为治疗，分级逐级暴露再适应。

2. 可以采用放松疗法帮助患者缓解、应对焦虑紧张情绪。

3. ①学会放松训练；②建立恐怖或焦虑等级层次；③逐级系统脱敏练习，包括进入放松状态、想象脱敏训练、现实训练。

4. 从王同学自身角度出发，诱发恐惧加深的主要因素为期末考试挂科，因此进一步强调大学生应明确在校期间最为重要的任务之一是学习，由于大学学习自主性明显增强，大学生应努力提升自学能力和自控能力，合理规划各门学科的学习计划和学习任务，有效保障学习效率和学习质量，坚决杜绝作弊、挂科等不良行为或结果的发生，进而避免诱发诸多危害自身健康的负性心理。无论是面对学习还是面对未来职业，大学生均应培养自身前瞻性的眼界，不断加强应对未来一切挑战的能力和技术，使自己成为身心健康且同时具备核心竞争实力的高水平专业人才。

问题与思考

1. 请详细阐述人格结构理论三大要素与潜意识理论三大要素的对应关系。
2. 请结合埃利斯 ABC 理论分析在引起你情绪反应的一件生活实例中 A、B、C 所代表的含义。
3. 请简述心理测评的种类。
4. 请比较罗夏墨迹测验与主题统觉测验的异同点。
5. 请详细阐述惊恐障碍和社交焦虑障碍之间临床表现的区别。
6. 请比较抑郁障碍和双相情感障碍之间的异同。
7. 请详细描述大学生负性情绪的影响因素。
8. 请列出具体方案以帮助来访者减轻焦虑、恐惧、抑郁等负性情绪反应。

（王 林）

第四章　大学时期疾病预防与健康保健

学习要求

识记：能正确说出体温的正常范围；能描述腹部常见部位疼痛及腹部压痛的意义；能识记预防感冒的方法；能识别急性胃炎和慢性胃炎的临床表现；能识别胃溃疡和十二指肠溃疡的临床表现，说出两者的区别和联系；能识记肥胖的诊断标准；能识记缺铁性贫血的临床表现；能正确描述常见急腹症的分类；能正确描述阑尾炎的临床表现；能正确描述骨折的临床表现；能正确描述气胸的临床表现；能正确描述不同分期痔疮的临床表现；能正确掌握烧伤深度的评估和临床表现，能正确描述痤疮的临床表现；能正确描述足癣的临床表现；能正确描述接触性皮炎的临床表现；能正确描述肺结核的临床表现。

理解：能正确说明产热与散热的原理；能理解便秘的原因；能正确说出普通感冒与流行性感冒的区别和联系；能理解急性胃炎和慢性胃炎的病因；能理解消化性溃疡形成的原因；能理解缺铁性贫血的病因；能理解急腹症的发病原因；能理解阑尾炎的发病原因；能理解气胸的发病原因；能理解痔疮的发病原因；能理解痤疮的发病原因；能理解足癣的治疗方法；能理解接触性皮炎的治疗方法；能理解肺结核的病因、主要传播途径和传染源。

运用：能正确使用水银体温计；能采用正确的方法处理发热患者；能正确评估咳嗽咳痰的患者；能采用正确的方法排痰；能采用恰当的措施处理腹部疼痛的患者；能采用正确的措施处理便秘、腹泻、感冒的患者；能指导他人如何预防急性胃炎和慢性胃炎；能指导肥胖者运用正确的饮食、运动方法减重；能指导缺铁性贫血患者的饮食注意事项；能运用正确的方法护理阑尾炎患者；能运用正确的方法指导患者进行骨折部位的功能锻炼；能运用正确的方法预防和护理痔疮发作；能正确处理烧伤急救；能运用正确的方法预防痤疮的发生；能运用正确的方法预防和护理足癣；能运用正确的方法护理接触性皮炎；能正确进行肺结核的健康宣教与指导。

第一节　常见症状

一、发　　热

案例 4-1　　　　**淋雨之后**

李同学，男性，22 岁。因外出访友回校淋雨受凉，第二天感觉浑身酸软，头胀，发热，自测体温最高达 40℃，稍感畏寒，发病以来体温波动于 39.1～40℃。两天后出现了咳嗽、咳痰，痰液呈铁锈色且不易咳出，无胸痛，能平卧，近两天来，精神稍差，食欲下降，大小便正常。

问题：1. 该患者目前的主要症状有哪些？
2. 该患者主要症状的特点是什么？
3. 如何为此类患者提供护理？

正常人的体温受体温调节中枢调控，并通过神经、体液因素使产热和散热过程呈动态平衡，保持体温在相对恒定的范围内。当机体在致热原（pyrogen）作用下或各种原因引起体温调节中枢的功能障碍时，体温升高超出正常范围，称为发热（fever）。

（一）体温

在各种环境温度下，人体各部位的温度并不完全一致，但脑和躯干核心部位的温度却能保持相对稳定。因此，在研究体温时通常将人体分为核心与表层两个部分。核心部分的温度称为体核温度（core temperature）；表层部分的温度称为体表温度（shell temperature）。医学中所说的体温（body temperature）通常是指机体核心部分的平均温度。

（二）体表温度和体核温度

1. 体表温度　体表温度在体表层各部位之间有较大的温差，且易受环境温度的影响。体表最外层的皮肤的温度称为皮肤温度（skin temperature）。皮肤温度与局部血流量密切相关，可受到环境温度和衣着情况的影响且低于体核温度。

2. 体核温度　人体体核温度相对稳定。其中，肝和脑的代谢旺盛，在全身各器官中温度最高，约38℃；肾、胰腺及十二指肠等器官温度略低；直肠的温度则更低，约为37.5℃。体核温度不易测量，临床上通常用直肠（rectal）、口腔（oral）和腋下（axillary）等部位的温度来代表体核温度。

（三）产热与散热

体温是由三大营养物质（糖、脂肪、蛋白质）氧化分解而产生。三大营养物质在体内氧化时释放能量，其总能量的50%以上迅速转化为热能，以维持体温，并不断散发到体外，其余不足50%的能量贮存在腺苷三磷酸（ATP）内，供机体利用，最终转化为热能散发到体外。

1. 产热过程　机体的产热过程是细胞新陈代谢的过程。人体以化学方式产热，在一般的环境温度下，机体的热量主要产自全身各组织的基础代谢、食物的特殊动力效应及骨骼肌舒缩活动等过程；在寒冷环境下则主要依靠战栗产热（shivering thermogenesis）和加强非战栗产热（non-shivering thermogenesis），成年人以战栗产热为主，而非战栗产热对新生儿尤为重要。

2. 散热过程　人体的主要散热部位是皮肤，以物理方式散热。在安静状态下，当环境温度低于机体表面温度时，大部分体热通过辐射、传导和对流等方式向外界发散，小部分体热随呼气、尿、粪等排泄物排出体外。在劳动和运动时，还会有汗腺分泌汗液，通过水分的蒸发增加散热，当外界温度等于或高于人体皮肤温度时，蒸发就成为人体唯一的散热形式。

（四）体温的调节

人体的体温是相对恒定的，维持体温相对恒定依赖于自主性体温调节和行为性体温调节两种方式。自主性体温调节是指在下丘脑体温调节中枢控制下，机体受内、外环境温度刺激，通过一系列生理反应，调节机体的产热和散热，使体温保持相对恒定的体温调节方式；而行为性体温调节是指人类有意识地通过机体在不同环境中的行为改变而达到调节体温的目的。通常意义上的体温调节是指自主性体温调节，在这个控制系统中，下丘脑的体温调节中枢属于控制部分，由此发出的传出信息控制受控系统的活动，如驱动骨骼肌战栗产热、改变皮肤血管口径、促进汗腺分泌等，从而使机体的产热量和散热量保持平衡。当内、外环境变化使体温改变时，通过温度检测装置，即存在于皮肤及机体内部（包括神经中枢）的温度感受器，将信息反馈至体温调节中枢，经过中枢的整合作用，发出适当的调整受控系统活动的信息，建立起当时条件下的体热平衡。此外，通过前馈系统，及时启动体温调节机制，避免体温出现大幅波动。

通常恒温动物的自主性体温调节和行为性体温调节相互补充，以保持体温的相对稳定，一般当环境温度变化时，首先采取行为性体温调节。机体产生的体温调节行为是根据温热的舒适感决定的。温热的舒适感是指来自温度感受器的温度信息经高级神经中枢整合后产生的主观的舒适或不适的感觉。机体采取的体温调节行为是向着有利于产生温热舒适的感觉方向进行的。

（五）正常体温和生理变化

1. 正常体温 由于体核温度不易测试，临床上常以口腔、直肠、腋窝等处的温度来代表体温。在三种测量方法中，直肠温度（即肛温）最接近人体深部温度，而日常工作中，采用口腔、腋下温度测量更为常见、方便。正常体温的范围见表 4-1。

表 4-1 成人体温平均值及正常范围

部位	平均温度	正常范围
口温	37.0℃	36.3～37.2℃
肛温	37.5℃	36.5～37.7℃
腋温	36.5℃	36.0～37.0℃

2. 体温的生理性波动 正常情况下，机体的体温可受一些因素的影响发生波动，但是这种波动幅度一般不超过 1℃。

（1）体温的日节律：体温在一昼夜之间有周期性波动，清晨体温略低，下午体温略高，24 小时内波动幅度一般不超过 1℃。人体体温的昼夜周期性波动，称为体温的昼夜节律或日节律（circadian rhythm）。

（2）性别的影响：男性与女性的体温略有差别，成年女性的体温平均高出男性 0.3℃。此外，育龄期女性的基础体温随月经周期呈规律性变化。基础体温（basal body temperature）是指人体在（持续）较长时间（6～8 小时）的睡眠后醒来，尚未进行任何活动之前所测量到的体温。在月经周期中，体温在排卵前较低，排卵日最低，排卵后升高 0.3～0.6℃，这与体内孕激素水平周期性变化有关。

（3）年龄的影响：由于基础代谢水平不同，各年龄段的体温也不同。儿童和青少年的体温较高，老年人体温偏低。

（4）运动的影响：剧烈肌肉活动可使骨骼肌紧张并强烈收缩，产热量增加，体温升高。因此，测量体温时应该在患者安静状态下测量。

（5）药物的影响：麻醉药物可抑制体温调节中枢或影响传入路径的活动并能扩张血管，增加散热，降低机体对寒冷环境的适应能力。

此外，情绪激动、精神紧张、进食、环境温度的变化等都会对患者的体温产生影响。

（六）发热的评估

1. 定义 发热（fever）指机体在致热原作用下，使体温调节中枢的调定点上移而引起的调节性体温升高。一般而言，当腋下温度超过 37℃或口腔温度超过 37.3℃，一昼夜体温波动在 1℃以上可称为发热。发热可分为感染性发热和非感染性发热两大类。

（1）感染性发热（infective fever）：可以是急性、亚急性或慢性，亦可以是全身性或局部性感染。其病原体可以是病毒、细菌、支原体、立克次体、螺旋体、真菌、寄生虫等。患者除发热外，还有全身毒血症状。

（2）非感染性发热（noninfective fever）：由病原体以外的各种物质引起，目前越来越引起人们的重视。

2. 发热的分度 以口腔温度为例，其发热程度可划分如下。

低热：37.3～38.0℃。

中等热：38.1～39.0℃。

高热：39.1～41.0℃。

超高热：41.0℃以上。

链接 **如何使用水银体温计？**

1. 测体温前，需将体温计的水银柱甩至 35℃以下。

2. 测量腋温时，注意需先将腋窝汗液擦干，然后把体温计的水银端放置腋窝顶部并夹紧，10 分钟后取出。测量口温时，需将体温计的水银端放置于舌下热窝处，闭好口唇，3～5 分钟取出。

3. 体温测好后，读取体温表读数时，应一手拿体温表的上端，将体温表水平放置，与眼平行，观察水银柱的位置即可读取体温值。

4. 体温计用完以后，用冷水冲洗，有条件的情况下采用乙醇溶液擦拭，待干后妥善保存。

3. 发热的过程及表现 发热一般可分为以下三个时期。

（1）体温上升期：此期特点是产热大于散热。主要表现为疲乏无力、皮肤苍白、干燥无汗、畏寒，甚至寒战。体温上升可有骤升和渐升两种方式，骤升是指体温突然升高，在数小时内升至高峰，常见于肺炎球菌肺炎、疟疾等。渐升是指体温逐渐上升，数日内达高峰，常见于伤寒等。

（2）高热期：此期可持续数小时（如疟疾）、数日（如肺炎、流感）或数周（如伤寒）。此时体温已达到体温调定点水平，体温调节中枢不再发放寒战冲动，故畏寒、寒战消失；皮肤血管由收缩转为舒张，临床表现为皮肤潮红而灼热，产热与散热在较高水平上保持平衡。由于体温增高，基础代谢率增高，故患者呼吸加快变深，心率加快，可有出汗。

（3）体温下降期：由于机体的防御作用及适当治疗，疾病得到控制，内生致热原的作用逐渐减弱、消失，体温中枢的体温调定点逐渐降到正常水平，产热减少、散热增多，使体温恢复正常。降温的方式有两种。①骤降：体温于数小时内迅速下降至正常，有时甚至可略低于正常，常伴有大汗淋漓。骤降常见于疟疾、大叶性肺炎、急性肾盂肾炎及输液反应等。②渐降：体温于数日内逐渐降至正常，如伤寒、风湿热等。

4. 常见热型及临床意义 将发热患者在不同时间测得的体温数值分别记录在体温单上，把各体温数值点连接起来形成体温曲线，体温曲线呈现的不同形态（形状）称为热型（fever type）。不同的病因所致发热的热型也常不同。常见热型有以下四种。

（1）稽留热：体温持续在39～40℃，达数天或数周，24小时波动范围不超过1℃。稽留热常见于大叶性肺炎、伤寒等（图4-1）。

（2）弛张热：体温在39℃以上，24小时内温差达1℃以上，体温最低时仍高于正常水平。弛张热常见于败血症、风湿热、化脓性炎症等（图4-2）。

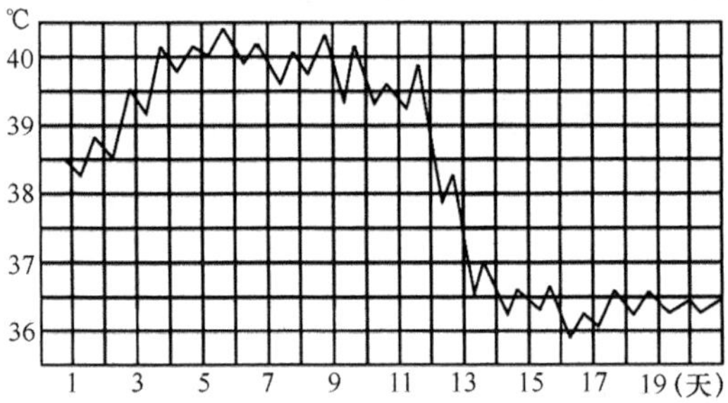

图4-1 稽留热

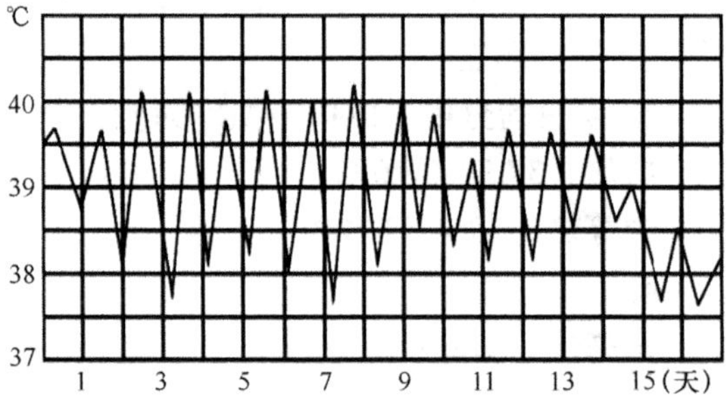

图4-2 弛张热

（3）间歇热：体温骤升至39℃以上，持续数小时或更长，然后下降至正常或正常以下，经过一个间歇，体温又升高，并反复发作，即高热期和无热期交替出现。间歇热常见于疟疾等（图4-3）。

（4）不规则热：发热无一定规律，且持续时间不定。不规则热常见于结核病、支气管肺炎、渗出性胸膜炎等（图4-4）。

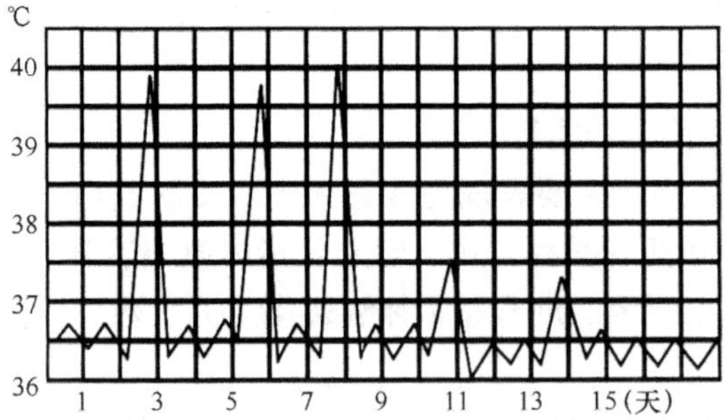

图4-3 间歇热

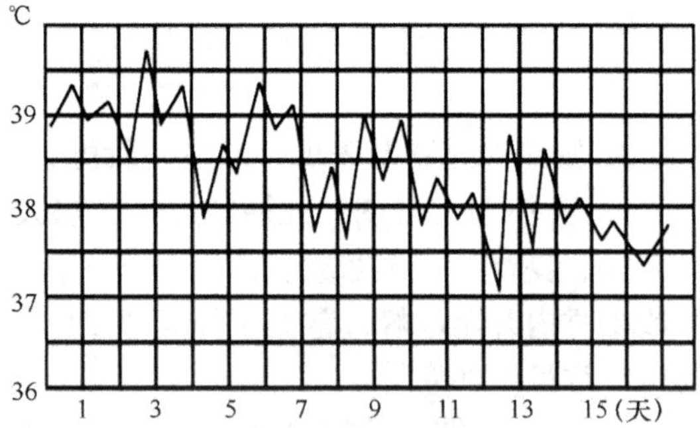

图4-4 不规则热

（七）应对措施

1. 降低体温　发热本质上是人体的一种保护性反应，能够增加体内的抗体，增强白细胞的吞噬能力和肝脏的解毒能力，有利于消灭病原体。因此在发热后不要随意服用解热药物，可先采用物理降温。物理降温有局部和全身冷疗两种方法。体温超过 39℃，选用局部冷疗，可采用冷毛巾、冰袋、化学制冷袋，通过传导方式散热；体温超过 39.5℃，选用全身冷疗，可采用温水擦浴，乙醇溶液擦浴方式，达到降温目的。在以上效果不佳时，可在医生指导下采用药物降温。药物降温是通过降低体温调节中枢的兴奋性及血管扩张、出汗等方式促进散热而达到降温目的。

2. 加强病情观察　观察生命体征，定时测体温。一般每日测量 4 次，高热时应每 4 小时测量 1 次，注意发热类型、程度及经过，及时注意呼吸、脉搏和血压的变化；注意观察是否出现寒战、抽搐；观察四肢末梢循环情况；高热而四肢末梢厥冷、发绀等提示病情加重。

3. 补充营养和水分　给予高热量、高蛋白、高维生素、易消化的流质或半流质食物。注意食物的色香味，鼓励少食多餐，以补充高热的消耗，提高机体的抵抗力。鼓励患者多饮水，以每日 3000ml 为宜，以补充高热消耗的大量水分，并促进代谢产物的排出。勤漱口，注意保持口腔清洁。

4. 适当休息　休息有利于机体康复，高热者需卧床休息，低热者可酌情减少活动，为患者提供室温适宜、环境安静、空气流通的休息环境。

5. 心理干预　体温上升期，患者会产生紧张、不安、害怕等心理反应，应当经常关心患者，耐心交流，尽量满足需要，给予精神安慰。高热持续期，应注意尽量解除高热带给患者的身心不适，尽量满足患者的合理要求。退热期，应注意清洁卫生，及时补充营养。

案例 4-1 分析讨论（1）

1. 该患者的主要症状有发热。
2. 该患者发热的特点为高热，热型为稽留热。
3. 患者发热时应当为患者降温，密切观察体温变化，注意补充营养和水分，指导患者卧床休息，同时做好心理护理。

二、咳嗽与咳痰

咳嗽（cough）是由于咳嗽感受器受到刺激后引发的紧跟在短暂吸气后的一种突然剧烈的呼气运动，是一种反射性的保护动作。咳嗽能够清除呼吸道分泌物和气道异物。咳痰（expectoration）是借助咳嗽动作将呼吸道内过多的分泌物排出体外的动作。

（一）发生机制

1. 咳嗽　来自耳、鼻、咽、喉、支气管、胸膜等部位的刺激，经感觉神经纤维传入延髓咳嗽中枢，再传向喉下神经、膈神经和脊髓神经等运动神经，从而引起咽肌、膈肌以及其他呼吸肌的运动完成咳嗽动作。

2. 咳痰 正常情况下，支气管内分泌少量的黏液以保持支气管黏膜湿润。当呼吸道发生炎症时，黏液分泌增多，毛细血管壁通透性增加，浆液渗出。含红细胞、白细胞、巨噬细胞、纤维蛋白等的渗出物与黏液、吸入的灰尘等混合而形成痰液。

（二）常见原因

1. 感染因素 如上呼吸感染、支气管炎、肺炎、肺结核等。

2. 过敏因素 一些过敏体质者吸入致敏物质时，引起咳嗽，如支气管哮喘、过敏性鼻炎等。

3. 理化因素 如异物吸入、各种刺激性气体或者粉尘的刺激等。

4. 其他因素 如心理性咳嗽、习惯性咳嗽、药物的副作用等。

（三）临床表现

1. 咳嗽

（1）病程：咳嗽时间小于 3 周称为急性咳嗽，3～8 周的称为亚急性咳嗽，大于 8 周的称为慢性咳嗽。

（2）性质：①干性咳嗽，咳嗽无痰或痰量极少，多见于咽喉炎症、急性支气管炎初期、支气管异物等。②湿性咳嗽，咳嗽有痰，常见于慢性支气管炎、肺炎、支气管扩张等。

（3）音色：咳嗽声音嘶哑多见于声带炎症或者肿瘤压迫喉返神经；咳嗽呈金属音多见于肿瘤压迫气管。

（4）发作时间：夜间咳嗽，多见于左心衰竭和肺结核的患者。清晨或者体位改变时咳嗽，多见于慢性支气管炎、支气管扩张等疾病。

2. 咳痰

（1）痰液的性状：①黏液性痰，痰液黏稠，无色透明或者稍白，多见于急性支气管炎、支气管哮喘等疾病。②浆液性痰，痰液稀薄，泡沫较多，多见于肺水肿。③脓性痰，痰液黏稠，含有脓细胞和坏死组织等，多见于化脓性细菌性下呼吸道感染。④血性痰，痰中带血，通常由呼吸道内毛细血管破裂或者血液渗透至肺泡导致。⑤痰液黏稠且牵拉成丝，提示真菌感染。

（2）痰液的颜色：①无色透明痰，见于急性支气管炎、支气管哮喘。②白色黏痰，见于慢性支气管炎、支气管哮喘。③铁锈色痰，见于肺炎球菌肺炎。④黄色或黄绿色痰，提示化脓性感染。⑤黑色痰，见于吸入大量灰尘或尘肺患者。⑥红色或粉红色痰，多见于支气管肺癌、肺结核、肺淤血。⑦粉红色泡沫痰，见于急性肺水肿。⑧红褐色或巧克力色痰：见于阿米巴肺脓肿。⑨砖红色胶冻样痰或带血液，见于克雷伯菌肺炎。

（3）痰量：痰量少者仅数毫升，见于呼吸道炎症。痰量多者可数百毫升，见于支气管扩张、肺脓肿等疾病。24 小时痰量超过 100ml 称为大量痰。

（4）痰的气味：恶臭提示有厌氧菌感染，见于支气管扩张、肺脓肿等疾病。

（四）应对措施

1. 观察 患者咳嗽咳痰的情况。

2. 休息　为患者提供舒适、安静的休息环境，注意开窗通风，保持室内空气清新、洁净。维持室内温度为 18～20℃，湿度为 50%～60%。远离易致敏的物品。安置患者取坐位或半坐位以利于咳嗽排痰。

3. 饮食　多吃富含蛋白质和维生素的食物，增加维生素 C 和维生素 E 的摄入。避免油腻、辛辣和含盐多的食物。戒烟戒酒。多饮水，每日饮水量为 1500～2000ml。

4. 有效排痰　指导患者采取坐位，先进行深而慢的腹式呼吸 5～6 次，然后深吸气，屏气 3～5 秒，然后缓慢将肺内气体经口呼出，再深吸一口气，屏气 3～5 秒，这时身体前倾，收缩腹肌并同时从胸腔进行 2～3 次短促有力的咳嗽。

5. 用药　在医生指导下服用镇咳药和祛痰药。

案例 4-1 分析讨论（2）

1. 该患者的主要症状有咳嗽与咳痰。

2. 该患者咳痰的特点为铁锈色痰且不易咳出。

3. 患者出现咳嗽与咳痰时应当注意观察患者咳嗽与咳痰的情况，为患者提供适宜的休息环境，给予富含蛋白质和维生素的食物，多饮水，教患者有效排痰，并及时就医，遵医嘱服药。

三、腹　　痛

腹痛（abdominal pain）分为急性与慢性腹痛。急性腹痛的原因多为腹腔脏器的急性炎症、扭转或破裂，空腔脏器梗阻或扩张，腹腔内血管阻塞等；慢性腹痛的原因多为腹腔脏器的慢性炎症、腹腔脏器薄膜的张力增加、消化性溃疡等。某些全身性疾病、泌尿生殖系统疾病也会引起腹痛。腹痛的性质有隐痛、钝痛、灼痛、胀痛、刀割样痛、钻痛或绞痛等。

（一）腹部分区

腹部位于胸部与骨盆之间，上起横膈，下至骨盆入口，主要包括腹壁、腹腔和腹腔脏器。目前常用的腹部分区法有四区分法和九区分法。

1. 四区分法　以脐为点作一条水平线和一条垂直线，两条直线将腹部分为四个区域，为左上腹部、右上腹部、左下腹部、右下腹部。

2. 九区分法　在腹部作两条水平线和两条垂直线，将腹部分为九个区域。第一条水平线为两侧肋弓下缘最低点的连线。第二条水平线是两侧髂前上棘的连线。两条垂线分别为通过左、右髂前上棘至腹中线连线的中点所做的垂直线。九个区域分别名为左上腹部、左侧腹部、左下腹部、上腹部、中腹部、下腹部、右上腹部、右侧腹部和右下腹部（图 4-5）。各区域的脏器分布如下。

（1）左上腹部：胃体及胃底、脾、胰尾、结肠脾曲、左肾及左肾上腺。

（2）左侧腹部：降结肠、左肾下极、空肠或回肠。

（3）左下腹部：乙状结肠、女性左侧卵巢及输卵管、男性左侧精索。

（4）上腹部：胃体及胃幽门区、肝左叶、十二指肠、胰头及胰体、横结肠、腹主动脉、大网膜。

（5）中腹部：十二指肠下段、空肠及回肠、下垂的胃或横结肠、肠系膜及淋巴结、输尿管、腹主动脉、大网膜。

（6）下腹部：回肠、乙状结肠、输尿管、胀大的膀胱或增大的子宫。

（7）右上腹部：肝右叶、胆囊、结肠肝曲、右肾和右肾上腺。

（8）右侧腹部：升结肠、右肾下极及部分空肠。

（9）右下腹部：盲肠、阑尾、回肠下段、女性右侧卵巢及输卵管、男性右侧精索。

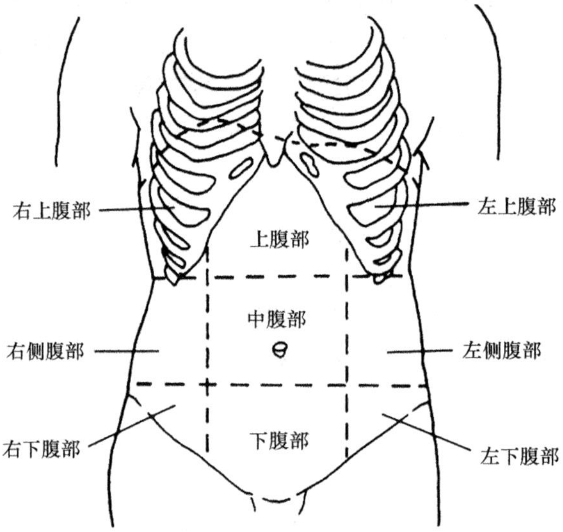

图 4-5 腹部九分法

（二）腹部常见的疼痛部位

腹部疼痛的位置常与病变部位有关。胃、十二指肠疾病引起的腹痛多为中上腹部隐痛、灼痛或不适感。小肠疾病多呈脐周疼痛。大肠病变所致的腹痛为腹部一侧或双侧疼痛。急性胰腺炎常出现上腹部剧烈疼痛，并向腰背部呈带状放射。

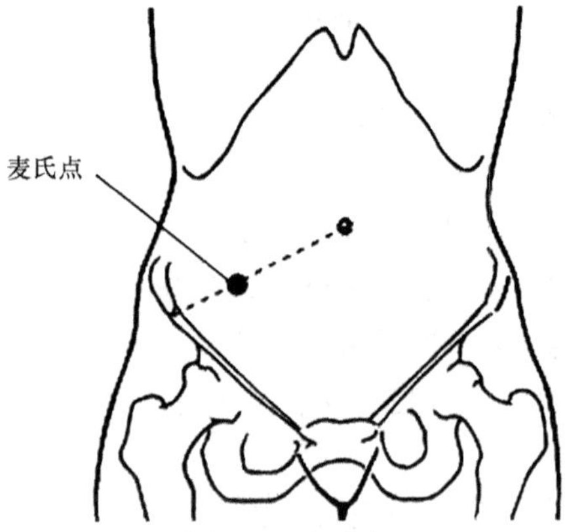

图 4-6 麦氏点

由浅入深触压腹部引起的疼痛称为腹部压痛（abdominal tenderness）。压痛部位多为病变部位。左上腹压痛多见于胃部疾病，右上腹压痛多见于肝胆疾病，右下腹压痛多见于盲肠、阑尾、女性右侧卵巢以及男性右侧精索病变。

局限于一点的压痛称为压痛点，一些位置较固定的压痛点，常反映特定的疾病，如位于右锁骨中线与肋缘交界处的胆囊点压痛为胆囊病变的标志。位于脐与右髂前上棘连线中、外 1/3 交界处的麦氏点（McBurney'point）压痛为阑尾病变的标志（图 4-6）。

（三）腹痛的评估

腹痛的评估主要通过观察和询问，了解患者腹痛的部位、性质及程度、频率、持续时间、诱因、加重或缓解的因素以及采用止痛措施后的效果。

1. 有暴饮暴食、饮酒或有胆道疾病病史者突发腹痛，腹痛为持续性上腹痛伴有阵发性加剧，有呕吐症状，可能是急性胆囊炎或胰腺炎。

2. 突发脐上、脐周的阵发性疼痛，喜按压，可自行缓解，反复发作，可能是胃肠痉挛。

3. 突发中下腹剧痛，阵发性加重并向会阴部放射，伴尿急、尿痛、尿血，可能是泌尿系统结石。

4. 亚急性起病，转移性右下腹痛，随即发热，可能是急性阑尾炎。

5. 育龄妇女有停经史，腹痛剧烈伴呕吐、尿频、面色苍白、脉搏快，可能是宫外孕。

（四）应对措施

1. 及时就医　在医生的指导下进行相应检查，明确腹痛的原因和诊断，并遵医嘱进行治疗。急性腹痛诊断不明确时，切不可随意使用止痛药物，以免掩盖症状，延误治疗。

2. 缓解疼痛

（1）行为疗法：如引导想象（利用对某一令人愉快的情景或者经历的想象的正向效果来逐渐降低患者对疼痛的意识）、分散注意力、音乐疗法、生物反馈等。

（2）局部热疗：除急腹症以外，对于疼痛的局部可以采用热水袋进行热敷。

（3）按摩。

3. 生活护理　急性剧烈腹痛患者应卧床休息，协助患者取舒适体位以减轻疼痛。

4. 心理护理　对患者做好心理疏导，减轻其紧张、焦虑、恐惧等心理。

四、便　　秘

案例 4-2　**减肥带来的尴尬**

张同学，女性，21 岁，近 2 个月为了减肥一直控制饮食，食物摄入量极少。近来自觉排便次数减少，粪质干硬，且排便费力。

问题： 1. 张同学目前最主要的症状是什么？

2. 张同学出现此症状的原因是什么？

3. 针对张同学的问题，可以提出哪些建议？

便秘（constipation）是指排便频率减少，1 周排便次数少于 3 次（每 2～3 天或者更长时间排便 1 次），大便干结，排便困难。如果排便不费力且有规律，大便形态无异常，则 2～3 天排便一次也不能称为便秘。

（一）粪便的来源

食物被胃初步消化以后，剩余的食物残渣从小肠输送至结肠。食物残渣在结肠中停留约十余小时，在这个过程中，食物残渣中的一部分水分被肠黏膜吸收，其余部分经结肠内细菌的发酵和腐败作用后形成粪便。除食物残渣以外，粪便中还有脱落的肠上皮细胞、大量的细菌以及机体的代谢产物，如胆色素衍生物等。

（二）排便的机制

当肠蠕动将粪便推入直肠后，可刺激直肠壁内的感受器，引起便意，若条件允许，可发生排便反射（defecation reflex）。此时降结肠、乙状结肠、直肠平滑肌收缩，肛门内括约肌和外括约肌舒张，同时腹肌和膈肌收缩，使腹内压增高，最后将粪便排出体外。

正常人的直肠对粪便的机械性扩张刺激具有一定的感觉阈，当达到此感觉阈时才会产生便意。便意可受大脑皮层的控制。如果对于便意经常予以制止，直肠对粪便刺激将会逐渐失去正常的敏感性，即感觉阈升高。

（三）正常排便的条件

正常排便需要满足以下所有条件：①具有足够的引起正常肠蠕动的肠内容物，且内容物中需要含有适量的水和纤维素。②具有正常的肠道肌肉张力及蠕动能力。③具有正常的排便反射。④参与排便的肌肉功能正常。

（四）引起便秘的原因

1. 功能性便秘

（1）进食过少或食物中缺乏纤维素和水分，不足以刺激肠道的正常蠕动。

（2）生活无规律、环境变化或者精神紧张等因素导致排便习惯受到影响。

（3）活动量少导致肠蠕动减少。

（4）长期滥用泻药造成对药物的依赖，失去正常的排便反射。

2. 器质性便秘

（1）结肠梗阻或痉挛。

（2）直肠或肛门发生病变，如痔疮、肛裂，引起肛门疼痛而导致惧怕排便。

（3）腹腔或者盆腔内的肿瘤压迫肠管导致机械性梗阻。

（4）全身性疾病导致肌肉松弛，排便无力。

（五）便秘的评估

1. 便秘的特点　排便的频率、排便量、粪便的性状、排便是否费力，起病情况与病程、加重或缓解的因素。

2. 病因与诱因　有无胃肠道疾病及相关手术史，有无使用可导致便秘的药物或者长期服用泻药，是否存在精神紧张、环境改变、不良饮食习惯、饮水量少或者活动量少等诱因。

3. 便秘对患者的影响　患者是否因便秘出现紧张、焦虑等负性情绪，有无肛周疼痛、肛裂等出现，有无泻药依赖。

（六）应对措施

1. 注意纠正不良生活习惯，养生规律排便的习惯，多摄入富含纤维素的食物，如蔬菜、水果。多饮水。避免久坐，加强运动锻炼。

2. 在医生指导下用药，如口服麻仁丸、开塞露塞肛等，若便秘严重，以上药物无效时，可到医院进行灌肠。

3. 因器质性疾病继发的便秘，需查找便秘的原因并积极治疗。

案例 4-2 分析讨论

1. 张同学目前最主要的症状是便秘。
2. 张同学出现此症状的原因是摄入过少。
3. 指导张同学注意多摄入富含纤维素的食物，如蔬菜、水果，多饮水。

五、腹　　泻

正常人的排便习惯为每天 1 次，有的人每天 2～3 次或者每 2～3 天 1 次，只要粪便的性状正常，均属于正常范围。腹泻（diarrhea）是指排便次数较平时增加，且粪质稀薄、排便量及水分增加，可含未消化的食物、黏液、脓血及脱落的肠黏膜等异常成分。

腹泻可分为急性腹泻和慢性腹泻两种类型，病程不足 2 个月者为急性腹泻，超过 2 个月者为慢性腹泻。

（一）发生机制

腹泻的发生机制有渗出性腹泻、分泌性腹泻、渗透性腹泻、吸收不良性腹泻及动力性腹泻。

（二）病因

1. 急性腹泻

（1）肠道疾病：包括细菌、病毒等引起的感染性疾病，如细菌性痢疾、轮状病毒肠胃炎等。此外，溃疡性结肠炎急性发作、消化不良等非感染性疾病也会引起腹泻。

（2）急性中毒：进食河豚、鱼胆等食物或砷、磷、汞等化学物质中毒。

（3）全身性疾病：如伤寒、败血症、过敏性紫癜等。

2. 慢性腹泻

（1）肠源性疾病：如慢性细菌性痢疾、肠结核等感染性疾病，以及溃疡性结肠炎、肠易激惹综合征和吸收不良综合征等非感染性疾病。

（2）胃、胰及肝、胆源性疾病：如慢性萎缩性胃炎、胃大部切除、慢性胰腺炎、肝硬化门脉高压和胆囊切除术后等。

（3）全身性疾病：甲状腺功能亢进、系统性红斑狼疮和尿毒症等。

（4）药物性腹泻：服用甲状腺素、洋地黄类药物以及某些抗肿瘤药物和抗生素等。

（三）腹泻的评估

1. 腹泻的特点　腹泻发生的时间、起病缓急、病程长短，腹泻的次数，粪便的量、颜色、性状及气味，诱因、有无使腹泻加重或减轻的因素及伴随症状。

2. 病因与诱因　有无摄入不洁或有毒的食物，有无化学毒物和传染病接触史，是否患有与腹泻有关的消化系统或全身性疾病，或使用有可致腹泻的药物。

3. 腹泻对患者的影响　观察严重腹泻者有无口渴、无力、尿量减少等脱水表现，有无肌肉无力、腹胀、肠鸣音减弱等低钾的表现，有无休息和睡眠异常。长期腹泻者有无营养不良、消瘦等表现，有无紧张焦虑和抑郁的心理。

（四）应对措施

1. 病情观察 包括排便情况及伴随症状等。

2. 饮食护理 饮食宜少渣、易消化，避免生冷、多纤维素等刺激性食物。急性腹泻患者应在医生的指导下给予禁食、流质饮食或半流质饮食。

3. 生活护理 急性腹泻、全身症状明显者应卧床休息，注意腹部保暖。

4. 用药护理 遵医嘱用药，并观察用药后的疗效。

5. 心理护理 对于慢性腹泻患者治疗效果不佳时，可以鼓励患者配合医生的检查和治疗，稳定患者情绪，做好心理疏导。

（徐慧文）

第二节 内科疾病

一、急性上呼吸道感染

案例 4-3 **是感冒了吗？**

王同学，男性，22 岁。前天和同学一起打篮球以后用凉水洗澡，第二天出现了鼻塞流涕、打喷嚏的症状，伴有头痛、全身乏力，鼻涕颜色清稀，无发热、咳嗽、咳痰等症状。

问题： 1. 该患者目前的主要症状有哪些？

2. 该患者可能是什么疾病？

3. 如何为此类患者提供护理？

急性上呼吸道感染（acute upper respiratory tract infection）简称上感，为鼻腔、咽或喉部急性炎症的总称。主要的病原体是病毒，少数是细菌。通常病情较轻、病程短、可自愈，多数预后良好，少数可引起严重并发症，具有一定的传染性。

上感全年均可发生，多发于冬春季节，气温骤降时易引起小规模流行，主要通过患者喷嚏、含有病毒的飞沫或被污染的手和用具传播。可引起上感的病原体大多为自然界中广泛存在的多种类型的病毒，且病毒表面抗原易发生变异，产生新的亚型，不同亚型之间无交叉免疫，因此同一个人可反复发病。

（一）病因

70%～80%的上感由病毒感染引起，包括鼻病毒、冠状病毒、腺病毒、流感和副流感病毒以及呼吸道合胞病毒、艾柯病毒和柯萨奇病毒等。另有 20%～30%的上感为细菌引起，可单纯发生或继发于病毒感染之后发生。但是接触病原体后是否发病，还取决于传播途径和人群易感性。淋雨、受凉、天气突变、过度劳累等可降低呼吸道局部的防御功能，致使原来存在的病毒或细菌迅速繁殖，或者直接接触含有病原体的患者喷嚏、空气以及污染的手和用具诱发本病。

（二）临床表现

1. 普通感冒　由病毒感染引起，俗称“伤风”。以鼻咽部卡他症状为主要临床表现。起病较急，初期表现为咳嗽、咽干、咽痒或烧灼感，甚至鼻后滴漏感，继而出现鼻塞、喷嚏、流涕，2～3天后清水样鼻涕变稠，可伴咽痛、呼吸不畅、流泪、头痛、声嘶、呼吸不畅、味觉迟钝等，有时由于咽鼓管炎导致听力减退。严重者有发热、轻度畏寒和头痛等，如果没有并发症，可在5～7天后痊愈。

2. 急性病毒性咽炎和喉炎　临床表现为咽痒和灼热感，咽痛不明显。咳嗽少见。急性喉炎多为流感病毒、副流感病毒及腺病毒等引起，临床表现为明显的声音嘶哑、讲话困难，可出现发热、咽痛或咳嗽，咳嗽时咽喉疼痛加重。

3. 急性咽-扁桃体炎　多由溶血性链球菌引起，起病急，有明显咽痛、畏寒、发热，体温可达到39℃以上。

4. 急性疱疹性咽峡炎　多由柯萨奇病毒A引起，表现为明显咽痛，发热。本病多发于夏季，多见于儿童，偶见于成人，病程约一周。

（三）治疗和护理

大多数上感由病毒引起，目前尚无特效抗病毒药物，症状较轻的患者只需要多喝热水、注意休息、加强营养，一般可在5～7天自愈。当症状较明显时，可在医生的指导下服药。

1. 病情观察　观察患者的体温、咽痛、咳嗽等症状的变化。

2. 生活护理　注意休息，保持室内温度、湿度适宜和空气流通，多喝热水，以增强抵抗力和促使体内毒素通过尿液排泄。

3. 饮食护理　选择清淡、富含维生素、易消化的食物，并保证足够热量。

4. 口腔护理　注意口腔清洁，在进食后及时漱口，防止口腔感染。

5. 防止交叉感染　注意隔离患者，减少探视，以避免交叉感染。指导患者打喷嚏或者咳嗽时用纸巾或者毛巾捂住口鼻，并勤洗手。患者使用过的物品及时消毒。

6. 对症护理　发热者采用降温处理；咽痛者可含漱淡盐水或喉片；咳嗽咳痰者遵医嘱服用镇咳祛痰药；频繁喷嚏、流清涕者可选择美扑伪麻片、氯苯那敏等；鼻塞者可用盐酸萘甲唑啉滴鼻液滴鼻。

7. 用药护理　遵医嘱用药并观察药物的疗效及不良反应。氯苯那敏等抗过敏药具有头晕、嗜睡等不良反应，应指导患者在临睡前服用，驾驶员和高空作业者避免使用。

（四）预防

1. 生活规律、坚持锻炼、劳逸结合、加强营养，进行耐寒训练，如用冷水洗脸等，以提高抗寒能力和机体自身的抵抗力。

2. 保持室内空气流通，避免受凉、淋雨、过度疲劳。根据气温和运动强度变化及时增减衣物。在流感高发季节出行应佩戴口罩，避免去人群密集的公共场所。

3. 勤洗手，保持口腔健康，做好个人卫生。

案例 4-3 分析讨论

1. 该患者目前的主要症状有鼻塞流涕、打喷嚏的症状，伴有头痛、全身乏力。

2. 该患者可能是普通感冒。

3. 指导患者多喝热水、注意休息、加强营养，做好口腔清洁，当症状较明显时，可在医生的指导下服药。

二、流行性感冒

流行性感冒（influenza），简称流感，是由流行性感冒病毒（流感病毒）引起的急性呼吸道传染病。本病起病急，潜伏期短，传染性强，传播迅速，临床主要表现为高热、头痛、乏力、眼结膜炎和全身肌肉酸痛等中毒症状，而呼吸道卡他症状轻微。

（一）流行病学

1. 传染源　患者和隐性感染者是本病的主要传染源，自潜伏期末至发病后 5 天内均可有病毒从鼻涕、唾液、痰液等分泌物排出，传染期约为 1 周，以发病 3 天内传染性最强。

2. 传播途径　主要通过呼吸道飞沫传播。当咳嗽、打喷嚏时，病毒会随飞沫传播，也可通过病毒污染的茶具、毛巾等间接传播。

3. 易感人群　人群普遍易感。由于流感病毒抗原性变异较快，感染后只对同型病毒有免疫力，且免疫维持时间常不超过 1 年，不同亚型间无交叉免疫。

（二）临床表现

流感的潜伏期较短，一般为 1～3 天，最短数小时。各型流感病毒所致的临床表现虽有轻重不同，但是基本表现一致，可分为不同的临床类型。其中典型流感最常见。其起病急骤，患者多出现明显畏寒或寒战、高热、头痛、肌肉酸痛、乏力等全身症状，而咽痛、流涕、咳嗽等呼吸道症状比较轻，少数患者可出现食欲减退、呕吐、腹泻等消化道症状。

（三）治疗与护理

1. 一般治疗　强调卧床休息，多饮水，补充营养。

2. 对症护理　高热者予以降温处理。

3. 用药护理　遵医嘱服用抗病毒药物，继发感染者服用抗生素。

（四）预防

1. 规律生活，坚持锻炼，增强机体的抵抗力。根据气候变化及时增减衣物。流感流行期间减少外出，暂停集会和集体娱乐活动，出行应佩戴口罩。房间需要经常通风换气，教室、宿舍可定期进行消毒。

2. 接种流感疫苗是目前预防流感最基本的措施，能够有效降低发病率、重型流感的发生率和死亡率，一般在流行季节前 1～3 个月内接种。

链接 **2020年10月14日，国家卫健委发布《公民防疫行为准则》（科普版）**

在全民抗疫斗争中，为进一步体现公众“健康第一责任人”理念，每个人真正成为自身健康的主人，全面提升公民健康素养，国家卫健委疾控局在前期相关防护指南和技术方案的基础上进行精心策划，组织相关专家多次研究论证，对防护指南和技术方案进行了科普化编辑，形成了《公民防疫行为准则》（科普版）。

《公民防疫行为准则》（科普版）共三部分七十三类。

第一部分为公民防疫基本行为准则，包括勤洗手、戴口罩、少聚集、分餐制、社交礼仪以及厕所卫生、通风与消毒、健康生活等八个方面。

第二部分和第三部分针对重点场所、重点人群主动防疫的关键风险点，对不同场景、不同人群提出健康防护准则。

旨在通过图文并茂、贴近生活的形式，让公众看得懂、易接受、记得牢、做得到，将公民防疫行为准则作为一种社会文明风尚和健康生活方式，持久地坚持下去、推广开来。

三、急性胃炎

案例 4-4 **乐极生悲**

钱同学，男性，21岁。毕业晚宴上一高兴喝了些烈酒，晚上回到宿舍开始出现脐周疼痛，呈阵发性加重；腹泻4次，为水样便；呕吐，呕吐物为未消化的食物。

问题： 1. 该患者目前的主要症状有哪些？

2. 该患者可能是什么疾病？

3. 如何预防此类疾病？

胃炎（gastritis）是最常见的消化道疾病之一。按临床发病的缓急和病程的长短，一般将胃炎分为急性胃炎和慢性胃炎。急性胃炎是由多种病因引起的急性胃黏膜炎症。临床上急性发病，常表现为上腹部症状，主要表现为恶心、呕吐、腹痛、腹泻、发热。

（一）病因

导致急性胃炎发病的因素很多，有物理因素、化学因素、生物因素及精神、神经、应激等因素。物理因素如过热、过冷、过于粗糙的食物等均会损伤胃黏膜，引起炎症改变。化学因素主要来自烈酒、浓茶、咖啡、香料及非甾体抗炎药，这些因素可导致胃黏膜充血、水肿、糜烂和出血，严重者引起急性糜烂性出血性胃炎。生物因素主要有幽门螺杆菌感染引起的急性胃炎。进食被细菌或其毒素污染的不洁食物。

（二）临床表现

1. 上腹痛 正中偏左或脐周疼痛，呈阵发性加重或持续性钝痛，伴腹部饱胀、不适，少数患者出现剧痛。

2. 恶心与呕吐 呕吐物为未消化的食物，吐后感觉舒服，也有的患者直至呕吐出黄色胆汁或胃酸。

3. 腹泻　伴发肠炎者出现腹泻，随胃部症状好转而停止，可为稀便和水样便。

4. 呕血与便血　急性糜烂性出血性胃炎患者多表现为突发呕血和（或）黑便的上消化道出血症状。

（三）治疗与护理

1. 病情观察　鼓励患者治疗疾病，帮助患者寻找并及时去除发病因素，控制病情的进展。

2. 生活护理　患者应注意休息，减少活动，对应激所致急性胃炎者应卧床休息。同时要做好患者的心理疏导，保证身心两个方面得到充分的休息。

3. 饮食护理　进食应定时、有规律，不可暴饮暴食，避免辛辣刺激的食物。一般进半流质食物；如有少量出血可给牛奶、米汤等中和胃酸，有利于黏膜的修复，呕吐频繁时应禁食。

4. 用药护理　指导正确使用阿司匹林、吲哚美辛等对胃黏膜有刺激的药物，必要时应用抑制胃酸分泌药物、胃黏膜保护药。

（四）预防

避免使用对胃黏膜有刺激的药物，必须使用时应同时服用抑制胃酸分泌的药物；进食要有规律，避免过冷、过热、辛辣等刺激性食物及浓茶、咖啡等饮料；嗜酒者应戒酒，防止乙醇损伤胃黏膜；应注意饮食卫生，生活规律，保持轻松愉快的心情。

案例 4-4 分析讨论

1. 该患者目前的主要症状有腹痛、呕吐、腹泻。

2. 该患者可能是急性胃炎。

3. 为预防急性胃炎，应避免使用对胃黏膜有刺激的药物，必须使用时应同时服用抑制胃酸分泌的药物；进食要有规律，避免过冷、过热、辛辣等刺激性食物及浓茶、咖啡等饮料；嗜酒者应戒酒，防止乙醇溶液损伤胃黏膜；应注意饮食卫生，生活规律，保持轻松愉快的心情。

四、慢性胃炎

慢性胃炎是由各种病因引起的胃黏膜慢性炎症。慢性胃炎的分类方法很多，目前我国主流主要分为三大类：非萎缩性胃炎（以往称浅表性胃炎，non-atrophic）、萎缩性胃炎和特殊性胃炎三大类。我国慢性萎缩性胃炎的患病率较高。

（一）病因

1. 幽门螺杆菌感染　是慢性胃炎最主要的病因。幽门螺杆菌具有鞭毛，能在胃内穿过黏液层移向胃黏膜，其所分泌的黏附素能使其贴紧上皮细胞，其释放的尿素酶分解尿素产生 NH_3，从而保持细菌周围中性环境，幽门螺杆菌的这些特点有利于其在胃黏膜表面定植。幽门螺杆菌通过上述产氨作用、分泌毒素引起细胞损害；其细胞毒素相关基因蛋白能引起强烈的炎症反应；其菌体胞壁还可作为抗原诱导免疫反应。这些因素的长期存在导致胃黏膜的慢性炎症。

2. 饮食和环境因素　流行病学研究显示，饮食中高盐、缺乏新鲜蔬菜和水果与胃黏膜萎缩、肠化生以及胃癌的发生密切相关。

3. 自身免疫　自身免疫性胃炎以富含壁细胞的胃体黏膜萎缩为主。壁细胞损伤以后，作为自身抗原刺激机体的免疫系统，从而产生相应的壁细胞抗体和内因子抗体，破坏壁细胞，导致胃酸分泌减少甚至缺失，阻碍维生素 B_{12} 吸收从而导致恶性贫血。自身免疫性胃炎在我国较少见。

4. 其他因素　当幽门括约肌功能不全时，可导致含胆汁和胰液的十二指肠液反流入胃，从而削弱胃黏膜的屏障功能。此外，长期饮浓茶、烈酒、咖啡，食用过热、过冷、过于粗糙的食物，可损伤胃黏膜；长期服用非甾体抗炎药、阿司匹林可破坏黏膜屏障。

（二）临床表现

慢性胃炎缺乏特异性症状，70%～80%的慢性胃炎患者可无任何症状，有症状者表现为上腹痛或不适、食欲缺乏、饱胀、嗳气、反酸、恶心和呕吐等消化不良症状。自身免疫性胃炎患者可出现畏食、贫血、体重减轻等表现。

（三）治疗与护理

慢性胃炎的治疗尽可能针对病因，遵循个体化原则。治疗目的是去除病因、缓解症状和改善胃黏膜炎症反应。

1. 根除幽门螺杆菌　对于幽门螺杆菌引起的慢性胃炎，一旦证实幽门螺杆菌阳性，无论有无症状和并发症，均应该进行幽门螺杆菌的根除治疗。目前推荐铋剂四联：质子泵抑制剂（PPI）+铋剂+2 种抗菌药物作为主要的根除幽门螺杆菌方案，疗程为 10 天或 14 天。幽门螺杆菌根除治疗后，患者应进行常规幽门螺杆菌复查，评估根除治疗的效果。

2. 对症治疗　伴有胆汁反流的慢性胃炎可应用促动力药和（或）有结合胆酸作用的胃黏膜保护药。有胃黏膜糜烂和（或）以上腹痛、上腹烧灼感等症状为主者，可根据病情或症状严重程度选用胃黏膜保护药、抗酸药、H_2 受体拮抗剂（H_2RA）或 PPI。以上腹饱胀、恶心或呕吐等为主要症状者可选用促动力药。具有明显进食相关的腹胀、纳差等消化功能低下症状者，可考虑应用消化酶制剂。服用引起胃黏膜损伤的药物（如非甾体抗炎药，包括阿司匹林）后出现慢性胃炎症状者，建议加强抑酸和胃黏膜保护治疗；根据原发病进行充分评估，必要时停用损伤胃黏膜的药物。有消化不良症状且伴明显精神心理因素的慢性胃炎患者可用抗抑郁药或抗焦虑药。

3. 对症护理　用热水袋热敷胃部，以解除胃痉挛，减轻腹痛。

4. 生活护理　指导患者急性发作时应卧床休息，并可以采用转移注意力、深呼吸等方式减轻焦虑，缓解疼痛。病情缓解后，进行适当的锻炼，以增强机体的抵抗力。

5. 饮食护理　饮食习惯的改变是慢性胃炎治疗的一部分。鼓励患者少食多餐，以高热量、高蛋白、高维生素、易消化为原则，避免摄入过咸、过甜、过辣的刺激性食物。改进烹饪技巧，增加食物的色、香、味，刺激患者食欲。对于胃酸缺乏者，应将食物完全煮熟后食用，以利于消化吸收，并给予刺激胃酸分泌的食物，如肉汤、鸡汤等。对于胃酸过多者，则应避免进食酸性、多脂肪的食物。

6. 营养评估　观察并记录患者每天进餐的次数、量和品种，以了解其摄入的营养素能否满足机体需要。定期测量体重。

（四）预防

1. 保持良好的心理状态，坚持规律生活，合理安排工作和休息时间，注意劳逸结合。

2. 养成良好的饮食习惯，定时定量，食物应该多样化，避免偏食，注意补充多种营养物质；不吃霉变食物；少吃熏制、腌制、富含硝酸盐和亚硝酸盐的食物，多吃新鲜蔬菜和水果；避免进食粗糙、辛辣等刺激性食物，避免长期饮浓茶、咖啡，戒烟戒酒。

3. 避免使用对胃黏膜有损伤的药物，如非甾体抗炎药（阿司匹林）、糖皮质激素等，若必须要服用此类药物，需在餐后服用，或同时服用抗酸药及胃黏膜保护药。

五、消化性溃疡

消化性溃疡（peptic ulcer）指胃肠道黏膜被自身消化而形成的溃疡，最常见的是胃溃疡（gastric ulcer，GU）和十二指肠溃疡（duodenal ulcer，DU）。溃疡的黏膜缺损超过黏膜肌层，不同于糜烂。

（一）病因

消化性溃疡具有一系列的防御和修复机制，在正常情况下，胃、十二指肠黏膜在接触强侵蚀力的高浓度胃酸和能水解蛋白质的胃蛋白酶并受到微生物、胆盐、酒精、药物与其他有害物质侵袭后依然能够维持黏膜的完整性。消化性溃疡发生是由于对胃、十二指肠黏膜有损害作用的侵袭因素和黏膜自身的防御/修复因素之间失去平衡，胃酸和蛋白酶对黏膜产生自我消化。

研究表明，幽门螺杆菌感染、胃酸分泌过多和胃黏膜保护作用削弱是引起消化性溃疡的主要因素。此外，应用非甾体抗炎药及糖皮质激素等药物，胃、十二指肠运动异常，吸烟，遗传因素、环境因素和精神因素等也是消化性溃疡的病因。

（二）临床表现

上腹痛是消化性溃疡的主要症状，但部分患者可无症状，或以出血、穿孔等并发症为首发症状。典型的消化性溃疡有以下临床特点：①慢性过程，病史可达数年或数十年。②周期性发作，发作与自发缓解相交替。发作期可为数周或数月，缓解期也长短不一，发作常呈季节性，多在秋冬或者冬春之交发病，可因精神情绪不良或过劳诱发。③发作时上腹痛呈节律性，与进食有关。

1. 症状　上腹痛为主要症状，性质多为灼痛，也可为钝痛、胀痛、剧痛或饥饿样不适感。多位于中上腹，可偏右或偏左。多数患者疼痛有典型的节律。十二指肠溃疡表现为空腹痛，即餐后 2～4 小时或（及）午夜痛，进食或服用抗酸药后可缓解；胃溃疡的疼痛多在餐后 1 小时内出现，经 1～2 小时逐渐缓解，午夜痛也可出现，但较十二指肠溃疡少见。

其他症状有反酸、嗳气、恶心、呕吐、食欲减退、失眠、多汗等。

2. 体征 溃疡活动期上腹部可有局限性轻压痛，缓解期无明显特征。

胃溃疡与十二指肠溃疡的鉴别见表 4-2。

表 4-2 胃溃疡与十二指肠溃疡的鉴别

项目	胃溃疡（GU）	十二指肠溃疡（DU）
常见部位	胃角或胃窦、胃小弯	十二指肠球部
胃酸分泌	正常或降低	增多
发病机制	主要是防御/修复因素减弱	主要是侵袭因素增强
发病年龄	中老年	青壮年
幽门螺杆菌检出率	80%～90%	90%～100%
疼痛特点	餐后 1 小时疼痛—餐前缓解—进餐后 1 小时再痛，午夜痛少见	餐前痛—进餐后缓解—餐后 2～4 小时再痛—进食后缓解，午夜痛多见

3. 并发症

（1）出血：出血是消化性溃疡最常见的并发症，也是上消化道大出血最常见的病因。

（2）穿孔：溃疡病灶向深部发展穿透浆膜层则并发穿孔。

（3）幽门梗阻：主要是由十二指肠溃疡或幽门管溃疡引起。

（4）癌变：少数胃溃疡可发生癌变，十二指肠溃疡则极少见。

（三）治疗与护理

治疗的目的在于消除病因、缓解症状、愈合溃疡、防止复发和防治并发症。

1. 抑制胃酸分泌 目前临床上常用的抑制胃酸分泌的药物有 H_2RA 和 PPI 两大类。

2. 根除幽门螺杆菌 幽门螺杆菌感染是消化性溃疡的主要病因，不管溃疡是否活动以及是否是并发症史，均应检测和根除幽门螺旋杆菌。根除幽门螺旋杆菌不仅可促进溃疡愈合，而且可以预防溃疡复发，从而彻底治愈溃疡。

3. 保护胃黏膜 枸橼酸铋钾具有较强的抑制幽门螺杆菌作用，可在根除幽门螺杆菌联合治疗时使用，此外，前列腺素类药物米索前列醇具有增加胃十二指肠黏膜的黏液/碳酸氢盐分泌、增加黏膜血流和一定的抑制胃酸分泌作用。

4. 并发症的治疗 如患者突然出现黑便、剧烈腹痛、频繁呕吐等急症，需立即送医就诊。

5. 手术治疗 对于大量出血经内科治疗无效、急性穿孔、瘢痕性幽门梗阻、胃溃疡疑有癌变及正规治疗无效的顽固性溃疡可选择手术治疗。

6. 生活护理 症状较重者，卧床休息可缓解疼痛；症状较轻者可适当下床活动。

7. 饮食护理 指导患者规律进食，从而维持正常消化活动的节律。溃疡活动期，宜少食多餐，细嚼慢咽，避免暴饮暴食。食物的选择以营养丰富、易消化为原则，症状较重者以面食为主，不习惯面食者则以软米饭或者米粥替代。蛋白质和脂肪摄入应适量。避免食用机械性强的食物［生、冷、粗、硬的蔬菜（如韭菜、芹菜等）、水果］和化学刺激性强的食物（如浓肉汤、咖啡、浓茶、辣椒、醋等）。与患者共同制定戒烟戒酒计划，并督促其执行。定期测量体重，了解营养状况。

8. 疼痛护理 了解患者疼痛的规律及特点，并按其疼痛特点指导缓解疼痛的方法。如十二指肠溃疡表现为空腹痛或夜间痛，则可指导患者在疼痛前或疼痛时进食碱性食物，如苏打饼干。也可采用腹部热敷等方式缓解疼痛。

9. 心理护理 指导患者保持乐观的情绪，避免过度紧张，积极接受治疗。

（四）预防

1. 保持情绪稳定，避免精神过度紧张。
2. 规律生活，养成良好的饮食习惯，定时定量用餐，细嚼慢咽，避免暴饮暴食，避免过冷、过热及辛辣刺激食物，戒烟戒酒。
3. 尽量避免使用对胃黏膜有损害的药物。

六、肥 胖 症

肥胖症（obesity）是指机体脂肪含量过多和（或）局部含量增多及分布异常，是一种由遗传和环境等多种因素共同作用而导致的慢性代谢性疾病。肥胖主要包括三个特征，即脂肪细胞的数量增多、体脂分布的失调以及局部脂肪沉积。

肥胖症可分为单纯性肥胖和继发性肥胖两大类。临床上无明显内分泌及代谢性病因所致的肥胖症，称为单纯性肥胖症。本节主要阐述单纯性肥胖。依据脂肪积聚部位，肥胖可分为腹型肥胖（向心性肥胖）和皮下脂肪型肥胖（周围性肥胖）。腹型肥胖者脂肪主要分布在腹部和腰部，呈现“苹果型”肥胖，多见于男性。皮下脂肪型肥胖者脂肪主要分布于下腹部、臀部、大腿，呈现“梨形”肥胖。

《中国居民营养与慢性病状况报告》（2015 年）显示，2012 年全国 18 岁及以上成人超重率为 30.1%，肥胖率为 11.9%，比 2002 年分别上升 7.3%和 4.8%；而 6～17 岁儿童和青少年超重率为 9.6%，肥胖率为 6.4%，比 2002 年分别上升了 5.1%和 4.3%。

（一）病因

肥胖症病因未明，是遗传、环境等多种因素相互作用的结果。能量代谢平衡失调，热量摄入超过热量消耗，长期持续则可能使脂肪逐渐积聚而形成肥胖症。

1. 遗传因素 肥胖症具有明显的家族聚集性，遗传因素的影响占 40%～70%，提示遗传因素在肥胖的发生、发展中起重要作用，但是肥胖的遗传基础不明。

2. 环境因素 是肥胖症患病率增加的主要原因，主要是热量摄入增多和体力活动减少。当进食能量超过消耗所需的能量时，除以肝糖原、肌糖原的形式储存外，几乎全部转化为脂肪，储存于全身。除热量摄入增加以外，饮食结构也有一定影响，脂肪比糖类更易引起脂肪积聚。在活动过少的情况下（如停止体育锻炼、减轻体力劳动或疾病恢复期卧床休息、产后休养时）更易出现肥胖。

（二）临床表现

肥胖症可见于任何年龄、性别。肥胖症患者多有进食过多与运动不足病史，常有肥胖家族史。

1. 轻度肥胖症多无症状，仅表现为体重增加、腰围增加、体脂百分比增加超过诊断标准。

2. 较为严重的肥胖症患者可以有胸闷、气急、胃纳亢进、便秘、腹胀、关节痛、肌肉酸痛、易疲劳、倦怠以及焦虑、抑郁等症状。

3. 肥胖症患者常合并血脂异常、脂肪肝、高血压、糖耐量异常或糖尿病等疾病。

4. 肥胖症还可伴随或并发阻塞性睡眠呼吸暂停、胆囊疾病、胃食管反流病、高尿酸血症和痛风、骨关节病、静脉血栓、生育功能受损（女性出现多囊卵巢综合征，男性多有阳痿不育、类无睾症）及社会和心理问题。

5. 肥胖症患者某些癌症（女性乳腺癌、子宫内膜癌，男性前列腺癌、结肠和直肠癌等）发病率增高，且麻醉或手术并发症增多。

（三）诊断标准

1. 体重指数（body mass index，BMI）　用于测量身体肥胖程度，也是临床上常用于判断肥胖的简易指标。BMI（kg/m^2）=体重/身高^2。肥胖的诊断标准见表4-3。

表 4-3　BMI 值诊断肥胖的标准

分类	BMI 值（kg/m^2）
肥胖	≥28.0
超重	24.0～27.9
体重正常	18.5～23.9
体重过低	＜18.5

2. 腰围　测量腰围可以诊断向心性肥胖和周围性肥胖。腰围测量方法：被测量者取立位，测量腋中线肋弓下缘和髂嵴连线中点的水平位置处体围的周径。向心性肥胖诊断标准见表4-4。

表 4-4　腰围诊断向心性肥胖的标准（cm）

分类	男性腰围	女性腰围
向心性肥胖前期	85～90	80～85
向心性肥胖	≥90	≥85

3. 腰/臀比（waist/hip ratio，WHR）　指腰围与臀围（骨盆最突出的径线）的比值。正常成人WHR男性≤0.90，女性≤0.85，超过该值为向心性肥胖。

4. 体脂率　为体内脂肪含量占体重的百分比，采用生物电阻法测量。正常成年男性体脂率为10%～20%，女性为15%～25%。男性体脂率＞25%，女性体脂率＞30%，可考虑为肥胖。

（四）治疗与护理

治疗的目标是通过减重预防和治疗肥胖相关性并发症以改善患者的健康状况。

治疗的主要环节是减少热量摄取及增加热量消耗。减轻体重强调以饮食、运动等行为治疗为主的综合治疗，必要时辅以药物或手术治疗。

1. 饮食治疗　原则为低能量、低脂、适量蛋白饮食，限制热量摄入、长期平衡膳食、个体化。超重和肥胖者需要调整其膳食以达到减少热量摄入的目的。合理的饮食方案包括合理的膳食结构和摄入量。减重膳食的基本原则为低能量、低脂肪、适量蛋白质、复杂糖类（如谷类），同时增加新鲜蔬菜和水果在膳食中的比重，避免进食油炸食物，尽量采用蒸、煮、炖的烹调方法，避免加餐、饮用含糖饮料。同时，建议患者控制食盐的摄入，戒烟限酒。在平衡膳食中，蛋白质、糖类和脂肪提供的能量比应分别占总能量的15%～20%、50%～55%和30%以下。在有限的脂肪摄入中，尽量保证必需脂肪酸的摄入，同时要使多不饱和脂肪酸、单不饱和脂肪酸和饱和脂肪酸的比例维持在1∶1∶1。保证丰富的维生素、矿物质和膳食纤维的摄入，推荐每日膳食纤维摄入量达到14g/1000kcal。避免用极低能量膳食（即能量总摄入＜600kcal/d的膳食），如有需要，应在医护人员的严密观察下进行，仅适用于节食疗法不能奏效或顽固性肥胖患者，不适用于处于生长发育期的儿童、孕妇以及重要器官功能障碍的患者。同时，建议患者纠正不良饮食习惯，控制食盐的摄入，食盐的摄入量限制在每日6g以内，钠摄入量每日不超过2000mg，合并高血压患者更应严格限制摄入量。建议患者戒烟限酒，女性1日饮酒的酒精量＜15g（15g酒精相当于350ml啤酒、150ml葡萄酒或45ml蒸馏酒），男性＜25g，每周不超过2次。合理的减重膳食应在膳食营养素平衡的基础上减少每日摄入的总热量，肥胖男性能量摄入建议为1500～1800kcal/d，肥胖女性建议为1200～1500kcal/d，或在目前能量摄入水平基础上减少500～700kcal/d。定时定量进餐，使用小容器的餐具，养成细嚼慢咽的习惯。每次进食前先喝汤或喝水以增加饱腹感，减少主食的摄入量。饮食日记有助于对每天的食物进行定量估计，同时也有助于促进患者对健康饮食的认知和行为管理。

2. 运动治疗 运动项目的选择应结合患者的兴趣爱好，并与患者的年龄、存在的合并症和身体承受能力相适应。运动量和强度应当逐渐递增，最终目标应为每周运动150min以上，每周运动3～5日。建议中等强度的运动，包括快走、打太极拳、骑车、乒乓球、羽毛球和高尔夫球等，运动心率一般应达到150–年龄（次/分），不宜超过170–年龄（次/分）。如无禁忌证，建议每周进行2～3次抗阻运动（两次锻炼间隔≥48小时），锻炼肌肉力量和耐力。锻炼部位应包括上肢、下肢、躯干等主要肌肉群，训练强度为中等。抗阻运动和有氧运动联合进行可获得更大程度的代谢改善。运动过程如果出现头晕、胸闷或者胸痛、呼吸困难、恶心等症状，应停止运动。

3. 药物治疗 适应证为：①食欲旺盛，餐前饥饿难忍，每餐进食量较多。②合并高血糖、高血压、血脂异常和脂肪肝。③合并负重关节疼痛。④肥胖引起呼吸困难或有阻塞性睡眠呼吸暂停综合征。⑤BMI≥24kg/m^{2}且有上述并发症情况。⑥BMI≥28kg/m^2，不论是否有并发症，经过3个月的单纯饮食方式改善和增加活动量处理仍不能减重5%，甚至体重仍有上升趋势者。目前在我国，有肥胖症治疗适应证且获得国家药监局批准的药物只有奥利司他。

4. 手术治疗 经上述生活和行为方式治疗及药物治疗未能控制的程度严重的肥胖患者，可考虑手术治疗。有吸脂术、切脂术和减少食物吸收的手术。但是术后可能出现吸收不良、贫血、管道狭窄等并发症。

5. 心理护理 对因焦虑、抑郁等不良情绪导致摄食量增加的患者，应针对其精神心理因素给予相应的辅导，严重者应建议精神心理专科治疗。

6.社会支持 良好的社会支持可为患者提供心理支持。应鼓励和督促患者的体育锻炼及饮食控制行为，如运动量的逐步增加、减少高热量食物的摄入等，强化有利于患者减肥的行为。

（五）预防

1. 一级预防 通过健康教育，营造健康的生活和社会环境，促进健康饮食习惯和规律的体力活动等，预防超重和肥胖的发生。

2. 二级预防 针对已经发生超重和肥胖的患者，进行肥胖诊断、分类和并发症/合并症的评估；并给予强化生活方式及行为干预治疗，必要时进行药物治疗，预防体重进一步增加和肥胖相关的并发症的发生。

3. 三级预防 评估各种代谢指标是否达标，评估伴发疾病的控制状态，预防并发症/合并症的发生和进展。

七、缺铁性贫血

贫血是人体血液红细胞不能满足生理功能需求而产生的一类疾病。通常以血红蛋白浓度的降低作为贫血诊断及其严重程度判断的依据，在平原地区，成年人贫血的诊断标准见表4-5。

表 4-5 贫血的诊断标准（平原地区）

	血红蛋白（g/L）
男	<120
女	<110
孕妇	<100

贫血可以分为多种类型，包括营养性贫血、再生障碍性贫血、地中海贫血等，其中营养性贫血较为普遍。营养性贫血是指由于营养不良，参与血红蛋白和血红细胞形成的营养素（包括铁、叶酸、维生素 B_{12}、维生素 B_6、维生素 A、维生素 C、蛋白质及铜等）不足而产生的贫血，其中又以铁缺乏引起的缺铁性贫血（iron deficiency anemia，IDA）最为常见。当机体对铁的需求与供给失衡，导致体内储存铁耗尽（iron depletion，ID），继而红细胞内铁缺乏（iron deficiency erythropoiesis，IDE），血红蛋白合成减少而引起的一种小细胞低色素性贫血。

（一）病因

1. 需铁量增加而铁的摄入不足 多见于婴幼儿、青少年、妊娠和哺乳期妇女。

2. 铁吸收障碍 主要见于胃大部切除后，胃酸分泌不足且食物快速进入空肠，绕过铁吸收的部位十二指肠，使铁吸收减少。长期不明原因的腹泻、慢性肠炎、服用制酸剂等易导致胃酸缺乏而影响铁吸收。

3. 铁丢失过多 慢性失血是成人缺铁性贫血最常见和最重要的病因。如消化性溃疡、痔疮出血、月经过多等，可增加铁的丢失，若未能得到及时和适量的补充，可使体内储存的铁逐渐耗竭而发生贫血。

（二）临床表现

1. 贫血 多表现为乏力、易倦、头晕、头痛、心悸、气促、眼花、耳鸣、食欲减退及面色苍白、心率加快等。

2. 组织缺铁 表现为皮肤干燥、角化、萎缩、无光泽，毛发干枯易脱落，指（趾）甲扁平、不光整、脆薄易裂，甚至出现反甲或匙状甲；黏膜损害多表现为口角炎、舌炎、口角皲裂、舌乳头萎缩，可有食欲下降，严重者可发生吞咽困难。患者还可出现神经、精神系统异常，尤其在儿童表现较为明显，患者可出现过度兴奋、易激惹、好动、难以集中注意力、发育迟缓、体力下降等。少数可出现异食癖，如喜食生米、冰块、泥土、石子等。

（三）治疗和护理

1. 病因治疗 是根治缺铁性贫血的关键所在。若由于营养不足引起的缺铁性贫血，应该改善饮食；由于月经过多引起的缺铁性贫血应该调理月经；对于幽门螺杆菌感染者，应予以有效的抗菌药物治疗。

2. 药物补铁 治疗性铁剂有无机铁和有机铁两类。无机铁以硫酸亚铁为代表，有机铁则包括右旋糖酐铁、葡萄糖酸亚铁、山梨醇铁、富马酸亚铁、琥珀酸亚铁和多糖铁复合物等。无机铁剂的不良反应较有机铁剂明显。首选口服铁剂，建议患者饭后或餐中服用。避免将铁剂与牛奶、茶、咖啡同服，可服用维生素 C、乳酸或稀盐酸等酸性药物或食物。服铁剂期间，由于铁与肠道内硫化氢作用而生成黑色的硫化铁，导致粪便呈黑色，无须担心。对于口服铁剂后胃肠道反应严重而无法耐受、消化道疾病导致铁吸收障碍、病情要求迅速纠正贫血的患者，可选用注射剂型。

3. 饮食护理

（1）纠正不良饮食习惯：食物是机体内铁的重要来源。不良的饮食习惯，如偏食或者挑食，是导致铁摄入量不足的主要原因。无规律、无节制、刺激性强的饮食容易造成胃肠黏膜的损害，也不利于食物铁的吸收。因此，需指导患者均衡饮食，避免偏食或挑食；养成良好的进食习惯，定时、定量、细嚼慢咽，必要时可少量多餐；尽可能减少刺激性过强食物的摄取。

（2）增加含铁丰富食物的摄取：食物中的铁有血红素铁和非血红素铁，其中血红素铁来源于红肉等动物性食物，其吸收率可达 15%～35%。植物性食物中的铁为非血红素铁，其吸收率低，通常在 10%以下。鼓励患者多吃含铁丰富且吸收率较高的食物。

（3）促进食物铁的吸收：饮食结构不合理往往不利于铁的吸收，如食物中蔬菜类过多而肉、蛋类不足，富含铁的食物与牛奶、浓茶、咖啡同服等。一些蔬菜富含铁剂，但多为高铁（三价铁），吸收率低；牛奶会改变胃内的酸性环境，浓茶与咖啡中的鞣酸可与食物铁结合而妨碍食物中铁的吸收。柑橘、绿叶蔬菜等富含维生素 C 的食物可以促进非血红素铁的吸收。

（四）预防

1. 均衡饮食，荤素结合，以保证足够热量、蛋白质、维生素及相关营养素的摄入。进食含铁丰富的食物，如瘦肉、猪肝、芝麻、香菇、豆类、蛋类等。为增加食物铁的吸收，可同时服用弱酸类食物，搭配富含维生素 C 的水果和蔬菜。避免与抑制铁吸收的食物、饮料或药物同服。家庭烹饪建议使用铁制器皿。

2. 慢性胃炎、消化性溃疡、肠道寄生虫感染、痔疮出血或月经过多等疾病的预防和治疗，也是预防缺铁性贫血的重点。

（邱　爽　徐慧文）

第三节　外 科 疾 病

一、外科急腹症概述

案例 4-5　　**肚子痛，为哪般？**

小李，26 岁，因腹痛、腹泻、发热、呕吐 20 小时入院。

患者 20 小时前进食后出现上腹部疼痛，呈阵发性并伴有恶心、呕吐，呕吐物为胃内容物；发热，体温 37～38.5℃；腹泻 5 次，为稀便，无脓血。腹泻、呕吐后腹痛无缓解。2 小时前腹痛加重，由上腹部转移至右下腹。

既往身体健康，无药物过敏史。

体格检查：体温 38.7℃，脉搏 96 次/分，呼吸 22 次/分，血压 135/85 mmHg，全腹压痛以右下腹麦氏点周围最为明显，肠鸣音 10～15 次/分。其他未发现异常。

辅助检查：血常规示血红蛋白 162g/L，白细胞 24.5×10^9/L，中性粒细胞百分比 86%；腹部 X 可见盲肠及回肠末端扩张及气液平面。

问题：1. 该患者目前的主要症状是什么？

2. 该患者主要症状的特点是什么？

3. 如何为此类患者提供护理？

急腹症是指腹腔内、盆腔和腹膜后组织和脏器发生了急剧的病理变化，从而产生以腹部为主要症状和体征，同时伴有全身反应的临床综合征。常见的急腹症包括急性阑尾炎、溃疡病急性穿孔、急性肠梗阻、急性胆道感染及胆石症、急性胰腺炎、腹部外伤、泌尿系结石及异位妊娠子宫破裂等。

（一）病因

1. 外科急腹症

（1）感染与炎症：急性阑尾炎、急性胆囊炎、急性胆管炎、急性胰腺炎、急性肠憩室炎等。

（2）空腔器官穿孔：胃、十二指肠溃疡穿孔，胃癌穿孔，伤寒肠穿孔，坏疽性胆囊炎穿孔，腹部外伤致肠破裂等。

（3）腹部出血：创伤所致肝、脾破裂或肠系膜血管破裂，自发性肝癌破裂，腹或腰部创伤致腹膜后血肿等。

（4）梗阻：胃肠道、胆道、泌尿道梗阻等。

（5）绞窄：胃肠道梗阻或卵巢肿瘤扭转致血循环障碍，甚至缺血坏死，常导致腹膜炎、休克等。

（6）血管病变：血管栓塞，如心房颤动、亚急性细菌性心内膜炎、心脏附壁血栓脱落致肠系膜动脉栓塞、肾栓塞等；血栓形成，如急性门静脉炎伴肠系膜静脉血栓形成；动脉瘤破裂，如腹主动脉及肝、肾、脾动脉瘤破裂出血等。

2. 内科急腹症

（1）急性胃肠炎、急性肠系膜淋巴结炎、急性病毒性肝炎、原发性腹膜炎、腹型紫癜、镰状细胞贫血危象、铅中毒、糖尿病、尿毒症。

（2）由于神经牵涉致放射性腹痛，常见有急性肺炎、急性胸膜炎、心绞痛、心肌梗死、肺动脉栓塞。

（3）脊椎增生性骨关节炎，脊柱结核、肿瘤、损伤致脊神经受压迫或刺激等。

3. 妇产科疾病 如急性附件炎、急性盆腔炎、卵巢黄体破裂、卵巢肿瘤扭转、异位妊娠破裂。

（二）临床表现

参见本章第一节常见症状。

二、急性阑尾炎

急性阑尾炎是外科常见病，居各种急腹症的首位，多发生于青壮年，以20～30岁多见。转移性右下腹痛及阑尾点压痛、反跳痛为其常见临床表现，但是急性阑尾炎的病情变化多端。

（一）病因

1. 梗阻 阑尾为一细长的管道，仅一端与盲肠相通，一旦梗阻可使管腔内分泌物积存、内压增高，压迫阑尾壁阻碍远侧血运。在此基础上管腔内细菌侵入受损黏膜，易致感染。梗阻为急性阑尾炎发病常见的基本因素。

2. 感染 其主要因素为阑尾腔内细菌所致的直接感染。阑尾腔因与盲肠相通，因此具有与盲肠腔内相同的以大肠埃希菌和厌氧菌为主的菌种和数量。若阑尾黏膜稍有损伤，细菌侵入管壁，可引起不同程度的感染。

（二）临床表现

1. 腹痛 典型的急性阑尾炎初期有中上腹或脐周疼痛，数小时后腹痛转移并固定于右下腹。早期阶段为一种内脏神经反射性疼痛，故中上腹和脐周疼痛范围较弥散，常不能确切定位。当炎症波及浆膜层和壁腹膜时，疼痛即固定于右下腹，原中上腹或脐周痛即减轻或消失。但无典型的转移性右下腹疼痛并不能除外急性阑尾炎。

2. 胃肠道症状 单纯性阑尾炎的胃肠道症状并不突出。在早期可能由于反射性胃痉挛而有恶心、呕吐。盆腔位阑尾炎或阑尾坏疽穿孔可表现为排便次数增多。

3. 发热 一般只有低热，无寒战，化脓性阑尾炎一般亦不超过 38℃。高热多见于阑尾坏疽、穿孔或已并发腹膜炎。伴有寒战和黄疸，则提示可能并发化脓性门静脉炎。

4. 压痛和反跳痛 腹部压痛是壁腹膜受炎症刺激的表现。阑尾压痛点通常位于麦氏点，即右髂前上棘与脐连线的中、外 1/3 交界处。随阑尾解剖位置的变异，压痛点可相应改变，但关键是右下腹有一固定的压痛点。反跳痛也称 Blumberg 征。在肥胖或盲肠后位阑尾炎的患者，压痛可能较轻，但有明显的反跳痛。

（三）治疗

1. 非手术治疗

（1）当急性阑尾炎处在早期单纯性炎症阶段时，可用抗生素抗感染治疗。一旦炎症吸收消退，阑尾能恢复正常。当急性阑尾炎诊断明确，有手术指征，但因患者周身情况或客观条件不允许，也可先采取非手术治疗，延缓手术。若急性阑尾炎已合并局限性腹膜炎，形成炎性肿块，也应采用非手术治疗，使炎性肿块吸收，再考虑择期阑尾切除。

（2）一般治疗：主要为卧床休息、禁食，给予水、电解质静脉输入等。

（3）抗菌药物应用：阑尾炎绝大多数属混合感染，应用氨苄西林、庆大霉素与甲硝唑联合，疗效较好。

（4）止痛药应用：适用于已决定手术的患者，但禁用于一般情况，尤其是体弱者。

（5）对症处理：如镇静、止吐，必要时放置胃减压管等。

2. 手术治疗　原则上急性阑尾炎，除黏膜水肿型可以保守后痊愈外，都应采用阑尾切除手术治疗。

（四）预防

1. 加强体育锻炼，增强体质，提高免疫力。

2. 预防便秘。

3. 改变不良的饮食习惯，改变高脂肪、高糖、低膳食纤维的饮食，注意饮食卫生。

（五）护理措施

1. 心理护理　阑尾炎患者往往出现恐惧、紧张、焦虑情绪，护理人员应加强与患者及其家属的沟通，对其提出的疑虑给予耐心的解答，消除患者的疑虑，缓解心理压力，使患者增强战胜疾病的信心，积极配合治疗。

2. 疼痛护理　对于腹痛者，应协助患者采取半卧位或斜卧位，以减轻肌肉张力，缓解疼痛。对诊断明确、剧烈腹痛的患者，可遵医嘱给予解痉痛或止痛药，观察镇痛效果及不良反应。

3. 病情观察　密切监测患者的生命体征，腹痛及腹部体征的变化，如体温升高、脉搏、呼吸增快，提示炎症较重。

案例 4-5 分析讨论

1. 该患者的主要症状是腹痛。

2. 该患者腹痛的特点为转移性右下腹痛。

3. 护理该患者时应当密切观察病情变化，指导患者卧床休息，缓解疼痛，同时做好心理护理，及时就医。

三、四肢骨折

案例 4-6　　**打球突发骨折**

李同学，22 岁，大四，某天下午打篮球不慎摔跤，导致右手肱骨干骨折，右手出现疼痛、肿胀、活动障碍。急送医院，采取保守疗法。

问题： 1. 该患者目前的主要症状有哪些？

2. 如何为此类患者提供护理？

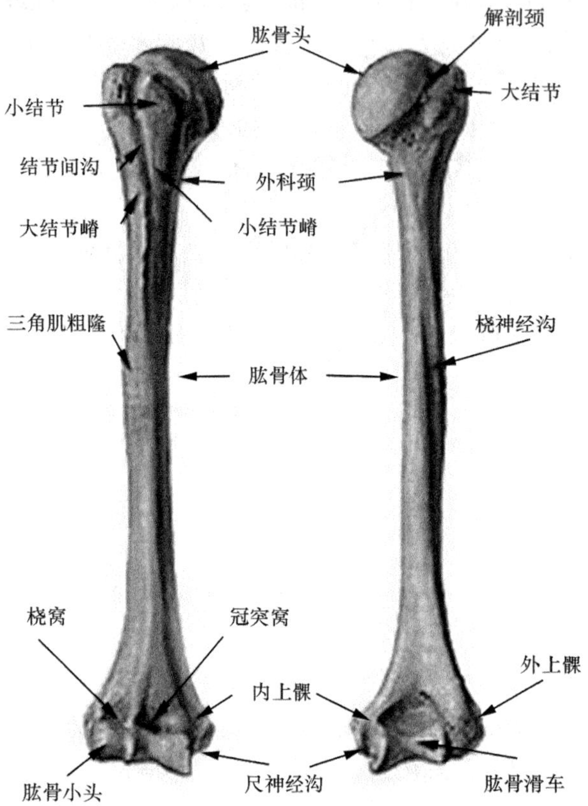

图 4-7　肱骨干解剖图

肱骨干骨折，指发生在肱骨外科颈下 1～2cm 至肱骨髁上 2cm 段内的骨折。在肱骨干中下 1/3 段后外侧有桡神经沟，此处骨折容易发生桡神经损伤。肱骨干解剖图见图 4-7。

（一）病因

直接暴力、间接暴力、旋转暴力均可致该骨骨折。

1. 直接暴力　打击伤、挤压伤或火器伤等，多发生于中 1/3 处，多为横行骨折、粉碎性骨折或开放性骨折，有时可发生多段骨折。

2. 间接暴力　如跌倒时手或肘着地，地面反向暴力向上传导，与跌倒时体重下压暴力相交于肱骨干某部即发生斜行骨折或螺旋形骨折，多见于肱骨中下 1/3 处，此种骨折尖端易刺插于肌肉，影响手法复位。

3. 旋转暴力　如投掷手榴弹、标枪或翻腕扭转前臂时，多可引起肱骨中下 1/3 交界处骨折，所引起的肱骨骨折多为典型螺旋形骨折。

（二）临床表现

1. 症状　患侧上臂出现疼痛、肿胀、皮下瘀斑、上肢活动障碍。

2. 体征　患侧上臂可见畸形、反常活动，感知骨擦音/骨擦感。若合并桡神经损伤，可出现患侧垂腕畸形，各手指掌指关节不能背伸，拇指不能伸直，前臂旋转障碍，手背桡侧皮肤感觉减退或消失（图 4-8）。

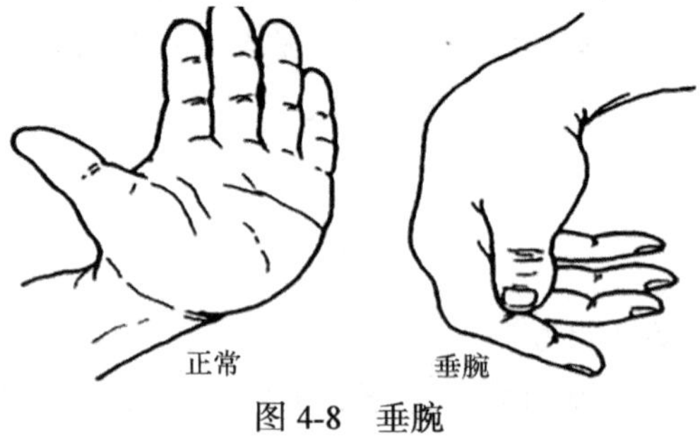

图 4-8　垂腕

（三）治疗

1. 非手术治疗　肱骨干有较多肌肉包绕，骨折轻度的成角或短缩畸形不影响外观及功能者，可采取非手术治疗。

（1）上臂悬垂石膏：依靠石膏的重量牵引达到骨折复位并维持对位。采用悬垂石膏，应每周摄 X 线片，以便及时矫正骨折端分离或成角畸形。2～3 周后应改用其他外固定治疗。

（2）U 形接骨夹板：适用于横断形骨折及无明显移位的斜型螺旋形骨折，起维持骨折对位对线的作用以利于骨折愈合。

（3）小夹板固定（图 4-9）：适用于移位、成角畸形不大、对线较好的肱骨干中部骨折。夹板置于患肢后，用 3～4 根布带分别绑扎，并应随时调节绑扎带的松紧，避免影响伤肢血液循环及发生压疮。

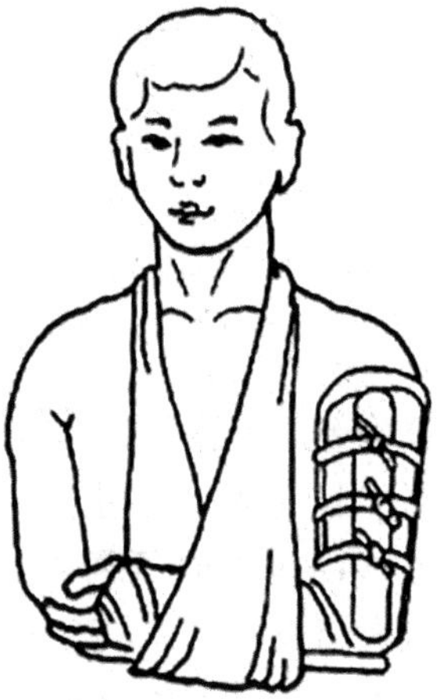

图 4-9　小夹板固定

2. 手术治疗

（1）开放骨折：应早期行软组织及骨的清创及骨折内固定。

（2）合并血管、神经损伤的骨折：应用骨折内固定及神经血管的修复。

（四）护理措施

1. 局部制动　用吊带或三角巾将患肢托起，以促进静脉回流，减轻肢体肿胀疼痛。

2. 功能锻炼　复位固定后应及早开始手指屈伸活动，并进行上臂肌肉的主动舒缩活动，但禁止做上臂旋转运动。2～3 周后，开始腕、肘关节屈伸主动活动及肩关节外展、内收活动，逐渐增加活动量和活动频率。6～8 周后加大活动量，并做肩关节旋转活动，以防肩关节僵硬或萎缩。

案例 4-6 分析讨论

1. 该患者的主要症状是患侧肢体疼痛，活动障碍。

2. 护理该患者时应首先局部制动，用吊带或三角巾将患肢托起，然后有计划地进行功能锻炼。

四、气　　胸

案例 4-7　　我的气胸经历

高一下学期时，有次感冒咳得厉害，但是上课的时候又不敢使劲咳，只好尽量憋着。憋了一阵之后，突然觉得吸气的时候左肺有针刺样疼痛，非常疼。强忍了一上午之后，我发现除了刺痛还有憋气和说不动话的感觉，中午便去医院检查，检查结果显示左肺压缩 40%还是 60%（记不清了）。然后就是住院，住的呼吸内科，抽气保守治疗。第一次抽气的时候有点紧张，好大的针管，好粗的针头。不过打了麻药以后就一点都不疼了，但还是能清楚地感觉到针头扎进胸腔时那嘎嘣脆的一声。抽完气之后舒服多了，吸气的时候顺溜了，也不疼了。住了大概一个星期院，拍片复查，恢复得差不多，就出院了。

问题：1. 该患者气胸时的主要症状是什么？
2. 该患者主要症状的特点是什么？
3. 如何为此类患者提供护理？

气胸，是指气体进入胸膜腔，造成积气状态。

（一）病因

诱发气胸的因素为剧烈运动，咳嗽，提重物或上臂高举，举重运动，用力解大便和钝器伤等。当剧烈咳嗽或用力解大便时，肺泡内压力升高，致使原有病损或缺陷的肺组织破裂引起气胸。使用人工呼吸器，若送气压力太高，就可能发生气胸。

1. 原发性气胸 又称特发性气胸。它是指肺部常规 X 线检查未能发现明显病变的健康者所发生的气胸，好发于青年人，特别是男性瘦长者。吸烟为原发性气胸的最主要致病因素，气胸发生率与吸烟量呈明显的剂量反应关系。

2. 继发性气胸 其产生机制是在其他肺部疾病的基础上，形成肺大疱或直接损伤胸膜所致。常为慢性阻塞性肺气肿或炎症后纤维病灶（如硅肺、慢性肺结核、弥漫性肺间质纤维化、囊性肺纤维化等）的基础上，细支气管炎症狭窄、扭曲，产生活瓣机制而形成肺大疱。肿大的气肿泡因营养、循环障碍而退行性变性。慢性阻塞性肺疾病（COPD）是继发性气胸的最常见病因，约 57%的继发性气胸由 COPD 所致。随着 COPD 程度的加重，发生气胸的危险性也随之增加。

3. 特殊类型的气胸

（1）月经性气胸：即与月经周期有关的反复发作的气胸。

（2）妊娠合并气胸：以生育期年轻女性为多。本病患者因每次妊娠而发生气胸。根据气胸出现的时间，可分为早期（妊娠 3～5 个月）和后期（妊娠 8 个月以上）两种。

（3）老年人自发性气胸：60 岁以上的人发生自发性气胸称为老年人自发性气胸。近年来，本病发病率有增高趋势。男性较女性多。大多数继发于慢性肺部疾病（约占 90%以上），其中以慢性阻塞性肺疾病占首位。

（4）创伤性气胸：多由于肺被肋骨骨折断端刺破，亦可由于暴力作用引起的支气管或肺组织挫裂伤，或因气道内压力急剧升高而引起的支气管或肺破裂。锐器伤或火器伤穿通胸壁，伤及肺、支气管和气管或食管，亦可引起气胸，且多为血气胸或脓气胸。偶尔在闭合性或穿透性膈肌破裂时伴有胃破裂而引起脓气胸。

（二）临床表现

症状的轻重取决于起病快慢、肺压缩程度和肺部原发疾病的情况。典型症状为突发性胸痛，继之有胸闷和呼吸困难，并可有刺激性咳嗽。这种胸痛常为针刺样或刀割样，持续时间很短暂。刺激性干咳由气体刺激胸膜所致。大多数起病急骤，气胸量大，或伴肺部原有病变者，则气促明显。部分患者在气胸发生前有剧烈咳嗽、用力屏气大便或提重物等的诱因，但不少患者在正常活动或安静休息时发病。年轻健康人的中等量气胸很少有不适，有时患者仅在体格检查或常规胸部透视时才被发现；而有肺气肿的老年人，即使肺压缩不到10%，亦可产生明显的呼吸困难。

（三）治疗

1. 一般治疗 气胸患者应绝对卧床休息，充分吸氧，尽量少讲话，使肺活动减少，有利于气体吸收和肺的复张。一般治疗适用于首次发作，肺萎陷在20%以下，不伴有呼吸困难者。

2. 排气疗法 适用于呼吸困难明显、肺压缩程度较重的患者，尤其是张力性气胸需要紧急排气者。血流动力学不稳定提示可能为张力性气胸，需立即行锁骨中线第二肋间穿刺减压。

（1）胸膜腔穿刺抽气法。

（2）胸腔闭式引流术。

（四）预防与护理

1. 日常护理

（1）运动：恢复期应以舒缓、平稳的运动为主，如做呼吸操及轻松的肢体功能锻炼，可逐渐增加运动量，达到适应日常生活的需要即可，切忌剧烈运动。出院后应劳逸结合，逐渐增加运动量。

（2）预防感染：室内经常通风换气，保持空气新鲜，同时注意保暖，避免受凉感冒，减少与大量人群聚会的机会，防止肺部感染。

（3）保持大便通畅：多吃粗粮、水果、蔬菜等粗纤维食物，大便时避免便秘。

2. 预防

（1）气胸复发率高，需要告知患者哪些症状提示气胸复发，需要及时就诊。气胸常表现为突发胸痛和呼吸困难，但也有少部分患者可无明显症状。

（2）指南推荐所有患者在气胸初发2～4周后需在呼吸科就诊，复查气胸吸收情况，检查是否存在基础肺疾病，以及是否需要进一步的治疗。

（3）患者在症状消失后可考虑参加正常工作和活动。但剧烈运动和身体碰撞运动需在影像学提示气胸完全消失后方可进行。

（4）戒烟可显著降低原发性气胸的复发，相对危险降低约40%，应帮助其成功戒烟。

（5）虽然乘坐飞机本身并不增加气胸发生的风险，但在高空上可加重气胸病情，后果严重，故对于未行胸腔闭式引流的气胸患者应避免乘坐飞机，需经治疗或者影像学资料提示气胸吸收后方可乘坐飞机。

案例4-7分析讨论

1. 该患者的主要症状是疼痛、憋气。
2. 该患者胸痛的特点为突发性。
3. 该患者应当做好日常护理，预防复发。

五、痔

案例 4-8　　痔，难以启齿的疾病

玲玲，24 岁，公司女白领，发现自己大便有便血症状，刚开始以为是上火没怎么注意，后来大便出血症状一直持续了半年多，玲玲感觉情况有点不对劲，好像便血症状越来越严重了，到附近医院检查后才知道患了痔，但是一直不知道哪家医院治疗效果好，痔发生在私处也不好意思看医生，就一直拖到现在。后来在朋友介绍下来到某医院诊疗中心进行治疗。

问题： 该患者的主要症状有哪些？

痔，直肠末端黏膜，肛管皮肤下痔静脉丛屈曲和扩张而形成的柔软静脉团。是发生在肛门内外的常见病、多发病，任何年龄均可发病，以 20～40 岁多见，大多数患者随年龄增长而加重。

（一）病因

关于痔的病因主要有两种学说。首先是静脉曲张学说，认为痔是直肠下段黏膜下和肛管皮肤下的静脉丛淤血、扩张和屈曲所形成的静脉团。然而目前广为接受的理论是 Thomson 的肛垫下移学说，认为痔原本是肛管部位正常的解剖结构，即血管垫，是齿状线及以上 1.5cm 的环状海绵样组织带。只有肛垫组织发生异常并合并有症状时，才能称为痔，才需要治疗，治疗目的是解除症状，而非消除痔体。痔的诱发因素很多，其中便秘、长期饮酒、进食大量刺激性食物和久坐久立是主要诱因。

（二）临床表现

1. 主要表现为便血，便血的性质可为无痛、间歇性、便后鲜血，便时滴血或手纸上带血，便秘、饮酒或进食刺激性食物后加重。

2. 单纯性内痔无疼痛仅坠胀感，可出血，发展至脱垂，合并血栓形成、嵌顿、感染时才出现疼痛。

3. 内痔分为四度。Ⅰ度：排便时出血，便后出血可自行停止，痔不脱出肛门；Ⅱ度：常有便血；排便时脱出肛门，排便后自动还纳；Ⅲ度：痔脱出后需手辅助还纳；Ⅳ度：痔长期在肛门外，不能还纳。其中，Ⅱ度以上的内痔多形成混合痔，表现为内痔和外痔的症状同时存在，可出现疼痛不适、瘙痒，其中瘙痒常由于痔脱出时有黏性分泌物流出。Ⅱ～Ⅳ度多为混合痔（表 4-6）。

表 4-6　内痔的临床分期

	便血	脱出
Ⅰ度	无痛性便血	无
Ⅱ度	加重，严重时呈喷射状	排便时有，便后可自行回纳
Ⅲ度	便血量减少	不能自行回纳，需用手托回
Ⅳ度	偶有	长期脱出于肛门外，或回纳后又脱出

4. 外痔平时无特殊症状，发生血栓及炎症时可有肿胀、疼痛。

（三）治疗

通常，除非痔引起症状，否则不需要治疗。服用软便剂或洋车前可减轻便秘和便秘伴有的排便费劲症状。通过注射一种能产生瘢痕组织而阻塞静脉的药物可治疗痔出血，这种治疗方法称为注射硬化治疗。

大的内痔和那些对注射硬化治疗无效的痔可采用橡皮筋结扎治疗，使痔无痛地缩小脱落。可间隔 2 周或更长时间结扎一次。一般需要 3～6 次结扎可治愈。还可应用激光、红外线（红外线光凝术）或电流（电凝术）来破坏痔以达到治疗目的。若这些方法都失败，则可行外科手术切除。

如果痔发生血凝块而引起疼痛，可用坐浴、局麻软膏或局部压迫治疗。经这些方法短时间治疗后，疼痛和肿胀会逐渐减轻，但血凝块需要 4～6 周才会消失。如需迅速缓解疼痛亦可切开静脉取出血凝块。

（四）护理

1. 戒饮酒　饮酒可使痔静脉充血、扩张，痔核肿胀。

2. 饮食护理　痔患者如果嗜食刺激性强的辛辣食物，如辣椒、大蒜、生姜等，可促使痔充血，从而加剧疼痛。

3. 多活动　久坐不运动，会使腰、臀部的血液循环受到障碍，而加重痔的病情。

4. 温水坐浴　便后及时清洗，保持局部清洁舒适，可采用 1∶5000 高锰酸钾溶液 3000ml 温水坐浴，温度控制在 43～46℃，每日 2～3 次，每次 20～30 分钟，以改善局部血液循环，延缓疾病进展。

5. 痔块回纳　痔块脱出时应及时用手轻轻将脱出的痔块推回肛内，防止其脱出。

（五）预防

1. 合理的饮食　保持生活规律，调理好饮食是预防痔的重要措施，在日常饮食中应保持一定数量的“食物纤维”食品和节制刺激性强的食品。食物纤维主要成分为纤维素、半纤维素、果胶和木质素等，这些物质在通过肠道时，不受消化作用的影响，在吸收大量水分后，容易很快排出成形大便，这就缩短了大便在肠道停留的时间，因而发挥了保护肠道功能的作用。目前市售的燕麦片及“黑面包”，每次饭前服用 10～15g，对预防痔及肠癌是有作用的，蔬菜、水果和豆类，也含有一定量的纤维，但一部分可在肠道被消化和吸收，不能发挥食物纤维那样显著的保护作用，因此不能代替食物纤维。适当节制辛辣刺激食物或调味品，如酒、辣椒、芥末、咖喱等，因大量摄入这些食物后能抑制肠蠕动，导致大便干燥，并且直接刺激肠管，使之处于收缩状态，常能诱发痔脱出、栓塞和嵌顿，酒和含酒饮料能迅速直接地影响肛管括约肌的张力和血运，也是诱发痔脱垂、栓塞和嵌顿的常见原因，在饮食中应适当节制，特别是有痔脱垂者更应注意。

2. 良好排便习惯的建立　这是预防痔的发生和发展的主要措施，最好在每天清晨起床后或早餐后，利用“起立反射”及“胃结肠反射”引起排便，则排便容易，此外，排便时不要看书、久蹲，同时要尽力缩短排便时间，特别是时间不能过长。

3. 提肛运动 痔实质是痔静脉瘀结的结果，改善肛门局部血液循环，对于预防和治疗本病大有益，每天有意识收提肛门 1～2 次，每次约 5 分钟，有利于预防痔的发生。

4. 适当的体育锻炼 注意加强身体锻炼，特别是从事久坐、久立工作者应较多地参加一些体育活动，如工间操、太极拳和气功等，这可抵消体位的不利因素，对预防痔的发生和发展是有积极意义的。

5. 注意肛门部清洁 每次大便后最好用温水清洗，切勿用硬纸擦拭，防止外伤，养成每次便后清洗的习惯，对预防痔的发生及发展是有意义的。

案例 4-8 分析讨论

其首发和主要症状就是无痛性便血。

六、烧 伤

案例 4-9 **做饭被开水烫伤了**

小李暑假期间决定好好给爸妈做几顿饭，一次做饭的时候，水烧开了，将排骨倒进去一不小心，开水溅到手臂上，瞬间红了一片，非常疼，过了一会，就看长满了大小不同的水疱，小李害怕了，这该怎么办啊？

问题： 1. 小李是几度烫伤？

2. 如何实施紧急救护措施？

烧伤，一般指热力，包括热液（水、汤、油等）、蒸汽、高温气体、火焰、炽热金属液体或固体（如钢水、钢锭）等所引起的组织损害，主要指皮肤和（或）黏膜，严重者也可伤及皮下或（和）黏膜下组织，如肌肉、骨、关节甚至内脏。烫伤是由热液、蒸汽等所引起的组织损伤，是热力烧伤的一种。

（一）临床表现

主要表现为疼痛和烧伤创面，烧伤深度不同，疼痛和创面特点各异。目前通用三度四分法来描述烧伤深度，即分为Ⅰ度烧伤、Ⅱ度（浅Ⅱ度、深Ⅱ度）烧伤、Ⅲ度烧伤。临床常称Ⅰ度烧伤和浅Ⅱ度烧伤为浅度烧伤；深Ⅱ度烧伤和Ⅲ度烧伤为深度烧伤。其表现特点如下（图 4-10，表 4-7）。

1. Ⅰ度烧伤 表面红斑状、红肿、干燥、有烧灼感，无皮肤破损；3～5 天愈合；短期内局部皮肤颜色较深，不留瘢痕；因对全身生理状态无明显影响，在记录烧伤面积时不将该类烧伤计入烧伤面积。

2. 浅Ⅱ度烧伤 出现大小不一的水疱，局部红肿比较明显；去除水疱皮后创面基底潮红、疼痛明显，创面皮肤温度较高；如不发生感染，1～2 周愈合；短期内局部皮肤颜色较深，一般不留瘢痕。

3. 深Ⅱ度烧伤 出现小水疱，去除水疱皮后创面基底呈红白相间或猩红色；患者痛觉较迟钝、皮肤温度较低；如无感染，3～4 周愈合，但常伴有瘢痕增生。

4. Ⅲ度烧伤　创面无水疱，因致病原因不同，痂皮可呈焦黄、焦黑或蜡白等颜色，甚至炭化，触之如皮革，创面干燥、发凉，痛觉消失。

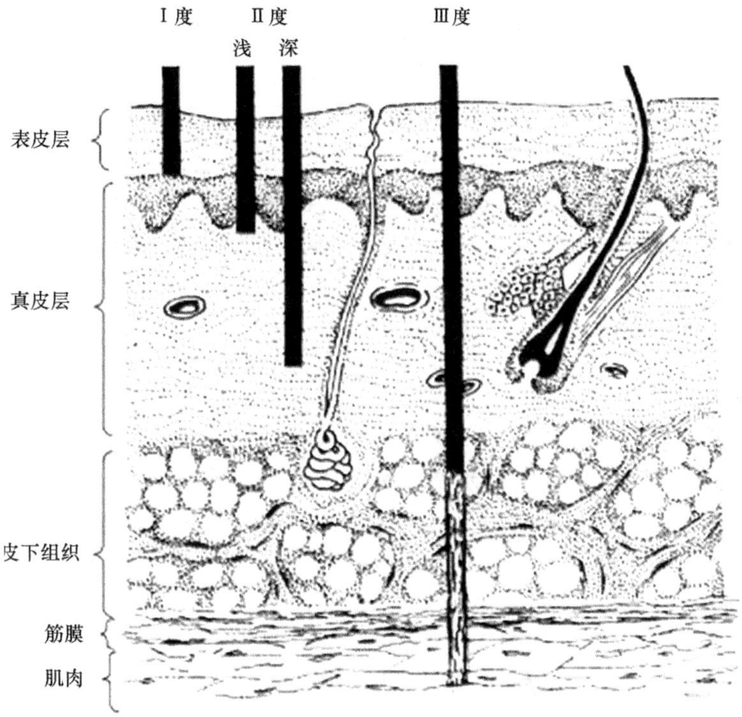

图 4-10　烧伤深度

表 4-7　烧伤深度的估计

深度	临床体征	局部感觉
Ⅰ度（红斑）	轻度红肿、干燥、无水疱	灼痛
浅Ⅱ度（大水疱）	水疱较大、疱壁薄、基地潮湿、鲜红、水肿明显	剧痛、感觉过敏
深Ⅱ度（小水疱）	水疱较小、泡壁厚、基底苍白或红白相间、水肿，可见网状血管栓塞	迟钝
Ⅲ度（焦痂）	无水疱、焦黄、蜡白、炭化、坚韧，可见树枝状栓塞血管	消失

（二）烧伤急救

1. 被烧（烫）伤后，应立即用冷水冲洗，或将烧（烫）伤的四肢浸泡在干净的冷水里。直至不感到疼痛和灼热为止。对于躯干或其他部位，可用冷敷方法以减轻疼痛，避免伤势的恶化。

2. 烧（烫）伤时穿着的衣服要在冷水冲洗后脱除，或使用剪刀剪开后小心除去。用清水冲洗后，在Ⅰ度烧伤的局部涂抹烫伤药，切勿相信涂抹牙膏、酱油等偏方。

3. 用干净纱布轻轻盖住烧烫伤部位，Ⅱ度烧伤有水疱时，不要把水疱挤破。当水疱过大担心自行破裂加重伤害时，可用缝衣针（75%乙醇溶液消毒）刺破水疱的基底部，慢慢放出疱液，但切忌剪除表皮，需尽快就医。

4. 如果烧伤情况严重，请立刻拨打 120 寻求帮助。

（三）家庭自救注意点

1. 烧、烫伤后最好不要对灼伤处吹气或自行涂一些药物或食品。如牙膏、麻油、酱油、护肤膏等，轻则污染创面，重则引起化学反应，加重伤情。

2. 严重烧伤、烫伤者不可让其喝水。因为伤情重，喝了水会导致水肿，胃肠道应激反应，病情反而加重。

3. 不要自行将水疱挑破，在短时间内水疱起到保护创面的作用。

4. 烧（烫）伤手臂时，应及时去掉手表、手镯、戒指等，防止伤处肿胀，影响血液循环而发生坏死。

案例 4-9 分析讨论

1. 小李是Ⅱ度烫伤。

2. 应立即用冷水冲洗，或将烧（烫）伤的四肢浸泡在干净的冷水里。直至不感到疼痛和灼热为止。不可将水疱挤破，当水疱过大担心自行破裂加重伤害时，可用缝衣针（75%乙醇溶液消毒）刺破水疱的基底部，慢慢放出疱液，但切忌剪除表皮，需尽快就医。

（刘　林）

第四节　皮肤科疾病

一、痤　　疮

案例 4-10　　**我的豆蔻年华**

小邹，今年 26 岁了，已经患痤疮有 6 年。刚开始的时候，并没有多在意，觉得随着年龄的增长，会好起来的。然而却越长越多，脸上布满了疙瘩，面颊、额头、下巴长有大量粉刺、丘疹、脓疱、结节，色暗红，高出皮肤，触之压痛，凹洞瘢痕明显，根本没有消退的迹象，偶尔瘙痒难耐。

问题： 1. 该患者的主要症状是什么？

2. 该患者主要症状的特点是什么？

痤疮是毛囊皮脂腺单位的一种慢性炎症性皮肤病，主要好发于青少年，对青少年的心理和社交影响很大，但青春期后往往能自然减轻或痊愈。临床表现以好发于面部的粉刺、丘疹、脓疱、结节等多形性皮损为特点。

（一）病因

1. 内因

（1）生长发育：进入青春期，雄性激素增加，刺激毛囊皮脂腺分泌，皮脂排出增多，阻塞毛孔，出现面部痤疮。此外一些皮脂腺分泌发达的地方，如背部，其皮肤较厚，也容易出现痤疮。

（2）遗传：痤疮存在遗传倾向，如果父母双方为油性或者混合性皮肤，曾患过青春痘，那子女患痤疮的概率也会增加。

（3）皮肤屏障受损：过度清洁、使用皂基洗面奶、反复去角质导致皮肤屏障受损，皮肤水油平衡被破坏。成人痤疮很多属于此种。

（4）营养不良：缺乏锌元素或维生素 B 可能导致痤疮。

（5）细菌或真菌感染：痤疮丙酸杆菌和表皮葡萄球菌是各种痤疮皮损的主要菌种。极少部分痤疮是真菌感染导致。

（6）胃幽门螺杆菌感染：胃部感染胃幽门螺杆菌会导致皮肤也出现症状，如痤疮和酒渣鼻等。

（7）妇科疾病：部分女性痤疮与妇科疾病有所关联。

（8）内分泌：实际上这种原因导致的痘痘的病例比例不大。部分患者因其他疾病需要使用糖皮质激素会导致痤疮。

2. 外因

（1）饮食不当：平时喜欢吃辛辣、甜腻的食物，如巧克力、可乐、冷饮、牛羊肉等高热量的食物，都容易引起体内湿热的加重，使面部痤疮加剧。部分外国文献显示，痤疮与饮食中的总奶量和脱脂奶量有关。但是科学界关于饮食和痤疮关系没有明确机制阐明。除牛奶以外，血糖指数（glycemic index，GI）饮食也是可能的原因。建议痤疮患者改喝豆浆或酸奶，饮食注意低 GI。

（2）生活不规律：生活不规律，熬夜，容易导致新陈代谢发生障碍，造成皮肤水分流失，如果长期熬夜，还会导致内分泌失调，面部出现痤疮，肤色出现暗淡的情况。

（3）不当使用化妆品：不当的使用一些化妆品，容易出现毛孔堵塞的情况，再加之卸妆不彻底，很容易使面部发生痤疮。

（4）清洁不当：清洁不当很容易诱发面部湿疹，所以应该注意的是，平时用温水进行洗脸，早、晚两次，如果出油较多，中午可以适当增加一次。长时间使用电脑的人群，因为需要近距离使用电脑，容易产生静电吸附，堵塞毛孔，也需要增加清洁次数。

3. 其他原因

（1）神经系统过于紧张或忧虑，会刺激肾脏腺素的产生。肾脏腺素本身即可进行雄激素的正常生长，进而刺激油脂的分泌。

（2）内分泌失调促使皮脂分泌过盛，无法排出而将毛囊阻塞，为痤疮的产生营造了先决条件。皮肤的皮脂腺有一个雄激素的接受体，有些人的接受体很敏感，所以如果激素的分泌稍有变动，都会影响到皮脂的分泌。有些女性，会发觉在月经周期前后，或在熬夜与压力大时就萌发痤疮。

（3）睡眠不足会引起新陈代谢失调，皮肤也由健康的弱酸性变成碱性，失去杀菌作用。

（4）较为油性的保养品，只适用于干性肌肤的保养。反之，则会将毛囊阻塞，使皮肤油脂分泌难以排泄。

（二）临床表现

皮损好发于面部及上胸背部。痤疮的非炎症性皮损表现为开放性和闭合性粉刺。闭合性粉刺（又称白头）的典型皮损是约 1mm 大小的肤色丘疹，无明显毛囊开口。开放性粉刺（又称黑头）表现为圆顶状丘疹伴显著扩张的毛囊开口。粉刺进一步发展会演变成各种炎症性皮损，表现为炎性丘疹、脓疱、结节和囊肿。炎性丘疹呈红色，直径为 1～5mm 不等；脓疱大小一致，其中充满了白色脓液；结节直径大于 5mm，触之有硬结和疼痛感；囊肿的位置更深，充满了脓液和血液的混合物。这些皮损还可融合形成大的炎性斑块和窦道等。炎症性皮损消退后常常遗留色素沉着、持久性红斑、凹陷性或肥厚性瘢痕。临床上根据痤疮皮损性质和严重程度将痤疮分为 3 度 4 级：1 级（轻度）：仅有粉刺；2 级（中度）：除粉刺外，还有一些炎性丘疹；3 级（中度）：除粉刺外，还有较多的炎性丘疹或脓疱；4 级（重度）：除有粉刺、炎性丘疹及脓疱外，还有结节、囊肿或瘢痕（图 4-11）。

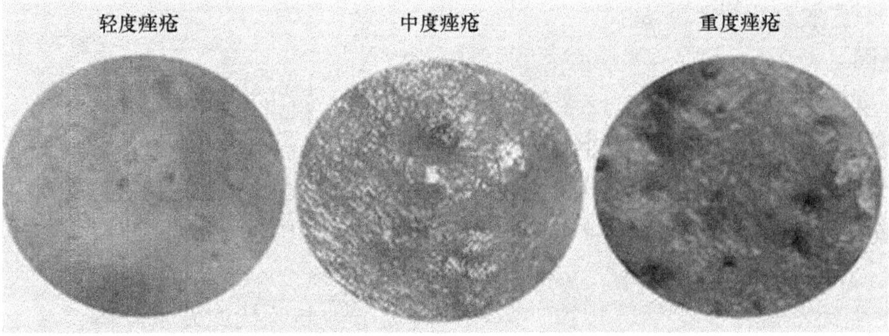

图 4-11　不同程度的痤疮

（三）治疗

1. 日常护理　每日一到两次温水洗脸，清洁皮肤，忌用手挤压或搔抓皮损。忌用油脂类、粉类化妆品和含有糖皮质激素的软膏及霜剂。

2. 痤疮治疗的常用方法

（1）局部外用药物：维 A 酸类（维 A 酸乳膏、阿达帕林凝胶、他扎罗汀凝胶）、过氧化苯甲酰、抗生素类（克林霉素、红霉素、氯霉素等）、壬二酸、硫黄洗剂等。

（2）口服抗菌药物：首选四环素类（米诺环素、多西环素等），其次为大环内酯类（红霉素），避免选择常用于治疗系统感染的抗菌药物（如左氧氟沙星等）。抗菌药物疗程通常 6～12 周。

（3）口服异维 A 酸：对于严重的痤疮，口服异维 A 酸是标准疗法，也是目前治疗痤疮最有效的方法。疗程以达到最小累积剂量 60mg/kg 为目标。

（4）抗雄激素治疗：如口服避孕药复方醋酸环丙孕酮片，适用于女性中、重度痤疮患者，伴有雄激素水平过高表现（如多毛、皮脂溢出等）或多囊卵巢综合征。迟发型痤疮及月经期前痤疮显著加重的女性患者也可考虑应用口服避孕药。

（5）口服糖皮质激素：主要用于暴发性或聚合性痤疮，遵循短期、小剂量、与其他方法联合应用的原则。

（6）其他：对于不能耐受或不愿接受药物治疗的患者，还可考虑物理治疗，如光动力疗法（PDT）、果酸疗法、激光治疗等。

（四）护理及预防

1. 皮肤清理工作要到位　很多的朋友长了青春痘都会买祛痘或控油的洗面奶，都觉得做好控油，清除面部灰尘等脏物就能去掉青春痘，一天洗几遍脸，实际上这样反而损伤了脸部肌肤，造成皮肤屏障破损，加重痤疮。建议使用温和的洗面奶。

2. 调理内分泌　体内的内分泌失调，可以进行内分泌的调整，建议可以去相关的皮肤科医院进行治疗工作。

3. 保持良好的饮食习惯　日常生活中良好的饮食习惯也是必不可少的，少吃脂肪和糖类食品，少吃油炸食品及葱、蒜、辣椒等刺激性食物，多吃水果和蔬菜，防止便秘和消化不良。这些都是必须要注意的，良好的饮食与生活习惯是必不可少的，这样才能拥有更好的肌肤。

4. 保持充足的睡眠　每天都应该养成早睡早起的好习惯，多喝水，保持愉悦的心情。只有保证好良好的作息习惯，才不会导致内分泌失调，从而反复的长痘痘，所以说，良好的作息习惯也是生活中必不可少的。

5. 保持愉悦的心情　日常中保持好的心情也是必不可少的。刚搬新家、出国、换新工作、结婚、生子、考试等生活中的巨大压力，常常影响人的心情，这也可能促使座疮的发生，因此要保持愉悦的心情。

6. 提高免疫力　平常要多注意营养的搭配，多吃蔬菜、水果以及含有丰富蛋白质类的食物，提高人体的抵抗力，同时也要加强身体锻炼，强健体魄，提高免疫力。

案例 4-10 分析讨论

1. 该患者的主要症状是连续不断长粉刺。
2. 该患者粉刺的特点有脓疱、结节，色暗红，高出皮肤，触之压痛，凹洞瘢痕明显。

二、足　　癣

案例 4-11　**奇 痒 难 忍**

毕小姐家住在福田区，是一位职业会计师。在 1 个月前，毕小姐在买鞋子的试鞋过程中不慎感染了脚气。现在两只脚在发作时都非常痒，有小水疱，脱皮，尤其到了晚上的时候，实在痒得不行的时候就用两只脚互相蹭。

问题：1. 该患者的主要症状是什么？

2. 该患者足癣处于哪一期？

足癣是发生于足跖部、趾间皮肤的皮肤癣菌感染，有时可延及到足跟及足背，但仅发生于足背者称体癣。

（一）病因

红色毛癣菌或絮状表皮癣菌，在皮屑内可形成关节孢子，在自然环境中能长期生存，并有传染性。

（二）临床表现

本病多发于中、青年人，儿童少见，男性一般多于女性。由于病原菌的不同，患者的卫生状况和体质的差异，其临床表现也各异（图 4-12）。常见有以下四种类型。

1. 汗疱型 初发为多数散在厚型小水疱，破裂后形成环状鳞屑，亦可形成多环状鳞屑，可逐渐扩延成片，皮肤逐渐增厚，自觉瘙痒。

2. 趾间型 好发于第 3、4 或 4、5 趾间，表现为少量鳞屑，自觉奇痒。患者常不自觉地搔抓，有时鳞屑不显著，仅感瘙痒，称为无症状型，但常为带菌者。因搔抓易引起继发细菌感染，局部形成糜烂，湿润有渗液。

3. 鳞屑角化型 表现为足跖、足跟及足侧缘有局限性不整形嗜红色鳞屑性斑片，表面角化明显，粗糙干燥，境界清晰或不清晰。冬季症状较重，易致皲裂。夏季常可出现少数丘疹或小疱。病程慢性，时久皮肤可增厚，趾甲易被累及，此型多由红色毛癣菌引起，病情顽固，难以治愈。

4. 湿润糜烂型 多继发于趾间型或汗疱型，多由过度搔抓，常继发细菌感染，局部炎性明显，浸渍糜烂，有明显渗出，自觉痒痛，夏季多见。

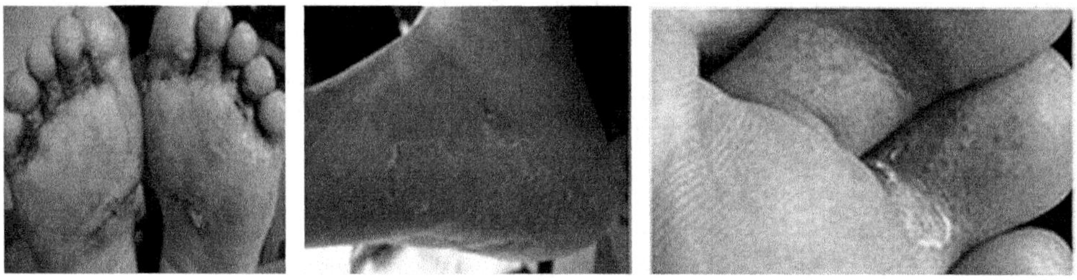

图 4-12 足癣的临床表现

（三）治疗

1. 汗疱型 可以选用 3%的硼酸溶液浸泡，选用联苯苄唑乳膏等抗真菌霜剂治疗。

2. 湿润糜烂型 如果趾间有糜烂和渗液，则不可以外用刺激性强的药，最好先使创面收敛干燥再用药，可以用 1∶8000 高锰酸钾溶液湿敷，然后外用油剂或粉剂，待皮肤干燥后改用盐酸特比萘芬霜剂或者软膏。

3. 鳞屑角化型 可以先用 10%水杨酸软膏或复方苯甲酸软膏等使角质软化，再用抗真菌药，皮肤干裂明显者可以每次温水浸泡后局部涂油膏，然后用塑料薄膜封包，外缠绷带，24～48 小时后去除，再用抗真菌药。

（四）护理

1. 在夏季避免穿戴厚重的鞋袜，造成脚部出汗过多，给真菌的繁殖造成良好的条件。最好能是穿抗菌袜子，效果比较好的具备航天品质的抗菌袜，则可以彻底防臭，长期穿着可以免除脚气的困扰。

2. 最主要的就是要养成良好的卫生习惯，尤其是在比较炎热的季节，一定要对脚部多进行一些清洁，保持脚部干燥，关于穿戴的鞋袜也要经常换洗。

3. 脚气用药最关键的是应分类型进行连贯正规的治疗。有人用药膏来治疗脚气，结果越治越扩展。在肯定脚气的情况下，要及时去正规的医院检查，根据医生的建议选择用药，不要乱用药物。

4. 患脚气后，患者要选择好自己的袜子和鞋子。通常有脚气的患者应该穿透气比较容易的袜子和鞋。只有这样才能够保证汗水不会聚在脚部，避免真菌生长。还有就是要经常洗双足和换鞋袜，保持足部的干燥，这样有利于脚气的治疗。

（五）预防

1. 避免到不清洁的浴池、游泳池，不在公共游泳池、浴室、健身房等地方赤足行走。

2. 避免与他人共用洗浴物品，如公共拖鞋，如无法避免出入公共场所，应格外注意清洁，预防性外用抗真菌药物，避免足癣感染。

3. 平时不宜穿运动鞋、旅游鞋、胶鞋等不透气的鞋子以及避免穿尼龙袜等，以避免造成脚汗过多。

4. 趾缝紧密者可用干净纱布或者棉球夹在中间或选择分趾袜，以利于吸水通气。

5. 勤换鞋袜、勤洗脚，养成良好的个人卫生习惯。

6. 鞋子要保持干燥，可以经常在日光下暴晒通风。

案例 4-11 分析讨论

1. 该患者的主要症状是痒和水疱。
2. 该患者足癣为汗疱型。

三、接触性皮炎

案例 4-12　　**手 机 皮 炎**

小倩和男友是异地恋人，因此手机成了他们交流的重要工具。看到小倩有事没事拿着手机刷微博、微信、打游戏、煲电话粥是再正常不过的事了。上周末，她和男友打了一个小时电话后，脸颊、耳朵周围皮肤红肿、发痒，有的地方甚至出现了细小的水疱，瘙痒难忍，到医院被诊断为“手机皮炎”。她惊奇不已，居然还有“手机皮炎”这种病。

问题： 1. 该患者目前的主要症状是什么？
2. 该患者“手机皮炎”实质是什么疾病？

接触性皮炎是皮肤或黏膜单次或多次接触外源性物质后，在接触部位甚至以外的部位发生的炎症反应，表现为红斑、肿胀、丘疹、水疱甚至大疱。

（一）病因

本病病因可分为原发性刺激和变态反应两种。

1. 原发刺激性接触性皮炎　接触物对皮肤有很强的刺激性，任何人接触后均可发生皮炎，称为原发刺激性接触性皮炎。原发性刺激分为两种，一种刺激性很强，接触后短时间内发病；另一种较弱，较长时间接触后发病，如肥皂、有机溶剂等。

2. 变态反应性接触性皮炎 接触物基本上是无刺激的，少数人接触该物质致敏后，再次接触该物质，经 12～48 小时在接触部位及其附近发生皮炎。

能引起接触性皮炎的物质很多，主要有动物性接触性皮炎、植物性接触性皮炎和化学性接触性皮炎三种。

（二）临床表现

皮炎表现一般无特异性，由于接触物、接触方式及个体反应不同，发生皮炎的形态、范围及严重程度也不相同。轻症时局部呈红斑，淡红至鲜红色，稍有水肿，或有针尖大丘疹密集，重症时红斑肿胀明显，在此基础上有多数丘疹、水疱，炎症剧烈时可以发生大疱。水疱破裂则有糜烂、渗液和结痂。

1. 接触部位出现红斑 一般患上接触性皮炎之后，皮炎表现没有特异性。在接触某些容易引发炎症反应的物体后，此时接触的部位就会出现明显的红斑，而且这些红斑通常会呈现红色。如果察觉到这种异常，需要高度警惕，避免再次接触容易引发皮炎的物体，这样才能防止接触性皮炎加重。

2. 局部水肿 发生接触性皮炎后，此时患者局部接触部位就会有水肿的表现，可能短时间内就会水肿明显，甚至出现水疱这种情况。如果发现自己身体的某个部位接触物体之后，就出现了肿胀或者水疱的情况，而且有丘疹密集的情况出现，需要高度重视，可能与接触性皮炎有关，需要通过合理的治疗来改善病情。

3. 皮肤出现丘疹 出现接触性皮炎的人，在其接触的皮肤或者黏膜部位会出现丘疹。此时，炎症剧烈，还可能会出现丘疹、糜烂、破溃的情况，甚至局部还会渗出液体，最后会结痂，这也是接触性皮炎比较常见的症状。一旦发现自己的皮肤出现了丘疹或者水疱，而且有糜烂渗出的表现，需要及时针对接触性皮炎展开治疗，这样才能避免局部的不良症状加重而带来身体损伤。

4. 全身症状 在出现接触性体验之后，除有皮肤的异常症状之外，此时全身反应也会比较明显。并且，部分接触性皮炎患者会出现头痛、恶心、身体畏寒、发热的情况。如果察觉到这些异常，需要高度重视，多半就与接触性皮炎有关。此时，需要结合皮肤的表现来判断，及时针对接触性皮炎采取合理的治疗措施。

（三）治疗

接触性皮炎的病因与接触物有密切关系，首要治疗措施是找出过敏的原因，避免再次接触该种物质，治疗已出现的症状。

1. 寻找过敏原因 一旦找到过敏的原因，力求避免再次接触。

2. 避免刺激 出现临床症状，应尽量减少局部刺激。避免搔抓，不宜用热水烫洗，避免强烈日光或热风刺激。

3. 全身治疗 内服抗组胺类药物，如赛庚啶、苯海拉明、氯苯那敏、阿伐斯汀、西替利嗪、咪唑斯汀、依巴斯汀、地氯雷他定等；大剂量维生素 C 口服或静脉注射；10%葡萄糖酸钙注射液静脉推注。面积广泛，糜烂和渗液严重者，可给予糖皮质激素，如口服泼尼松、曲安西龙或地塞米松，复方倍他米松肌内注射。重症者也可先用氢化可的松或地塞米松静脉滴注，等症状减轻后，口服维持。

4. 局部治疗　十分重要，应根据临床表现分别对待。

（四）护理

1. 去除病因，彻底清除皮肤上的过敏物质，可以用流水清洗，但应该避免用热水烫洗，避免用毛巾搓洗。

2. 要把曾接触过过敏物质的衣物、毛巾等物品彻底清洁，避免二次接触引起病情加重。

3. 及时咨询皮肤科医生，可以采用冷敷、外涂抗过敏药膏、口服抗过敏药物等方法来治疗，特别是出现多量水疱的时候更是要请医生来处理，不要自己把表皮撕脱，尽量避免搔抓。

4. 对于某些“偏方”，如外涂“姜葱蒜”“过氧化氢、碘酊、酒精、高锰酸钾消毒”“热水杀菌”等，应该尽量避免，即使是试图实施，也应该先咨询医生。

5. 要尽量搞清楚引起过敏的物质，以后要避免再次接触，如果过敏物是药物，更是要把过敏药物红笔记录在自己的病历本上，防止再次接触。

6. 在饮食方面，最好在短期内以清淡饮食为宜，避免服食某些“发物”导致过敏情况的加重。

案例 4-12 分析讨论

1. 该患者的主要症状为接触处皮肤红肿、发痒，有的地方甚至出现了细小的水疱，瘙痒难忍。

2. “手机皮炎”实质是接触性皮炎。

（刘　林）

第五节　传染科疾病

肺　结　核

案例 4-13　　悄然而至的“结核病”

小赵，20岁，喜欢打游戏，经常熬夜上网。近1个月来出现低热，下午明显，咳嗽，有少量白黏痰，偶有夜间出汗，自觉乏力，体重下降。

问题： 1. 该患者的主要症状是什么？

2. 该患者主要症状的特点是什么？

肺结核（pulmonary tuberculosis）是结核分枝杆菌引起的肺部慢性传染性疾病，主要发生在肺组织、气管、支气管和胸膜。多数起病缓慢，部分患者可无明显症状，仅在胸部影像学检查时发现。在全球范围内，结核病是导致死亡的十大原因之一，也是传染病致死的主要原因。全程督导短程化学治疗（directly-observed treatment，short-course，DOTS）策略是WHO确定的官方策略。

（一）病因

1. 结核分枝杆菌　是人类结核病的病原菌，典型的结核分枝杆菌是细长稍弯曲两端圆形的杆菌，长 1～4μm，宽 0.3～0.6μm。分为人型、牛型、非洲型和鼠型四类，其中引起人类结核病的主要为人型结核分枝杆菌，其余型少见。

2. 肺结核的传播　传染源主要是痰中带菌的肺结核患者，尤其是未经治疗者。飞沫传播是肺结核最主要的传播途径。患者在咳嗽、咳痰、打喷嚏、大声说话时，会把带有结核菌的飞沫散播到空气中，被周围人群吸入而发生感染。传染性的大小除取决于患者排出结核分枝杆菌量的多少外，还与空间含结核分枝杆菌微滴的密度及通风情况、接触的密切程度和时间长短以及个体免疫力的大小有关。

（二）临床表现

1. 全身症状　发热最常见，多为长期午后低热。部分患者有乏力、食欲减退、盗汗和体重减轻等。育龄期女性患者可以有月经不调。

2. 呼吸系统症状　咳嗽、咳痰两周以上或痰中带血是肺结核的常见可疑症状。咳嗽较轻，干咳或少量黏液痰。有空洞形成时，痰量增多，若合并其他细菌感染，痰可呈脓性。若合并支气管结核，表现为刺激性咳嗽。约 1/3 的患者有咯血症状，患者常有胸闷、喉痒和咳嗽等先兆，多数患者为小量咯血，少数为大咯血。病变发生在胸膜时可表现为刺激性咳嗽、胸痛和呼吸困难等症状。

（三）治疗与护理

1. 化学治疗　早期、规律、联合、适量、全程是肺结核化学治疗的原则。整个治疗方案分强化和巩固两个阶段。常用抗结核药物有异烟肼、利福平、吡嗪酰胺、乙胺丁醇等。

2. 对症治疗　一般症状在有效抗结核下减轻或消失，无须特殊处理。小量咯血时，多以安慰患者、消除紧张、卧床休息为主，可用止血药。大咯血时，保持气道通畅，防止窒息，使用垂体后叶素等止血药。

3. 生活护理　患者症状明显，应卧床休息，恢复期增加户外活动。避免劳累和重体力劳动，保证充足的睡眠和休息。

4. 饮食护理　给予高热量、高蛋白、富含维生素和易消化饮食，忌烟酒及辛辣刺激食物。增加膳食品种，多进食新鲜蔬菜和水果。食欲减退者可少量多餐。

5. 用药护理　强调化疗的重要性及意义，指导按医嘱服药，坚持规则、全程用药，定期检查，不自行停药，提高治愈率、减少复发。

（四）预防

1. 控制传染源　早期发现和彻底治愈肺结核患者。

2. 切断传播途径　开窗通风，保持空气新鲜。咳嗽或打喷嚏时应用双层纸巾遮掩；接触痰液后用流动水清洗双手；餐具煮沸消毒或用消毒液浸泡消毒，同桌共餐时使用公筷；衣物、寝具、书籍等污染物可在烈日下暴晒进行杀菌。

3. 保护易感人群　为未受感染的新生儿、儿童及青少年接种卡介苗；密切接触者接受结核病相关检查；高危人群服用药物进行预防性治疗。

4. 养成良好的卫生习惯　勤洗手，不随地吐痰，人口密集的场所加强通风和环境卫生，加强营养，锻炼身体等。

案例 4-13 分析讨论

1. 该患者的主要症状有发热、咳嗽、咳痰。

2. 该患者的主要症状特点：发热多为长期午后潮热，即下午或傍晚开始升高，翌晨降至正常。咳嗽、咳痰多为干咳或咳少量白色黏液痰。有空洞形成时，痰量增多；合并细菌感染时，痰呈脓性且量增多；合并厌氧菌感染时有大量脓臭痰；合并支气管结核时表现为刺激性咳嗽。

问题与思考

1. 如何协助患者进行排痰？
2. 如何区别胃溃疡与十二指肠溃疡？
3. 如何预防慢性胃炎？
4. 阑尾炎腹痛的典型症状什么？
5. 王同学不小心开水烫伤，起了一个大疱，这个时候你可以做哪些家庭急救？
6. 有了青春痘，日常生活从哪些方面护理？
7. 足癣分为哪几类，各自的临床表现？
8. 如何预防肺结核？

（孟秀凤　徐慧文）

第五章　大学生安全性行为与性生理

学习要求

识记：能够识别男性、女性的生理解剖结构及作用；能够正确描述性心理健康的定义及性心理健康调适的方法；能够正确说出避孕的方法以及紧急避孕法。

理解：能够理解精子、卵子如何产生；能够理解新生命的孕育过程；能够理解大学生性心理异常表现并识别；了解不安全性行为的危害；能够理解大学生在性行为和性生理方面存在的问题；能够形成对性行为和性生理的正确认识。

运用：能够运用正确方法帮助大学生进行性心理健康调适；能够采取正确安全的性行为方式；能够正确看待自己性生理、性心理的变化；树立科学的性观念。

第一节　性　生　理

男女两性生殖器官结构尽管不同，主要组成部分和主要性能却有其一致之处。男女生殖器官都可以分为两类：一类是性腺，一类是副性器官。男女生殖器官中的性腺都有双重使命：一是产生精子或卵子；二是分泌性激素。性激素有助于副性器官的发育与生长，副性器官的功能是参与完成性行为和完成新生命的形成与孕育。

一、男性生殖系统解剖与生理

男性性器官包括男性外生殖器官、男性内生殖器官。外生殖器官包括阴茎、阴囊，内生殖器官包括睾丸、精囊、输精管、射精管、前列腺等。

阴茎（图 5-1）：是男性排尿和射精的通道，一般情况下，阴茎柔软而短小，性兴奋时会变硬变粗，为射精做好准备；射精后又恢复原状。阴茎是由三根柱状海绵体构成的海绵体组织，分为阴茎根、阴茎体、阴茎头，一般长 7～10cm，勃起时 14～18cm，位于阴囊的根部。整个阴茎形似蘑菇，阴茎头膨大，有尿道口；中部为阴茎体，呈圆柱状，以韧带垂于耻骨联合的前下方；阴茎根是与身体连接的部分。

阴囊：位于阴茎后下方的皮肤囊袋。阴囊壁由皮肤和肉膜组成，由阴囊隔将阴囊分开为左右两个囊袋，分别容纳左右两个睾丸。阴囊的作用是保护睾丸和调节温度，精子不耐热，它受不了腹腔中的温度，所以才选择阴囊作居住场所。阴囊能伸能缩，当外界温度高时，就会变得松弛，表面褶皱舒展，反之，它就收缩得像鸡皮疙瘩，表面有许多褶皱，以减少散热。所以阴囊内的温度经常保持比腹腔温度低 1.5～2.0℃，这个温度是精子生长发育的适宜环境。

睾丸（图 5-2）：是表面光滑的椭圆形球体状组织，是男性生殖腺，是产生男性生殖细胞——精子和分泌男性激素的器官，位于阴囊的左右间隔之内。睾丸表面是光滑的包膜，紧紧包裹着睾丸实质。睾丸表面覆盖浆膜，即鞘膜脏层；其深部是坚硬的白膜。睾丸里有

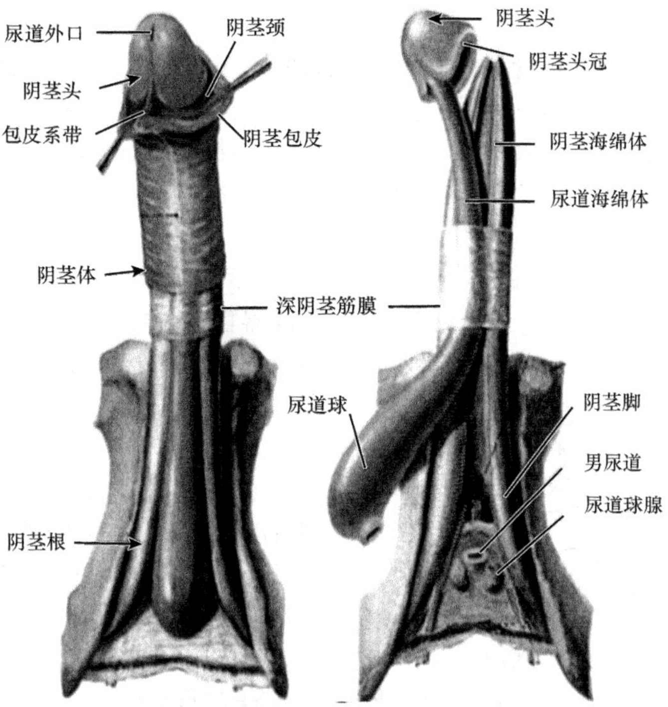

图 5-1　男性阴茎构造图

许多弯曲的细管，称为生精小管。到青春期，睾丸开始发育成熟。生精上皮产生精子，生精小管之间散在的细胞，称间质细胞，能分泌雄激素。成年男子发育正常的睾丸每天可以制造出 5000 万个以上的精子，分泌 4～9mg 的睾丸酮，睾丸酮具有维持男性性征及性功能、促进生精细胞发育成精子等作用。

精子很小，长约 60μm，只能在显微镜下才能看到。精子形状似蝌蚪，可分为头和尾两部。头由精子细胞的细胞核浓缩而成，尾细而长，能游动。精子形成后，由生精小管移入附睾内储存。

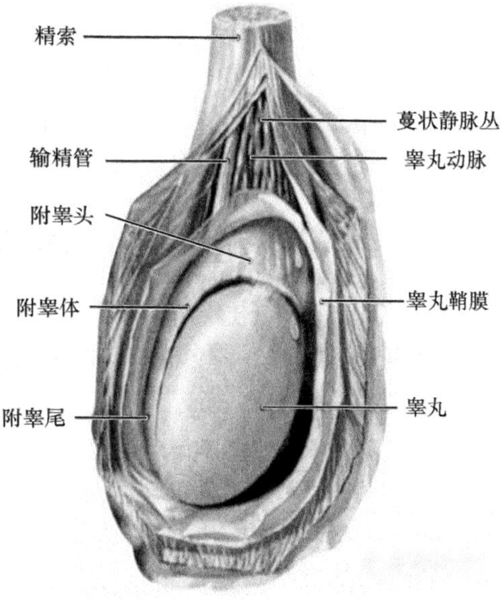

图 5-2　男性睾丸构造

附睾：是睾丸内部许多睾丸输出小管汇成的一根总管，位于每个睾丸的后侧面。它是精子发育、成熟和贮藏的场所。睾丸产生的精子还不成熟时，要在附睾中停留 5～25 天。附睾具有一定的弹性，储存较多精子时，附睾可轻度膨胀，精子排出后可变小。附睾还分泌少量液体帮助精子输出，在精子长期未能输出时，附睾能吸收一部分精子。

精囊：又称精囊腺，是长椭圆形的囊状器官，表面凹凸不平，位于膀胱底的后方，输精管壶腹部的下外侧，左右各一个，长 4～5cm，宽 1.5～2cm。其主要功能是制造和分泌精囊液，精囊液参与精液的组成，约占精液的 50%～80%。精囊液的作用是帮助精子停留在女性体内。

输精管和射精管：输精管是输送精子的管道，全长约 50cm，左右两条，连接附睾尾部和精囊。射精管位于精囊另一端，射精时将精子输出，也就是说，输精管将睾丸和附睾中的精子输送到精囊，再由射精管将精囊中的精子与精液送出体外。精液呈乳白色，弱碱性。健康成年男性一次射精 2～5ml，如果精子总数少于 40×10^{6}/ml 是少精症，可导致男性不育症。

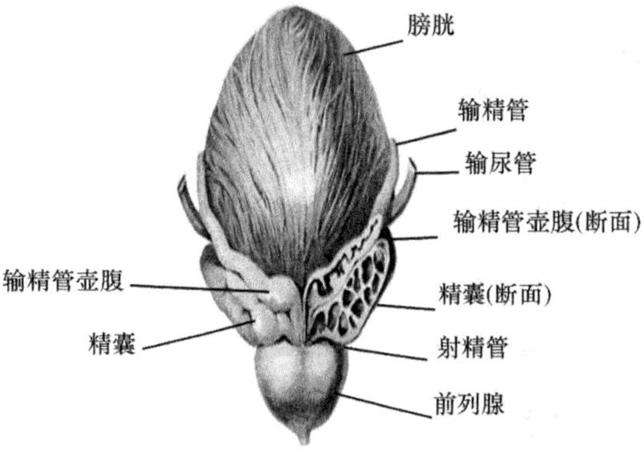

图 5-3　男性前列腺

前列腺（图 5-3）：前列腺是不成对的实质性器官，主要由腺组织构成，位于膀胱下面，形状和大小都像一个倒置的栗子，中间穿过尿道。前列腺内有 15～30 条前列腺管道通向尿道，将分泌的前列腺液和前列腺素送往尿道，与精液会合营养精子，并在精液凝固时液化精液以协助精子活动。

男子到了青春期（平均 15 岁）便开始产生精子。睾丸内产生的精子要通过附睾—输精管—射精管—尿道口排出体外。精子在体内可维持活力 42 天左右，如果没有射精机会，精子就衰老死亡，并被溶解吸收。精子就是这样不断由生精小管产生，又不断死亡或随射精排出体外。生精小管从青春期开始产生精子，年复一年，直到老年才逐渐衰退和停止。如果睾丸有病变，如睾丸结核，将影响精子的生成。精子源源不断产生，所以夫妻有正常性生活的前提下，受孕的机会很多。但是某些药物可暂时中断精子的发育，达到计划生育的目的。如果不想生育，可以把输精管切断，精子的道路断了，睾丸产生的精子就在附睾等部位被溶解吸收，或被吞噬细胞吞噬掉，不再排出体外，也就不会再生育了。

二、女性生殖系统解剖与生理

女性自青春期（14 岁左右）起开始初潮，在此期间月经周期常不规律，经 5～7 年建立规律的周期性排卵后，月经才逐渐正常。那么卵子是怎样产生的呢？女性生殖器官亦分内生殖器、外生殖器和乳房。外生殖器（图 5-4）指女性生殖器外露部分，包括阴阜、大阴唇、小阴唇、阴蒂和阴道前庭等；内生殖器（图 5-5）指生殖器的内藏部分，包括卵巢、输卵管、子宫和阴道等；乳房（图 5-6）包括乳头、乳晕和乳腺。卵巢是产生卵子和分泌女性激素的场所，没有卵巢，就产生不出卵子，可见卵巢的重要性。

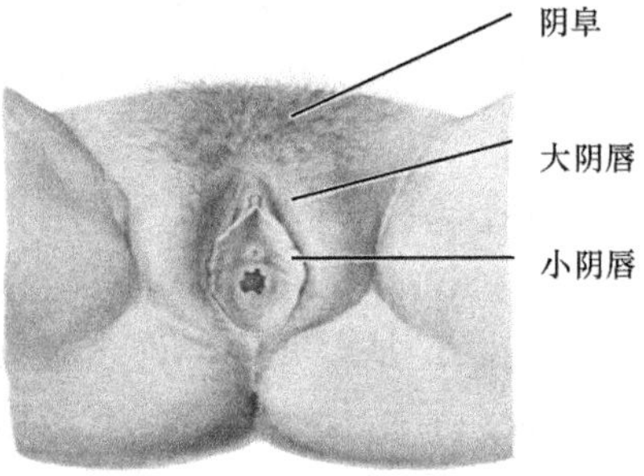

图 5-4　女性生殖器

女性外部生殖器位于女性两股内侧间、耻骨联合的前下方。每个女性的外部性器官形态及大小会有不同。

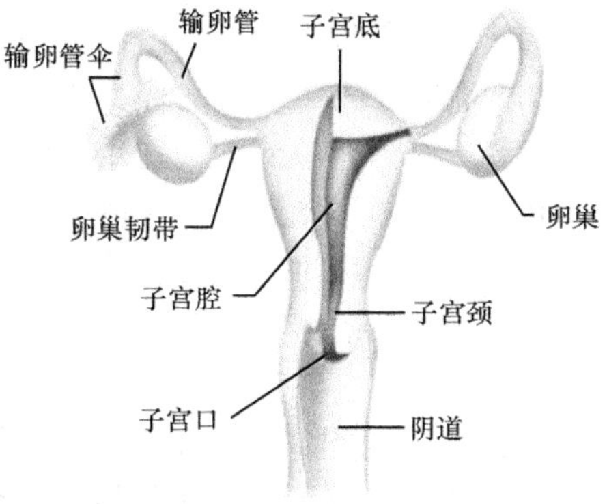

图 5-5　女性内生殖器图

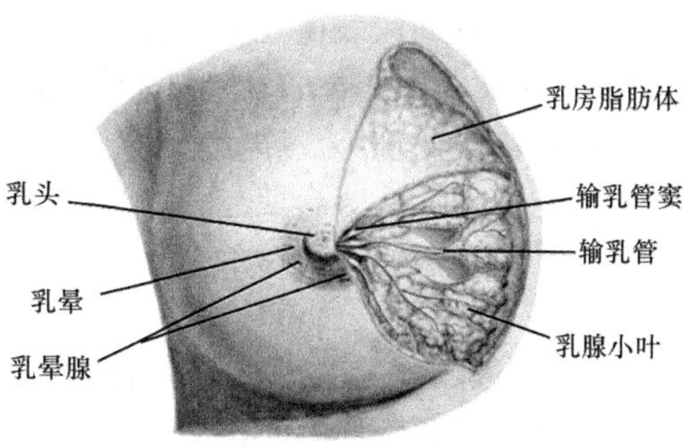

图 5-6　乳腺组织

阴阜：位于耻骨联合前方的脂肪组织。到了青春期，阴阜逐渐被呈倒三角形生长的阴毛覆盖。阴毛的疏密与色泽存在种族和个体差异。

大阴唇和小阴唇：大阴唇是由阴阜延伸到两腿之间的两片皮肤皱襞。大阴唇分内、外两面，外面与皮肤相同，含有色素并生有阴毛，内侧似黏膜，较滑润。有的女性大阴唇比较平坦，有的女性大阴唇比较饱满。正常情况下，大阴唇在中线合拢，覆盖小阴唇、阴道口及尿道外口。小阴唇在大阴唇内侧，是两片小一些的皮肤皱襞，含脂肪少，光滑无毛，富于弹性，其外观粉红色。小阴唇上部相交形成阴蒂包皮，覆盖住阴蒂。大小阴唇对性刺激敏感，是性唤起的兴奋点。小阴唇内侧有前庭大腺，性唤起时，这里会分泌少量液体润滑阴道口和阴唇。尿道口和阴道口呈上下排列，阴道口稍大于尿道口。阴道口通常是闭合的，有的女性的阴道口被一层薄膜覆盖，这层膜称为处女膜。处女膜中间有一小孔，孔的形状、大小和膜的厚薄因人而异，一般为半月形或环形。在第一次性交时，处女膜破裂，并可能伴有轻微疼痛或少量出血。处女膜也可能因为剧烈运动而破裂。

阴蒂：位于两小阴唇顶端下方，阴蒂内包含两条海绵体，长约 4cm，呈圆柱状，性兴奋时会充血勃起。它由阴蒂头、阴蒂体和阴蒂脚组成，前为阴蒂头，暴露于外阴，富含神经末梢，对性刺激敏感；中为阴蒂体；后为两阴蒂脚，附着于两侧耻骨支上。阴蒂是女性最敏感的性器官，是女性获得性高潮有必要适当刺激的部位。在性兴奋时，阴蒂会比平时突起，在性平静时，它又会变小。

阴道：为性交器官，也是导入精液、排出月经和娩出胎儿的通道，为尿道口下方的一条平滑肌构成的腔道。阴道壁的肌肉富有弹性，由黏膜、肌层和外膜构成，平时紧贴在一起，长 10～11cm。性兴奋时会变长变宽。阴道内部有许多褶皱因而柔软。

子宫：是产生月经、孕育胚胎及胎儿的空腔器官，位于骨盆腔中央、膀胱与直肠之间。子宫是一个由厚厚的平滑肌构成的袋状组织，呈倒梨形状，长约 7～8cm，宽 4～5cm，厚 2～3cm，容量约为 5ml。子宫下部延伸到阴道，连接部分叫子宫颈，两侧为输卵管和卵巢。子宫为妊娠期间胎儿的发育提供营养环境。子宫壁分为外层浆膜、中层肌层及内层子宫内膜，一旦受精，子宫内膜参与胎盘的形成，未受精则子宫内膜随着月经周期而有增生和脱落的变化，脱落的内膜经阴道排出成为月经，约 28 天为一个月经周期。

卵巢和输卵管：卵巢是一对杏仁状的腺体组织，位于子宫两侧，呈灰白色，表面无腹膜覆盖，青春期前表面光滑，排卵后表面就变得凹凸不平。成年女子的卵巢大小约为4cm×3cm×2cm，重 5～6g，内有数以万计的微型腔室，称为卵巢滤泡，每个滤泡内都有供发育成卵子的细胞。卵巢有两个非常重要的功能，一是分泌雌激素和孕激素，二是孕育卵细胞。女性从青春期起，每月排一次卵，一位女性一生大约排出 400 个卵子。输卵管是精子和卵子相遇受孕的地方，受精卵通过纤毛运动进入子宫，然后着床而发育成胎儿。

乳房：一对由乳腺和脂肪构成的半球状组织。乳头是乳汁的出口，主要功能是为婴儿哺乳；同时，对于刺激有高度敏感性，在性唤起中有重要作用。乳晕是乳头周围较深色的皮肤，常有一些小结。哺乳期的乳晕会分泌脂性物质润滑乳头以保护乳头不受损伤。乳腺在乳房脂肪组织下面，由一个个小叶组成，分泌乳汁，由乳腺导管将乳汁输送到乳头。乳房的功能主要是哺乳，并不是真正的性器官。但是，许多女性刺激乳房和乳头可以唤起性兴奋。

三、生命的起源——受精

男女结婚建立家庭，性生活带来了生殖。精子和卵子是生殖的基础。精子数目繁多，每次性交射出的几毫升的精液中至少有几千万甚至上亿个精子冲落到子宫口附近。精子进入阴道内，有可能会被阴道内酸性环境杀死，并且大部分精子会被子宫颈这个“大门”给挡回去。精子在前进的过程中，犹如举行一场盛大的长途赛跑运动会，他们摆动着尾巴拼命赛跑，由阴道到达子宫，经子宫进入输卵管。这段距离虽不算长，但对小小的精子来说，可是漫长的路程。由于路途遥远，有一些衰老和未成熟的精子便力不能支，半途掉了队。最后能够到达输卵管目的地的，也只有几百个“勇士”，其余全部死在“征途”上。

卵巢是产生卵子的重要器官，没有卵巢，女性就没有卵子，没有卵子就不能孕育出新的生命。女性卵子排出后在输卵管内能生存 1～2 天。精子与卵子相遇后，一群精子包绕卵子。最终，只有一个精子能够利用其头部分泌的顶体酶，溶解卵子周围的放射冠和透明带。这个卵子便成为受精卵。

精卵结合后成为“合子”，在 24 小时内，它们的核膜愈合，两者的遗传物质也结合到一起，并且马上开始分裂，新的生命就此开始了。卵子受精后是依靠输卵管黏膜上皮的纤毛运动和管壁的蠕动，才慢慢进入子宫的。受精卵到达子宫需 7～8 天，这时子宫内膜在卵巢分泌的雌激素和孕激素的作用下增厚，为受精卵准备好良好舒适的环境。受精卵一到达子宫，便附着在子宫内膜上，然后长出胎盘和脐带，于是一个新的生命便孕育出来。

（刘　华　汪　婕　顾小花　李　霖）

第二节 性 心 理

案例 5-1 **痛苦的单恋**

某高校男生喜欢上班上的班花，多次表白被拒，自尊心很受伤，后来对她有性幻想，近来逐渐变得频发和强烈，从而影响了学习。

问题：1. 该男生因为性心理没有得到很好的调适不仅痛苦困扰，还影响了学习，那么该如何解决这种痛苦呢？

2. 现代大学生性心理发展过程中典型问题有哪些？

性心理是指在性生理的基础上，与性征、性欲、性行为有关的心理特征和心理过程。世界卫生组织对性心理健康做出这样的定义：通过丰富和完善人格、人际交往和爱情方式，达到性行为在肉体、感情、理智和社会方面的圆满和协调。

一、大学生性心理发展及其影响因素

大学生处于青春发育期中的“青年期”，它是由儿童向成人转变的“过渡期”，是从半成熟半幼稚向成熟期转变，在其发展过程中既有青春期的发展普遍性，也有个体受知识水平影响的特殊性，因此也就意味着大学生的心理发生发展的独特性，这也是我们研究大学生性心理发展基本特征的基本依据。

世界各国心理学研究工作者根据青年生理的发育成熟情况，将青年期的年龄大致划分在 18～30 岁，分为青年初期、青年中期和青年晚期。从时间上大概在十五六岁至十八九岁为第一阶段，十八九岁至二十三四岁为第二阶段，二十三四岁至三十岁为第三阶段。而大学生的入学到毕业的年龄在十八九岁至二十三四岁，属于青年中期，从生理发育上讲已经成熟，其生理发展已达人生的高峰值。此外，其自我意识、智力水平、情感生活也得到了迅速的发展，对大学生的心理和社会化成熟起着重要的影响。

（一）大学生性生理成熟与性心理的发展

从生理发展方面看，处在青年期的大学生性功能已经成熟，性意识已基本健全。这一时期主动与异性接触，交往不仅仅是生理发展的需要，同时也是心理因素发生了作用的结果，而恋爱的发展又增添了错综复杂的情绪成分，在此过程中体验着愉快和痛苦，表现着喜怒哀乐。既然恋爱在大学生性心理发展过程中占有比较重要的位置，我们有必要对“恋爱”概念的理解谈一下心理学家的看法。

斯宾塞尔在《心理学原理》一书中认为，恋爱是由九个不同的因素合并而成的：一是生理上的性冲动；二是美的感觉；三是亲爱；四是钦佩与尊敬；五是喜欢受人称许的心理；六是自尊；七是所有权的感觉；八是因隔阂的消除而取得的一种扩大的行为的自由；九是各种情绪作用的高涨与兴奋。

恋爱本身是浪漫的，但对于每一个人来说它还应是理性而严肃的，只有这样的恋爱过程才可能充分表现其最大的庄严与最深的意义，才能从神圣教育境地中体验到快乐的感觉，可以说这才是一个人高级审美的需要。大学生恋爱一定要有更远大的人生目标，不要把恋爱当作生活的中心理想。

恋爱在大学生性心理发展过程中占有相当重要的位置，其内容是丰富的，不仅如此，恋爱过程的健康与否将直接关系到大学生的学习、生活与社会交往的成败。

在现实生活中，处于青年期的大学生对待“恋爱”的处理方式常常表现出不成熟的心态，出现性成熟与性心理之间的矛盾，做出不符合大学生身份的事情，对学习以及身心健康带来比较大的伤害。

（二）大学生性生理成熟与性心理表现

生理上的成熟引起心理上的变化，青年大学生与同龄人一样，同样渴望爱情，渴望与异性的交往。他们的性意识的发展促使其去了解异性，去探寻性的奥妙，同时注意自己在异性中的形象，并在自己认为合适的“朋友”面前去表现自己，确立自己的地位，采取认为得体的方式向对方表白自己的爱慕之情，希望得到对方的认可，最后便是双方交往的成功与失败，体验着“爱情”的果实。

1. 对性知识的渴望 生理上的成熟、性意识的发展带来青少年对性知识兴趣的增加与渴望，这是每个青少年性心理的正常发展。尤其是具有高层次文化水准的当代大学生更应该了解和懂得男女两性的性生理解剖上的特点，了解性心理的发生发展过程，并正确地对待性意识和恋爱。所以，处于青年期的大学生探求性知识、学习性科学是非常正常的事情。但是，长期以来将性视为“禁区”的观念也影响着大学生，他们觉得性非常神秘，不敢在公开场合去阅读性知识，更不敢对性问题进行探讨。这样就造成了他们心理上的需求不能通过正常的渠道实现，反而只能以“不可告人”的手段去秘密地寻找，最终以忐忑不安的心理得到一些不科学、不健康的性知识。

2. 对异性的追求 当大学生开始寻求性知识之时也就对异性产生了需要。他们采取各种方式去接近异性，在异性面前去表现自己，尤其是对自己认为符合自己心目中形象的异性更是采取主动出击的方式，利用各种机会增加两人在一起的时间，并想尽办法投其所好，直到双方认可为止。

当男女双方由彼此好感到建立恋爱关系，此时男女双方的人际交往关系也在发生着微妙的变化。此时双方开始脱离同性群体，排他性心理比较强，由于占有欲望的强烈，在心理上不希望也不允许第三方走进他们两个人的世界。但是当两个人的关系保持稳定之后便又会重新回到同性群体当中，不过大部分时间仍是两个人的世界。

3. 正确对待性意向 青年男女交往过程中，由于性激素的作用，两个人在热恋过程中双方“亲吻”“抚摸”都会引起性欲望和性冲动。热恋不应是非理智的性冲动，而应是一种纯洁愉快的幸福期待。过早地发生性行为，这种幸福的期待也就会早离你而去，爱情也就不再会充满动人的魅力，失去它那神圣的光。

大学生应该更深刻地认识到爱情的严肃性和责任感，学会克制自己的性欲望，这对大学生的身心健康和恋爱的成功都有着重要的现实意义。但是在大学生性心理发展过程中，大学生对异性的向往和追求并非都能按自己的设计去实现，他们在寻求异性过程中，或在两个人的恋爱过程中不同程度地体验着失败的痛苦，造成心理挫折，引起心理烦恼，如得不到及时的指导还会出现严重的心理障碍，甚至导致自杀行为。为此，加强大学生性心理健康教育与指导，使大学生正确地对待恋爱，有利有序地解决恋爱中出现的问题是非常重要的，也是大学生工作的一项重要内容。

（三）大学生性心理影响因素

大学生性心理的发展受自然属性、心理属性、社会属性的影响。

1. 自然属性的影响

（1）人的生物学属性是性心理产生的物质基础。

（2）人类的进化改变了性交的行为方式，从而促进了性心理的产生和发展。

（3）从个体发育的角度看，性心理是性生理成熟的产物。

2. 心理属性的影响 丰富多彩的人类心理活动使人类的性关系早已脱离了动物界，变成了人的一种高级复杂的情感和心理活动。

（1）心理因素决定了以生理机制为内在驱动力的性会通过性欲望、性幻想、性梦、性情感表达出来。

（2）心理因素使性独立于生物学本能之外广泛的反映和化解在各种文化艺术之中，如小说、诗歌、戏剧、舞蹈、音乐、美术、摄影、雕塑、服饰以及建筑设计等。

3. 社会属性的影响

（1）家庭环境的影响：两性关系缔结的基本形式是家庭，故家庭因素对性心理的影响十分重要。家庭性环境对子女性观念和性道德的特殊作用在于：一方面，对子女的性角色意识，性心理，性的是非、善恶、荣辱观念的初始定势起着十分重要的作用；另一方面，它是在日常生活中，在耳濡目染中，在潜移默化中，在无意识的示范和模拟中进行的，具有持久深入、具体细微、渗透性强、示范性强等特点。

（2）社会环境的影响：一定的社会文化背景对性的态度会直接影响个体的性态度。长期在封闭的社会文化环境中成长的青少年，容易对性征变化持惊奇、恐慌等消极的心理状态；而在开放社会成长的青少年，则会因为处于性信息无处不在的氛围中，他们的性心理成熟较早，对性问题的态度比较坦然开放。特定社会的道德观念，社会舆论导向，也会影响个体性心理的产生和发展，使其或按某种既定的模式出现，或逐渐地发生某种演变。

（3）同龄群体的性氛围：同龄群体由于年龄和发育阶段的同步和相仿，性问题、性关系成为他们共同关注的重要问题，从而形成了小群体内部特有的性道德价值取向和舆论氛围。群体中的性观念和性规范并非代表每个人的意愿，但是个人对群体从心理上的依附和从属，从感情上的亲密和稳定，常常使他们服从小群体的性道德舆论，认同其道德价值，长此以往，小群体的性道德价值标准就内化为每个成员的内在的性道德观。同龄小群体中的性道德舆论是一种强化和放大了的舆论，对其成员性观念的影响力和控制力常常超过家庭、学校和社会。因此，从不良小群体中获得的性道德观念，教育改造起来是非常困难的；反之，如果从小群体入手来矫正不良的性观念和性行为则会起到事半功倍的作用。

二、大学生性心理发展过程中的典型问题

（一）性知识缺乏与获取途径不当

据文献报道，当前我国大学生性知识严重缺乏者占26%，轻度缺乏者占51%，对于手淫，32%的学生认为可以宣泄情欲，17%的学生认为会损伤元气，是不道德的行为；大学

生性知识 31.6%来源于报刊，30.4%来自朋友，还有 20.1%左右来自网络及色情读物，仅 10%来自教师和父母。

（二）性认知偏差

大学生的性生理发育已经成熟，但其健全的性心理尚未完全建立，性生理与性心理所存在的矛盾，常常使大学生不能正确地评价社会上某些有关性的现象，不能正确评价自身的性观念和性行为，不能很好地适应和主动调节由于性成熟所带来的一系列生理、心理上的变化，保持身心和谐统一。

（三）性幻想

大学生在大学阶段出现诸如仰慕异性、渴望与异性相处，有时会有意无意地想到性的问题，甚至产生性幻想、性梦等各种性心理活动。有的大学生因为性梦或性幻想而认为自己是“不道德的”“罪恶的”“卑鄙下流的”，进而感到羞耻、自卑、注意力不集中，甚至焦虑不安。有的大学生由于频繁出现性幻想或性梦而影响睡眠，严重的还会导致神经衰弱，给身心健康带来不利影响。

（四）性冲动

性冲动是伴随性成熟而出现的一种正常心理反应，大学生处于性功能成熟的高峰期，几乎每个人都能感受到自身冲动的存在。然而，面对性冲动，有的大学生持否定、抵制的态度，采取压抑的方式。调查表明，55.19%的男生和 48.99%的女生有性压抑感。性压抑的结果会有碍于性心理的健康发展。

（五）性行为

1. 自慰性行为　手淫是大学生中最常见的自慰性行为，是青春期成熟的一种生理表现，适度手淫行为对人的身心并无损害，反而有益于缓解性冲动，释放性能量。但长期以来的“手淫不道德观念”，造成大学生性心理恐惧，因而在获得满足与释放的同时，又深深自责和感到空虚。

2. 边缘性行为　泛指性交外的一切亲昵行为，如拥抱、亲吻、抚摸等。在大学中，与恋爱情感发展深度相适应的边缘性行为已基本上被人们所接纳，但任何与情感发展不适应的亲昵行为都将引发内心焦虑与空虚。

3. 婚前性行为　在校的一些大学生，随着其性观念、性心理的变化，有的同学公开在校外租房同居。有文献报道，对于“清华大学校园内销售机出售避孕套是否应该”问题，有 91%的学生赞同，有 38.6%的同学认为可以接受婚前同居。然而，男女学生婚前性行为发生后，则会产生不安，焦虑和恐惧，给双方心理罩上阴影，严重影响学习。

三、大学生性心理调适

针对大学生性心理的表现，为了呵护健康的性心理，大学生应从如下方面进行调适。

（一）培养健康性爱心理

只有健康的性爱心理，才不会形成性犯罪动机。培养健康的性爱心理，最主要的是必须树立正确的性爱观。所谓性爱观，就是对两性关系的认识和评价。树立正确的性爱观，就是既反对“禁欲主义”，也反对“纵欲主义”或“杯水主义”，把性爱建立在以所爱者的互爱为前提的基础上，这才是人类的真正性爱。

培养健康的性爱心理，还要加强社会责任感和抚育责任感的教育。因为性爱要牵涉到两个人的生活，并会产生新生命。这一情况决定性爱不仅是一种生理关系，而且从根本上来说，是一种社会关系。既然是社会关系，就必然会产生社会责任感和对下一代的抚育责任感。由此可见，学生在青春期性意识觉醒后，要特别教育他们什么叫真正的爱情，应该如何选择异性朋友，应该如何对待恋爱、婚姻、家庭等。要把性爱同社会责任和抚育后代的责任结合起来。

（二）培养高尚的性情感

学生的性情感主要通过恋爱来培养。但是大学生的恋爱变化多端，不可预测，其中有相当数量经不起现实的考验，中途夭折。失恋成为大学生性情感遭遇的最大挫折。怎样面对失恋而不失志，也是大学生培养高尚情感的重大课题。

正确认识失恋，失恋是指恋爱过程的中断。失恋带来的悲伤、痛苦、绝望、忧郁、焦虑、虚无等情绪使当事人受到伤害。因此，失恋是人生中最严重的心理挫折之一。失恋所引发的消极情绪若不及时化解，会导致身心疾病。

1. 大学生失恋的原因及负面影响

（1）“不求天长地久，只在乎曾经拥有”的驱使。大学生在进入恋爱前，由“只在乎曾经拥有”心态的驱使而谈恋爱，但“不能天长地久”成为现实，才发现自己很难接受“曾经拥有”成为过去完成时，在一种几经绝望的心境中挣扎。

（2）缺乏异性交往的经验。由于没有异性交往的学习过程，涉世太浅，缺乏深入了解和正确判断一个人的经验，当恋爱过程使自己或对方成熟起来，不得不“离弃”或“被对方离弃”时，失落感带来刺心的痛苦。

（3）将“性”视为“自己的一切”。由于恋爱过程中盲目地一扫传统的含蓄、深沉的恋爱方式，情感过于外露、行为过于大胆，恋爱的终止使当事人有一种被人赤裸裸地否定的空洞感。尤其是一些女性，如果恋爱中发生了性行为，更容易在“我失去了一切”的误区中难以自拔。

（4）因为失恋而自卑。一些人因为失恋总感到自己缺乏被爱的吸引力，从而对自己人生价值产生怀疑、失望、自卑，认为别人瞧不起自己，难以从内心深处的痛苦与否定中走出来。

2. 应对失恋的策略　医治所有痛苦的最好药物都是时间，医治失恋的痛苦也要靠时间。大学生应对失恋的共同对策是保持自信和尊严，减少自我伤害。下面是减少失恋带给大学生消极情绪影响的几个方法和建议。

（1）适当地发泄情绪。寻找合适的途径把失恋的悲痛、挫折感、愤怒等消极情绪发泄出来。但发泄要注意对象，不要任意找人当倒霉鬼，乱发脾气，伤害无辜。求助咨询老师，获得专业的心理辅导帮助，走出痛苦的心理阴影。

（2）凝视前方，不回首，保持尊严。不要去找他、不要与他联络、不要再眷恋以往。

虽然我会犯错（人人都会犯错），我有缺点（人人都有缺点），我还有自己的尊严，我要维持自己的尊严，向前看、向前走。

（3）做出不在乎的样子。虽然不可能真正的不在乎，但行动上这么说这么做就会影响到内心。

（4）清除对方的痕迹。把对方给的东西过滤，把会让自己回忆过往的东西通通丢掉，免得惹自己伤心生气。也不要去你们以前常去的地方，以免触景伤情，让你情绪低落。

（5）和其他同学在一起，谈有趣的话题，融入集体活动。参加聚会、郊游、舞会、看表演、打球等热闹、人多的活动，而且要敞开胸怀参加，并尽量加入别人的谈话，发掘幽默有趣的话题，跟着大家一起笑，心情会转为开朗。

（6）有条件暂时离开伤心地去旅行。参加旅行团或与一群朋友到异国、异地去玩或做研究。异地的人文风情会让你耳目一新，视野拓宽，内心产生崭新的感受。烦恼会缩小、远去、淡薄。

（7）专注于学习、工作与研究。恋爱时容易分心，可能疏远了学业，失恋使你现在终于可以全身心投入到学业与工作中去，弥补过去的损失。这样，化失恋的悲痛为进取的力量，发愤会在学业和工作上取得意想不到的成就，这就是所谓的“人一生的得失是相当”的道理：上苍给你关了这扇门，就会为你再开另一扇门。

（三）防止恋爱中的错觉倾向

处于青年期的大学生，有许多人自认为异性在注意自己，一些男女大学生会感觉到自己成为对方追求的目标，具有这种心态的大学生认为对方的每个动作都是在向自己表达爱的方式。当一个人的某些情绪或行为投射到他人身上，或者说某位大学生喜欢或爱上某一个人的时候，那么他的这种情感也会投射到对方身上，自认为对方也在爱着自己。而实际情况是，对方不仅没有感受到你的情感，而且也没有对你表示过爱，这种爱是一种错觉，是一方对另一方“钟情”而出现的。在心理学上我们将这种现象称为“恋爱错觉”，有些大学生会由此出现“单相思”。

那么我们怎样正确认识恋爱错觉，并在人际交往中注意克服这种倾向呢?

首先，我们应该对错觉概念本身有一个正确的理解，错觉实际上是一种错误的“社会认知”，对客观事物的不正确的知觉。在心理学上，错觉被认为是由外界刺激物的特点或由某种主观情绪和愿望引起的对客观事物的一种错误的感觉或不正确的知觉。

其次，我们还可以认为错觉是人际交往中主观臆断上出现的错误。

正是根据这种认识，我们认为恋爱错觉的产生是由于处在青春期的大学生，接受“爱”的信息的一方产生了误解，有些大学生又不愿意接受被对方拒绝的事实，并由此产生误解，出现心理烦恼。

处于青春期的大学生应该正确认识自己与他人，在恋爱过程中，既要克服主观臆测和认识上的片面性，更要树立正确的人生观和恋爱观，学会正确地把握自己的情感，以避免不必要的情感纠葛。

（四）培养健康的性人格

性，不仅仅决定于生物本能，人自身的尊严感和对他人是否尊重，都会在两性关系中体现出来。因此，性，是人格的一面镜子。大学生健康的性人格主要体现在性的意志品质方面，也就是性的控制能力。人不同于动物，人有意志力，人可以抑制和调整性的冲动。为此，给大学生朋友如下建议。

1. 文明适度地进行异性交往　异性交往可以满足大学生性心理的需要，缓解性压抑，有益于扩大信息、完善自我，对个人的恋爱婚姻及个人的成长发展具有重要作用。

2. 不盲从　性的意志品质的培养，一方面受个人性生理发育状况与性心理健康程度的制约；另一方面受到社会性文化的影响。从学校的角度来说，要着力营造良好的校园文化氛围；从大学生自身而言要自觉抵制各种“时髦”的性诱惑。

3. 不轻率地“以性试情”　对于大学生中的种种关于“婚前性”的前卫观念，要从心理学的机制上去认识，从而坚定自己的性意志。人总存在一种微妙的心理，凡是经历艰难曲折才能得到的东西，就会加倍努力地去争取，得到以后也格外地珍惜和看中；凡是轻而易举就得到的东西，也不会珍惜。

（五）寻求性心理专业帮助

心理咨询是咨询人员运用心理学的理论和方法，通过建立良好的咨访关系，给来访者以启发、指导和帮助，促使其健康发展的过程。性心理咨询是心理咨询的一个特殊领域，它对解决大学生中存在的各类性心理问题有着积极的作用。

四、大学生性能量的释放

一份调查显示，在最常用的释放性冲动的方式（可以多选）中，有 18%的学生选择的是自慰；26%的学生选择的是看情色影视、小说；46%的学生选择的是体育运动、联谊会（舞会）；27%的学生选择的是性幻想。从这些选择中我们可以看到大学生在缓解性冲动方式方面的多样性。在对自慰的看法方面，5%的学生认为有犯罪感，24%的学生认为损伤身体、不道德，71%的学生认为是宣泄性欲和正常的生理需求。从中我们可以看到大部分大学生对性自慰的认可。但其中隐藏着令人担忧的因素——自慰过度。因此要引导这部分学生从事更加积极而有意义的事情，如体育运动、联谊会（舞会）等。大学生出现性行为最主要的原因方面，有 16%的学生认为是一时冲动，难以控制，34%的学生认为是生理和心理的强烈需要，33%的学生认为是对性的好奇、探秘，17%的学生认为是情感深化的必然结果。从这项调查中不难看出：大学生中发生性行为主要（50%）是生理方面的原因，所以要加以引导和转移其注意力。因为性不仅仅是自然的，它还涉及社会伦理道德、婚姻家庭等社会问题。同时还应看到有三分之一的大学生发生性行为的主要原因是对性的好奇、探秘。这说明他们在这方面知识的贫乏。下一组数据正好是它的注解：在你对避孕等性知识了解方面，9%的学生认为了解得很清楚，48%的学生认为知道一些，43%的学生认为了解得很少，甚至完全不了解。大学生性心理现状说明了目前高校在大学生性心理健康教育方面还存在诸多问题，需要进一步加强和改进。

学校教育是一个人所有知识的主要来源。同时学校担负着对人的心理、人格、意志品格等方面的培养和塑造。因此在性心理健康教育方面学校同样担负着不可推卸的责任。然而，现在很多中小学校对学生的性心理健康教育的重视程度不够，同时从调查中可以看出，大学在这方面的教育也是非常欠缺的：在你对学校性教育的满意程度的调查中有近 40%的大学生是不满意的，而认为较满意和满意的学生只有 11%。因此，探索如何开展大学生性心理健康教育成为院校性心理教育必须研究的课题。根据多年来的工作经验和调查研究，笔者认为以下的性心理健康教育模式是行之有效的，是可以引导大学生如何做一个健康、自信和快乐的人，即身体健美、心理自信和社会和谐。

（一）开展形式多样的性知识和性圣洁教育

人类天生就有一种探索未知世界的精神，对于未知的世界和领域充满着好奇，人类今天对太空的探索就是最好的例证。因此，要真正解决有关性心理健康教育中的问题，必须首先要在学生中普及性知识，特别是已经是成年人的大学生。正如在调查中发现的一样，有 33%的大学生是因为对性的好奇和探秘才去尝试性行为。因此，在大学生中开展形式多样的性知识普及教育尤为重要。首先，通过新生入学教育，向学生宣传科学的性知识，分发各种性健康知识资料；同时通过校园广播、校园网络、板报、专栏等进行性健康知识的宣传教育，引导其正确理解性的内涵。其次，开设性心理健康课程，通过课堂主渠道向学生介绍科学的性知识。再次，推荐优质的性健康书籍和科学严谨的网络、电视等媒体的性教育资源，如中央电视台的科教片，从而杜绝或减少黄色书籍、视频和淫秽网络传媒等对大学生的侵害。从调查中发现学生获得性知识的途径排在前几位的是（可多选）：网络占 63%，电影、电视占 56%，报刊、文学作品占 54%，科普读物占 26%，课堂、教师占 18%。最后，还应利用学校的心理健康教育机构，加强性心理咨询，通过坦诚交流和平等对话，引导大学生对自身的认识。这种性心理的教育效果对咨询的学生来说是最直接、最显著的。在大学生中，长期开展性健康专题讲座，对学生进行性圣洁教育。由于受中国传统文化和教育体制的影响，在中小学的教育中，包括家庭教育，都有意或无意地回避性健康教育，让人们感觉“性”似乎是不洁的，甚至是邪恶的，真有点谈“性”色变。所以，在大学生中进行性健康教育，必须要让学生明白性的自然性，性是任何生物都有的，人类千百年来之所以代代相传，性是美好的，性是圣洁的。在校园中形成健康的文明的性文化氛围，从而减少大学生因性而产生的困扰，全身心地投入到丰富多彩的大学生活中去，书写美好的人生画卷。

（二）加强“性、爱、婚姻”为主题的性伦理教育

在强调性的自然属性的同时，不能偏离性的社会本质属性，即人类的性是指以物种繁衍的功能为基础，受特定的社会关系和伦理观念的影响以及人的心理因素支配的性行为。也就是说，性是以爱、责任为基础的，以婚姻家庭为载体的。它应该受社会伦理道德的制约。性把人世间最珍贵的东西——生命、血缘、良知和真爱联结在了一起。因此，在对大学生进行性心理健康教育的过程中，必须加强“性、爱、婚姻”为主题的性伦理教育。人的“性爱”是建立在爱的基础上的，两个相爱的人因为相互的倾慕，并渴望对方成为自己的终身伴侣，愿意融为一体，所以才会发生性行为。即因爱而性，这是人类两性情感的需要，这是人类的性心理需要，这是人类的文明。婚姻是两个相爱的人一生相约的结果，没有爱情的婚姻是不完美的。在婚姻中，两个相爱的人，要彼此承担责任和忠诚，但又相互独立。在婚姻中，两个相爱的人还要通过“性”把他们的生命连接在一起养育后代。让双方的爱和生命在新生命中延续，让爱得到永生，正是这一点，爱情这个古老而又新鲜的话题，千百年来一直受到人们的传颂。婚姻、家庭是社会的细胞。在婚姻中，相爱的人还应

为社会尽责，为国家尽力，为民族尽忠。

案例 5-1 分析讨论

1. 该男生正处于身心发展时期，独立性强，但自制力弱；情感丰富，但控制力差。该男生首先应进行自我意识调节，当自我意识失去控制时，就需要借助外力进行调节，使自我意识水平保持最佳状态，从而发挥正常的自我意识的功能；同时注意情感调节，使不良情感得到转化，即将不良情绪带来的能量引向比较符合社会规范的方向，转化为具有社会价值的积极行动；最后合理地宣泄一下自己的情绪，同样可以起到心理调节的作用。因此要学会合理宣泄情绪，首先要注意情感宣泄的对象、地点、场合、方式等，切不可任意宣泄，无端迁怒于他人或他物，造成不良后果。例如，将痛苦化为进取的力量，努力学习，以及参加各式各样的文体活动。

2. 典型问题有：①性知识缺乏与获取途径不当；②性认知偏差；③性幻想；④性冲动；⑤性行为。

（三）开展各式各样的文体活动进行性能量释放

大学生正值青春年少，是人生中性能量最丰富的时期，也是性冲动最激烈的时期。因此，在性心理健康教育中，除对其进行性认知和性情感教育外，还必须帮助他们对性的适应。从调查中可以看到，大学生也在寻找各种方法来缓解性冲动。在校园开展形式多样的文体活动，既能丰富大学生的课余文化生活，培养他们高尚的道德情操，又能帮助他们明白男女青年健康交往的礼仪规范，形成两性文明交往的好习惯。其中体育活动和社交舞蹈等是最直接有效的方式。各种体育活动（篮球、足球、排球、健美操等）既能把大学生旺盛的精力吸引到锻炼身体的活动中，同时又能展开异性之间的互动，篮球比赛时场上的运动员和场外的啦啦队员之间的互动就是异性性能量释放的过程。社交舞蹈（交际舞、拉丁舞、探戈、街舞等）更是如此，既能陶冶情操、提高修养，又能让舞者在舞蹈中释放性能量。总之，构建科学的大学生性心理健康教育模式必须从性心理的三个方面（性的认知、情感、意志）着手才能解决问题。这样院校才能真正承担起既教书又育人的责任，才能真正办好人民满意的教育，培养中国特色社会主义事业的合格建设者和接班人。

链接　　习近平总书记在《纪念五四运动 100 周年大会上的讲话》

新时代中国青年要树立远大理想。青年的理想信念关乎国家未来。青年理想远大、信念坚定，是一个国家、一个民族无坚不摧的前进动力。青年志存高远，就能激发奋进潜力，青春岁月就不会像无舵之舟漂泊不定。正所谓“立志而圣则圣矣，立志而贤则贤矣”。青年的人生目标会有不同，职业选择也有差异，但只有把自己的小我融入祖国的大我、人民的大我之中，与时代同步伐，与人民共命运，才能更好实现人生价值、升华人生境界。离开了祖国需要、人民利益，任何孤芳自赏都会陷入越走越窄的狭小天地。

新时代中国青年要树立对马克思主义的信仰、对中国特色社会主义的信念、对中华民族伟大复兴中国梦的信心，到人民群众中去，到新时代新天地中去，让理想信念在创业奋斗中升华，让青春在创新创造中闪光！

（王桂琴　汪　婕　顾小花　李　霖）

第三节　安全性行为

案例 5-2　　**初尝禁果的痛苦**

小雨在大二的时候遇见了小伟，小伟在城市的北边，她在城市的南边，每次她去见小伟都要坐将近两个小时的车，虽然有点累，但还是乐此不疲。

在两人尝到“爱情之果”之后，就克制不住自己的欲望。由于对性知识的匮乏，他们并没有采取安全措施。在小雨迟迟不来例假之后，两人意识到了问题的严重性，随后就去医院检查。检查发现小雨怀孕了，还是宫外孕，随后就是借钱、流产手术、休养。从那之后，小雨变得沉默寡言，小伟看着心疼，但是也无能为力，慢慢地他们之间的矛盾越来越大，最终分手了。

问题： 1. 什么是安全性行为？

2. 大学生小雨应该如何学会保护好自己？避孕的方法有哪些？

目前，我国高校大学生年龄多在 17～24 岁，正处于青春发育的后期，随着性成熟、性意识地萌发，不仅出现一系列青春期特有的现象，也产生了性知识需求问题。长期以来我国的性教育没有受到足够重视，致使大学生对性相关问题的认知相对不足。有关调查显示，青少年性知识的获得途径一般是由书刊、朋友同学、广播影视，而来自学校教育、父母家庭较少。随着时代的变迁，社会的发展，大学生的性观念正在发生着深刻的变化，其开放程度不断增强，且随着年龄的增长、年级的升高，性观念开放程度有不断升高的趋势。在性行为方面，尽管由于社会和文化因素的不同，我国大学生婚前性行为发生率比欧美国家低，但多数研究表明，大学生婚前性行为已存在相当比例，也存在着随年龄的增长发生率增加的趋势，而学校性健康教育还是一个很薄弱的环节，因此开展系统的、规范的包含安全性行为，艾滋病及其他性病的性健康教育迫在眉睫。

所以说目前高校性健康教育离要求的还有很大的差距，青少年的安全性行为知识有待于加强和提高，本节旨在普及大学生安全性行为的知识及技能。

一、安全性行为的定义及方法

所谓安全性行为是既能避免性风险的性行为，又能得到性的愉悦。狭义的安全性行为指降低性病感染风险的性行为，广义的安全性行为除此之外，还包括进行性行为的人的心理状况、进行性行为的环境等。相对的，不安全的性行为就是指没有使用避孕或是抗性病措施，或心理状况不健康的情况下进行的性行为。

安全性行为于 20 世纪 80 年代末因为艾滋病而开始受到关注。从社会的观点来看，安全性行为可视为一种降低风险的策略。安全性行为也可以用来作家庭计划，但很多避孕工具并没有防止性病的功能。安全性行为提供了较安全地满足生理需求的可能性，因此有重要意义。

（一）安全性行为的方式

1. 节欲　几乎可以避免可能的风险。婚前及婚外男女性行为不属于安全性行为，因此很多人特别支持节欲。

2. 自慰 属于安全性行为，互相手交只要不接触漏出的体液亦属于安全性行为。

3. 社会控制因素 安全性行为的倡议者认为，要完全避免与别人发生无风险的性行为是不可能的，所以建议降低意外怀孕与性病的风险。忠实而且双方都无传染病的“一夫一妻”或单配偶（包括同性伴侣）生活很安全。但是要小心，许多只有单一伴侣的人就是被那些伴侣传染上性传播疾病的，这些伴侣可能从外遇、静脉注射、输血或是从之前的伴侣感染疾病。

了解伴侣与自己，特别是性病状况，如做 HIV 检测并及时对性病进行治疗。不是单一性伴侣的，要减少性伴侣，特别是陌生的性伴侣，这样可以减少患性病的概率。与性伴侣进行沟通，要说出想做什么，不想做什么，包括可以接受什么，避免过激行为。在性行为之前或之中不要使用包括酒精的麻醉品，这些会造成疏忽大意。

4. 防止体液交换 性活动时不要有血液、阴道分泌物、精液的直接接触，全程使用保险套（又称避孕套或安全套）。阴道性交或肛交时使用保险套。手上会有不注意的伤口，用手进行自慰时精液或阴道分泌物中的病原体会进入人体。用手套进行自慰可以防止指甲划伤生殖器。

5. 环境因素 选择舒适、安全的地方进行性行为，保持身心健康。

（二）安全性行为的注意事项

含杀精剂的保险套不适合防性病。世界卫生组织的一项研究显示，杀精剂是种刺激物，而且会造成黏膜上的小洞，增加性病侵入薄弱点。将阴茎在射精前拔出的“性交中断法”（或称体外射精）也不是安全性行为。因为阴茎射精前流出的液体就足以造成性病传染或怀孕。

（三）不安全性行为的风险

不安全性行为的风险主要有三个方面，即身体的损害、心理的损害和计划外怀孕。

1. 身体的损害 是指性行为会伤害身体。在过度劳累、醉酒后、月经期间、妊娠期、产褥期、生病期间的性行为都可以损害身体的健康；而一方患病时也有感染对方的机会；心情恶劣时，整个身体的状况会处于一种亚健康状态，性行为所产生的剧烈冲击，可能会加重这种亚健康状态，这时身体中比较薄弱的内脏器官就可能患病。不要过早开始性生活，女性生殖系统一般要到 20 岁才基本发育成熟，在这之前开始性生活，对身体会有极大伤害。此外过早过频的两性行为也会使女性患上阴道炎、宫颈炎甚至宫颈癌等多种妇科疾病。

性传播疾病（sexually transmitted diseases，STD）是指主要通过性接触、类似性行为及间接接触传播的一组传染病，已成为当今世界严重的社会经济问题和公共卫生问题。不安全的同性、异性和双性性接触，会有 HIV 感染的风险。高风险人群主要有男男性行为者、与 HIV/AIDS 者有性接触者、多性伴侣人群、性传播性感染者。

2. 心理的损害 是最伤夫妻感情的。如一夜情是最不安全的性行为。一方面，由于不了解对方的身体状况，对方有可能患病从而传染给另一方。此外，性行为中过分激动的表现也会诱发自身器官中已存在的疾病，尤其是心脑血管系统的疾病，甚至会暴死于性活动中。不少人在婚外性行为以后经常出现比较严重的心理后遗症，如担忧自己被感染上性病、担忧被家人尤其是自己的配偶知道等，心理上后悔、自责甚至长期忧虑、惊慌，从而损害健康。

3. 计划外怀孕　两性性生活会有意外怀孕的风险。意外怀孕通常以人工流产告终，而每一次人工流产都是对女性身体的一次伤害。科学地选择适合自己的避孕药具，保证性行为的安全。

二、避孕的原理及方法

有避孕措施的性行为一般不会引起计划外怀孕。避孕可以由男方也可以由女方来实施；可以事前也可以事后避孕；可以一次也可以长期甚至永久避孕（绝育）。可以采取不同的方法来达到避孕的目的。

（一）原理

避孕主要控制生殖过程中三个关键环节：①抑制精子与卵子产生；②阻止精子与卵子结合；③使子宫环境不利于精子获能、生存，或不适宜受精卵着床和发育。理想的避孕方法，应符合安全、有效、简便、实用、经济的原则，对性生活及性生理无不良影响，为男女双方均能接受并乐意持久使用。目前常用的女性避孕方法有宫内节育器、药物避孕及外用避孕等。

（二）方法

1. 宫内节育器（intrauterine device，IUD）　是一种安全、有效、简便、经济、可逆的避孕工具，为我国育龄妇女的主要避孕措施。宫内节育器的抗生育作用，主要是局部组织对异物组织的反应而影响受精卵着床。

2. 激素避孕　指女性使用甾体激素达到避孕目的，是一种高效避孕方法。自 20 世纪 60 年代，美国第一个复方口服避孕药 Enovid 上市后，显示了其可靠的避孕效果。我国 1963 年成功研制出第一批甾体激素复方口服避孕药，以后不断研制出长效口服避孕药及避孕针，由于长效避孕制剂中激素含量高，现已渐趋淘汰。激素避孕药根据药物作用时间分为短效、长效、速效和缓释类，按照给药途径可分为口服、注射、经皮肤、经阴道及经宫腔（宫内节育系统）。缓释避孕系统目前常用的有皮下埋植剂、阴道药环、避孕贴片及含药的宫内节育器。黄体生成激素释放激素类似物避孕、免疫避孕法的导向药物避孕和抗生育疫苗等，目前正在研究中。

3. 外用避孕

（1）阴茎套：也称避孕套，为男性避孕工具。作为屏障阻止精子进入阴道而达到避孕目的。其为筒状优质薄型乳胶制品，顶端呈小囊状，排精时精液储留在囊内，容量为 1.8ml。阴茎套分为 29mm、31mm、33mm、35mm 四种规格。使用前应先行吹气检查有无漏孔，同时排去小囊内空气，射精后在阴茎尚未软缩时，即捏住套口和阴茎一起取出。使用时选择合适阴茎套型号，不宜过大或过小。每次性交时均应全程使用，不能反复使用，正确使用避孕率高，达 93%～95%。阴茎套还具有防止性疾病传播的作用，近年来受到全球重视。

（2）阴道套：也称女用避孕套，既能避孕又能防止性传播疾病。

（3）外用杀精剂：是性交前置入阴道，具有灭活精子作用的一类化学避孕制剂。目前临床常用有避孕栓剂、片剂、胶冻剂、凝胶剂及避孕薄膜等。正确使用外用杀精剂，有效率达95%以上。使用失误，失败率高达20%以上，不作为避孕首选药。

4. 安全期避孕　又称自然避孕，是根据女性生殖生理的知识推测排卵日期，在判断周期中的易受孕期进行禁欲而达到避孕目的。此法包括日历表法、基础体温法、宫颈黏液观察法。日历表法适用于周期规则妇女，排卵通常发生在下次月经前14日左右，据此推算出排卵前后4～5日为易受孕期，其余时间视为安全期。基础体温法和宫颈黏液观察法是根据基础体温和宫颈黏液判断排卵日期。基础体温的曲线变化与排卵时间的关系并不恒定，宫颈黏液观察需要经过培训才能掌握。因此安全期避孕法（自然避孕法）并不十分可靠，不宜推广。

三、应急避孕方法

紧急避孕（emergency contraception）又称房事后避孕，是指在无保护性生活或避孕失败后的几小时或几日内，妇女为防止非意愿妊娠而采取的避孕方法，包括放置宫内节育器和口服紧急避孕药。紧急避孕虽可减少不必要的人工流产率，但该方法只能起一次性保护作用，一个月经周期也只能用一次，不能代替常规避孕而作为常用避孕方法。紧急避孕主要适用于避孕失败者[如阴茎套破裂或滑脱、未能做到体外排精、错误计算安全期、宫内节育器（IUD）脱落或移位、漏服避孕药等]；性生活未采取任何避孕措施者；遭到性强暴者；已确定为妊娠的妇女禁忌使用。

紧急避孕方法有宫内节育器，在无保护性生活后5日（120小时）内放置，避孕有效率达99%以上。适合希望长期避孕且无放置IUD禁忌证的妇女。紧急避孕药物主要有如下：激素类，如左炔诺孕酮片，在无保护性性交后3日（72小时）内首剂1片，12小时后再服1片；非激素类，如米非司酮，在无保护性生活后120小时内服用，单次口服25mg。

四、艾滋病的预防

艾滋病已成为严重威胁我国公众健康的重要公共卫生问题。当今社会大学生性观念日益开放，性行为日益增多，在大学生中开展科学的、系统的性与生殖健康教育，尤其是正确使用安全套、采取安全的性行为教育显得尤为重要。

在世界范围内，性接触是艾滋病最主要的传播途径。有易感染HIV危险行为的人群是指有卖淫、嫖娼、多个性伴侣、男性同性性行为、注射吸毒等危险行为的人群。性接触者越多，感染HIV的危险越大。洁身自爱、遵守性道德是预防经性途径传染艾滋病的根本措施。除了正确使用避孕套，其他避孕措施都不能预防艾滋病及其他性病。男性感染者将HIV传给女性的危险明显高于女性传给男性的危险。女性有权主动要求对方在性交时使用避孕套。及早治疗并治愈性病可减少感染HIV的危险。

迅速治愈各种生殖器感染可以减少感染和传播艾滋病。如怀疑自己患有性病或生殖器感染要及时到正规医院检查、咨询和治疗，还要动员与自己有性接触的人也去接受检查。部分女性感染性病后无明显症状，不易察觉，如有高危性行为，应及时去医院检查和治疗。

正规医院能提供正规、保密的检查、诊断、治疗和咨询服务。切不可找游医药贩求治，也不要购药自治，以免误诊误治，延长病程，增加感染HIV的机会。怀疑自己感染 HIV 时，应尽早到有条件的医疗卫生单位或疾控中心去做 HIV 抗体检测和咨询。

性教育是人生在幼年、少年、青年的特殊阶段的特殊教育，建立正确的性心理机制，为正确处理情感问题、建立科学的交友观念，健康顺利地完成学业打下基础。

案例 5-2 分析讨论

1. 所谓安全性行为是指既能避免性风险又能得到性的愉悦的性行为。狭义的安全性行为指降低性病感染风险的性行为，广义的安全性行为除此之外，还包括进行性行为的人的心理状况、进行性行为的环境等。相对的，不安全的性行为就是指没有使用避孕或是抗性病措施，或心理状况不健康的情况下进行的性行为。

2. ①首先，不要过早开始性生活，过早过频的两性行为也会使女性患上阴道炎、宫颈炎，甚至宫颈癌等多种妇科疾病；其次，防范意外怀孕，科学避孕，要科学地选择适合自己的避孕药具，保证性行为的安全；最后，不要讳疾忌医，密切关注自己的身体，重视身体的警报，发现问题及时就医。②目前常用的女性避孕方法有宫内节育器、药物避孕及外用避孕等。

链接　　联合国大会上通过的《2030 年可持续发展议程》

联合国通过关于艾滋病问题的政治宣言，承诺共同加大防治艾滋病的努力，到 2020 年实现一系列具体目标，到 2030 年结束艾滋病流行。所谓结束艾滋病流行，意思就是结束艾滋病在人与人之间的传播，让艾滋病作为一种流行性疾病成为历史。全球要在 2030 年实现“零艾滋”面临多项挑战，如 HIV 感染高风险人群也并非全部得到有效帮助，尤其是男男性行为人群。

联合国总干事谭德塞博士在 2020 年 12 月 1 日世界艾滋病日活动上指出，世界卫生组织工作的首要重点是在强有力的初级卫生保健基础上，实现全民健康覆盖，增进健康和预防疾病。在全世界消除有人仅仅因为贫穷或是女性、年轻人、同性恋、变性者、性工作者、吸毒或入狱而生病和死亡的现象。

我们是在为所有人的健康而奋斗。团结一致，共同努力，我们就能回到终止艾滋病流行的正确轨道上来，造福广大民众，建设更健康和更安全的世界。

问题与思考

1. 请联系实际分析大学生失恋后的不良行为及调适方法？
2. 婚前性行为到底应不应该，您是怎样看待的？
3. 请您阐述是否有必要在大学校园开展推广使用安全套教育。

（王思思　汪　婕　顾小花　李　霖）

第六章　大学校园环境与健康学习

学习要求

识记：正确陈述校园环境的内涵；能够识记校园环境的各组成部分。掌握健康的内涵；掌握体质健康的内涵；掌握心理健康的内涵。掌握大学生的校园行为类型。掌握健康学习的具体内涵；掌握校园环境与健康学习的关系。掌握大学校园环境中健康学习的适应内容；掌握校园环境与大学生健康学习间的相互适应的关系。

理解：能够理解生活环境、学习环境、工作环境、精神环境的具体内涵。了解大学生体质健康的现状；了解大学生体质下降的原因；能够理解大学期间的心理发展特点。了解环境行为学的内涵；了解校园环境与大学生行为的互动关系。理解内隐学习、分析心理学及内驱力的含义；理解校园环境中健康学习的含义。了解元学习的含义；理解适应性的内涵。

运用：通过对校园环境的理解，达到对校园环境中的各部分的合理利用。掌握大学生增强体质的方法；掌握大学生解决心理问题的具体方法。通过学习基于大学生价值观对大学校园环境的要求及互动关系，以及基于行为模式对大学校园环境的要求及互动关系合理规划校园环境，规范大学生行为。掌握健康学习的方法；熟悉校园环境对大学生健康学习的正面影响；了解校园环境对大学生健康学习的负面影响；通过对本章内容的学习，为自身设计校园环境中健康学习的理想方案。掌握大学生如何适应校园环境的方法；运用本章学习的内容，通过自身健康学习改善校园环境。

第一节　校园环境中生活环境、学习环境、工作环境和精神环境的解析

校园环境是生活环境、学习环境、工作环境、精神环境等一切在校园范围内对教师与学生学习、工作、生活产生影响的条件集合。

一、生活环境

校园环境中生活环境的构成较为复杂，就校园实体范围内而言，分为寝室环境、食堂环境与其他公共区域环境。

（一）寝室环境

高校寝室是大学生在校期间学习、生活、休闲娱乐、人际交往等各个方面进行交流的重要场所，对大学生进行思想教育，在塑造学生的人生观、价值观和世界观的方面发挥着巨大的作用。因此，和谐的寝室环境对大学生未来的发展十分重要，是学生健康成长的前提条件之一。寝室环境可以分为自然环境和人文环境，也可以说是硬件环境和软件环境。寝室的自然环境指的是寝室大小、设施、卫生等多个因素综合而成的客观环境，即寝室中

侧重于物质层面的因素。同时也包括寝室的外部环境，即校园的整体配套设施。寝室周围的绿化环境对学生的日常休闲生活同样十分重要。干净整洁的寝室自然环境会使学生感到轻松自在，同时也会在一定程度上缓解内心压力，休闲环境中的操场、篮球场等场地的存在，也为学生平常的体育活动提供了便利。寝室的人文环境是指寝室成员间的人际关系，寝室的整体氛围等，重点在于意识水平。如寝室成员的学习、生活方式、交流方式等。寝室的人文环境对学生的发展有正面和负面的影响。优良的寝室环境对积极向上的学风的形成能够起到促进作用。寝室同学之间通过交流与沟通可以深化对知识的理解，同时也能在交流中对所学知识进行强化。宿舍作为一个较为固定的聚集场所，成为高校的细胞，它可以给大学生一种相对的归属感和安全感。作为大学生生活的重要场所，舍友之间的关系以及风气对学生的影响更为深刻和直接。然而，由于寝室成员来自不同的家庭，有着不同的知识结构和接受新事物的能力，寝室成员之间的各种差异很容易导致寝室同学之间的关系不和谐，甚至寝室气氛也不友好。

（二）食堂环境

高校食堂在高校日常生活中起着基础保障的作用，食堂环境也越来越受到大众的重视。食堂作为校园的组成部分之一，是保障学生能够安全就餐的重要单位，食堂的整体水平也是衡量一所高校综合水平的重要因素之一。大学生的学业压力大，在校园内基本是三点一线，因此食堂需要创造一个舒适柔和、安静卫生的就餐环境。这种环境除必要的硬件设施以外，还可以进行一些装潢或悬挂一些自然风景，让大学生能够感到轻松愉悦。同时，就餐环境的卫生环节也十分重要，食品卫生、环境卫生、从业人员的个人卫生、公共餐具的卫生都要进行严格的把关。高校食堂的饮食文化也是校园文化的重要组成部分之一，通过提高菜品质量，提高从业人员的道德素质和工作素质，透明各种制度和工作流程，营造出更加宜人的就餐环境。与此同时，学生食堂不应该只是用来吃饭的地方，应该兼具娱乐、交往、学习等功能，是学校教育、培养学生的又一重要场所。

（三）其他公共区域环境

其他公共区域环境指的是校园环境中一系列的配套设施，不仅包括体育设施，如操场、篮球场、体育馆等，还包括生活设施，如超市、大学生活动中心等，以及校园的整体景观，如各种绿化设施。这类公共区域环境主要是大学生休闲娱乐的场所，作用是为大学生的校园生活提供便利，让他们能够感受到像家庭一样的温暖，同时也能使大学生在繁忙的课业压力下，能够放松身心，保持身体上和心理上的双重健康。

二、学习环境

学习环境主要包括课堂环境、自习室环境、图书馆环境、班级环境，以及学校的学术氛围。

（一）课堂环境

课堂是教师和学生共同活动的场所，因此课堂氛围的营造，也离不开二者的共同努力，尤其是老师与学生之间的良性互动。良好的课堂氛围，不仅会给教师和学生带来愉悦，使双方精神焕发，思维活跃，而且能通过教学过程中的情感交流，语言表情的暗示等途径使教师“教”的最佳心理状态和学生“学”的最佳心理状态相吻合，激发各自的潜能，高质量地完成教学任务，更好地实现教学目标。对于学生来说，课堂是获取知识最重要的场所之一，但课堂也不仅仅是获得知识的地方。高校的课堂当然是要传授具有专业性质的知识，但更重要的是提高大学生的科学素养和人文素养，促进大学生养成良好的品德与个性。过去的课堂氛围大多比较枯燥，多是老师单方面的进行输出，学生被动地接受，而如今高校更加注重大学生素养的培养，课堂氛围也逐渐活跃起来，老师与学生逐渐融合，形成一个统一的整体，老师也不再是单纯地输出知识，更多的是担任一个启发者的角色，通过启发式教学锻炼学生独立思考和敢于质疑、敢于创新的能力。

（二）自习室环境

自习室是学生在课下进行自主学习的重要场所，同时，自习室的整体环境在校园环境中也是不可缺少的一部分，建设能够满足学生基本的学习环境和自我提升需求的自习室环境，显得尤为重要。自习室可以说是一所学校的隐形名片，是每个在读大学生关心且关注的问题。随着时代的发展，自习室的改进与建设尤为重要。从硬件来说，自习室宽敞明亮、夏有电扇、冬有暖气，相比于宿舍更加符合同学们在学习时的客观需求。同时，自习室的学习氛围在一定程度上要高于寝室，在这样的氛围中更容易进入学习状态。但是，在自习室中学习，往往不到五分钟就有人进进出出，有的同学手机不静音，人为制造的噪声会扰乱学习状态。

（三）图书馆环境

图书馆是校园环境的一个重要组成部分，可以称之为“信息配送中心”，也是学生的第二课堂，是高校的“心脏”。图书馆的整体环境对大学生的学习习惯、文化水平、道德品质以及素质培养起到重要作用。高校图书馆在大学生日常生活中是不可缺少的，在备考期间，图书馆一般都会成为学生们复习地点的第一选择。这是因为图书馆本身的职能就是阅读与学习，同时，图书馆的学习氛围在整个校园环境中应该是最浓郁的，在这样一个环境中，人更容易进入专注的状态。而且，图书馆的环境十分安静，避免了人为噪声的干扰，也更容易保持专注的状态。除去备考阶段，平时的日常生活中，图书馆也是许多学生阅读休闲的第一选择。这或许是因为校园的图书馆藏书十分丰富，学生的阅读选择不再只局限于专业领域，也可以选择自己感兴趣的其他领域，而且，由于有专人的管理，图书馆的整体环境十分干净美观，在这样宁静祥和的图书馆阅读的氛围中，学生可以进入阅读的理想状态，在阅读中不断提高自己的文化水平和道德修养。

（四）班级环境

班级文化是校园文化的有机组成部分，而班级环境也是校园环境的一部分，它对大学生的人格塑造、行为习惯的养成、人生观和世界观的培养也起到很大的作用。大学生的活动主要是以班级为基础的，所以大学生的班级环境以及他们的整体学习态度和行为将对个体学生产生很大的影响。此外，学生之间良好的友谊也有助于创造共同进步的学习环境和团结和谐的生活气氛。创造一个健康向上的班级文化氛围和良好的教育环境，对提高大学生的素质和人际沟通能力具有重要意义。积极向上的班级环境，不仅影响学生主体的个性行为和集体行为，而且能够引导班级向更好的方向发展，同时还具有驱动型的功能，能够促进个人形成向上的心理氛围。

（五）学校的学术氛围

一所学校的学术氛围能够潜移默化、持续深远地影响学生，甚至塑造学生。正如土壤养分决定植物的生长一样，大学的学术氛围对学生的素质和能力也起着至关重要的作用。所谓学术氛围，就是师生基于学术探索和创新的偏好和热爱，在各种科学研究中提倡不同学术观点、形成不同流派的争鸣和切磋。学术氛围的直接表现就是敢于质疑的创新精神，严谨务实的科学精神，坚持不懈的奋斗精神。一所高校浓郁的学术氛围，对于熏陶学生的创新意识、点燃创新思维的火花、激励创新动力以及在实践能力的发展方面都会产生潜移默化的影响作用。学术氛围也有助于树立良好的校风。师者以身作则，做到治学严谨、诲人不倦。师生之间相互尊重、真诚礼貌，建立民主、和谐、宽容的人际关系，使大学生能够在心情舒畅、民主自由、崇尚科学、乐于奉献、尊重个性的环境中追求创新和创造。

三、工 作 环 境

工作环境主要是指班委会、党支部、团支部、学生会工作、社团，以及行政助理、科研助理、助教等工作环境。

在校园环境中，班级是学生学习、工作、生活等活动的基本形式，是学生自我教育、自我管理、自我服务的重要组织载体，而学生党支部、班委会、团支部就是这些基本活动的组织者，他们主要的工作任务就是成为学生与老师沟通的桥梁，深入班级内部，听最真实的学生的声音。班委工作和支部工作的工作环境相对来说是比较轻松愉快的，但是要在同学中间起到榜样的作用，要严格要求自己的一言一行。参加班委和支部工作不仅能提升学生的个人能力，也能锻炼学生自我管理、自我规范的能力，好的班委更能营造团结、和谐、凝聚力强的班集体。学生会工作和社团工作，其工作任务主要是协调各个部门之间，学校与学生之间的关系，以及学校与外界的关系，这样的工作环境更加接近于社会工作环境，更加考验学生的情商，在这种环境中能够很大程度地提高学生的人际沟通能力。行政助理、科研助理、助教等工作职位，尤其是科研助理和助教，这类工作与学业有着千丝万缕的联系，其主要任务是培养学生的科研能力。在这样的工作环境中，能够培养大学生的创新精神、理论水平和实践技能，当学生具有了一定的科研能力，逐步给予其一定的任务，使学生在承担科研任务的实践的同时，科研能力得到进一步提高。校园中的工作环境为学生未来走入社会奠定了一定的基础，在这样的环境中，既能使个人的交际能力得到提高，也能使学业水平更上一层楼，积累更多的经验。同时，处在工作环境中，能够激发起人的斗志，大学生应该是蓬勃向上、积极进取的，在一个积极的工作环境中会激励学生奋斗向前。

四、精神环境

精神环境由学校整体的文化传统、价值体系、教育理念、精神氛围等，与学生个人、集体的人生观、价值观、世界观组合而成，相互影响，相辅相成。教师与学生的整体气质，是高校文化气质及精神环境的体现。

高校校园精神环境是一所学校文化传统、价值体系、教育观念和精神氛围等方面的整合和结晶，是高校个性和风貌的集中体现。积极健康的精神环境可以为学生创造良好的生活、学习、工作环境，优化高校校园精神文化环境具有极其重大的意义。校园精神文化环境体现的不仅仅是师生整体的思想品德和精神风貌，更是一种精神，一种氛围和一种大学风气。良好的精神环境所释放的感性与知性的魅力，能够洗涤灵魂，影响和塑造学生真、善、美的德行与品格。

学生的个人心理环境和精神富足感也属于精神环境，在当下的校园生活中，学生在学业和就业等方方面面都有着较大的压力，因此，学生个人的心理环境同样不可忽视。健康的心理环境是大学生身心全面发展的基本要求，高校的校园精神环境有助于建立学生个人的健康心理环境，而同样，学生整体的心理环境也有助于营造积极的校园精神环境，两者相互依存、紧密联系。如今高校的校园生活丰富多彩，有多种多样、不同类型的社团组织，这些组织极大地丰富了学生的课余活动。参与感兴趣的社团活动，不仅能够在精神上得到极大的满足感，也能够结识到更多志同道合的伙伴，社团活动的开展也为整体的校园精神环境注入了活力。

21世纪是属于互联网的时代，而目前我国网民的主力军是活跃的青少年，在校大学生又首当其冲占据了主体地位，因此，网络环境对大学生个人心理环境的影响不容小觑。网络的快速发展，对开阔当代大学生的眼界，帮助他们了解新事物具有促进作用。但伴随着各种各样信息的涌入，网络上流动着的各种无用信息甚至是有害信息，在一定程度上严重影响了大学生的心理健康环境，不利于他们对知识的正常吸收，甚至会起到负面作用。网络环境是十分复杂的，因此，大学生在利用网络时，应该提高自己辨别信息的能力，在吸收正面信息的同时，尽量规避负面信息。同时，社会也应该加强对网络的监督管理，完善有关于网络的规章制度，防止大学生受到不良信息的侵害。

（王　鑫　林　粼）

第二节　体质健康和心理健康的内涵

案例 6-1　　**关注大学生心理问题**

案例一：某高校女生因为晚上自习回寝室，寝室同学未开门，第二天就将两升汽油倒在寝室地板上点燃，酿成火灾……近年来大学生由于心理问题引发的休学、退学乃至自杀、凶杀等恶性事件呈上升趋势。这一问题已成为影响大学生健康成长以及高校稳定的突出因素。

案例二：某高校女生结束自己生命的理由是买不起一件喜欢的新衣服。有专家认为，心理固然脆弱，但以自我为中心，漠视社会家庭责任的道德失落与人格缺失也是不可回避的事实。

问题：1. 大学生的人生发展特点有哪些？
2. 浅谈大学生心理健康。
3. 如何培养大学生的心理素质？

一、健康的新内涵

进入 21 世纪，随着我国经济的快速发展和人民生活水平的不断提高，健康问题已慢慢发展成我国普遍存在的社会问题。公民的健康可以反映出一个国家的综合素质，维护和提升每个公民的健康水平也是一个国家的社会责任。党和国家历来高度重视人民健康，先后印发了《“健康中国 2020”战略》和《“健康中国 2030”规划纲要》，致力于我国全面小康社会的建设、覆盖全民的公共卫生服务建设以及提升全民的健康水平。医学界过去习惯于从生物医学的角度来考虑健康和疾病的问题，认为生物学的指标是判断健康和疾病的最终标准。所谓健康就是没有症状，用客观测量方法找不到身体哪一部分有病态的证据，也就是无病即健康。现代社会人们是从全方位角度来理解健康的，WHO 提出，健康是一种生理、心理与社会适应都臻于完满的状态，将健康标准具体化以下几条：①精力充沛，对所承担的繁重工作和日常生活不感到过分紧张疲劳；②乐观、积极、勇于承担责任；③善于休息，睡眠好；④应变能力强，适应环境能力良好；⑤能抵抗一般性感冒等传染病；⑥体重适当，身体匀称；⑦反应敏锐，眼睛明亮；⑧牙齿清洁，无龋齿，不疼痛，牙龈颜色正常，无出血现象；⑨头发有光洁，无头屑；⑩肌肉丰满，皮肤富有弹性，等等。既包括了身体方面的因素，同时也包含了心理和社会适应，甚至包括了世界观、人生观等思想道德方面的因素。中共中央、国务院在 2010 年 7 月颁布实施《国家中长期教育改革和发展规划纲要（2010—2020 年）》中指出，要加强体育，牢固树立健康第一的思想，切实保证体育课和体育锻炼时间，加强心理健康教育，促进学生身心健康、体魄强健、意志坚强。

健康是生理健康与心理健康的统一，二者是相互联系，密不可分的。当人的生理产生疾病时，其心理也必然受到影响，会产生情绪低落、烦躁不安、容易发怒，从而导致心理不适；同样，长期的心情抑郁、精神负担重、焦虑的人也易产生躯体不适，产生心理问题的躯体化表现。因此，健全的心理与健康的身体是相互依赖、相互促进的。

二、大学生体质健康

大学生是我国未来国家建设和发展的重要人才资源，大学生的健康问题受到社会、学校以及家庭的高度重视和关注。大学生作为先进科学技术的生产力，作为实现国家快速发展的主体，大学生的体质健康关乎一个地区甚至整个国家的整体竞争力，大学生体质的改善和增强有利于国家经济和社会的发展。此外，大学生正处于身体发展和心理健康素质发展的重要时期，生理发育逐渐成熟，但他们在大学期间面对着相比高中时期更复杂的环境、更多的自由、更多的选择、更多的机遇，在这种相对自由的环境里，他们要独自面临很多状况，因此大学生体质状况与健康水平已经成为一个不容忽视的关注点。

（一）体质健康的内涵和大学生体质健康现状

体质指的是人体的质量，它是人体在先天遗传性和后天获得性的基础上所表现出来的形态结构、生理功能、身体素质、运动能力等方面综合的相对稳定的特征。体质包括人体的体格、体能、生理功能、适应能力和精神状态等内容的发展水平。体质健康的标志主要是：①身体健康，主要脏器无疾病；②身体形态发育良好，体格健壮，体型匀称；③呼吸系统、心血管系统和运动系统具有良好的生理功能；④有较强的运动能力和劳动工作能力；⑤心理发育健全，情绪乐观，意志坚定，有较强的抗干扰、抗刺激的能力；⑥对自然和社会环境有较强的适应能力。

随着5年一次的全国大学生身体素质结果的公布，虽然我国社会稳定，经济持续发展，人民生活水平不断提高，但是我国学生体质健康现状不容乐观。当前我国大学生的身体健康水平呈现出整体下滑的趋势，我国大学生体质健康状况存在着众多不容忽视的严重问题，大学生体质每况愈下。2005年全国第五次体质监测结果表明，我国大学生的体质健康出现不断下滑的现象。具体结果是大学生的超重率和肥胖率增高，大学生的各项指标都出现了下滑，尤其是肺活量下滑比较明显。2010年由我国教育部、国家体育总局等6部门联合进行的全国大学生体质与健康调研结果表明，大学生的肥胖和超重检出率继续增加，大学生的身体素质呈显著下降趋势。

研究者通过进一步对大学生身体素质现状的分析，并总结当前大学生身体素质现状和近30年大学生身体素质的变化情况，可以将我国大学生人口身体素质的主要问题归纳为三点：身体形态方面，肥胖和偏瘦增多；身体功能方面，肺活量持续下降；运动能力方面，各种运动素质均呈下降趋势，尤其是速度、力量和耐力素质下降明显。

1. 身体形态方面的问题 我国大学生身体形态方面的主要问题是肥胖和偏瘦的学生不断增多，占比持续上升。从全国检测数据来看，近30年我国男大学生身高始终保持增长，女大学生身高增长先期较快，后期逐渐平稳。身高是反映人体生长发育的一个重要指标，身高增长的长期趋势，具有积极的一面，表明我国大学生人口身体形态不断改善，身体素质整体提高。但从人口素质整体性特征考虑，对于身高的增长，应当与体重、运动能力等结合起来进行衡量。一般而言，人体的生理功能、运动能力伴随着身材增高而自行提升。身高增长应当是正常的营养、卫生、医疗、体育锻炼等外在环境影响的结果，身体形态与身体功能的协调、均衡发展才是真正意义上的健康。大学生身高持续增长是好的一面，但与其相应的身体功能和运动能力应当快速提升。与体重最密切相关的就是超重、肥胖问题。肥胖不仅影响人体的生理功能，同时还会诱发心血管疾病，破坏人体健康。超重、肥胖已经成为21世纪全世界公认的公共卫生问题，肥胖本身也被认定为危害人类健康的疾病。近年来，伴随着我国经济的快速发展，人口肥胖率也以迅猛的速度上升，并且呈现出由城市向农村蔓延，由成年人逐渐向低龄化发展的趋势。全国监测数据显示，男大学生的体重始终快速上升，女大学生体重升势平缓，但也呈上升趋势，且女大学生胖与瘦两极分化加重。对于女大学生偏瘦增多，这可能是由于女大学生更在意形体美，平时有意识地控制体重。但我们知道，如果通过控制饮食、服用药物等手段减轻体重，并不是健康的“瘦”，反而造成身体的羸弱，严重影响身体素质发展和身体的健康。

2. 身体功能方面的问题 我国大学生身体功能方面的主要问题是肺活量持续降低。肺活量是重要的生理功能指标。它综合反映胸廓的发育程度、肺的用力呼吸能力、呼吸肌的强弱和参与体育活动的水平。人体的各个器官、系统、组织、细胞每时每刻都在消耗氧，进行能量交换。人体内部的氧气供给全部靠肺的呼吸获得，在呼吸过程中，肺不仅要摄入氧气，还要将体内代谢出的二氧化碳排出。我们可以这样认为：肺是机体气体交换的中转站，这个中转站的容积大小直接决定着每次呼吸气体交换量的多少。肺活量检测数值低（与正常数值相比），说明机体摄氧能力和排出废气的能力差，人体内部的氧供应就不充裕，机体的一些工作就不能正常。一旦机体需要大量消耗氧的情况（如长时间学习、工作、剧烈运动时）就会出现氧供应不足，从而导致诸如头痛、头晕、胸闷、精神萎靡、注意力不集中、记忆力下降、失眠等不良反应，这不仅会影响学习与工作，而且会直接影响身体健康。

3. 运动能力方面的问题 我国大学生运动能力方面的主要问题是各种运动素质均呈下降趋势，尤其是速度、力量和耐力素质下降明显。运动能力包涵了人体的走、跑、跳、投等基本活动能力，是身体强壮、体力充沛的外在表现，也是人口身体素质最重要的组成部分，它直接反映出身体素质的发展水平。通过对近年来大学生运动能力变化趋势的分析，大学生运动能力指标的变化表现为三个不同的阶段，1985～1995 年各项指标有升有降；1995～2005 年各项指标快速下降；2005 年至今各项指标下降幅度趋于平缓，个别指标有所回升。通过综合抽测学生数据，我们认为，大学生的速度素质、力量素质、耐力素质仍处于较低水平，并且没有出现明显的回升，这也是现阶段大学生身体素质发展的主要问题。

（二）大学生体质下降问题成因分析

1. 思想意识偏差，锻炼机会较少 现代教育教学体制虽然经过无数次的改革，但是应试教育的思想根深蒂固，想要完全实施全面的素质教育还需要相当一段时间。另外，人们对体育的理解也存在一定的偏误，对于体育的思想认识不够深刻，学校、家长、学生三方面，基本是把文化专业知识课程当成重点，而忽略了体育锻炼的重要性，这种思想在中学时期尤为突出。因此，出现了大一新生体质测试成绩不理想的状态。进入大学，体育课作为大一、大二学生的必修课程，使得学生体质健康方面有了一定的改善，而这种被动地接受所产生的效果与主动参与所产生的效果相比，差别甚大。目前，大学生虽然对体育锻炼的好处持积极的态度，绝大多数学生都知道体育锻炼是提高体质健康最直接、有效的方法，但在实际生活中又缺乏积极参与体育锻炼的意识，只有个别学生能够在一定时期内主动进行体育锻炼。

调查显示，绝大多数大学生除体育课之外不会主动进行体育锻炼。一部分学生是因为不知道如何进行锻炼，不知道选择什么项目和方式；一部分学生是因为找不到一起锻炼的伙伴，感觉一个人去锻炼没意思；还有一部分学生选择宅在寝室上网玩游戏。而且，学生们普遍认为自己年轻，现在还不需要锻炼。对于体质健康测试，部分学生则是选择突击性训练，已达到通过测试的目的而不是心甘情愿的主动走进操场进行锻炼。

2.生活作息混乱，睡眠质量较差 据调查显示，电子产品的使用是影响大学生睡眠质量的一个重要因素。随着现代信息技术的发展，人人手拿一部手机已经成为一件习以为常的事情。高考以前，学生们由于学习上的巨大压力以及时间分配的紧张性，家长大多数限制子女接触手机、电脑、平板电脑等电子产品，极少数家长会因为联系的方便性而允许子女使用只有简单通讯功能的手机。而高考之后进入大学期间，一方面学习压力变小，一方面时间变得宽裕，而离家在外读书手机也逐渐变成生活的一种必需品。其实使用手机本身不存在任何问题，而关键在于一个度的把握。

一个普遍存在的现象就是大学生过度沉迷于手机、电脑里的各种游戏软件。调查结果显示，超过90%的学生日常使用手机时间平均超过4小时，使用手机时间的增多明显导致学生睡眠时间的减少，约85%的学生在晚上10点之后睡觉，63%的在11点之后睡觉，熬夜似乎已经成为他们的一种习惯。还有的表示不到十二点她们都没有瞌睡。睡眠时间的减少又进一步影响学生的精神状态，表现在上课注意力不集中，人体变得虚弱无力，还会使人体的各项器官功能变弱。人的一生中至少有三分之一的时间是在睡眠中度过的，睡眠的好坏，直接影响着另外三分之二的人生旅程。在良好的睡眠状态下，人体内会出现一系列生理、生化的变化，这些变化有助于恢复体力、增强免疫力，有利于战胜疾病和身体康复。良好的睡眠能够协调大脑皮层及增强肌纤维的功能。最活跃的大脑皮层及骨骼肌纤维细胞，经过一天的紧张学习或工作，代谢产物增加，人便会昏沉欲睡，全身关节、肌肉酸痛。这时就需要通过睡眠来松弛和缓解。所以，一旦学生严重缺乏睡眠，那么以上一切的功能都无法得到实现。

3. 饮食结构失衡，营养调节较弱　从大学生三年来的食品摄入情况和膳食结构分析，虽然各类食品人均摄入量略有变化，但膳食结构不尽合理状态并没有得到根本上的改观，大学生膳食情况呈“一高三低”态势，营养结构较为失衡。“一高”是动物性食物摄入量过高。中国营养学会推荐人均每日肉类摄入量为50～75g，而当代大学生人均每日肉类摄入量就高达135g，远超标准。“三低”分别是蔬菜水果、奶类和水产品类摄入量不足。而在外就餐机会的增多，除卫生状况令人担忧外，也容易忽略营养搭配。另外，经常在外就餐会增加脂肪和盐的摄入，容易引起肥胖、糖尿病及心血管疾病等慢性疾病的增加。

（三）大学生体质下降问题之对策

1. 个人健康意识要提高，健身习惯需养成　要提高身体素质，最重要的一个方面在于大学生自我意识的把握。要充分发挥运动的主动性与积极性，拓展课外体育锻炼的兴趣，参加各种有益于身心健康的户外活动，有条件和毅力的同学还可以定期去健身房健身，使全身各个部位都能得到很好的锻炼。

2. 学校制度要健全，基础设施待完善　学校作为学生生活与学习的重要场所，对学生的健康发展有着不可低估的影响。一方面，学校应该建立健全体测相关的制度，体育课项目类型选择多样化，体育测试通过率严格化，体育课时间延长化，体育教学质量高效化；另一方面，完善校内各项基础设施建设，为学生随时随地进行体育锻炼提供便利。

3. 家庭教育不可少，饮食营养要均衡　家庭被称为孩子教育的第一场所，所以，在提高大学生身体素质方面起着至关重要的作用。父母要为孩子做榜样，经常进行类似晨跑之类的简单锻炼；在饮食方面，要注意控制孩子的饮食，多吃健康的食品，水果、蔬菜等对身体发展有益的食物，均衡摄入维生素、蛋白质等能量，促进身体健康成长。

4. 社会积极引导，全面统筹规划　社会是一个大环境，关键在一个引导和统筹的作用：

引导社会主流意识的发展方向，引导社会价值观的形成，让全社会兴起一股爱运动、爱健康的风潮；统筹规划进一步促进社会体育锻炼活动的有效实施，不仅是大学生身体素质的提高，更要带动全民参与运动，共同健康。

养成体育锻炼习惯、养成健康的生活方式和树立正确的健康观，是贯彻落实《"健康中国 2030"规划纲要》的必然要求。

三、大学生心理健康

迄今为止，关于心理健康还没有一个统一的概念，就一般意义而言，心理健康标志着人的心理调适能力和发展水平，即人在内部和外部环境变化时，能持久地保持正常的心理状态，是诸多心理因素在良好态势下运作的综合体现。心理健康是心理的一种功能状态，如同生理健康是有机体的一种生理功能状态，心理健康也是个体的一种心理功能（机能）状态。从"健康"的定义出发，心理健康是一种心理功能正常或良好的状态。依据生态学观点，心理功能正常或良好指的就是个体心理与其环境能保持正常或良好的适应。这一认识实际上意味着心理健康作为一种功能状态，最终要表现为个体的适应状况，而只有个体适应正常或良好方能体现个体心理健康的正常功能或最佳功能。

（一）大学期间的心理发展特点

1. 青年期是人生发展的动荡期，容易发生心理问题　从大学期间社会性发展的特点来看，大学生既属于青年期，具有青少年发展的一般性特点，同时由于大学生是青年中知识和文化层次较高的社会群体，大学生面临着更多更为繁重的发展任务。因而，大学生强烈地意识到各种各样的欲求，这些欲求既有身心发展所带来的，又包括社会、家庭、学校所给予的，因而所表现出来的需要就显得极其复杂多样。

2. "第二次断奶期"引发的种种矛盾，容易发生心理问题　人的第二次生长的高峰期就是青年期，特别是青年期初期在生理上的变化极为显著，表现为身体形态的急剧变化。特别是性意识的出现和发展，使人的第二性征逐渐明显。低年级大学生一般在进行由青年期初期向青年期中期的过渡，各方面的变化虽然不像中学期间那么迅速，但仍然处于发展和趋于成熟的阶段。大学生由于身体的各种功能的健全和成熟，总觉得浑身有使不完的劲，并从中体验到自己青春的活力，深信自己的能力，感到没有任何力量可以阻碍自己前进。他们血气方刚，精力旺盛，对未来充满信心，能够勇往直前，克服一切困难和不利条件。大学时期是人的生理功能发展的鼎盛时期。

3. 大学期间学习任务和人际压力，容易发生心理问题　由于目前我国高校招生主要以考试成绩作为录取大学生的主要参考指标，在过去片面注重升学率的情况下，容易使大学生对学习成绩过分关注，无形之中形成了以与同学攀比成绩来衡量自我的习惯，这对大学生活和今后的生活都会产生适应上的困难。此外，除了繁重的学习任务以外，大学生作为知识分子群体中的代表，肩负着沉重的使命，善于内省，总是喜欢把自己生活的弦绷得很紧；追求卓越和完美的性格特点；较少体育运动，长时间伏案学习和从事繁重脑力劳动的生活模式下，压力难以疏解，就易发生心理问题。

（二）大学生心理问题之解决方案

1. 学习一些心理卫生知识，做到心中有数　一般来说，人们通常在了解到事物发展的规律以后，之前由未知而产生的恐惧或无所适从的心理就会随之而消失。对于大学生来说，了解大学期间的身心发展特点，不仅有助于消除对大学生活的误解，减少对大学生活的茫然和无助感，而且能帮助大学生更好地适应大学生活。

2. 掌握一些自我调节的方法　有了不良情绪就应该及时积极地排解和疏泄。下面提供几种方法，供大学生们参考：①认知调整法；②注意转移法；③合理宣泄法；④放松法。

3. 建立良好的人际关系　有研究表明，大学生中许多心理问题和困难都与人际关系有关，人际关系适应不良是大学生心理失衡和出现心理问题的重要原因。因此，必须维持良好而健康的人际关系，以开放的心态与朋友交往，与人交往，自爱而爱人，自尊而尊人，自助而助人，自信而信人，以同样的心理去接纳别人，欣赏别人的成功，保持良好的人际关系。

4. 培养多方面兴趣、爱好，使自己生活增加一些平衡点　丰富的兴趣和爱好不仅使人的生活得到了调节，而且使人的生活多了一些发泄各方面苦恼和忧愁的渠道，有益于维护身心健康。因此大学生应该弹性地调整自己的生活目标，不断地根据外界事物的变化和自身情况调整自己和生活目标，多方面培养自己的兴趣，适应社会多方面发展的需要。

5. 透过许可的方式，发泄自己心理情绪　稳定良好的情绪状态，使人开朗、轻松、精力充沛，对生活充满乐趣和信心，对人的身体和心理活动有积极的调节作用。在生活中，人难免会有意志消沉、情绪低落的时候，也难免会有这样那样恐惧、愤怒、妒忌等消极情绪，一方面，我们应学会控制这种负性情绪，提高自己对挫折和失败的承受能力；另一方面，应采取适当的方式，透过社会许可的方式，将消极情绪适当转移，而不要加以压抑，以此逐渐摆脱情感的危机。

6. 培养积极健全的人生观，以乐观向上的心态对待学习、工作　人生观是人们对整个人生的总的看法和基本观点，属于人们心理结构中比较深层次的动力源泉。正确的人生观能促进人生沿着积极健康的道路发展，相反，错误的人生观会使人背离生活的方向，甚至走向自我发展的歧途。因此，树立正确的人生观和积极的生活态度，不仅对大学生人生发展有所帮助，而且对提高其心理冲突和挫折的耐受能力，从而防止心理问题的发生，保持心理健康有重要的指导意义。

四、运动锻炼对体质健康和心理健康的影响

“生命在于运动”，这是古希腊伟大的思想家亚里士多德早在公元前 300 年就提出的名言，它深刻地揭示出了运动对于身体健康所起的重要作用。运动锻炼不仅对身体体质健康产生重要的影响，同时也会对心理健康产生积极的影响。

（一）运动锻炼对体质健康的影响

运动锻炼对于大学生身体健康的影响直接体现在大学生的身体发育。大学阶段的学生处于 18～22 岁的年龄段区间，甚至有些学生在进入大学时还未成年，身体还处于发展期

的末段，身体器官功能以及身高、体重方面都还有持续增长的可能。经常参加体育锻炼对人体功能的健康有着非常重要的意义。能够保持规律运动的人，其肌肉的体积较大，机体工作能力也较高，而且在灵活性、反应速度和协调性等方面也表现更佳。适当的运动锻炼能够帮助大学生拥有强健的体魄和健美的身姿，帮助大学生各部分的身体功能正常发育，从而形成较好的体格和身体素质。体育锻炼对机体各方面的影响如下。

1. 对心血管系统的作用 体育锻炼时，全身血液循环加快，心脏和全身的供血状况改善。心肌细胞内的蛋白质和肌糖原增多，心肌纤维增粗，心壁增厚，心脏血容量增大，每搏输出量增加，安静时的心率变慢，心脏的体积和重量增加。由于消耗体能大量的脂肪，减少了心脏的压力，从而降低心脏病的发生。通过增加动脉血管的弹性，起到预防高血压的作用。

2. 对呼吸系统的作用 体育锻炼时，机体消耗的氧和产生的二氧化碳均增多，为了满足机体的需要，呼吸系统加倍工作，使呼吸肌逐渐发达，功能增强。同时还可扩大胸廓活动的幅度，增大胸围和肺活量，使安静时的呼吸频率变慢且呼吸深度加深。经常适量的锻炼还有助于预防呼吸道疾病的发生。

3. 对神经系统的作用 人体的一切活动都是在神经系统的调节和支配下进行的。反过来，身体的每个动作及各器官的生理活动都可以对神经系统产生刺激作用。这种刺激作用可以增强神经细胞的工作能力和神经系统的调节能力，使大脑的兴奋性、灵活性和反应速度大大提高，视觉、听觉更加敏锐，记忆力和分析综合能力增强，还可消除大脑疲劳，提高工作和学习效率。

4. 对骨骼、关节及肌肉的作用 体育锻炼有助于骨骼的生长，可使骨骼变得更加坚强，对人体起到更好的支撑和保护作用。体育锻炼可使关节囊和韧带增厚，加强关节的牢固性和对压力的承受性。通过提高神经系统对肌肉的控制能力，使肌肉对神经刺激产生反应的速度和准确性以及各肌群间相互协调配合的能力改善，因而发挥出最大的运动效果，并可使肌肉粗壮，力量增强，提高抗疲劳和耐酸痛的能力。

（二）运动锻炼对心理健康的影响

运动锻炼有助于智力的发展和提高。经常参加运动锻炼，可以促进大脑的开发，使神经系统的兴奋和抑制过程更加集中，对外刺激的反应更加迅速、准确，还可以提高人的视觉、听觉、感觉、神经传导速度、神经过程的均衡性和灵活性，促进神经系统功能的增强。运动锻炼有助于情感与情绪的调节和改善。运动锻炼不但可以转移不愉快的意识、情绪和行为，使人从烦恼和痛苦中摆脱出来，而且不良情绪可以得到及时的宣泄。运动锻炼有助于坚强意志品质的培养和形成。在运动锻炼中，要不断地克服客观困难和主观困难，在战胜自我的前提下，越是努力克服主观方面的困难，就越能培养良好的意志品质。运动锻炼有助于自我正确观念的确立和人际关系的改善。通过运动锻炼结识更多的朋友，使每个人都融入集体中，为自己成为集体中的一员而心情舒畅，精神振奋。运动锻炼有助于减轻疲劳，消除心理障碍。通过体育锻炼，使自身的心理功能、身体素质得到改善，身心得到一种舒适的感受，减轻疲劳，产生积极的成就感，从而增强自信心，摆脱压抑、悲观等消极情绪，消除心理障碍。

经常参与运动锻炼不仅能强身健体，还能陶冶情操，培养积极情感，有助于形成良好的竞争意识和健康稳定的心理状态。特别是精神萎靡不振、心境差的人群，常会在运动锻炼的体验中受益，这是因为人们在参与运动锻炼的过程中，各种感知信息输入机体，从而唤醒了人体各器官系统的功能水平，使人外在呈现为精神振奋。在平日繁忙的学习、工作和生活中，当遇到困难或挫折，心绪不佳时，通过参与运动锻炼可降低肾上腺素受体的敏感性，使人精神焕发，消除烦恼。参与运动锻炼时排汗，人体新陈代谢加快，锻炼结束后感到周身轻松，心情舒畅，食欲增强，睡眠改善，所有这些对于缓解压力、增进身心健康、减少心理障碍和消除病态心理都大有裨益。当前大学生面对的学业压力和就业压力越来越大，保持良好的情绪和心态十分重要，运动锻炼能够预防和缓解大学生的不良心绪，能够减负减压，给大学生带来愉快和心理满足感。

总之，运动锻炼可以陶冶人的情操，培养良好的情感，促进个性的完善和发展，全面提高心理素质。运动锻炼有助于减轻或消除人的紧张烦躁或忧虑情绪；培养竞争意识和拼搏精神，形成群体意识和团队精神；培养自尊心、自信心、顽强的毅力和审美鉴赏能力；促进社会交往和提高对社会环境的适应能力。通过运动锻炼还可以体验成功的喜悦，胜利的欢愉，产生心旷神怡的愉快心情。运动锻炼可以提升大学生的记忆力、上进心、自主感、自信和社会关系，这些对大学生毕业以后保持良好的运动习惯至关重要。未来的生活习惯、生活能力和生活态度更难改变。体育锻炼与人的自尊、自我效能感、自我意识、自我形象之间存在着一定的关系，通过体育锻炼，可以提高生活质量、减轻压力、缓解改善焦虑和抑郁状态。高校应制定相应运动策略，以改变学生不积极的生活方式，为终身的习惯打下坚实基础。

案例 6-1 分析讨论

1. 大学生人生发展的特点：①单一的人生经历。大学生因长期生活在学校，对国情民情缺乏应有的体验，缺乏实际生活锻炼。②个体化的生活道路。学习活动是大学生的主体活动，学习活动具有个体性的特点。③知识分子的生活方式。大学生的生活方式具有知识分子的某些特点，更为主要的是，知识分子工作方式是以脑力劳动为主的方式，经常从事脑力活动也有可能导致心理问题的产生。

2. 大学生心理健康问题既是心理问题，也是道德问题。从心理健康的含义来看，健康就内在地包含了身体健康、心理健康、社会适应良好和具有良好道德品质的内容，因此道德因素本身就是心理健康的重要组成部分，促进学生心理健康，内在地包含了道德健康的成分。

3. 随着社会的转型与发展，人们的利益需求趋于多元化，价值观念出现碰撞与交融，大学生心理遇到困扰和冲突在所难免。近年来，大学生心理疾病比例增高。大学生的许多问题不仅需要通过思想政治教育来解决，还需要通过心理健康教育来解决。高校学生思想政治教育与心理健康教育既有联系又有区别，现实工作中必须探索高校学生思想政治教育与心理健康教育有机结合的途径和方式，根据大学生心理特点及其发生、发展、变化的规律开展思想政治教育，使高校学生思想政治教育能够真正深入到学生心理层面，提高高校学生思想政治教育的科学性、针对性和实效性。

（王　鑫　彭　源）

第三节　校园环境与大学生行为的互动关系

“我们塑造了环境，环境又塑造了我们。”——丘吉尔

一、环境行为学概述

环境行为是指人在环境的影响下所引起的生理及心理的反应与变化，包括外显的活动与内在的情感、态度、认知等。人与环境是相互依存又相互影响的关系。人是环境的重要组成部分，人的行为会对环境产生影响，反之，环境的改变也直接影响到人的行为。美国当代著名心理学家阿尔伯特·班杜拉班在交互决定论中批驳了行为主义者的环境决定论，指出：“行为、人的因素、环境因素实际上是作为相互连接、相互作用的决定因素产生作用的”。心理学认为，行为的产生遵循着“需要—动机—行为”的发生过程，在这个过程中，外界环境因素对每个过程都会产生影响，改变着发展的途径与结果。人的行为与环境之间对互相的作用并不是对等的，一般来讲，很多情况下环境对人的行为的作用要更显著。良好的环境有益于人的身心健康及发展，不同的空间环境会给人不同的感受，引导人们发生不同的行为。例如，人对周围环境的感应，在对楼间距研究方面，区分了密度与拥挤两个概念，过于狭窄的楼间距容易让人产生紧张情绪，安全感下降，敏感度增强。

学生是大学校园的主要社会构成，在与校园的互动中表达着自己的物质需求、空间需求与精神需求。在学习、生活、聚会、交流等丰富的校园生活中，年轻有活力的群体在大学管理和日常规律下也表现出不同的行为方式和特征。乐于交往、追求自我价值的实现是他们的普遍向往，而大学不合理的规划却会阻碍学生自由空间的发展，产生消极的校园情绪。

康奈尔大学《1985 年校园规划指导准则》中有这样一段话：“期望进入康奈尔大学的学生承认，在他们选择康奈尔大学的诸多理由中，校园环境是仅次于学术上杰出声誉的第二位理由。”校园是伴随着人们学习成长的场所，是人们学习、生活的载体，构筑大学校园物质环境，塑造校园精神环境，给师生以教育和启迪，可以寓教于景，充分调动大学生的学习主动性和积极性，促进大学生的身心健康。

二、大学生的校园行为类型

高校学生作为特殊的群体，对于环境的心理需求十分复杂，主要体现在两个方面，即自我确定的需求以及社会化的需求，二者就是对应了高校学生对于公共空间的渴望以及对于自我情感归属的需求，公共空间的存在可以帮助学生更加舒适的进行人际交往，从而建立其集体主义的情感，自我情感归属则是满足学生自我发展的需要，学校提供个人空间从而让学生能够在此环境下充分释放自我，与此同时也使大学生慢慢在学校中找到归属感。我们时常将曾经学习的校园亲切地称呼为母校，这正是学生对于高校的情感归属的体现。学生作为校园环境的主体，如何为他们营造出“家”的感觉也是至关重要的。安全作为人类生存的最基本需求，也是对于景观设计的最基本要求。近年来，校园安全事件不断频发，

校园治安混乱、暴力频发等新闻不断冲击着人们的视线，如何在校园规划设计时将其考虑其中，都需要设计者们花费心思。校园环境是为了让学生感受到安全、温暖，因此设计中一些安全隐患要做到及时排查，随着科学技术的快速发展，一些新技术、新产品可以应用其中，从而为学生建立一个更加和谐安全的校园环境提供了物质保障。

校园中学生需求的多样性激发了行为的动机，随后产生了多种行为类型。扬·盖尔在著作《交往与空间》中将人的外部空间活动根据行为发生的动机属性划分为必要性活动、自发性活动以及社会性活动。必要性活动源于环境中的个体在不同程度上都必须要参与的活动；自发性活动较必要性活动有更大的意愿主观性，没有被动的必要约束并在适宜环境下都可能激发；社会性活动是一种依赖他人参与的“连锁性”活动，这类活动具有更随机、更多样的产生原因：可能是有组织的公共活动而引发，也可能是由于必要性或自发性活动在适宜环境下的转化。同样，学生在大学校园中的行为也在与这几类活动的交织融合。

（一）必要性活动行为

大学中的必要性活动主要产生于大学学习、生活等的基本活动需求。教学区、生活区、体育运动区是大学必要性活动的主要转换单元，是必要行为发生的主要场所。如上下课的教学活动、食堂就餐的餐饮活动、课外的体育活动以及引起的等候、停留、行进等相关行为。此类活动因为有明确的目的性，因此活动的发生较少受到环境因素的影响。

（二）自发性活动行为

在适宜环境的吸引下，学生会产生满足自我体验的愿望。这类活动既可以由外部空间环境而引发，如闲暇散步、在草地上感受阳光等，也可能由建筑内的空间引起，如在建筑连廊空间驻足观望、在图书馆的台阶上看书等。优美的校园环境和建筑空间可以激发自发性活动的动机，必要性活动的时间也会趋向延长，而自发性活动是引起有交往意义社会性活动的主要基础条件。

（三）社会性活动行为

社会性活动是大学中实现交往的主要行为，营造促进交往的环境也是规划设计需要关注的重点。按照活动的方式可以分为直接社会性活动与间接社会性活动。直接社会性活动可以是有组织的校园活动，如社团活动、娱乐活动等，也可能是在适宜的环境中由自发性活动为基础偶然激发的活动，如不经意相遇的交谈、相同兴趣或活动引起的共鸣性交流等。网络普及的校园生活也出现了借助于网络交流的间接社会交往方式，拓宽了社会活动的广度，甚至成为校园生活中不可或缺的交往方式。但间接社会性活动不能替代直接社会性活动，过度沉浸在虚幻的社会中会影响现实交流的能力。因而，校园规划的目的也应该创造学生乐于融入的环境、提供频繁接触的现实空间、促进交往与交流的平台。

三、基于大学生行为模式的大学环境设计及互动关系

（一）基于大学生价值观对大学校园环境的要求及互动关系

价值观是大学生行为模式和整个校园环境的核心部分，它本来从属于含有多种内容的

精神文化层面，而大学校园环境主要关注大学精神、教育理念、建筑哲学等三个方面。

首先，大学精神是大学办学、经营、教育等所有行为的基本精神规范，具体指超凡脱俗而又崇尚自由的学术氛围，朴实高尚而又严谨缜密的学风品德、具有归属感和凝聚力的空间氛围等。它决定了整个校园规划及建筑设计风格取向是健康、高雅、神圣的，它是整个价值观体系的核心，不随年代变更而变化。

其次，教育理念则反映了一定时代背景下的教育哲学及价值取向。它是随着时代的发展而变化的，一般随着生产力的进步、经济模式的改变、人才类型需求的不同，而产生了不断适应新时代要求的办学理念、教育模式等。而这些理念又进一步决定了校园空间设计的模式取向。

再次，建筑哲学是指宏观的一定国家民族地域内的建筑空间营造时所依循的价值观念、审美倾向等。大学精神的这种价值取向，自然而然的对校园空间的艺术风格、场所氛围等提出了最高层次的定性要求，这也成为校园环境设计所必须具备的首要特征。首先，高尚的大学精神鼓励求真、朴实、刻苦、上进的学风，也鼓励尊师重道的品德，更鼓励灵活自由、勇于开拓的创造精神。因此，大学精神要求大学校园文化景观具有相适应的高雅、健康、庄严、沉实而又充满朝气的格调氛围，并能激发创造、引导思辨的自然山水灵气。

（二）基于行为模式对大学校园环境的要求及互动关系

1. 亲切宜人 人的自发行为要求心理安全，这就需要环境具有宜人的尺度和亲切温馨的氛围，而不是巨大、空旷、冷漠。这是营造交往活动的最基本空间特征，它要求建筑师借助建筑、绿化、道路、水体等要素，设计出有层次的、具有一定私密性的空间。

2. 独立并避开干扰 人的自发行为具有分离趋向，这就要求适宜交往的环境能独立存在，避开流线空间和正式的功能用房，使动与静的人流、正式与自发的活动分开。

3. 方便到达 人的自发行为具有可达、易达、依附等便捷趋向，这就要求建筑师对交往空间的位置做出精心选择，并充分考虑其与必要流线空间的相互联系。近年来，大部分校园努力营造交往空间而实际效果差强人意，就是对环境的这个特征没有把握好。

4. 景观优美 人的自发行为具有景观趋向，这就要求建筑师为交往空间设置良好的视野，面向绿树草坪、山石流水、亭台楼阁等，有了优美的景观，自然能酝酿出师生们良好的心境，增加了师生们在场所停留的意愿，有利于自发活动的产生。

5. 可参与性与多功能性 人的自发行为具有附属功能参与趋向，这就要求建筑师为平凡的交往空间注入多些附属型的功能用途，以实际的正式的生活活动来引发进一步的交往和学习。高等学府独有的规划型制——规整的中轴线序列空间，营造了肃穆的纪念性氛围，同时给人以对学术殿堂尊崇敬畏的感觉；同时融于自然山水的总体结构，以及学院组团不拘一格多种多样的布局方式又给人以学府应有的灵活氛围及其激发学术创新的感觉。这两者，在一般学校里通常是兼而有之的。

总的来说，严谨治学与自由创新氛围的对话、理性精神与浪漫情结的结合是校园环境的一大艺术特征。富于人文气息的校园环境——它拥有记载着历史文脉的场所，如曾经举办过学生演讲比赛和发起过捐赠活动的露天广场；它拥有许多人文古迹，例如象征着百年老校的校门牌坊和名人轶事发生的处所；它拥有充满人文情调的环境要素，如名人雕像，乃至古树名木及其简要说明，从而实现从校园物质空间层面为学生塑造一个适宜的学术环境的需求，使学生品质与能力在校园环境的行为积淀中得以塑造。

总之，我国大学校园建设的工作进行得如火如荼，包括各种类型的校园新建、扩建和改建，新老校区合并后的更新与发展，并且投入了大量的资金和宝贵的土地。基于人们对美好事物热爱的心理需求，努力在环境营造中塑造校园风光的宜人性，极大地改善了学生们学习、生活的质量，丰富了校园中的各项活动。人们在校园景观中感受到的决不应仅仅是视觉上美的享受，精神文化是更高层次的美。校园景观中蕴含的深厚的大学精神和文化更是大学文化人所渴求的。校园环境的建设不仅能为学生提供优越的教学环境，也能对学生产生潜移默化的作用和影响，发挥着校园景观春风化雨、润物无声般的陶冶功能，最终达到“蓬生麻中不扶自直”“入芝兰之室久而自芳”的育人效果。

案例 6-2　　北京大学的校园环境

国内外著名的学府一般都有着百年的历史，这些保存完好的古老建筑，充满历史气息的场所是高校特有的文化景观，浓郁的历史积淀是老校园的财富。北京大学的整体校园环境是一种高贵典雅的氛围。这种气质特征形成北京大学的主体气质。北大以未名湖为自己的核心文化景观，在核心文化景观周围形成朗润园、镜春园、蔚秀园、燕南园等若干的次文化景观，主辅相依，互相渗透。“博雅塔”与“未名湖”形成北大标志性的“一塔湖图”，而“博雅”二字是北大精神中最不朽的图腾，“校有博雅，塔有精魂”是北大人追求思想自由和科学民主浪漫的文化价值观，既形成了面向未名湖的丰富多彩的校园环境，又显示了主体文化景观所表达出的大学核心文化价值观，代表了北大追求思想自由和科学民主浪漫的象征（图 6-1）。

铜像是深受北大人尊敬与景仰的、为中国教育做出了杰出贡献的蔡元培校长。北大的精神魅力之所以独树一帜且延续至今，与蔡元培校长的作为息息相关。该雕塑文化景观具有强烈的教育和纪念意义，启迪学生的思想，提升学生的境界（图 6-2）。

图 6-1　北大未名湖

图 6-2　北大蔡元培雕像

（王　鑫　林　鄰）

第四节 校园环境对大学生健康学习的正面影响和负面影响

案例 6-3 **李同学的大学校园生活**

A 大学为综合类高等院校，底蕴颇深，学术氛围浓厚，校舍典雅美观，生活设施齐全。该校体育学院与医学院展开了专业群建设的初步合作，在两院院方引导下，与相关企业对接，由体育学院 2020 级运动训练专业 1 班与医学院 2020 级基础医学专业 3 班合作成立了“意识主导下的人体机能控制训练”的横向项目，由运动训练 1 班负责项目实践、纠错与数据信息采集，基础医学 3 班负责数据分析与方案设计。

运动训练 1 班中，负责短跑模块实践与数据采集的李同学由于自主学习能力与自律性相对较弱，在翻转课堂的模式下无法较好地完成学习任务，不能与其他模块项目取得同步进展，遭到同学的排挤，自尊心受到打击，自暴自弃，导致学习状态与生活状态自由散漫，时常破坏课堂教学秩序、校园公共学习秩序与公共生活秩序，并因生活作息不规律、生活习惯不健康，影响了同寝室舍友的正常学习、生活，使得寝室氛围不和睦，矛盾频发。

大二期间，李同学沉迷网络直播，并结识了相邻城市 L 市的大学生女主播张某，最终发展为恋人关系。李同学频繁逃课，不定期赴 L 市看望女友，导致与学院项目进度脱节，并无法正常参与运动训练，导致项目数据采集无法保证科学性。同时，由于维系异地恋爱关系资金成本较高，而李同学经济能力有限，李同学不断以哄骗、要挟等手段向基础医学 3 班与其对接项目工作的王同学借钱，并最终与“校园贷”发生借贷关系。由于无力偿还债务，李同学长期受到“校园贷”工作人员电话骚扰与恐吓，并被王同学向两院院方管理部门举报。得知被举报后，在女朋友的怂恿下，李同学非法纠集当地社会人员若干，欲在对王同学从图书馆回宿舍的途中进行报复。经路过的学生会同学及时报告，两班班主任及校保卫处工作人员迅速出面阻拦，暂时化解矛盾，并对李同学进行了深刻的思想教育。事后，由于情节严重，李同学被予以记过处分。

最终，班主任与李同学的家人取得了联系，督促其偿还债务，并时刻关注李同学的动态，在校园心理咨询室老师与班干部的帮助下，将李同学逐步引导回归正常的学习、生活状态，同时辅助其项目模块的进行。

问题： 1. 结合案例，你认为的校园环境中对健康学习的正面影响与负面影响来源分别有哪些？

2. 本案例中，影响校园环境的社会环境因素有哪些？

3. 如果你是李同学，在受到负面影响后会如何解决？

一、知 识 链 接

1. 内隐学习 是一种个体在无意识状态下对事物规律、机制、特征接受与适应的能力，是校园环境对健康学习产生影响的原理及主要方式。在内隐学习的英文翻译中，implicit 有暗示的意思，此处暗示可理解为本能的自我心理暗示。对环境暗示的顺从，它同样发生在低等动物中。在对内隐学习理论的早期研究中，由于其获取知识的途径具备抽象性特征，研究者认定其具备概括性，并以此对学习能力产生迁移。然而在诸多研究者后期的范式研究结果中表明，该迁移性无法在所有实验中普遍证实，所以其不具备迁移的普适性，但存在特化性。而同时，外显记忆的加深可以逐步内隐，这也从侧面证实了环境对人的影响的客观性。

2. 分析心理学　又称荣格心理学、原型心理学，是一门探究人类心灵原始意向的心理学学说，该学说由瑞士精神病学家卡尔·荣格创立于 20 世纪早期，其脱胎于荣格的老师西格蒙德·弗洛伊德的个人无意识理论，并加以完善。由于二者理论基础的不同，此两派学说最终形成对立。

荣格的分析心理学学说由自我意识、个体无意识、集体无意识三个层次组成，他认为该三个层次组成了人类个体的完整人格。其中，自我意识作为第一层次，可以被个体直观感知。它是保证人格结构完整的根本，并帮助个体对人格进行完善和提升。个体无意识为第二层次，可理解为个体潜意识，它是与意识的个体化功能不相一致的心灵活动的反应、内隐记忆以及无法形成记忆的意识等方面的总和，对人的情绪、情节造成影响，并影响自我意识。集体无意识为第三层次，荣格将其解释为人类先天遗传的具有共性的意识，其不能被个体自我意识察觉，但对自我意识可产生实际影响。该层次争议颇大，在此不做赘述。

本章节将以分析心理学中自我意识与个体无意识的结合为基础，提出学生自我精神建设的方法。

3. 内驱力　认知教育心理学家戴维·保罗·奥苏贝尔认为，学习情境中内驱力由认知内驱力、自我提高内驱力、附属内驱力组成。认知内驱力是学习的内部动机，取决于学习者注意某特定现象或刺激的意愿，即好奇心或兴趣。自我提高内驱力是一种对完成任务时自我即时获得感的需要，它将学习作为达成目标的桥梁，属于外部动机。附属内驱力同属外部动机，与自我提高内驱力相似，但不同的是，其以获得第三方肯定为目的。

对于内驱力的学习及自我分析，是学生产生自我认识，明确自身定位与学习目标的重要手段。

二、校园环境中健康学习的模式

（一）健康学习

1. 健康学习的概念　大学生的健康学习是一种充分合理利用校园环境中的硬件环境与软件环境，以健康的生理状态与心理状态，在有效结合校园管理与自我管理的前提下，形成责任意识与契约精神，对所学专业与课程教学目的有系统且完善的认知，明确自身定位，构建学习中的自检体系，立足实际，开拓思想，建立学术思维，注重专业的发展与创新，制定符合自身实际情况的职业发展规划，完成教师的教学目标，实现自身的学习目标，并以此辅助构建良好的人生观、价值观、世界观的学习模式。

2. 健康与学习的关系　作为当代大学生，在我国高等教育由普惠化教育向精英化教育转型，与我国经济市场由制造业向高精尖行业转型的阶段中，应做好充分必要的准备，提高自身能力，以适应社会环境的发展。学生需具备强健的体魄，支持面对更高学业压力与个人追求的学习状态。同时，以健康的心态应对校园学习周期内的挑战，以适当的方法释放学习压力、工作压力、生活压力，尽可能地实现不良情绪的自我心理疏导，为向参与社会工作过渡做好心理准备。

同时，良好的学习状态可以提高学习效率，扩大学习成果，提升即时获得感，自然为自身树立自信，降低心理对生理造成不良影响的概率。

3. 健康学习的方法

（1）自我定位：为科学合理地制定自身学习目标、工作目标、发展目标，学生需首先明确自身定位。该定位是对学生自身生理承受能力、心理承受能力、学习能力、组织沟通能力、消费能力、生活习惯等当下自身实际情况的客观分析，也是对所处学校、所处院系、所学专业、所处班级、自身排名在全国高校、全行业横向对比中所处位置的客观认知。

横向对比可使学生明确当下的实际情况，并以此为参照，为自身设立纵向发展目标。清楚地找出学习状态中的主要内驱力，形成逐步完善的自我认知。同时，对学校、学院可提供的教学资源、生活资源有充分了解，并客观合理地整合资源，制定更为高效的学习计划，以稳步达成目标，减少情绪极端化的可能性。

（2）学习资源：基于信息化技术的飞速发展，当代大学生的信息获取渠道变得更为广泛，信息获取量大大增加。相应的，学生自身的信息分析、辨别能力也得到了加强，校园的教学资源已逐渐不能满足大学生对专业学习的实际需求。

因此，基于校园内的学习资源，对社会教育资源的选择与合理运用是关键所在。

首先，学生应了解学校对自身所学专业所制定的人才培养方案，或称教学计划，明确学校对自身的培养方向与培养目标。因高校具备相对的学术前瞻性，而此前瞻性具备行业指导性，并普遍基于行业前瞻性与市场前瞻性，所以其人才培养方案的时效性、客观性、科学性皆可以得到保障。

其次，学生通过对所学专业人才培养方案中课程结构、课程说明的梳理、分析、总结，结合各课程教案，可建立在校期间的所学课程的体系框架，明确每门课程间的逻辑关联性与发展性，形成对所学专业知识结构相对完整的初步认知，以此通过内隐学习加强元学习能力的提升。同时，结合课程教案，了解并掌握教师每节课中的教学目标，明确自身学习目的，充分调动认知内驱力与自我提高内驱力，并将其二者分别代表的内部动机与外部动机相结合，以通过自我意识调配的方式，为自主学习提供良好的心理基础。

再次，通过对专业学习框架的建立与对每节课教学目标的明确，形成学习进度、学习成果的自检体系，将整体论与化约论相结合，培养自身的学术思维能力，同时为自身营造良好的潜意识环境。

最后，在此基础上，通过筛选，用校外优质教育资源填补专业知识框架中的薄弱环节，以提高自身专业水平。

（3）生活资源：校园内的生活资源大多能够基本满足大学生的生活需求，同时也是校园管理的重要组成部分。生活区虽是学生休息、休闲的区域，但同样需要维护秩序。该秩序于学生而言，是学生个人与群体道德素养与法律素养的体现，具体表现在个体的自律。

自律是对学生自身学习、生活的负责，也是对他人、对集体的负责。在个人的学习、生活中，自律保证了身体的健康与学习进度的稳定性。集体生活中，自律不影响他人的表现，减少了发生矛盾的可能性。同时也不受他人或外界的影响，牢记自身作为学生的主要任务与身份。

而自律不单单是在他人面前的自律，更应是独处时的自律，是思维的自律。这需要学生建立健康的人生观、价值观、世界观，以培养明辨是非的能力，抵御各类不良影响。所以，大学生校园生活中的自律应是行为的自律与思维的自律。在自律的前提下，利用现有生活资源，找到适合自身的劳逸结合的途径与方式，疏导压力，发展爱好，为自主创造力创造空间，甚至做到爱好与自身所在的专业领域结合发展。

（二）校园环境对健康学习的正面辅助

校园环境是生活环境、学习环境、工作环境、精神环境等一切在校园范围内对教师与学生学习、工作、生活产生影响的条件集合。同时，校园环境与社会环境、学生原生家庭环境有着密不可分的联系。这样的环境使校园环境的稳定产生了诸多不确定因素，实际是对校园的管理提出了更高的要求。此处的管理不仅仅是校园各职能部门对学生学习、生活的管理，更加需要学生加强自我管理。而从学生自身，必须充分了解各类环境可能会对自己产生的影响，做好分类，结合自身情况分析利弊，未雨绸缪，以便及时发现问题，解决问题，更大地提高自身的学习效率，扩大学习成果，为参加社会工作做好充分准备。

1. 硬件环境　包含了校园环境中所有的硬件设施，是为学生学习、生活提供的场所，即重要的后勤保障，其根本在于设施使用安全与使用秩序的维护。因此类设施是全体在校师生的共享资源，所以此处对于维护的理解不应仅停留在校方管理的层面，更应是所有在校师生自发性、本能性的维护，这也是校风校纪、校园思想文化等校园精神文明建设的侧面体现，是对学生契约精神与主人公意识的培养。

单就硬件设施的建设、开放与管理而言，需做到人性化，秉持“以人为本”的基本理念，满足在校师生的实际应用需求，主动适应当下学科建设发展与学生日常的学习、生活需要，使所有教职员工与在校生有相对稳定的学习环境，最大程度疏导学生的学习压力与教师的科研压力所带来的不良情绪。例如，实验、实训设备的采买；图书馆、自习室的开放周期与容载率；学生生活区生活设施的配备；医疗设施的配备；等等。让学生产生对校园的归属感、责任感，以校为家。

作为学生而言，应充分并合理利用校园现有的一切硬件设施，不过度占用校园公共资源，并发挥责任感，主动维护所有在校师生的共同利益。同时，可针对学习、生活当中的实际需要，通过适当渠道、途径，规范、合理地提出诉求。

2. 软件环境　大学校园环境中的软件环境涉及颇多方面，具体表现在精神环境、学习环境、工作环境、生活环境等当中。

（1）精神环境：精神环境建设应放在校园环境中的首位，此处的精神环境是一种思想环境，其指导所有其他类别的校园环境建设与一切校园日常工作事务的规范进行。精神环境由学校整体的文化传统、价值体系、教育理念、精神氛围等，与学生个人、集体的人生观、价值观、世界观组合而成，相互影响，相辅相成。教师与学生的整体气质，即是高校文化气质及精神环境的体现。

学校需引导学生明确自身作为自然人、社会人、校园人的三重身份，完善学生的道德意识与法律意识，培养学生的契约精神，将其与国家责任感、民族责任感、社会责任感、家庭责任感、职业责任感等全面融合，形成健全的人格，建立健康的认知体系与价值体系，并最终走向社会，肩负起使国家富强、民族复兴的重担，为人类社会的进步谋求发展。同时，为其营造良好的学习环境与生活环境，提供安全可靠的硬件设施与符合国家需求、社会需求、市场需求、学生个性化需求并具备相应学术前瞻性与社会市场前瞻性的教学资源，同时通过对各类需求的整合分析，帮助学生实现更加真实的自我定位，该定位包含了学校的定位、学院的定位、学生所学专业的定位、学生的自我定位，及时发现问题，于在校期间提前做好缓冲，使其建立健康的心理环境，有更充分的准备迎接毕业后在就业市场中面临的挑战，并为学生职业发展观的建立打下坚实基础。

校园精神环境中，文化传统、价值体系、教育理念与精神氛围紧密联系、不可分割，具体表现为校园环境中的学习环境、工作环境与生活环境，并与时俱进，通过该三类环境的具体实践，对精神环境进行自检与提升。同时，校园精神环境与外部环境息息相关，受党和国家思想、政策的指导与监督，承担为社会主义建设输送专业人才的责任，于学生而言，则是公民责任感与使命感的培养，并最终发展成为其个人价值体系的根本。

大学生是大学校园精神环境建设的践行主体，其基于内隐学习原理，受校园精神环境暗示，逐步自然形成普遍相似性的表征，在行为习惯、行事准则等方面达到基本统一。而由于先天性格、原生家庭、地域文化、社会文化等因素决定的人格个体差异，与个人内心需求决定的认知内驱力的动机倾向性，多向交错形成各类大小精神文化群体，通俗来讲，称之为“圈子”。“圈子”的精神环境是多样性的校园内部精神环境与外部精神环境通过兴趣形成的交集，直接且较大程度地影响学生在校期间的个人价值体系的建立，它可以是学习的圈子，可以是生活的圈子，可以是参与社会工作实践的圈子。所以，对学生进行“圈子”选择或组建的引导是校园环境管理工作的重要环节。在学生在校的学习周期内，时间与精力是有限的，科学引导学生进行“圈子”的选择或组建，可将二者最大化用于学生的学习与工作，扩大其学习成果，并通过众多个体成果的扩大使校园环境整体得到提升，形成质变。

校园精神环境建设中仍存在众多不可控因素，如网络环境的管理，因其具备完备的社会属性，其无法通过校园管理部门单方实现实时跟进，需通过我国现行法律与校规的奖惩制度，加之以学生自身法律素养与道德素养为根本的契约精神进行自我管理。

（2）学习环境：学习环境主要包括课堂氛围、自习室环境、图书馆环境、班级的氛围，以及学校的学术氛围，从侧面体现了学校发展思路、管理思路及教育理念。学术成果与学术氛围，是一所大学真实实力的体现，也是其立足社会的根本。学术成果与学术氛围的发展是高等院校的职责所在，并直接影响人才培养的成果。学术氛围是学生专业学习中内隐学习的主要来源，可以提高学生学习的内驱力，促进个体潜意识的良性发展，是一种对学生思维与气质的培养。

学术的研究通常以课题化、项目化的形式进行，而为保证课题与项目的客观性、真实性、科学性，项目发展思路的实践与数据的采集通常工作量巨大，此即对参与项目的工作人员的数量与专业方向提出了需求。相应的，所属专业的学生因对专业学习方面的学术发展信息、市场信息等有所需求，教师的本职任务是为教学、教研，所以项目化教学可作为课堂中师生之间的纽带。同时，由于高校专业教学初级阶段课程中的内容基础性较强，但同样注重实践，为提高教学效率与项目进度，可选用翻转课堂式教学，教学内容在基础性专业教学的基础上，结合项目研究，以对项目的探讨为主，也让学生更加深入地参与到项目研发的过程当中，及时跟进项目进度，高效培养学生的学术思维，以此带动班级整体的学术氛围与图书馆、自习室的学习氛围。

当然，并非所有高校都以该项目化教学模式开展教学活动。此时，学生应充分发挥主观能动性，依托班级、社团等群体，以此为平台，借助图书馆等校园学习资源与自身具备的社会资源，邀请校方、院方指导，进行立项与研究工作的开展。同理，学生可进行独立学术研究。

图书馆与自习室的学习氛围是一所大学学术氛围的直观体现，并从侧面反映出学校教学管理体系中对学生专业学习的评测标准与学生对自身学习的评测标准。学生应对校方的评测标准有所了解，并熟知教师采用的教学法、教学体系，以便在自检过程中对自身所学知识的掌握程度有更为客观的认知。例如，布鲁姆教育目标分类学中将认知领域的教育目标的最高级定为“评价”，该最高级要求学生能够全面结合自己的学识，客观地对所学知识做出综合、理性的推断，而基于对学识全面性的要求，赋予该推断的附加值在理想状态下可无限扩大。图书馆与自习室的学习氛围同样由众多个体构建，在学生通过清晰的自我认知后，深化自我评断标准，可对图书馆与自习室的学习氛围进行反哺，并起到良好的示范性作用。

（3）工作环境：校园环境中的工作环境分为实体工作环境与工作氛围，实体工作环境中学生通常协同教师办公，该环境具备一定的社会属性，可有效提升参与工作的学生的自信，同时对其组织能力、执行能力有所加强。

而对参与工作的学生而言，影响更深的实则是工作氛围。为维持良好的工作氛围，参与工作的学生首先须做到对自身的严格要求，达到示范性标准，谨言慎行，提高交流能力与沟通能力。在具体工作中，其所承担的来自行政工作中校方与学生间的、社会与学生间的、教学科研工作中教师与学生间的以及诸多学生与学生间的双向压力都可以有效提升抗压能力。而超出学业的部分，实则是其内驱力主导的外显为寻求进步而自我牺牲的责任感与荣誉感。这也是校园环境中，为学生设立的更深层的培优性质的工作机制，为学生由校园向社会过渡提供了缓冲的机会。

（4）生活环境：校园环境中生活环境的构成较为复杂，就校园实体范围而言，分为寝室环境、食堂环境与其他公共区域环境。此三项皆对秩序的维护提出了要求，实则是对学生的自律提出了要求，在前文中已做出说明，在此不再赘述。在对此秩序的维护中，学生自身的内隐学习能力起到了重要作用，其基于人类文化的趋同性，与我国贫富差距不断缩小后城市化发展带来的学生个体成长环境的相似性，为秩序的稳定提供了自然基础。同时，学生个体的成长环境受所在原生家庭的成员年龄结构、工作领域、工作性质、社会关系与原生家庭所属区域的地域经济、文化等影响所造成的个性化、差异化，为多元校园文化氛围提供了先决条件。也正是因为个体成长环境的差异，使学生群体的认知内驱力产生了多样性，并由于内部动机的不同，使得学生群体学习与学术研究方向的倾向性更加多元，而对多元化成果的整合，即是学术层次的整体提升。

这样的多元化同样存在于学生的集体生活与社交当中，学生通过与不同成长背景但知识结构水平相似的同龄人进行交流，可深化自身对国家、社会、地域等多方面的认知，也为日后就业与创业寻找思路与契机。

（三）校园环境对健康学习产生负面影响的可能性

探究健康学习中校园环境的负面影响，实际是对校园环境中健康学习底线的划定，对当下校园环境中负面影响来源的认知与预判。

校园环境中的健康学习是一种在保证生理健康与心理健康的基础上，合理利用校园环境中所提供的一切学习资源、生活资源谋求学业发展、事业发展，明确作为自然人、社会人、校园人的责任与义务，遵守校纪校规与法律法规，并不断提升道德标准的学习状态。而打破这种学习状态的事件、行为等一切影响因素，均可视作负面影响的来源。

如前文所述，校园环境大体分为精神环境、学习环境、工作环境与生活环境，同时校园并非独立于社会而存在，客观受到外部环境影响。外部环境中又包含了社会文化环境、经济环境等诸多方面，直接影响到学生个体及集体的心理环境，也是校园环境对健康学习产生影响的极不稳定因素。

校园的内部环境为学生提供了基础的学习设施与生活条件保障，同时学校自身的办学定位、办学层次为学生提供了相应的学习平台与发展平台。

从精神环境层面而言，大学校园的文化传统、价值体系、教育观念、精神氛围等构成的整体环境对学生的思想引导具备根本性、趋同性，它是学生思想个性化、多元化的基础，而影响学生健康学习的不可控因素也正是从其个性化、多元化的发展中而来。

（1）学习与工作：校园环境为学生提供的学习资源、工作资源满足了学生的部分学习、发展需求，也因为不能充分满足，从而产生了竞争关系。这种竞争关系的发展难以定性，极有可能产生恶性竞争，引发冲突。例如，过度占用图书馆、自习室等公共学习资源引发的矛盾，职务竞选落败后对竞争对手的打击报复等。

在日常的课堂教学、课后自主学习与校园工作当中，个体对集体造成的负面影响不可避免，而这样的负面影响并非一定是主观性的，如个体由于客观原因影响了集体利益。于集体而言，学习氛围、工作氛围遭到了破坏，同时集体力量普遍高于个人力量，提高了该负面影响反作用于个体的风险，如校园霸凌事件的发生，从而扩大双方损失，易造成难以承担的后果。

（2）精神生活：学生在日常的学习活动、社交活动当中，随着高中学习阶段的结束，大学校园教学、生活管理模式带来的改变，客观激发了学生的个性化发展。其基于自身兴趣产生意识倾向，进而对校园、校外平台中课程序列外的小集体进行自主选择。这类小集体基于学生的流动性，为谋求发展，需要宣传自身、扩大影响力，所以通常具备相对自主完备的价值体系，以吸纳新的成员，如校内的学生科研团体、学生会、音乐社团、体育社团，校外的兼职集体、创业集体等。

但在校园亚文化与青年亚文化的影响下，价值体系扭曲的集体同样普遍存在。它们具备一定的组织性、隐蔽性、诱导性，人员流动较大，边缘模糊化。可以是一群沉迷网络游戏的同学，可以是日常出入娱乐场所的社会闲散人员，可以是网络主播直播间的观众。同时，也包括对社会治安及成员自身产生危害的不法群体。这些都是校园学生管理工作难以覆盖的区域，也是对校园主流文化发展与学生人生观、价值观、世界观的考验。

（3）物质生活：从物质生活层面而言，基本的生活条件保障已不能满足大学生中主流消费群体的需求，而当下大学生群体多以独生子女组成，随着与原生家庭的生活关系逐步被弱化，个体思维、生活独立化的突发式被动放开，学生自身的生活自由度与自主性得到显著的提升，惯性形成的自我意识得到解放，而外部刺激大量冲击学生过往长期积累的既有生活经验，大学生并不完备的自我价值体系面临挑战。由于国家经济策略中对内需拉动的需求，学生的消费观念对社会普遍消费环境客观地形成自然模仿，同学之间、舍友之间亦相互形成消费模仿，但大多数大学生的生活来源主要依托于原生家庭，较难实现财务自由，而日益膨胀的消费欲望难以得到满足，同学之间的借贷关系由此发生，而基于大多高校的开放性，“校园贷”等诸多恶性资本亦暗中涌入校园，导致学生的学习、生活皆受到严重影响，甚至走上违法犯罪的道路。

（4）业余生活：在结束高中的学习生活后，学生的学习压力骤减，而社会普遍流传的对大学校园生活的描述直接影响了大学生对此的基本认知。教育部于 2019 年 10 月 8 日发布的教高〔2019〕6 号文件——《教育部关于深化本科教育教学改革全面提高人才培养质量的意见》，提出要让大学校园的课程优起来、教师强起来、学生忙起来、效果实起来、管理严起来，形成中国特色、世界水平的一流本科课程体系，构建更高水平的人才培养体系。并坚决消灭“水课”，取消“清考”，这明确体现了我国大学生当下普遍的学习、生活现状。学生不忙，说明其课后的学习生活相对放松，缺少更高的学习目标、学术追求。而“清考”的产生，说明学生基本学习任务不能完成的现象普遍存在，也从侧面说明高校的整体教育管理理念、教育环境需要提升。

于学生自身而言，高校自由、民主的思想氛围使其天性得到解放，这样的外部环境带来的刺激学生无法快速消化，在不能及时将其所学专业的知识结构内化为自身价值体系的情况下，学习目标与发展规划难以建立，所以其在业余生活中很难将时间与精力主要投放在自主学习上。而由于这样的情况普遍存在，为校园学习氛围的营造创造了难度，学生的模仿行为与从众心理难以确立良好的参照。

同时，校园生活为集体生活，在校园文化亚健康的状态下，学生的个性化、多元化发展偏离正轨，其投放的时间、精力的主要方向差异化变大，不可控性增强，为其生理健康、心理健康发展埋下了隐患，并无法和谐融入集体生活，最终导致恶性事件的发生，或沉迷边缘化环境无法自拔。

案例 6-3 分析讨论

1. A 校教育理念先进，通过专业群建设，设立横向项目，结合翻转课堂，帮助学生提高学习效率，扩大学习成果，提前帮助学生适应毕业后的工作场景，而横向项目本身意味着学术的落地，使学生学以致用；但学习环境中的班级氛围与生活环境中的寝室氛围对李同学的包容度过低，缺少人性关怀，对其个人自我意识与潜意识产生负面影响，自我边缘化，并导致其对集体产生负面影响的反向效果。

2. 在此案例中，网络环境、社会环境、原生家庭环境皆对校园环境产生直接影响，其中，对学生个体及集体的网络安全意识及开放式校园环境中的人身安全意识做出了提醒。

3. 李同学最终问题的解决，反映出 A 大学校园环境实际具备相应的条件与水平，其先决问题出在对学生信息的了解渠道，即对学生行政工作环境的思想建设问题。

（王　鑫　杨砚池）

第五节 校园环境与大学生健康学习间的适应性

案例 6-4 **姚同学的校园生活经历**

姚同学是H大学生物工程学院的一名大三女生，在大学二年级的学习中，她的学习状态有所提升，整体成绩得到提高，这得益于同寝室室友陈同学的帮助。陈同学高中时英语成绩难以提高，每次考试只能勉强及格。大一军训后，陈同学通过竞聘加入了校团委组织部，并且学习成绩不断提高，在大二期间高分通过了大学英语4级考试。从大一下半学年开始，她邀请同寝室的其他三位女同学共同成立了课题研究小组，专项针对生物工程技术在化妆品中的应用进行研究，并制作专业视频，投放各大网络视频平台，在网络中受同龄人的关注度颇高。该课题由陈同学主持，其他三位同学分工明确，并时常邀请专业课老师及校内相关专业的博士生指导，保证课题研究工作的有序开展，同时保证了其视频内容的专业性。该课题与其他几个学生课题组共同受到校方嘉奖，且校方为其课题研究小组引入了资金。同时，由于该小组发布的视频点击量颇高，与Q化妆品公司签订了广告赞助协议，该小组成员的个人经济独立性得到了提高。在H大学的大学生创业指导课程中，校方将该课题小组在校期间的学习经历、工作经历作为教学案例讲授。同时，该校生物工程学院生物工程系在新的人才培养方案中做出调整，基于自身的学术前瞻性，将更具学术前沿与市场发展前沿的内容加入到了教学计划中，并加大了实践创新内容的教学占比。

姚同学的高中时代，各学科学习水平相对平均，这个状态一直维持到了她大学学习生活的初期。进入大一后她便平稳通过了大学英语4级考试，并主动帮助陈同学补习英语，却很快被陈同学反超。姚同学逐渐迷茫，甚至自我否定，导致成绩下滑，与陈同学开始疏离。在一次促膝长谈后，她被陈同学邀请加入了课题组，并通过对陈同学学习逻辑的模仿，以自己的课题研究工作为实践，慢慢找到了相较以前更适合自己的学习方法。

问题： 1. 姚同学学习方法有何不合理之处？

2. 陈同学的校园生活经历与校园环境有何关系？

一、知识链接

元学习（meta-learning）是一个初等教育学名词，它是一种个体知道该如何学习的能力，英文翻译为meta-learning或learning to learn，后者更好理解，直译为中文即是学会学习。所以元学习是一种学会如何学习的能力，或是主动学会学习机制、学习方法的能力。

当下该理论正用于计算机人工智能的开发，它使计算机基于算法、算力，通过对一些任务的学习与对样本的记忆，应用神经网络优化方法，随机下降梯度，形成对新任务的概括能力。目前，计算机人工智能元学习能力已具备了完成简单任务的能力，虽然研发人员对其算力优化的发展有所担忧，但随着量子机技术的发展，算力的局限性对计算机人工智能的影响将逐步减弱。

二、校园环境与大学生健康学习间的适应过程

1. 如何理解适应性　适应性本身是一个生态学术语，是生物体与环境表现相适的现象。适应性是通过自然选择，长时间形成的，如变色龙为保持与环境的协调而进化出的变色能力。所以，适应性行为是一个长期的过程，而这个过程的长短，取决于外部环境对适应主体的刺激程度与主体本身的精神环境。本节以健康学习为目标，即将达到健康学习的标准视作对适应过程的完成。而这个适应过程不单单是大学生个体的健康学习在校园环境中的适应过程，也是校园环境对本校当下在校大学生群体的健康学习进行适应的过程，可将其视作校园环境与时俱进，结合当下实际发展的行为。

影响校园与大学生之间适应性关系的基本因素大体可分为校园学习环境、教学模式，学生的学习动机、学习态度、学习能力几个方面。学习环境与教学模式是校园环境为学生提供的学习资源，学生的学习动机与学习态度受学生个人及集体的精神环境影响，而学习能力最终决定了学生学习成果的上限。

2. 大学校园环境中健康学习的适应内容　在进入大学校园的学习生活后，学校与学生之间的供需关系发生了较大的改变，实则是对学习生活的重新架构。学生不仅在校园环境中学习，同时也在其中生活，两者间的依存性实际变强。

（1）对学习环境、教学模式的适应：在教学活动中，学生面临的学习环境与教学模式发生转变，该转变是学生可见的、更为直观的变化。学生需要由以往被动适应的惯性中向当下主动学习占比更高的学习模式进行转变。同时，学习成果的呈现形式发生转变，而对于基于大学阶段的学习属性、学习目的，即以专业发展与事业发展为目的的基础，它赋予了学习动机新的意义，学生学习成果的评测体系也从以单一的唯分数论的模式，扩大至需要学生以自我评测体系进行自检的模式。同时，学生主要的实体学习环境由单一的固定课堂扩大至图书馆、自习室等公共自主学习区域。随着学习环境的扩大，其为教学模式的多元化、多样性发展与实施创造了空间。

所以，健康学习所需要适应的，是新的教学模式下对多种学习环境的组合使用。

（2）对学习动机、学习态度的适应：学习的动机决定了学习的态度，而学习动机如前一节知识链接的内驱力理论所述，分为内部动机与外部动机，并由认知内驱力、自我提高内驱力与附属内驱力三个部分组成。在新的校园环境下，提倡自由、民主的大学校园主流文化，使学生的自我意识得到解放。学生在解放的自我意识下，可以确定更适合自身的学习目标、生活目标。而后，通过对目标的自我解读，明确自身学习动机与内驱力的种类，产生更加清晰的自我认知。学习动机是由个体的认知维度决定的，其内驱力的强度与耐力取决于目标对学生自身的刺激强度。如果刺激过低，则从侧面说明其目标的设定并不用于自身。同时，内驱力的强度与耐力，客观反映在学生的学习态度上。但影响学习态度的因素颇多，若所有此类因素的总和高于学习动机，并同时对其产生影响，则学习态度必然下滑。

（3）对所需学习能力的适应：健康学习中，学习能力作为一切学习活动的核心，对学习动机、学习态度，甚至教学模式、学习环境产生影响。大学校园环境中健康学习所要求的学习能力是对学习活动充分了解并形成自主学习体系的能力，同时也是对校园精神环

境、学习环境、工作环境、生活环境及其他外部环境产生整体认知并能够适应的能力。它需要与高校的教育理念相契合，并不断适应与时俱进的专业发展趋势。

在诸多学习能力当中，我们可将元学习能力视作一切主动训练形成学习能力的根本，其所具备的概括性可对其他学习能力形成正迁移。元学习本身是一种基于化约论的学习，它将完整的学习逻辑进行拆分，并结合整体论，提升个人的整体学习能力。它是对化约论的应用训练，而化约论也正是现代科学中人类最常用的科研方法与教育方法。通过对元学习能力的熟悉与掌握，学生可以构建相对完备的学习逻辑，对自主学习能力起到较大的提升作用。

同时，生理健康与心理健康作为学习能力的支点，在健康学习中不可被忽视，其二者同样需要对新的校园环境进行适应。生理健康除对生活环境的适应外，需保证对自身行为的控制，并形成标准，将生理功能损伤防患于未然。在心理健康方面，学生应充分融入校园的精神环境，建立良好的思维模式，紧跟校园主流文化的思想，及时做到压力与情绪的疏导，保证稳定的心态以支撑学习活动。

（4）对思想教育的适应：大学生理想信念教育是我国高校思想政治教育的灵魂和核心，也是我国高校一项庄严而紧迫的任务革命。在全球思想文化交融交锋呈现新特点，多元文化较量更加激烈，不稳定因素增多的情况下，我国高校仍是各国西方敌对势力同我国争夺大学生思想的前沿阵地。如何使当代大学生能坚持正确的理想信念，教育主体能否切实把理想信念教育真正列为大学生思想政治教育的核心内容，是直接关系到能否把大学生培养成为社会主义事业合格的建设者和接班人的重大问题，也是在面对多元文化背景下提高大学生思想政治教育的突破和创新。

3. 校园环境与大学生健康学习间的相互适应 高校是为国家、社会培养并输送人才的场所，同时也为其服务，对其负责。所以，校园环境的优先服务对象为学生，而提高学生素养，扩大学生学习成果，是充分服务并主动适应其健康学习的外在表现。

大学校园是学生向社会过渡的准备期，无论是对自身专业能力的准备还是思想与价值体系的准备，都需要学校进行引导。

在专业能力的准备中，学生通过学习能力对学习环境的最大化利用推动准备的进度，而学校应将学术的前瞻性充分发挥在教学活动当中，适应学生就业与创业的实际需求。同时，校园内为学生提供的图书馆、实验室等科研工作环境与团委、学生会等行政工作环境，也帮助学生在日后走向工作岗位的过程中积累了经验。同时，学习环境、教学模式的多样性也从侧面体现了校园环境为学生健康学习服务的系统性、科学性。

在思想与价值体系的准备中，学生通过对校园精神环境的适应进行自身建设。基于学生对校园精神环境的依赖性，学校需发挥本身具备的社会属性特点，紧跟时代步伐，洞悉学生思想潮流的发展，将自身打造成为学生与社会沟通的媒介，并将自身所代表的大学校园主流文化内化于学生个人及群体的价值体系当中。

在与校园的依存性加入生活后，大学生需对集体生活快速适应。这种集体生活不但要求学生与校园生活环境之间的和谐，而且要求寝室内部关系的和睦。并且因为校园生活环境管理的统一性，班级氛围也受其影响。当下，大学生多为独生子女，而随着社会文化的高速发展，新一代大学生的审美追求、物质追求、生活追求也发生了较大转变。所以，校园生活环境的建设也需顺应时代做出适当调整，以便学生对校园生活环境尽快产生归属感。

案例 6-4 分析讨论

1. 姚同学成绩平均，但单科目成绩并不突出。其说明，姚同学的学习方法，可能具备使其他科目产生迁移的能力，但该方法不够完善，导致她在看到陈同学的进步后不能适应。而陈同学高中时期偏科严重，从侧面体现出其认知内驱力的倾向，但也体现出她学习方法的不合理性。

2. 陈同学加入校团委组织部，并邀请舍友进行课题研究，并与其他几个课题小组共同受到嘉奖，同时签署了广告合约。这是在具备相应学习能力后，校园学习环境引导下对学习态度要求的适应与自我提升。加之工作环境融入了更多的社会环境因素，其学习动机发生改变，由认知内驱力向自我提高内驱力与附属内驱力发展，与校园学习环境相契合。

问题与思考

1. 校园环境中，让你感触最深的对你的健康学习产生影响的因素是什么？

2. 请对案例分析中校园环境对健康学习的正、负面影响进行分类，并为自身设计校园环境中健康学习的理想方案。

3. 试分析如何通过元学习能力的构建快速适应校园环境中的健康学习。

4. 以姚同学与陈同学的案例为例，试想如何通过自身的健康学习改善校园环境。

（杨砚池　封　琴）

第七章 大学生人际交往与健康

学习要求

识记：人际关系的含义，大学生网络人际关系的特点。知道人际交往的含义；人际交往能力的特点是什么；了解大学生网络人际交往的特点，网络人际交往对大学生学习生活的影响；了解大学生人际交往的状态；了解影响大学生恋爱的因素；了解人际关系的基本原则。

理解：理解人际关系建立的基础、发展纽带、实现途径。能够理解人际交往的功能；能够理解人际交往的心理效应；能够理解大学生网络人际交往对大学生学习生活的影响。理解大学生人际交往的因素；理解什么是爱情观；掌握人际交往的方法和艺术。

运用：认识自己是否存在人际关系困扰，正确处理大学生之间的人际关系和网络人际关系。通过人际关系的心理效应，更好地帮助自己进行人际交往。能够处理好大学生网络人际交往对于学习生活的影响；学会分析大学生人际交往的心理；学会正确处理恋爱挫折；学会培养自己爱的能力；学会建立良好的人际关系。

第一节 大学生人际关系

案例 7-1　　张强的烦恼

张强是一名从边远地区考入大学的男生，性格很孤僻，进校后，常常独来独往，生活非常简朴，几乎很少和同学说话，总觉得别人瞧不起自己。一年级学计算机课程时，他发现全班似乎只有他个人没有任何基础，因为害怕同学嘲笑他，不敢告诉别人他根本不知道电脑怎么使用，甚至连开机都是在第一次课后，仔细留意其他同学的操作才学会的。看到其他同学自如地在网上聊天、打游戏、做作业，他恨不得挖个地洞钻进去。上课时他小心翼翼地坐在电脑旁听老师讲着，但觉得周围的同学似乎都在嘲笑他的笨拙，他不敢动手操作，只低着头，默不作声，每次上计算机课他都弄得大汗淋漓，紧张而焦虑。有一次上课时小王看到他没有按老师的要求完成相应操作，就帮他在计算机键盘上敲了几个键，他突然感到了莫名的羞辱，愤怒地把电脑关掉了。从此，张强更加孤僻，不敢抬头看人，害怕与人说话，与同学之间关系也非常冷淡，自己非常痛苦甚至想到了退学。

问题：1. 张强在人际交往中存在的主要问题有哪些？

2. 形成张强人际交往困扰的原因有哪些？

很多同学在刚进入大学与陌生的同学接触的过程中，或多或少会思考如何与大学同学或者室友更好地相处。有的同学对于这个问题思考得较早，有的同学思考得较晚，但都脱离不了与人相处的问题。

我们为什么要思考这个问题呢？马克思说过：人的本质是一切社会关系的总和。在社会关系网中的位置决定了人的社会地位，甚至价值。所以社交是一种现实的需求，一个人需要扩大自己的人脉，需要优化自己的关系网，所以他会参加各种社团，需要应酬，需要推销自己，需要获得人们的认可，这样才有机会获得更多的社会资源，提升自己的生活品质。这也从某种意义上告诉我们与人相处的重要性。

人，最大的属性是他的社会属性，而社会属性最为显著的特征是在交往中体现出来的。因此，交往即成为任何一个人发展中的基本需要。心理学研究也表明，人类对爱、关心、尊重等交往性活动的需要，在重要性上并不亚于对食物、性等生理需要。

因此，作为大学生，我们应当学会如何与人交往，处理好自己的人际关系。我们一起来做一个小测试，看看自己是否存在人际关系困扰方面的问题。

这是一份大学生人际关系行为困扰量表，一共有 28 个问题，请你根据自己的实际情况，逐一对每个问题做“是”或“否”的回答。为了保证测验的准确性，请认真作答。

（1）关于自己的烦恼有口难开。
（2）和生人见面感觉不自然。
（3）过分地羡慕和嫉妒别人。
（4）与异性交往太少。
（5）对连续不断地会谈感到困难。
（6）在社交场合感到紧张。
（7）时常伤害别人。
（8）与异性交往感觉不自然。
（9）与一大群朋友在一起，常感到孤寂或失落。
（10）极易受窘。
（11）不能与别人和睦相处。
（12）与异性交往不知道如何适可而止。
（13）当不熟悉的人对自己倾诉他（她）的平生遭遇以求同情时，自己常感到不自在。
（14）担心别人对自己有什么坏印象。
（15）总是尽力使别人赏识自己。
（16）暗自思慕异性。
（17）时常避免表达自己的感受。
（18）对自己的仪表（容貌）缺乏信心。
（19）讨厌某人或被某人讨厌。
（20）瞧不起异性。
（21）不能专注地倾听。
（22）自己的烦恼无人可申诉。
（23）受别人排斥，感到冷漠。
（24）被异性瞧不起。
（25）不能广泛地听取各种意见和看法。
（26）自己常因受伤害而暗自伤心。
（27）常被别人谈论、愚弄。
（28）与异性交往不知如何更好地相处。

计分标准：选择是的记 1 分，选择否的记 0 分。

结果解释：总分在 0～8 分，说明你在与朋友相处上的困扰较少。你善于交谈，性格比较开朗、主动，关心别人。你对周围的朋友都比较好，愿意和他们在一起，他们也都喜欢你，你们相处得不错。而且，你能从与朋友的相处中得到许多乐趣。你的生活是比较充实而且丰富的，你与异性朋友也相处得很好。一句话，你不存在或较少存在交友方面的困扰，你善于与朋友相处，人缘很好，能获得许多人的好感与赞同。总分在 9～14 分，说明你与朋友相处存在一定程度的困扰。你的人缘一般，换句话说，你与朋友的关系并不牢固，时好时坏，经常处在一种起伏之中。总分在 15～28 分，那就表明你同朋友相处的行为困扰比较严重，分数超过 20 分，则表明你的人际关系行为困扰程度很严重，而且在心理上出现较为明显的障碍。你可能不善于交谈，也可能是一个性格孤僻的人，不开朗，或者有明显的自高自大、讨人嫌的行为。

注：本测验的结果仅供参考。

大学生都有强烈的人际交往的欲望，但因缺乏人际交往技巧和人际交往经验，或因性格内向或对人际交往的认知有偏差等原因，有一部分学生又常常感到人际交往很困难。

人际交往困难主要存在不敢交往、不愿交往、不善交往、不懂交往几种情况。

你了解你的人际关系吗？你想成为一个受人欢迎的人吗？该如何建立良好的人际关系呢？如何让自己在交往中更加舒服？如何处理与宿舍同学的关系？你的人际魅力在哪里？那什么是人际关系呢？

一、人际关系的含义

所谓人际关系，实际上是一种心理关系，它是在人与人的交往过程中，通过彼此感知、识别、理解而建立起来的一定的心理关系。人际关系是从人对人的认识开始的。

人际关系是社会关系的一个侧面，表现为人与人之间的亲近、疏远、好恶，反映了人们在相互交往中物质和精神的需要能否得到满足的心理状态，折射出人与人之间的心理距离，即心理相容的程度。其中，情感因素是人际关系的重要调节因素。

（一）需要的满足——人际关系的建立基础

人们在交往中为什么会形成不同的人际关系呢？首先要了解人际关系建立的基础。在日常生活中，我们是否大多有这样的体会：一群人中，人们总是比较喜欢友善的人、合作的人、大方的人，和这些人在一起能给个体带来愉悦的感觉，能满足彼此的需要。心理学研究也表明：如果双方相互满足需要，个体就会有积极的情绪体验，感到愉快、温暖和满足，因而易结成亲密关系；反之，个体就会产生消极的情绪体验，感到痛苦、冷漠和厌恶，进而导致关系疏远。

因此，需要的满足是建立人际关系的心理基础，而其性质，即需要满足与否，决定人际关系的性质，这也是判断人际关系健康与否的出发点。

（二）情感的认同——人际关系的发展纽带

人际关系总是带有鲜明的情绪与情感色彩。往往双方彼此之间的情感决定着人际关系的状态，彼此欣赏、相互接受会形成良好的人际关系，彼此厌恶、相互猜疑则会产生不良的人际关系。他们相处中呈现出来的满意、愉快或疏远、冷漠的情绪状态是人际关系好坏的基本评价指标，这种情绪性使人与人之间的心理距离成为可以直接观察的心理关系。只有正确认识情感的联结作用，才能理性对待人际关系中出现的种种复杂局面。为了保持健康的人际交往，改善萎缩的人际关系，我们有必要调节情绪情感。

（三）适时的交往——人际关系实现的途径

人们通过交往交流信息、消除生疏、加深了解、获得肯定或否定的体验。因此，借助于交往可以缩短心理距离，交往是人们实现人际关系的途径。不仅如此，交往的频率还是人际关系亲疏的调节器。一般说来，交往频率越高，人际关系越向纵深发展；交往频率越低，人际关系越趋于淡化；当人际交往完全不存在的时候，原有的实际意义上的人际关系也成为名义上的人际关系。例如，分散多年而中断交往的老同学关系就是这样。无论是物质交换还是情感交流，都是维持人际关系必不可少的重要手段。

二、大学生人际关系的类型

1. 按照交往的范围分类　大学生的人际关系可分为以下三类。

（1）个体与个体之间：同学关系、朋友关系、师生关系和亲子关系。老师与学生是大学校园里的两大基本群体。老师是学生人际交往的重要对象，师生关系是学生人际关系的重要内容。师生关系如何，直接影响到学生在学校健康地学习成长，并在很大程度上决定了学校能不能对学生的身心施加符合社会要求的影响。同学是大学生人际交往的基本关系，也是大学生人际交往的主要对象。大学校园里的同学关系总的来说是和谐、友好的，同学之间的关系有亲情化、家庭化的趋势，即在日常生活、学习中创造一种如同亲属一般和谐稳固的同学关系。

（2）个体与群体之间的关系：如个体与家庭、学生与班级、学生与社团（组织）之间的关系。

（3）群体与群体之间的关系：如班级与班级之间、系与系之间、学院与学院之间的关系等。学生与同学间的交往是最普遍的，也是最微妙、最复杂的。一方面，大学生年龄相仿，经历相同，兴趣爱好相近，又共同生活在一个集体中，学习相同的专业，沟通与交往较容易；另一方面，大学生来自不同地域、不同家庭，成长背景，生活习惯、个性气质存在差异，再加上大学生之间交往密度高，而自我空间相对狭小，所以对人际交往的期望值较高，一旦得不到满足，他们就容易采取消极退避的态度。

大学同学之间关系比较常见的有三种：班级内的同学关系、宿舍关系与老乡、社团关系，班级同学交往以学习与班级活动为主，而宿舍同学关系以情感交往与生活交往为主，老乡关系以情感交往为主，社团关系以兴趣与工作交往为主。

2. 按建立的动因分类　大学同学之间关系可以分为以下几种类型。

（1）学业型：学业型是指大学生以所学专业或为了通过某种公共考试而形成的人际关系，包括师生关系和同学关系。由于朝夕相处或相处时间较长，不仅有认识上的深刻了解、情感上的深厚联系，还有专业上的合作与竞争。因此，这种关系大多都能保持很久。

（2）同乡型：主要是指大学生因来自相同地域而结成的人际关系，其中在大学新生中尤为突出。新学年伊始，同乡会能使新生们在异地感到乡情的温暖，同乡型对内是一种比较亲密的人际关系，对外则具有封闭性和排他性。

（3）兴趣型：是指大学生因共同的兴趣爱好而结成的人际关系，如文学社、剧团、各类球队以及武术、心理协会等各种学生社团，是校园文化的重要组成部分。多数大学生通过社团走出校园，将自己和社会、自然融为一体，乃至最终共同创业。

（4）同室型：是指住在同一宿舍的大学生形成的人际关系。宿舍中常用类似兄弟姐妹的称呼或像家庭一样对一些公共事物进行承揽分工。

（5）情缘型：是通过与异性交往而建立的人际关系。在大学生的人际关系需求中，爱情需要占据相当大的位置。许多男女大学生一旦找到异性朋友，就会全身心投入，把一切精力与时间都花在上面，沉迷在两个人的小天地里，从而也极大地限制了人际交往范围。

（6）网友型：是指通过网络形成的人际关系，与上述各种类型的人际关系有着外延上的交叉性。“网友”这种新型的特殊人际关系既扩大了大学生的交往范围，丰富了大学生的沟通渠道，但在一定程度上也限制了大学生的真诚沟通、主动交往，特别是痴迷成瘾、网络诚信等问题越来越凸显出来。

三、大学生网络人际关系的特点

网络人际关系是在虚拟的网络社会中，全新的人际互动模式下产生的，通过 QQ、微信、微博以及 E-mail 等途径建立起来的人际关系，它和传统的人际关系并非对立的，仍具有一系列普遍的特点。但是，作为一种新的媒介和通信手段，网络不仅仅是使用的工具，同时也是个人心理和人格的延伸。目前，大学生是中国网络用户所占比例最大的一个群体。由于网络本身所具有的虚拟性、开放性、多元性等特点，网络人际关系具有其自身的独特性。

（一）随意性

因为网络极具隐匿性的特征，大学生在网上可随意自主、情绪化地选择“网络人际”环境，充分享受自我，这是网络人际关系的主要特征。网络世界虽跨越了空间的界限，但却无法聚合文化的差异。这些都使得发生在网络中人与人之间的交往快速多变、复杂混沌，因此在网络世界里，无论是网友对象的选择，还是网友关系的建立与终结，都具有很大的随意性。网友可以在几分钟的投机聊天中成为好友，但是或许又可以在第二天改变头像更换姓名成为陌生人；有时为了逃避网友的寻找，一直隐身出现，对一些网友视而不见，甚至将其纳入黑名单。

（二）互助性

传统人际关系中的可救助对象以及可施助者的范围一般都是有限的。而在网络世界，无论问题大小，都可能有成千上万的人无私地出谋划策，既不必担心“人情债”，也不必害怕“却之不恭”的无奈，可求助范围之广是传统人际关系所无法企及的。有些大学生在现实世界里未必能够体会到助人或者被助的快乐与幸福，但是在虚拟世界里因为助人而体会到自我的价值，或者因为被助而体会到社会的温暖与善良。

（三）宣泄性

面对各种压力和竞争，现代人常有宣泄的需要，但在传统人际关系中，宣泄是一个必须慎重考虑的问题。而在网络人际关系中，打开电脑，登录网站，倾诉也罢，高谈也行，疯狂地“冲浪”，尽情地发泄，不必担心日后尴尬。这也是大学生对网络人际关系情有独钟的另一个原因。

（四）多维性

互联网体现了人与人之间的“无限互联”。这样的多维性使得现实“熟人社会”中的人际关系相形见绌。因此，网络人际关系是迄今以来人类所面临的最为复杂、最为广泛、最为宽阔、最为开放的关系结构，有着与现实社会人际关系所不同的新内容、新特征。

案例 7-1 分析讨论

1. 张强性格孤僻。
2. 张强不愿意与人交往、不会主动地处理和改善人际关系。

（高　强）

第二节　大学生人际交往

案例 7-2　　**宿舍的矛盾**

小程同学，进入大学时，向学校递交了《大学生家庭困难情况调查表》，家庭经济比较困难。同宿舍的另外三名同学一致反映小程同学怪异、刻薄、虚荣，十分难相处。自入学以来小程同学就与宿舍里其他三名同学关系日趋紧张，平日里，小程同学经常在宿舍表达自己家境良好，瞧不起同学，还经常恶语辱骂同学。

这次同宿舍的同学集体表达不满，源于小程同学一双袜子晒在外面不见了。小程同学一口咬定是郭同学偷了。郭同学无法忍受其诬陷，当即爆发争吵。事后经宿舍同学反映，小程同学的袜子晒在外面被风吹到楼下，并且后来捡回来了。宿舍同学反映类似的事情时有发生，小程同学只要情绪稍有不适便在宿舍发泄，随意骂人，丝毫不考虑他人的心理感受，让身边的同学无法与其共同生活。班主任曾多次与小程同学交流，小程同学均以一言不发或消极回避应对，难以沟通，教育引导效果不好。而宿舍的其他三名同学在班主任的耐心教育引导下，每次都表示尽量宽容、忍耐、理解、帮助小程同学，但因积怨已深，而生活中又确实是有摩擦发生，要求调换宿舍的要求一次又一次地被提出来。

问题： 1. 小程在人际交往中存在的主要问题有哪些？

2. 形成人际交往困扰的原因有哪些？

一、人 际 交 往

人际交往是指人与人之间通过一定方式进行接触，从而在心理和行为上发生相互影响的过程。大学生作为一个特殊的社会群体，正处于人生成长的一个重要阶段，人际交往是其学习和生活过程中必不可少的行为之一，其通过人际交往，可以交流情感、寻求理解、建立友谊、切磋学问、探讨人生。因此，大学生的人际交往能力直接影响其心理健康。

人际交往是指人与人之间为了满足各种需要而进行的思想、情感、行为等方面的交流。这些交流可能是有效的，也可能是无效的；可能会达到目的，也可能不会达到目的；可能产生愉悦的情绪，有助于当事人的成长或者潜力的发挥，也可能产生负面的情绪，阻碍当事人的成长或者抑制当事人潜力的发挥。

人际交往既有积极的一面，也有消极的一面。友好的交往有助于个体个性和社会适应能力的形成、发展，维护心理健康；反之，会破坏一个人的心理平衡，造成心理冲突，严重时可导致人格变异或发生越轨行动。因此，在大学生群体中，避免发生消极交往，建立与维护积极交往，对于保证大学生的心理健康是极为必要的。

1. 交往的两重性 从动态角度分析，人际交往是指在社会活动过程中，人与人之间一切直接或间接的相互作用，包括人与人之间的信息传递、情感交流、思想沟通以及相互间施加影响等心理联系过程及物质交换过程。

从静态角度分析，人际交往是指人与人之间通过动态的相互作用形成的相对稳定的情感联系。而同在一条马路上行走的人群，如果相互之间没有发生任何沟通和交流，那么这些人群之间是不存在交往关系的。

2. 交往的相互性 交往是一个相互作用的过程，是双方相互积极施加影响的过程。在实际的交往情景中，双方随时都可能发出新的信息并接收和感受对方的信息，这种互相作用的效果不断引起新的反应。此外，每次交往都意味着确定某种关系。例如，和某人说“和我下一盘棋好吗？”，这说明你与他的交往是平等关系；而如果说“过来和我下一盘棋!”，那就暗示着一种不平等关系（从属关系）。人际交往中所产生的问题，常在于关系方面而不在于内容方面。交往内容产生歧义时比较容易得到解决，而交往的关系出现了问题就不易解决。人们常认为自己是在争论某一句话，实际上争论的是交往的人际关系问题。当处于亲近而信赖的人际关系中，一句带有贬义的话可能理解为是“调侃”，而处于陌生的或者紧张状态的人际关系中，却可能被理解为“攻击”或者“恶意”。

3. 交往的复杂性 交往是一种难以观察的心理活动，交往的效果是因人而异的独特的内心体验。交往者内心活动和行为举止是交往过程中的主要因素。人与人的交往首先是从感知、识别、理解开始的，彼此之间不相识、不相知，就不可能建立人际关系。认知包括个体对自己与他人关系的了解与把握，它使个体能够在交往中更好地、有针对性地调节与他人的关系。想要降低交往的复杂性，则取决于你感知的准确性。交往中的真诚，能使你的感知准确性提高，感觉越准确，就越有可能最大限度地降低交往的复杂性。所以，交往不仅是双方个人特质的碰撞，更需要双方全身心地投入。只有你真诚付出的时候，你才有可能相信对方的真诚。胡适曾经这样说过：做学问，我们要在不疑处有疑；做人，我们要在有疑处不疑。这深刻地道出了人际交往中真诚而不猜忌的重要性。

二、大学生人际交往能力的特点

（一）大学生人际交往能力变化的关键期

在没有特殊干预的情况下，随着年级的增长，大学生人际交往能力整体上没有发生显著变化，但是在大二时，五个维度上出现了“两个最低、两个最高”的情况。从人际交往的方向上来说，大二时的“主动交往”和“自我表露”，也就是从主体到客体的主动性方面有所下降；而从人际交往的内容上来说，大二时的“适当拒绝”和“冲突管理”，即负面事件的处理能力有所增强。再结合“情感支持”这一维度持续减弱的结果，在一定程度上可以说明：随着大一学习生活的结束，大学生在人际交往过程中的核心任务从“建立关系——形成集体自我”开始向“处理矛盾——保持独立自我”转变；而经过大二一年的磨合与适应，人际交往能力的特点到了大三又适度回归，基本达到了“集体自我”和“独立自我”的动态平衡。研究结果表明，纵观大学生的本科四年时间，大学二年级确实会显得更加特殊，甚至出现“大二低潮”现象。本研究证明，对于大学生来说，大学二年级是其人际关系能力发展变化的关键期。随着人际关系的定位从“集体自我”向“独立自我”发生转变，一方面会有学生因为人际关系趋于疏离而感觉孤单，另一方面也会因为要保持各自的独立性而产生更多的人际矛盾和交往冲突。

（二）男女生在人际交往能力上的优势

非独生子女更善于管理冲突，在传统观念里，女性的情商要比男性更高，但是研究结果显示，在大学生群体中，男、女生的人际交往能力其实难分伯仲、各有优势。例如，女生在“适当拒绝”的能力上得分更高，而男生在“冲突管理”的能力上表现更好。原因可能包括，女生情感更加细腻敏感，因此对于人际交往中的不合理、不舒服的体验更明显一些，并且拒绝的意愿也更加强烈。而男生面对冲突时，更擅长调动理性思维来分析、研判和解决问题，在换位思考等方面表现得更加游刃有余。那么，人际交往能力到底是与生俱来的，还是后天可塑的？对于这一问题，独生子女和非独生子女之间的比较可以带来一些有益的启发。研究显示，相较于独生子女，非独生子女在“冲突管理”上的得分更高。比较容易推测的原因当然就是非独生子女在与兄弟姐妹的长期相处中，培养了更强的“冲突管理”的能力。也就是说，人际交往能力也许可以通过一些方式方法进行干预，使其达到更加适宜的水平。

（三）人际交往能力对大学生特定时期的心理健康水平有较强的预测作用

跟大二、大三的人际交往能力相比，大学生入学伊始所具备的人际交往能力，可以更显著地预测该群体在两年后的心理健康水平。例如，擅长“主动交往”的学生会有更强的幸福感体验；能够“适当拒绝”的学生可以感受到更多的支持和接纳；而那些有着强烈“自我表露”倾向的学生，其幸福感体验不强反弱。这一结果提示我们，对于 95 后、00 后的大学生群体来说，想要建立良好的人际关系并保持较高的心理健康水平，首先应该热情主动、积极地融入集体之中，但是也要保持独立本色，既不能自我压抑建立关系，也不宜以自我为中心，或因在人际交往中投入太多而产生心理落差。

（四）启示

研究表明，大学生人际交往能力具有可塑性，可以通过后天的培养、干预，使其发生变化。因此，大学生可以通过主题讲座、心理课程、团体辅导、深度辅导等多种方式，获得科学的引导和具体的帮助，增强自身人际交往的能力。

大二关键期，大学生要平衡好集体、自我和独立自我。研究表明，国内外研究中普遍存在“大二低潮”现象，具体表现为大学二年级的学生在学习态度、学习投入、学习效果、情感体验等方面与大学一年级学生积极向上的状态相比，出现明显滑坡现象。尤其是人际关系的定位从“集体自我”向“独立自我”发生转变。因此大学生在此过程中，要予以重视，提早做好心理预防，规划好自己的学习生活，可以通过参与集体活动增强归属感，从而避免这一现象的发生。

注重宿舍同学之间关系，为人际交往培育良好的微环境。大学生在大学阶段脱离了家庭，最可能对大学生人际交往能力产生影响的微环境就是宿舍关系。研究表明，对宿舍人际关系不满意的学生常常显示压抑、敏感、自我防卫、难于合作的特点；在融洽的宿舍里生活的大学生，则以欢乐、注重学习与成就、乐于与人交往和帮助别人为主流。因此，创建良好的宿舍人际环境，对提升大学生的心理健康水平具有重要意义。

三、人际交往的功能

对任何人而言，正常的人际交往、良好的人际关系是其心理正常发展、个性保持健康和生活具有幸福感的必要前提。人们在交往过程中以各种物质和精神的活动方式彼此影响着对方并受对方的影响。人际交往的功能就是人们在进行交往活动中的效能，具体表现为下列六个方面。

（一）交流信息的功能

在现代社会，信息对于人们日常生活的影响已变得越来越重要。信息传播可分为传媒传播和人际传播两类。而人际交往所获得的信息比起传媒渠道，内容更丰富、速度更快。在许多情况下，自己冥思苦想仍不得其解的问题，在与人的偶然交谈中，可能就会突然得到启发，产生灵感。例如，著名物理学家杨振宁和李政道就是在一次午餐会的闲聊中产生灵感，打破了宇宙守恒定律，获得了诺贝尔物理学奖。交流信息的过程就是增进人际了解、彼此丰富的过程，大学生若能充分利用人际交往的信息交流功能，就会有助于自己取人之长、补己之短，从而提高得更快。

（二）心理保健的功能

作为社会的成员，每个人都有归属和安全的需要。美国学者曾做过一项关于人到底能承受多少孤独的实验。尽管报酬很高，却几乎没有人能在这项孤独实验中忍耐 3 天以上。最初的 8 小时还能撑住，之后就吹起了口哨或者自言自语，开始烦躁不安；实验持续数日后，人会产生一些幻觉；实验结束后，据称需要 3 天以上的时间，这些人才能回到原来的正常状态。研究表明，如果一个人长期缺乏与别人的积极交往，缺乏稳定的良好人际关系，久而久之，必然造成心理失调，导致心理上的障碍，危害身体健康。

研究表明，大学生的情绪困扰与心理危机，绝大多数是与缺乏正常人际交往和良好人际关系相联系的。在集体生活中，同伴之间的交往状况，往往决定了一个大学生对学校生活是否感到满意。那些生活在没有友好、合作、融洽的人际关系的宿舍中的大学生，常常表现出压抑、敏感、自我防卫和难于合作的特点，情绪的满意程度低，心里很不安全；而那些善于交往、关系融洽的大学生，则表现出快乐开心、注重学习与成就、乐于与人交往和帮助别人。可见，人际交往对个人的心理健康有着极为重要的作用。

（三）认识自我的功能

一个人自我意识的发展，是通过与别人的相互作用中发生和发展的。“不识庐山真面目，只缘身在此山中”。人往往难以客观地了解自己，很多时候我们需要借助另外一只眼睛看自己。因此，我们可以在与他人的交往中、与别人的比较中以及别人对自己的态度和评价中认识、调整、改进自己，提高自我认识的水平。通过与更广泛的对象进行交往和比较，就能形成较为恰当的自我评价，从而了解自己在他人心目中的形象和在社会中的地位，并以此来客观地认识自己，同时能很好地理解别人、容忍别人的不足和缺陷，培养给人以温暖、关怀、亲密和爱的能力。

（四）协同合作的功能

人们通过交往形成一定的社会关系，相互合作、相互促进，使单独的、孤立无援的个体结成一个强有力的集体，协同战胜困难，完成任务。人际交往可以协调人们的行为。大学生的人际交往更是如此：一方面，通过交流信息、情感、思想和观点，可以影响和改变对方的观点，态度及行为，达到行为的协调一致；另一方面，在任何交往活动中，只有每一位成员都围绕共同的目标做出努力，才会产生良好的活动效果，提高活动的效率。“一花不成春，独木不成林”。每一个优秀个体的成长，都得益于良好团队的支持与协助。

（五）个性发展的功能

交往是个性发展与人格健全的必经之路。“物以类聚，人以群分”。人有交往的需要，有合群的倾向。人生在世，就必须与他人、社会交流信息，沟通情感。由此，个性才能得以健全发展。历史上的“狼孩”由于错过了与他人交往的最佳时期，失去了其作为“人”的成长环境，即使后来回到“人”的环境，也已经很难成为一个正常意义上的“人”了。

（六）促进成才的功能

大学生彼此间的畅所欲言、互通有无，将会在思想碰撞中产生新的火花，增加对事业、人生和成功的积极看法。“独学而无友，孤陋而寡闻”。对于大学生而言，他们思想活跃、成就动机强，但由于社会经验的不足和知识的局限，在看问题时难免会出现偏差。孔子曰：“见贤思齐焉，见不贤而内自省也。”大学生要学会与不同类型的人才进行交流，从而在心灵上相互沟通、行为上相互协调，共同促进。

四、人际交往的心理效应

人成长与发展的每个过程，都伴随着与不同个体及群体交往的过程。美国斯坦福研究中心调查研究表明：一个人未来的社会财富，87.5%依靠其良好的社会资源，只有 12.5%是来自知识。而人际交往是建立一个人的社会资源的重要途径。因此，增强人际交往意识，建立良好的人际关系是一个人取得成功的关键因素。要建立良好的人际关系，就必须先了解人际交往的心理效应。

（一）首因效应

首因效应由美国心理学家洛钦斯首先提出，指的是在社会认知过程中第一印象对人的认知有着极其重要的影响。例如，初次看到某人谈吐优雅、待人礼貌，就会留下一个好印象。在日后的交往中，往往不会想到他在其他场合会有行为粗鲁、蛮横的表现。相反，若给人的第一印象不好，要转变别人的印象则需要花很长时间。由于首因效应的存在，人们往往根据第一印象来推断他人的其他特征，而且还力图使后来所得到的信息与第一印象相吻合，并以此证实自己的判断。由于首因效应是最初的、不全面的认识，因而会有偏差。所以，了解并掌握首因效应的作用，其实际意义在于：作为被认识的对象，要注意给别人留下良好的印象，良好的开端是成功的一半，良好的第一印象是人际交往的前提；作为认识的主体，要尽量减少首因效应对自己的影响，要把第一印象与日后的观察结合起来，客观、公正地认识一个人，对人有一个正确的评价。

（二）晕轮效应

晕轮效应，又称光环效应，是美国心理学家凯利提出的。一个人的某种品质，或一个物品的某种特性给人以非常好的印象。在这种印象的影响下，人们对这个人的其他品质，或这个物品的其他特性也会给予比较好的评价。这是一种普遍的倾向。例如，看到一个人举止热情，大方，便容易得出该人聪明、慷慨、能力强的结论；看到某人话少，就会认为此人冷漠、僵化。在大学中，诸如以貌取人之类的行为倾向便是晕轮效应的直接表现。当一个人的外表充满魅力时，其与外表无关的特征也会得到更好的评价。名人效应就是典型的晕轮效应，因此很多追星族都坚定捍卫自己喜爱的明星的一切名誉。人际交往中应注意克服晕轮效应的影响，与此同时，还应在交往中优化自己的言谈举止，培养良好的外在形象等，利用晕轮效应的作用，以便于在交往中获得成功。

（三）刻板效应

刻板效应又称定型效应，是苏联社会心理学家包达列夫提出的。它是指人们对某一类人或一群人进行固定化判断和评价的认知倾向。刻板效应一旦形成，不但较难改变，而且会沿袭传播。刻板效应的形成途径主要有两种：亲身经验和社会学习。当人们第一次与一个群体接触时，他们与其成员的互动就构成了刻板效应形成的基础。有些人习惯于机械地把交往对象归于某一类人。例如，人们一般认为工人豪爽，农民质朴，军人雷厉风行，知识分子文质彬彬，商人较为精明，北方人粗犷，南方人细腻等，诸如此类都是类化的看法，都是人脑中形成的刻板、固定印象。刻板效应忽略了个体间的差异性，在交往中会先入为主、以偏概全，特别是当这类评价带有偏见时，会损害人际关系，影响大学生人际交往的顺利进行。又如，大学生中有的因为自己是北方人而对南方人产生偏见，自己是城市人而对农村人产生偏见等，其结果势必造成同学之间的误解和矛盾，从而影响交往的正常进行。因此，大学生应提醒自己把交往对象看成一个独特的人，在实际交往中去发现，认识和理解对方，以此来弱化刻板印象。

（四）投射效应

投射效应是指把自己所具有的某些特质强加到他人身上的心理倾向，往往会对他人的情感、意向、观念等做出错误的判断，造成彼此间的误会、矛盾。人们在日常生活中常常不自觉地把自己的心理特征（如个性、好恶、欲望、观念、情绪等）归属到别人身上，认为别人也具有同样的特征，如自己喜欢说谎，就认为别人也总是在骗自己；自己自我感觉良好，就认为别人也都认为自己很出色。心理学家们称这种心理现象为“投射效应”，也是通常说的“以己之心，度人之腹”。例如，某男生暗恋一位女生，在平时交往中自然会察言观色、以探虚实，但由于投射效应的作用，他往往倾向把对方表现出来并没有特定含义的信息解释为对方也喜欢他，于是鼓起勇气向其表白心怀，结果却被婉言拒绝；该男生至此还深信自己判断正确，认定对方是不好意思。有时，投射效应是出于一个人自我防御的心理需要而产生的，自己有某些缺陷、毛病或不良品质，于是不自觉地会在别人身上搜寻有关的蛛丝马迹，在别人身上“发现”同样的毛病，进而对自己的毛病心安理得。所以，在交往中关键是认清别人与自己的差异，另外需要接受自己，客观地认识自己，不断地完善自己，以促进交往的顺利进行。

（五）角色固着

角色固着是指个人言行举止过分拘泥于特定角色的心理倾向，不能根据生活现实的需要进行恰如其分的角色心理的转换。生存于社会中的每个人都有一定的身份标志，但任何一种角色都有局限性，都难以代表完整的个人。因此，角色固着有碍正常的人际交往。拘泥于特定角色进行交往，会使交往停滞于表层，难以深入下去。另外，角色固着也容易产生把人工具化的倾向。例如，学生干部只注重其干部身份，而忽略他其实也是个学生的其他方面；学生只注意到老师在台上讲课怎样，很少去想老师作为一个人也有许多其他方面的欢乐和苦恼。克服角色固着的关键是把交往对象看成一个有血有肉的人，而不是某种固定的角色。大学生在与老师和同学的交往中，也要有意识地克服角色固着，使自己和交流对象都更真实、更完整，以促进交流的顺利进行。

案例 7-2 分析讨论

1. 小程同学家境困难，存在自卑心理。

2. 小程同学自尊心比较强，交往中不够真诚；猜疑心理比较重，交往中忽略了别人的感受。

（高　强）

第三节　大学生网络人际交往

一、大学生网络人际交往的特点

在社会生活网络化的新常态下，大学生已经成为网络使用的主体，网络交往也已经成为大学生生活中普遍化、常态化的行为。大学生网络人际交往作为以互联网为基本依托的一种新型的人际交往方式，除了具有大学生现实人际交往的一般特征外，还具有一些显著的基本特征。

（一）开放性与自由性

开放性是网络人际交往的最基本特点，因为网络就是以自由为基础建立和发展起来的。网络环境将整个世界联系在一起，这种联合改变了传统的生活方式，也增加了人们之间的联系，人们通过互联网可以同各个国家的人沟通、联系，打破了传统交往的一切约束和壁垒界限，网络主体不受时空限制，凭借意愿、兴趣和爱好就可以选择自己的交往对象，这种交往对象可以是不同国家、不同地域、不同民族、不同宗教信仰的人，而且交往对象可以随时更换，大大拓展了人们的交往空间。网络人际交往的自由性主要体现在网络主体既是网络交往的参与者，又可以是组织者，既可以是“演员”，也可以是“观众”。网络主体不受任何限制，凭借兴趣、爱好选择和拒绝交往对象，可以通过加入自己感兴趣的论坛、空间，与他人探讨问题、交流思想、宣泄情感、倾诉不快，等等，摆脱了传统面对面交往的束缚。但是，网络的开放性和自由性在扩大了人与人之间联系的同时，也为不良信息的传播提供了渠道，如网络交往中网络不文明语言的使用等。因为互联网具有开放性和自由性，就会导致这种不良信息很快地在网络空间里传播和使用，一定程度上造成了网络信息污染。所以，大学生在网络人际交往中一定要注重培育自身网络媒介素养，增强网络文明意识，主动净化网络信息环境，创造文明和谐的网络生存空间。

（二）虚拟性与匿名性

以网络为平台进行的网络人际交往通常会伴随着虚拟性和匿名性。网络主体在访问网站时，大多数情况下是不会被要求进行身份验证的，因此，在交流的过程中很难了解对方的姓名、身份等背景信息。然而在现实生活中，不知道对方的姓名和身份，那就说明两人不是朋友的关系，但是在网络上却可以成为朋友。正是这种虚拟性和匿名性为大家带来了网络的神秘感和新鲜感。在虚拟交往中，人们更容易接受同自己想法相同的人做朋友。举例来说，当个体在网络上遇到了同自己相似的人时，个体会无意识地将对方的各个方面朝着自己希望的形式拉近，增加双方成为朋友的机会。在网络上个体的性别、姓名、相貌都是可以改变的，人们在网上可以随意更改自己的网名、头像，并且不会因为自己的名字和相貌而受到歧视，网络人际交往存在的虚拟性和匿名性使得大学生在人际交往方面摆脱了很多现实交往条件的限制。

（三）多元性与共享性

网络人际交往的多元性主要体现在网络文化和网络主体之间的关系两个方面。改革开放和社会主义市场经济体制的逐步建立，使中国社会不断发展、进步，但是不同思想的进入、不同文化的交流、不同观念的碰撞等都使中国民众的价值观更趋于多元。网络交往可以将不同国家和种族的个体聚集在一起，在这里有思想的交融、文化的碰撞、观点的争论，虽然过程复杂，但是结果都是一致的，那就是为双方都带来了多元化的思想，也使人际交往的范围更加多元化。就网络人际交往的共享性而言，在网络这个虚拟的环境里，人们主要以符号的形式进行沟通、交流，而在现实中这种交流是受到限制的。网络为大家带来了这样一个可以忽略时间、空间的虚拟场所，实现了全球化的信息流通和传播。网络共享就是以计算机为载体，借助互联网这个面向公众的社会性组织，进行信息交流和资源共享，并允许他人共享自己的劳动果实。换句话说，全世界的人民都拥有共同的沟通符号，人们只要有网络和账号就可以和世界各地的人们进行沟通。这种全球化的信息网络使人们能够更方便地接触到更多的信息，也为他人提供信息，实现了资源的共享。

二、网络人际交往对大学生学习生活的影响

网络人际关系对大学生学习生活的影响表现为正向影响和负向影响两个方面。

（一）网络人际交往对大学生的正向影响

第一，有利于扩大大学生人际交往的范围。网络具备资源种类丰富、储存量大、检索便捷、传输迅速、开放性强等优势，大学生利用网络不仅可以学习到更多的知识，还可以接触到多样的思想、多元的观念，而网络不受时间和空间限制的特性也打破了传统人际交往的阻隔，使得大学生可以借助网络结识朋友，拓展交友范围，为传统人际交往提供了有益的补充。大学生网络人际交往范围的扩大主要依靠网络交往方式的拓展和改变，如以微信、QQ 为代表的即时聊天工具的广泛使用，不仅巩固了大学生既有的人际交往，也为拓展新的交友范围提供了快速便捷的平台。因为此类软件具有成本低、方便快捷等特点，深受大学生喜爱，而且因其具有群组功能，超越了传统的一对一式的交往范围，使得大学生可以通过群组讨论交流，分享资源、传送文件，为大学生网络交往提供了极大的便利。同时，网络交往也突破了现实生活中受院校的制约而为大学生人际互动提供方便，大学生也可以通过名校的 BBS、论坛等增加大学生群体的交流，与名校共享资源、交流思想、借鉴学习经验等，促进大学生群体人际交流的和谐。

第二，有助于强化大学生交往的平等意识。在现实人际交往中，人们常常要受到地理区域、阶层地位、民族种族、教育水平等因素的限制。而网络人际交往以互联网为纽带，没有身份的象征、也没有权利的凸显，打破了传统交往的时空阻隔，营造了平等自由的交往氛围。在网络生存空间里，每个人都具有平等的话语权，不必受一些现实因素的影响，违心地表达自己的观点和看法，可以自由地表达，轻松地交流，平等地沟通，并且，在虚拟的网络空间内，抹去了网络个体的先天条件和后天社会地位的差别，让人们可以平等地获取网络资源，进行思想文化交流和学习互助，从而摆脱了现实交往

的制约，激发了大学生的主体性和能动性，为大学生们充分展示和实现自我价值提供了广阔的平台。

第三，有助于缓解大学生交往的压力。在“面对面”式的现实人际交往中，大学生往往会因为受到家庭环境、相貌、体型、学习成绩和表达能力等外在因素影响，产生人际交往中的不自信。而因为网络的匿名性、去社会性弱化了这些制约因素，使许多内涵修养良好的大学生在网络的交往平台中凭借自身优势找到了知心朋友，这样不仅满足了他交往的需求，而且增强了交往自信。相较于传统的交往方式，网络人际交往的即时性、匿名性和快捷性等特征为大学生避免现实人际交往的冲突提供了便利。例如，很多大学生在与同学发生矛盾和冲突时，因担心面对面式的交流会产生尴尬，而选择通过网络进行互动，配上网络表情和符号的传输，一定程度上起到了舒缓情绪的作用，进而化解了现实交往的矛盾，这也为现实人际交往营造了和谐的氛围。

（二）网络人际关系对大学生的负向影响

第一，可能导致自主意识的弱化。网络交往具有的虚拟性特点主要指的是交往角色的虚拟性，即利用文字和符号为主的一系列信息来描述网络个体的身份和特征。正是这种虚拟性使得大学生敢于在网络空间里转换自己在现实生活中的角色，表现出与现实生活中完全不同的角色行为，为大学生在网上不同角色的扮演提供了可能。成功的角色扮演使得大学生的交往需求在网络上得到认可和满足，这在一定程度上提升了大学生交往的自主性，但是也会弱化了交往主体的自主意识，造成交往主体不情愿甚至是不能在现实社会中进行人际交往。这主要表现在混淆现实角色和网络虚拟角色的界限，有意回避现实社会人际交往以及歪曲现实社会和网络社会的差别等，导致网络交往和现实交往的彻底分离和角色的自我迷失，引发大学生自我认同危机，甚至是导致双重人格和多重人格的发生，进而引发网络成瘾、网络犯罪等人际交往异化问题。

第二，可能导致沟通交流能力退化。网络人际交往为大学生提供了开放、广泛、安全并且隐匿的交流沟通平台，丰富了大学生社会互动的方式，满足了他们表达感情并要规避情感伤害的心态，使得大学生的身心得到放松，一定程度上实现了自我价值。而网络人际交往内容和情景的多样性，使得大学生容易花费大量的时间和精力在网络空间里，从而导致现实社会人际交往的时间减少，淡化了现实生活中的人际互动，而这种通过网络人际交往寻求网络精神知己的方式，是缺乏情感的人际交往，不能使交往主体产生真正的情绪体验，不能取代现实人际交往的情感交流。而且，这种缺少现实的人际交流和沟通会对大学生的现实生活产生越来越多不好的影响，如他们处理人际关系的能力得不到锻炼，对现实生活中的人际沟通缺乏耐心等，长此以往，就会引发自闭心理，最终导致人际交往障碍、沟通能力退化等问题。

第三，可能导致思维方式与能力的被动化、狭隘化。相对于丰富多彩、包罗万象的现实世界，网络人际交往呈现给大学生的，往往是碎片化与片面化的映照，感情化与表象化的表达。在网络交往中，无从考察对方的品行、身份、年龄，完全是通过符号和文本传递信息，因为其去身份性和匿名性，使得网络交往主体弱化了自我约束机制，传统交往中“诚信、友善、责任”等价值标准遭到颠覆。而由于大学生思维方式简单和批判精神不足，大学很容易在网络世界中敞开心扉，被动接受他人的信息及观点，从而丧失了价值判断能力和独立思考能力，容易导致网络欺诈、网络犯罪等问题，进而出现信任危机，对大学生的思想观念甚至价值观造成冲击，不利于大学生人际交往的健康发展。

网络的广泛应用，使得大学生网络人际交往的方式和环境都发生了极大的变化，一方面改善了大学生的人际交往，而另一方面也会由于大学生不合理的使用网络，导致了网络对大学生人际交往产生负面的影响。应当正确看待网络人际交往对大学生产生的正负两个方面的影响，让网络更好地为大学生人际交往的健康发展服务。积极引导大学生树立正确的网络观，正确对待网络人际交往。

（高　强）

第四节　大学生人际交往存在的问题

案例 7-3　　**小刘的烦心事**

小刘，女，18 岁，大一学生，家中有一个妹妹，父母都是工人，家庭和睦，家庭经济条件属于中等收入水平。

小刘和宿舍同学关系紧张，学习成绩下降，思想上、心理上压力都很大，睡眠不好，头痛，记忆力下降，无法静心学习，内心痛苦、焦虑、烦躁。

经常一个人独来独往，除了学习，基本上很少参加活动。一个半月前，小刘晚上一个人去上自习，刚好那天下了大雨，却忘记了自己在宿舍阳台上（露天的）晾的衣服和被褥。等到晚上回宿舍时被褥都被淋湿了，衣服也被风吹丢了一件，感到非常生气，觉得几个室友都在宿舍却没有人帮忙收一下，想发作但是又觉得和她们争论很无聊，于是便忍住了。她随便拿了套被子爬上了床，却睡不着，越想越觉得人与人之间感情冷漠，关系复杂，难以相处。自从这件事情之后，小刘就经常睡眠不好，头痛，记忆力下降，越发沉默寡言。临近期末考试，室友平时不好好学习，上课也不记笔记，现在临时抱佛脚，就来拉拢小刘，要求一起上自习，抄写课堂笔记，小刘虽然不愿帮助她们，但也没办法，内心痛苦，烦躁，无法静心复习，这严重影响了自己的学习。

问题： 1. 小刘在交往中存在的主要问题有哪些？

2. 小刘在人际交往中存在什么样的心理？

“95 后”“00 后”的大学生大多是独生子女，心理渴望交往，盼望友谊。但是有的大学生从小到大一路走来，无论是家庭教育还是学校教育，都没有很好地引导他们如何交往，获得友谊。因此，常常因为交往心态不当，交往技巧缺乏或者认知不全面等因素，使得大学生在交往中常发出“我本将心向明月，怎奈明月照沟渠”“别怪我不爱，因为我经不起伤害”的感慨，觉得人际关系冷漠，诚信缺失。那么，在大学生交往中究竟存在哪些问题？又有哪些因素影响着大学生的交往？只有了解了这些问题，我们才能更好地把握自己，才能在学习和生活中真正创造良好的人际关系。

一、人际交往状态

人际交往是一种过程，伴随着交往的过程保持着一定的人际关系，这种关系的保持有的长则几十年，短则几天几个月。而在关系的保持中又呈现不同的状态，从而凸显人际关系不同的层次与发展水平。具体的人际关系状态表现有如下几种。

（一）亲密亲近

这是人际交往中最为稳定的长久的关系，在这种关系中，交往双方心理安全而开心，信赖而尊重；具有深刻稳定的认知和情感基础，熟悉对方各种信息；交往的频率高、信息量大、物质或能量转换好，有时会为维护关系而不惜牺牲个人的重大利益。我们通常意义上的铁杆朋友、患难夫妻、情同手足等属于这种关系。

（二）保持关系

保持关系一般是因为有一定的相处经历而建立起来的，有较为稳定的情感基础，显示出合作、保持及比较稳定的特征，但是这种基础因为一些情景的变迁会呈现不同的变化。大家在交往过程中能够和平共处，虽然不是很交心，但是不至于产生冲突使自己感到委屈、愤怒和无奈。例如，初高中普通的同学关系，可能因为进入不同高校而疏于联系，但是又处于保持联系的状态，一旦有什么事情，彼此又很快能够进入交往合作状态。

（三）点头寒暄

点头寒暄一般是因为地缘、事缘等因素而建立起来的，人际吸引较弱。交往频率较低，情感基础不牢，大多是属于点头之交。一面或几面之缘的朋友，如在各种聚会上认识的朋友，认识但没有过交往的同事、很少交往的学长等，我们经常听到这样的声音："哦，那个人啊，我仅仅是认识而已，和他没有过太多的交往。"

（四）避而少见

这种关系，是人际冲突的表现，是低层次、低水平的人际关系建立在个人需求、好感、爱恨基础上的人际关系，其思想基础薄弱，显示出脆弱、肤浅、表面、波动等特征。在交往的时候，至少有一方会产生委屈、愤怒、抑郁、无奈、烦躁等负面情绪，这种交往令人感到焦虑，很多人会产生一种"还不如我一个人呢"的想法，往往就会重新回到独处。

（五）怒目相见

怒目相见是人际关系内部矛盾严重激化的结果。关系双方的情感基础已恶化至彼此不能容忍的地步，从情感与理智的需要出发，各自都在准备向对方摊牌，相互间是扭曲了的印象。三句话不说就怒目相向，是心理极不相容，彼此高度否定的人际关系。这是人际关系中最为恶化的一种，这种关系一般很少出现在大学校园。

二、大学生人际交往问题的心理分析

（一）猜疑心理

猜疑是一种完全由主观推测而产生的不信任心理。产生猜疑的主要原因：一是思维封闭，对信息的摄取范围很小，将一切分析、推理、判断都建立在自己设想的信息上，使其“自圆其说”；二是有些人对他人缺乏信任，看似怀疑别人，实际上是对自己有怀疑至少是自信心不足，一般来说，一个人越有自信，就越容易信任别人，也就越不易产生猜疑心理；三是挫折经历，猜疑也可能是因缺乏对他人较为全面、确切的评价和信任而导致交往挫折，并对交往挫折产生的一种心理防卫。

（二）嫉妒心理

嫉妒是一种消极的心理品质，是看到别人成功了而自己没有成功，想超越又做不到的时候所产生的一种由羞愧、愤怒、怨恨等组成的复杂情感。有竞争就会有嫉妒，个体往往通过与他人的比较来确定自身价值。而人本身有要求成功的愿望，有超越别人的冲动。如果别人的价值比重增加，便会觉得自己的价值在下降，这往往是一种痛苦的体验，尤其是所比较对象原来和自己不分上下甚至不如自己时，更觉得难以忍受。这种情绪很容易转化成为对所比较对象的不满和怨恨。

（三）害羞心理

害羞是人类常见的心理现象，但过分的害羞则属于心理问题，它是指一个人过多地约束自己的言行，以致无法充分地表达自己的思想感情，是一种会阻碍正常交往的心理状态。害羞的人在交往失败后极易产生沮丧、焦虑与孤独感，进而导致性格上的变异，变得软弱、退缩和冷漠。偶尔的羞怯在所难免，但如果一个人在任何场合与人交往都害羞，甚至不敢或不愿与人交往，就限制了交往，约束了交往。

（四）自卑心理

自卑是一种因过低的自我评价而产生的消极情绪体验。自卑心理的浅层体验是认为别人会看不起自己，而深层的体验是自己看不起自己，表现为对自己的个人能力和品质做出偏低的评价。在这种评价中，人常常有一种特殊的情绪体验相伴随，如害羞、不安、内疚、做不到的胆怯、忧伤和失望等。正因为自卑的情绪性很强，所以它给人们的心理生活带来的不良影响就特别大。一个人形成自卑心理之后，往往从怀疑自己的能力到不能表达自己的能力，从怯于与人交往到孤独地自我封闭，从而形成不良的人际关系。而不良的人际关系又反过来加深自卑感。长期的自卑心理也会引起人生理上的不良变化与反应，最敏感的是对消化系统和心血管系统产生影响，而生理上的疾病反过来又会影响心理变化，加重人的自卑心理。在人际交往中，主要表现为对自己的能力、品质等自身因素评价过低，心理承受力脆弱，经不起较强的刺激，这些都会妨碍一个人积极而恰如其分地与他人交往。

（五）自私心理

自私心理是由不正确的价值观念而引起的一种不良心理品质，在人际交往中具有自私心理的人往往是以纯功利的观点看待人际关系，表现为以自我为中心、只关心自己，不为他人的处境和利益着想；在个人利益同他人利益发生矛盾时，可以不择手段，损人利己。

在人际交往中，人们普遍厌恶具有这种心理特征的人。

（六）自负心理

自负的人只关心个人的需要，强调自己的感受，在人际交往中表现为自视过高，看不起别人，过度防卫，有明显的嫉妒心。与同伴相聚，不高兴时会不分场合地乱发脾气，全然不考虑别人的情绪和态度。另外，在对待自己与别人的关系上，过高地估计了彼此的亲密度，讲些不该讲的话，这种过分的行为反而会使人出于心理防范而与之疏远。

（七）偏执心理

性格中有偏执倾向的人似乎特别热衷于争论。他们固执、偏激、爱钻牛角尖，且容易动怒。人们有时会误以为这些人为人正直，但很快便会发现，这种“正直”令人难以忍受。他们常常会从他人的言行中“捕捉”到一些“不正确”的东西加以反驳；缺乏幽默感，也难以接受别人的玩笑。总之，偏执心理的人具有苛刻、多疑、固执、易激怒的特征，这些在人际交往中是巨大的障碍，因此这些人的人际关系往往很差。

（八）报复心理

报复心理是以攻击方式发泄对曾给自己带来挫折的人的怨恨或不满时的一种情感体验，极富有攻击性和情绪性。不管是公开的报复还是隐蔽的报复，其结果往往给报复对象造成很大的危害，同时也会给报复者带来心理伤害。报复心理及行为的产生不仅与个性特点有关，也与对挫折的归因有密切的关系。环境、与报复有关的线索的存在和第三者的挑拨，都会导致报复心理与行为的产生。

三、影响大学生交往的因素

（一）交往频率

交往是人际关系形成的基础，人们只有在交往中才能彼此了解，相互熟悉，进而互相帮助，建立友谊。交往的频率越高，才能越多地了解对方、熟悉对方，从而慢慢形成共同的兴趣爱好。通常情况下，交往频率过少，则会导致关系的疏远和感情的冷漠。当然，交往频率在一定关系上是情感亲疏的一个指标，但不是决定性的指标。

（二）空间距离

俗话说：“远亲不如近邻，近邻不如对门。”人与人之间在空间距离上越接近，彼此之间越容易形成较为密切的关系。例如，同一班级中同一宿舍的同学，彼此间就可能比其他同学更为熟悉；同一校区中来自同一地域的同学也会比其他同学更亲切。但有时也会发现，同宿舍的同学、同班同学之间反而人际关系比较紧张，这就说明了空间距离只是影响人际关系的因素之一，并不是形成人际关系的主要因素，这其中还涉及人们交往的频率以及交往双方在交往过程中的感受等。只有在其他条件相同的情况下，才会体现出空间距离的作用。

（三）态度的相似

人们常喜欢同自己态度相近的人交往，正所谓“物以类聚，人以群分”。当交往双方有着相似的成长背景、兴趣爱好、价值观、人生观及世界观时，彼此的处事方式及对某个问题的观点就容易趋于接近，矛盾冲突也会较少，就会逐步形成良好的人际关系。反之，如果两个人的理想和态度相差太远，就必然会造成情感上的格格不入，也很难建立起深厚的友谊和良好的人际关系，正所谓“道不同，不相为谋”。

（四）需要的互补

需要的互补是指人与人之间在交往中互相满足需求的一种心理状态。在日常生活中，经常发现不仅个性相似的人们之间会形成友好关系，而且有些性格，气质等完全相反的人之间也会形成友谊关系。如性情急躁与温和的、独断专行与优柔寡断的、活泼外向与沉默内向的人之间的互补，这是因为，在人际交往中，人们都不可避免地希望在同对方的交往中满足自己的某种心理需要，而个性不同的双方可能正好可以取长补短，互相满足对方的需要。

（五）兴趣或爱好

共同的兴趣或爱好是形成良好人际关系的纽带。在现实生活中经常可以看到“琴友”“驴友”“发烧友”“车友”“牌友”等，这些人的友谊就是建立在共同的兴趣或爱好的基础上的。通常，对某种事物的兴趣爱好其蕴含的社会意义越大，由此而形成的人际关系基础就越牢固。

（六）仪表的吸引

仪表既包括容貌身材，也包括修养风度。如一个人容貌姣好、阳光健康、谈吐风趣、举止大方、待人有礼、风度翩翩和学识渊博等，都会使人产生愉悦的情感并愿意与其交往。这种仪表的因素有时也能取代交往频率。如两个人虽然互不相识或从无接触，却会一见钟情、相见恨晚，这与仪表吸引有一定的关系。

（七）个性品质

个性也称人格。个性影响着交往的态度与方式，从而影响人际关系。真诚善良、乐观豁达、坚强自信、幽默风趣的个性品质一般是增进人际交往的重要因素，而虚伪狡猾、自私狭隘、狂妄自大、孤僻封闭的个性品质则是影响人际交往的重要因素。

案例 7-3 分析讨论

1. 小刘同学喜欢独来独往，也存在自卑心理。
2. 自卑的心理影响了小刘正常交往，形成不良的人际交往。

（高　强）

第五节 大学生的恋爱问题

案例 7-4 **恋爱的问题**

学生木木成绩较好，口才也不错，算得上一个帅小伙。进校的时候，木木本来有满腔的抱负，准备在大学里大展宏图，并且加入了学校学生会，然而，在一次学生活动中，木木认识了其他学院的女生琳琳。

琳琳主动向木木表示了好感，没有多长时间，两人就手拉着手，一起吃饭，一起上自习，成为众人眼里甜蜜的情侣。然而，两人时有小吵小闹，木木的父母只承担了基本的学费、生活费，主要是依靠自己的奖学金和平时的助学金，琳琳对这个就有很大的意见，总觉得自己的男朋友不够潇洒，例如琳琳过生日，就希望木木能够办个生日派对，然而，这笔开销对于木木而言超出了自己的承受范围。但是，木木为了让琳琳开心，跟同班同学借了 1000 块钱，请琳琳寝室所有姐妹吃饭、泡吧，自己却啃了 1 个月馒头。还有，琳琳家境较为优越，也没有为以后的工作发愁，在大学期间，根本没有考虑以后继续深造，也没有把心思用在学习英语等方面，因此，琳琳空出了一大把时间，希望木木能够多陪她，而木木进校伊始，就为自己定下了大一过四级、大二过六级、考研等目标。经常因为木木要去自习室，而琳琳要求去逛街，造成两人之间的争吵，到最后往往是木木妥协。以至于到大三，木木才勉强通过了大学英语四级考试。

问题： 在人际交往中如何处理好恋爱问题？

一、影响大学生恋爱的因素

大学生恋爱现象由来已久，它曾给大学生带来美好的爱情，有很多青年由此结合，组建了幸福的家庭。与此同时，我们发现由此带来的消极影响也是十分明显和严重的。

（一）大学生生理和心理的发展

大学生年龄一般在 17～24 岁之间，这个年龄界限按青年心理学划分，已跨过青春期并进入成年期，其生殖系统发育趋于成熟，性激素的分泌影响生理平衡，因而对性的体验十分敏感。此时的大学生正由青春期的“异性疏远”走向青年期的“异性接近”，因而在异性吸引、彼此产生好感的基础上，恋爱也就默默无声地潜入年轻人的心田。

（二）群体性社会心理因素的影响

人的社会生活无时不受到诸多心理因素的影响，大学生恋爱也不例外。一是受从众心理的影响。大学生在共同的校园里学习、生活和交往，加上思想观念的相似性，促使他们在恋爱问题上表现出明显的从众趋向。恋爱对象的出双入对常令他们羡慕和向往，在好奇心驱使下而跃跃欲试。看到恋爱的同学生病有人照料，生日有人陪伴，委屈有人安慰，便萌发孤独感和攀比心，甚至产生低人一等的自卑感。在这种群体氛围的影响下，不少本不打算谈恋爱的同学，为表现自己并非无能，也盲目效仿，寻求异性朋友。二是受逆反心理影响。由于自我意识和独立意识的增强，大学生往往把学校关于提倡不谈恋爱的方针视为“禁欲主义”，把师长的指点和规劝看作是“干涉内政”，把对他们进行恋爱与成材教育视作不信任，把他们对自己关于爱情与道德的教育看作是思想僵化、封建保守，凡此种种心理对峙，种下的是不会开花结果的种子。

（三）正确认识恋爱的需求

某些大学生因为失恋而做出偏激行为，是因为他心理承受能力差，是他没有理解爱情的真谛，大学生已经到了一个生理与心理双向成熟的成长阶段。“谈恋爱”于他们而言，已不再是朦胧的月光，若隐若现，它已真真切切地步入了他们的青春梦中。对爱的追求同样是学子的一种需要，是与学习、生活息息相关的精神享受，颇有一种“挥不去，拭不掉”的韵味。恋爱也成了大学天空中一道永不消逝的彩虹，它充实了大学生的学习、精神生活，使学习之外的空间充满了笑声，弥漫着青春气息。

谈恋爱还是大学生在爱情方面的心理素质和心理承受能力的一个重要途径。它势必最终会走入每个大学生现在或将来的生活，甚至在某个阶段扮演生活的主角。与其在工作、事业、生活的折磨之后再去首次尝试爱的苦涩，不如在平静的大学生活中经受爱的考验，把握准爱情的脉搏，为此后的工作和事业打下坚实的心理基础。不管怎样，我们都应认识到，大学生恋爱现象是正常的，不容回避，也无须视之为猛兽，高呼猛打，而应以一颗平常心看待，客观地分析其产生的原因。

二、什么是爱情

（一）爱情的定义

爱情是男女之间基于一定的客观物质基础和共同的生活理想，以互爱为前提，以互相倾慕为基础，并渴望对方成为自己终身伴侣的最强烈、稳定、专一的感情。它是人类高级的精神生活。爱情是人类永恒的话题，人们把最美的赞誉赋予它。莫里哀称“爱情是一位伟大的导师”，巴尔扎克说“爱情是人生最难的学校”。

（二）爱情观的分类

1. 超理性主义的爱情观　以柏拉图式的爱为典型代表。这种爱情观主张把性欲完全排斥在爱情之外；认为性欲是低级的兽性，爱情是一种丝毫不带兽性的高尚精神活动。这种主张非肉体的完全的精神的结合，是欧洲中世纪封建禁欲主义的产物。

2. 自然主义（即泛性论）的爱情观　以斯宾诺莎、休谟和庸俗纵欲主义者的“杯水主义”为代表。他们完全以性本能来定义男女之间的爱情，认为“性欲付诸实践叫爱情”，满足性欲和恋爱的要求就像喝杯水那样容易。“性解放”论正是这种爱情观的典型。18 世纪和 19 世纪这种爱情观在西方曾一度盛行，20 世纪下半叶，随着性解放造成诸多社会问题，特别是艾滋病的蔓延，引起西方理论界的重视，西方开始了对性解放的批判。

3. 性爱与情爱相结合的爱情观　以沃尔斯特、沙赫特等为代表，马克思、恩格斯也赞同这种爱情观。他们认为爱情是男女双方之间真挚诚实、相悦相爱的，渴望对方成为自己终身伴侣的一种最强烈、最深沉、最稳定、最专一的高尚感情。爱情是情爱与性爱的统一，是灵与肉的有机的高度和谐的结合。因此，既没有理由将它庸俗化，也不必要把它神圣化。

（三）大学生如何对待恋爱问题

1. 要正确对待恋爱 正确处理好恋爱、学业、事业三者之间的关系。恋爱是人生的一件大事，但并不是人生的全部。大学生应该以学业为重，因为学习是大学生的主要目的。事业高于爱情，主张事业为主，不宜过早地恋爱。但也不要认为爱情是事业的绊脚石，处理得好的话，爱情也能对事业起到催化作用。

2. 要培养爱的能力 爱的能力包括以下几种。

（1）迎接爱的能力：如果一个人心中有了爱，就要敢于用正确的方式表达；面对别人的示爱时要能够取舍，并及时做出接受或拒绝的选择。能够承受求爱拒绝或拒绝求爱的心理困扰。

（2）拒绝爱的能力：对于自己不愿意接受或认为不值得接受的爱情应有勇气拒绝。拒绝时应注意两点：一是如果不希望爱情到来，拒绝的语气要果断坚决，容不得半点优柔寡断，否则对对方造成的将是更大的伤害；二是要掌握恰当的方法。要掌握说话的方式和度。虽然每个人都有拒绝爱的权力，但是也要做到对别人起码的尊重。

3. 要正确处理恋爱挫折

（1）正视现实：失恋之苦在于一个“恋”字，爱情是双向、相互的，以双方的爱情为基础，失去任何一方，爱情就会失去了平衡，恋爱即告终止。这时失恋的一方无论对另一方爱得有多深，都是不现实的了，作为有理智的大学生应该正视这一现实。

（2）换位思考：要设身处地地为对方着想。这样做有助于你理解对方终止爱情的原因，有助于你接受失恋这一痛苦的现实并及早走出失恋的阴影。

（3）感情宣泄：不要过分地隐藏或压抑失恋带来的痛苦，要找适当的方式进行宣泄。通常宣泄的方法如下。①眼泪缓解法：在悲痛欲绝时大哭一场，可以使情绪平静。专家认为，眼泪能把有机体在应激反应过程中产生的某种毒素排出去。②运动缓解法：剧烈的体育运动有助于释放激动情绪带来的能量。③转移注意：心情不佳时，可以做些自己感兴趣的事。④文饰法：当得不到自己爱的人而失恋时，援引合理的理由和事实来解释挫折，从而获得精神上的安慰。⑤倾诉：向可以信任的师长、同学、朋友等诉说自己心中的烦恼，也可以写日记或写信。如果感觉心中的积郁实在太深，无法排解时，也可以找心理咨询师进行心理咨询。

（4）情境转移：失恋后之所以难以摆脱恋情的困扰，就在于生活的方方面面都与昔日的恋人有着千丝万缕的联系，所以要想摆脱失恋的痛苦，就要换一个崭新的环境，暂时离开曾经熟悉的环境。把自己置身于一个欢乐的环境中去。如多交一些朋友，多参加一些集体性的娱乐活动，或者可以找人去逛逛街，出去旅游散散心等，这样有助于心情的开阔。另一方面是由于失恋后有一种空虚感，暂时难以适应，所以可以用工作或其他方法来充实自己，不让自己有空余的时间胡思乱想。

（5）升华：要尽快把失恋升华为一种奋发向上的动力，尽快投入到学习或者工作中去。切不可因为失恋而一蹶不振，认为生活、人生都失去了意义。要知道，恋爱是生活的重要组成部分，但不是生活的全部。要正确地看待爱情，摆正爱情的位置，处理好爱情与学习、爱情与人生、爱情与婚姻的关系。

（四）大学生如何树立正确的恋爱观

所谓恋爱观，是指对待爱情的基本看法和态度，是社会经济制度、婚姻制度和伦理道德观念在恋爱问题上的反映。男女双方共同培养美好爱情的过程必须遵守一定的道德规范和法律规范。对于大学生而言，提倡树立科学的恋爱观，它包含以下几个方面的内容。

1. 提倡志同道合的爱情　大学生恋爱应把具有一致的思想、共同的信仰和追求放在首要地位，把心灵美好、情操高尚、心理相融作为择偶的第一标准。莎士比亚曾说：爱情不是树荫下的甜言，不是桃花源中的蜜语，不是轻绵的眼泪，更不是死硬的强迫，而是建立在共同基础上的心灵沟通。因此，在恋人的选择上最重要的条件应该是志同道合，思想品德、事业理想和生活情趣等大体一致。马克思和燕妮的崇高爱情就是建立在志同道合的基础上的，正是因为如此，他们的爱情才经受住了艰难困苦的考验，传为佳话。大学生作为新时代的栋梁，其恋爱观应该是理想、道德、义务、事业和性爱的有机结合。

2. 正确处理爱情与学业之间的关系　爱情是美好的，它是人生内容的重要组成部分，但不是人生的全部，它应该服从于事业，促进事业的发展。一个人只有事业取得成功，其爱情之花才会开得更加鲜艳芬芳。所以，大学生应该把学业放在首位，摆正爱情与学业的关系，不要把宝贵的时间全部用于谈情说爱上而放松了学习。没有学业的爱情如同在沙漠中播种，缺乏坚实的根基和土壤，迟早会枯萎。只有爱情同学业的结合，爱情才有旺盛和持久的生命力。

3. 要懂得爱情是一种责任和奉献　大学生在恋爱中应该懂得，爱不仅是得到，更重要的是一种责任和奉献。在社会生活中，人具有两个方面的责任，一是个人对社会应尽的责任；二是个人对家庭、父母、孩子、朋友和伴侣的责任。第二方面的责任属于私人生活的性质，是社会干预最为微弱的生活领域，主要依靠良好的道德修养和自觉的责任感来维护。正因为如此，它体现了一个人的人格魅力。大学生一旦进入爱的王国，就必须具有强烈的责任感和奉献精神，才能获得崇高的爱情。

4. 恋爱要严肃认真、感情专一　爱情是一个男性与一个女性之间的爱慕关系。这种关系包括自己特有的感情和义务，它只能存在于恋爱者两人之间，不容许第三者介入。而且，恋爱不是儿戏，双方要真诚相待、实事求是地对待自己，也实事求是地对待对方。无数事实证明，用欺骗手段骗取爱情，是不会幸福的。另外，双方一旦建立了恋爱关系，就要忠贞专一，一心一意；不能三心二意、见异思迁。任何一个人搞三角恋爱、多角恋爱的行为都是不道德的。

5. 在恋爱过程中，应多一些理解、信任和宽容，互相尊重，共同进步　爱情是互爱的统一，相爱的双方，都有着自己独立的人格和精神世界，既不能完全依附对方，也不能要求完全占据对方。爱情与做人一样，理解、信任、诚实和宽容都是十分可贵的品质。爱很多时候意味着是一种付出，要相知、相敬、相让。世上没有十全十美的人，两个人在一起并不是简单的组合，必须互相迁就；爱，就必须接受他的一切，包括缺点。

6. 正确面对恋爱过程中的问题　大学生要正确对待恋爱过程，要与国家法律、法规、制度和学校规章制度相结合。避免不必要的法律问题出现。例如，某大学一对恋人为了琐事发生口角，男生一气之下将女孩打伤，后男生被开除学籍并且被行政拘留 7 日。这就是没有树立正确的爱情观的表现。最终导致了不必要的麻烦。给自己人生路上留下了一个黑点，给自己的未来和前途增添了障碍。

案例 7-4 分析讨论

木木同学存在自卑心理，交往当中显得过于卑微；在恋爱当中没有处理好两人之间的关系，失去自我。

（高　强）

第六节　大学生良好人际关系的建立

一、遵守人际交往的基本原则

（一）平等原则

平等是交往的前提。平等就意味着交往双方在交往中相互尊重、一视同仁。平等在一定程度上可以说是交往的最重要原则。

交往是平等的，你尊重了别人，才能获得别人的尊重。在与他人进行交往时，尽管由于主客观因素的影响，人与人在外貌、能力、个性、家庭条件等方面存在差异，但在人格上是平等的。因此，大学生在交往中不应冷落集体中的任何人。

（二）诚信原则

朋友之交，言而有信。没有诚信、缺乏诚意，是人际交往的大忌。如果轻易许诺却失信于人，会给人一种极强的不信任感，会严重阻碍交往的继续进行。因此，大学生要清醒地认识到，许诺是非常郑重的行为，对力所不能及的事情，不要轻易许诺，不要碍于面子答应，之后又无法兑现承诺。

例如，借了书籍不还、活动不守时等，虽然表面看起来都是小事，但实际上这是交往双方考察对方人品的重要途径。所以，诚信也是一个人立身处世之本。

（三）尊重原则

由于先天遗传因素的差异和环境的影响，每个人在能力、气质和性格等方面各不相同，并因社会分工而具有不同的社会身份，但每个人都有自己的人格尊严。因此，尊重原则也就包括自尊和尊重他人两个方面。自尊是在各种场合都要自重自爱，不做有损人格尊严的事，不自重的人当然得不到他人的尊重。过分自卑、缺乏自信心的人，往往怯于人际交往；习惯于依赖他人的人，往往缺乏人际交往的主动性、对等性；至于低三下四、阿谀奉承、丧失自尊的人，人们必然耻于与之交往。尊重他人就是重视他人的人格和价值，承认他人在人际交往中的平等地位。大学生的自尊心都比较强，因此，在交往中尤其要注意尊重他人。有时一句不经意的话，说者好像无所谓，可是在无所谓中伤害了他人的尊严。比如张同学看着李同学已经好几天穿同一件外套，就开玩笑地说："你是不是没有衣服穿啊，怎么总是穿这件衣服？"如果换成"哎，我发现你经常穿这件衣服，看得出来，你一定觉得这件衣服特适合你"。同样是对一个行为的反馈，不同语言就有不同的效果。在交往中如何更好地维护别人的尊严，是尊重的主要表现。

（四）相容原则

相容原则：是指宽宏大量、心胸宽广、不计小过、容人之短、有忍耐性。

大学生成长的环境不同，家庭教养方式不同，因而形成了不同的个性品质与价值观点，所以在交往中一定会呈现出不同的待人接物的方式。如果每个人都按照自己的喜好或者态度去评价别人，要求别人，我们就会发现很难找到合适的朋友。例如，晚睡晚起的同学如何与早睡早起的同学去相容，谨慎细心的人如何与粗心大意的人相容，狼吞虎咽的人如何与细嚼慢咽的人相容等，都是大学生在交往中经常碰到的问题。这时，就需要我们的包容与接纳、理解与认同。

宽容他人就是宽容自己，苛求他人也就是苛求自己。“己所不欲，勿施于人。”无论做什么事，都要将心比心，即使别人犯了错误，或冒犯了自己，也不要斤斤计较。忍让是一种胸怀，忍让是一种境界，我们需要在宽容中学会忍让。

（五）互利原则

建立良好的人际关系离不开互助互利，交往双方通过对物质、精神、感情的交换而使各自的需要得到满足。人际关系以能否满足交往双方的需要为基础，只有交往双方的心理或物质需要能获得满足时，其关系才会继续发展。但是，要注意不应将此曲解成斤斤计较的功利原则，而更多的是满足情感与精神上的需要。例如，一个人在心理最困难的时候，往往获得别人心灵的呵护与情感的支持，这也是一种希望获利的心理需求。事实证明，交往中互利性越高，双方的关系越稳定和密切；互利性越低，双方的关系越容易疏远。

（六）慎交原则

古人云：君子必慎交友。只有慎交友，才能交好友。在现实生活中，同正直诚实可信、见识广博的人交朋友有好处；而同心术不正、阳奉阴违、花言巧语的人交朋友就有害处。例如，有的人由于“朋友”的误导和利用而走上犯罪道路；有的人在朋友走上歧途后，不分是非，盲目地为了朋友两肋插刀而共入犯罪深渊。真正的朋友是能够互相激励，识大体，明事理的“义友”；是能够风雨同舟，患难与共的“密友”；是能够互相欣赏优点，互相规劝过失的“诤友”。大学生在交往中一定要善于择友，“结有德之朋，绝无义之友”。

二、建立良好人际交往的方法和艺术

每个人都希望自己生活在良好的人际关系氛围中，这就要求我们既需要具备健全的人格，又需要掌握相应的人际交往的方法和艺术。这样，我们就能减少防卫心理，更坦然地走向他人，更自信地与他人交往。

（一）学会倾听反馈，增进沟通

有人开玩笑说，上帝之所以给我们一个嘴巴、两个耳朵，就是暗示我们生活中要学会多听少说。在与人交谈时，要专注，积极倾听他人的谈话，不时地给予适当的反馈和提问。倾听表示尊重、理解和接纳，是联结心灵的桥梁。倾听还体现在不随意打断别人的谈话，在别人漫无目的地谈话时，礼貌地转换话题或结束话题。在表达自己的不同看法时，首先要认可当事人的想法，再礼貌地提出自己的看法，这样就会在表明观点的同时避免了冲突，不伤及彼此的关系。

（二）学会见贤思齐，促进成长

常言道：三人行，必有我师。古人云，欲成大志者，必先拜访名师。多拜师有助进步，如能经常结交贤能的师友，汲取他人成功的经验，便可博采众长，融会贯通，丰富自己的内涵，提高自己的修养。这不仅有利于处世能力的提升，而且有利于人格的完善，从而能大大减少待人接物的不到之处，在人际交往中做到有礼有节、左右逢源。而且，只要我们愿意，一切他人的长处都可以成为我们学习的内容。

（三）学会稳重沉着，缓解冲突

很多人在生活中一不小心就失去了朋友，这常常是因为遇事沉不住气，三言两语引起争吵而导致关系破裂。怎样才能遇事不慌，沉着冷静呢？首先，要有一颗平常心，面对各种生活问题以平常心态去应对，就不会引起冲突；其次，无私才能冷静，失去理智的原因。常常是以一己之私利冲昏头脑，不顾其余，心中无私就能够泰然处之；再次，养成遇事不急于发表意见的习惯，即遇事先要观察，接着思考，等到判断成熟后再发言，这样就会冷静处理问题。对于已经发生了的冲突，如果处理得当，就事论事，往往也不会给人际关系带来太大危害。心理学家发现，认清人际冲突或分歧的本质，并学会建设性地处理分歧或冲突，可以有效地减少人际关系恶化和破裂的发生。

（四）学会赞美鼓励，融洽氛围

人际交往中，看到其他人身上的优点或者美丽的外在变化时，大胆地给予赞美或认可，会给对方带来欢乐。这种欢乐和谐的氛围会影响到其中的很多人，使人与人之间的关系变得轻松融洽。赞美能让人身心愉悦，精力充沛，还能激发自豪感，增强其自信，有助于更好地了解自己的优点和长处，认识自身的生存价值。但赞美要有的放矢，要真诚和有感而发。赞美绝不等同于恭维，既不是拍马屁，也不是阿谀奉承。赞美时切忌夸大其词、不着边际和虚伪做作，否则，赞美就会失去其作用。除了赞美，还要学会鼓励别人。尤其是那些处于困境或者自信心比较低的朋友，更需要获得鼓励与支持，多鼓励，多支持，让他人感到温暖与希望。

（五）学会微笑幽默，营造快乐

微笑和幽默有助于增进交流、拉近距离、缓解紧张冲突的气氛。日常交往中，学会带着热情、微笑与人打招呼，让人体会到与你交往时的那种轻松与快乐，你才能成为一个社交场所中受欢迎的人。巧妙地运用幽默，因为幽默是语言的调味品，它可使交谈变得生动有趣。但幽默的对象应该指向自我，而非他人；调侃自我，可以活泼交往氛围，但是调侃他人则容易引发尴尬，甚至引发矛盾。

（六）学会知错就改，体现谦虚

一个人有勇气承认自己的错误，将有助于解决这种错误所带来的问题。人们有时不知自己犯错而固执己见；但有时明知犯错，为保全面子还是极力为自己辩解，极易造成紧张、怨恨和敌视的局面。遇到这种情况，最好的办法就是迅速而坦诚地承认自己的错误。当然，在自我批评的时候，无形中增强了对方的自尊心，使他不得不以宽宏、谅解的态度对待你。所以，你正确的时候，就要试着用温和的态度使对方同意你的看法；你错了的时候，就要坦诚地承认这种技巧不但能产生惊人的效果，而且在任何情形下，都要比为自己辩解有效得多。

（七）学会积极乐观，点燃希望

著名英国作家兰布里奇曾经说过：两个人同时从一个栅栏往外看去，一个人看到的是泥土，另一个人看到的却是繁星。这表明心态决定一切。善于控制情绪，有效调整心态，始终保持内心的和谐、乐观、积极、向上，是一种可贵的自我控制能力。快乐是一种情绪，具有丰富的感染性。生活中，人们大多愿意与积极乐观的人做朋友，并在不知不觉中被对方所感染。积极的人像太阳，照到哪里哪里亮。消极的人像月亮，初一十五不一样。让我们努力做一个积极的人，并学会照亮更多人的世界，燃起更多人的希望。

（八）学会共情理解，获得信任

人们的烦恼大多数，甚至绝大多数都是由于人际关系出了问题。而人际关系的问题都可以追溯到当事人与某人或者某一些人的不“同感”。所以，只有“同感”才是解决大多数烦恼的根本途径。

一个人懂得“同感”的重要性，或者知道应该与某人“同感”后，还不一定能够做到“同感”。这是因为不懂得必要的方法。但这是相对比较容易做到的事情。我们只要花一点时间学习就可以学会。

综上所述，人际交往受到多种原因影响，大学生只有具备正确的心理以及优秀的人格魅力，才能获得更好的人际关系，从而促进自身的心理健康发展。建立良好的人际关系，丰富自我强大的社会资源系统，是我们每个大学生成长的课题。让我们认识交往，学会交往，收获交往所带来的幸福与喜悦，享受大学生活。

问题与思考

1. 大学同学之间关系按建立的动因，可以分为哪些类型？
2. 如何处理好大学生之间的人际关系？
3. 人际交往的功能有哪些？
4. 举例说明自己在人际交往中存在的某一种心理效应。
5. 大学生网络人际交往有哪些特点？
6. 举例说明大学生网络人际交往对于现实生活的大学生有哪些影响？
7. 大学生人际交往的状态有哪些？
8. 大学生人际交往存在哪些心理问题？
9. 爱情观有哪几种？
10. 如何树立正确的恋爱观？
11. 人际交往的基本原则有哪些？
12. 如何建立良好的人际关系？

（高　强）

第八章　大学生安全合理用药与常见疾病的用药知识

学习要求

识记：能够正确识记药品的定义；能够正确识记处方药与非处方药的概念及特点；能够正确识记假药与劣药；能够正确识记易成瘾药物；能够正确识记获得合理用药知识的方法；能够正确识记自行购买药物的注意事项；能够正确识记获得合理用药知识的方法。

理解：能够正确理解药品的名称、药品的剂型与规格、给药途径；能够正确理解合理用药的概念；能够正确理解药物不良反应的概念；能够正确理解驾驶与合理用药知识；能够正确理解药物滥用与药物依赖性的概念；能够正确理解忘记服药的处理原则及服药前后的注意事项。

运用：能够正确阅读药品说明书；能够合理地使用抗菌药物；能够掌握防止药物滥用、药物成瘾的措施；能够正确的掌握常见剂型的使用方法；能够正确掌握适宜的服药时间；能够正确的管理药品效期、贮存；能够正确的掌握辨别假药与劣药的方法；能够正确掌握辨别宣传广告真伪的方法；能够正确掌握常备药物的管理方法；能够正确掌握常见疾病（如感冒、腹泻、便秘等）的用药知识。

第一节　药品基本知识

案例 8-1　　**拒绝服药与自行服药**

某高校李同学最近感冒，出现头痛、发热、咳嗽、咽喉痛、鼻塞等症状，因担心药物的不良反应而拒绝用药。后因症状加重得厉害，于是自行前往药店购买了对乙酰氨基酚片和复方氨酚烷胺，在未阅读药品说明书的前提下自行服用，2 小时后，李同学体温仍未恢复正常，便再次服用了对乙酰氨基酚。

问题：1. 该同学起初因担心药物不良反应而拒绝服药，合理吗？

2. 该同学此次用药存在哪些错误？用药前该如何阅读药品说明书？

一、药　　品

药品是指用于预防、治疗、诊断人的疾病，有目的地调节人的生理功能并规定有适应证或者功能主治、用法和用量的物质，包括中药、化学药和生物制品等。药品按照性质分类包括中药材、中药饮片、中成药、中西成药，化学原料药及其制剂、抗生素、生化药品、放射性药品、血清、疫苗、血液制品和诊断药品等。

特殊药品是指国家制定法律制度，实行比其他药品更加严格管制的药品，特殊药品主要包括麻醉药品、精神药品、医疗用毒性药品和放射性药品。麻醉药品是指连续使用后易产生生理依赖性，能成瘾的药品；精神药品是指直接作用于中枢神经系统，使之兴奋或抑制，连续使用能产生精神依赖性的药品，可分为一类和二类精神药品；医疗用毒性药品是指毒性剧烈，治疗量与中毒剂量相近，使用不当会致人中毒或死亡的药品；放射性药品是指用于临床诊断或者治疗的放射性核素制剂或者其标记化合物，凡在分子内或制剂内含有放射性核素的药品都称为放射性药品。

药品与人体健康和生命安危直接相关，是一种特殊商品，药品的特殊属性主要包括专属性、两重性、质量的重要性和时限性。药品的质量尤为重要，其特性为安全、有效、均一、稳定、经济。有效性是指药品在规定的适应证或者功能主治、用法和用量的条件下，能满足预防、治疗、诊断人的疾病，有目的地调节人的生理功能的性能；安全性是指药品按照规定的适应证或者功能主治、用法和用量使用，对用药者生命安全的影响程度；均一性是指药品的每一单位产品（如一片药、一支注射剂或一箱药等）都符合有效性、安全性的规定要求；稳定性是指药品在规定的条件下保持其有效性和安全性的能力；经济性是指药品生产、流通过程中形成的价格水平。

二、药品名称

药品名称是药品质量标准的首要内容，药品的命名也是药品管理工作标准化中的一项基础工作。目前常见的药品名称包括通用名、商品名和化学名，常用的药品名称简介见表 8-1。

表 8-1　常用的药品名称简介

药品名称	定义	备注
通用名	由药典委员会按照《药品通用名称命名原则》组织制定并报国家卫生健康委员会备案的药品法定名称，具有强制性和约束性	一个药品只有一个药品通用名
商品名	经国家药品监督管理部门批准的特定企业使用的该药品专用的商品名称，由药品生产企业自己确定，具有专有性，不得仿用	含有同样活性成分的同一药品，每个企业应有自己的商品名
化学名	根据药品的化学成分确定的化学学术名称，根据其化学结构式来进行命名，以一个母体为基本结构，然后将其他取代基的位置和名称标出	英文化学名是国际通用名称

三、药品的剂型与规格

剂型是指为根据疾病诊断、治疗或预防的需要而制备的药物应用形式，如片剂、颗粒剂、胶囊剂、注射剂、软膏剂等。根据药物使用目的和性质不同，可将药物制成适宜的不同剂型。剂型不仅可以改变药物的作用性质和作用速度，也可降低（或消除）药物的毒副作用。同一药物、不同的剂型可导致药物作用的快慢、强度、持续时间不同，药物副作用、毒性作用也不同。

剂型按给药途径可分为经胃肠道给药剂型（人有肝脏首过效应，如口服给药）和非经胃肠道给药剂型（人无肝脏首过效应，如注射剂、呼吸道给药、皮肤给药、黏膜给药等）；按形态分类可分为液体剂型（如芳香水剂、溶液剂、注射剂、合剂、洗剂等）、气体剂型（如气雾剂、喷雾剂等）、固体剂型（如片剂、颗粒剂、散剂等）和半固体剂型（如软膏剂等）；按制法分类可分为浸出制剂（如流浸膏剂、酊剂等）和无菌制剂（注射剂）。药物制成不同的剂型后，患者使用方便，易于接受，不仅药物用量准确，同时增加了药物的稳定性，有时还可减少毒副作用，也便于药物的贮存、运输和携带。常用的药物剂型简介见表 8-2。

药品规格是指以每片、每包或每支为单位的药物制剂内所含有效成分的量。同一商品名的药品，不仅有不同的规格，还有各级不同大小的包装单位。用药剂量与药品规格密切相关，因此，患者在使用药品时，除了选择合适的药品，还需要注意每一单位制剂的有效含量，以免服用剂量错误。

表 8-2　常见的药物剂型简介

剂型	定义	备注
片剂	系指原料药与适宜的辅料均匀混合后压制而成的片状或异形片状的固体制剂	以口服普通片为主，也包括含片、舌下片、口腔贴片、咀嚼片、分散片、泡腾片、阴道片、缓释片或控释片等特殊片剂
胶囊	系指原料药物或与适宜辅料充填于空心胶囊或密封于软质囊材中制成的固体制剂	可分为硬胶囊、软胶囊（胶丸）、缓释胶囊、控释胶囊或肠溶胶囊，主要供口服用
颗粒剂	系指原料药物与适宜的辅料混合制成具有一定粒度的干燥颗粒状制剂	可分类为可溶颗粒、混悬颗粒、泡腾颗粒、肠溶颗粒、缓释颗粒和控释颗粒等，可直接吞服，也可冲入水中饮服
散剂	系指原料药物或与适宜的辅料经粉碎、均匀混合制成的干燥粉末状制剂	可分为口服散剂和局部用散剂。口服散剂一般溶于或分散于水中服用，也可直接用水送服；局部用散剂可供皮肤、口腔、咽喉、腔道等处应用
栓剂	系指药物与适宜基质制成的具有一定形状的供人体腔道内给药的固体制剂	根据给药途径的不同可分为直肠用、阴道用、尿道用栓剂等，栓剂在常温下为固体，塞入腔道后，在体温下能迅速软化熔融或溶解于分泌液，逐渐释放药物而产生局部或全身作用
气雾剂	系指含药、乳液或混悬液与适宜的抛射剂共同装封于具有特制阀门系统的耐压容器中，使用时借助抛射剂的压力将内容物呈雾状物喷出的制剂	用于肺部吸入或直接喷至腔道黏膜、皮肤及空间消毒
喷雾剂	系指原料药物或与适宜辅料填充于特制的装置中，使用时借助手动泵的压力、高压气体、超声振动或其他方法将内容物呈雾状物释出的制剂	用于肺部吸入或直接喷至腔道黏膜及皮肤等，临床应用较多的喷雾剂有口腔喷雾剂和鼻用喷雾剂两种亚型
缓释制剂	是指口服后在规定释放介质中，按要求缓慢地非恒速释放药物的制剂	开始时释放速度较快，随着时间的推移，释放速度逐渐减慢。与相应普通制剂相比较，给药频次减少，且能增加患者的顺应性或降低药物的副作用
控释制剂	是指口服后在规定释放介质中，按要求缓慢地恒速或接近恒速释放药物的制剂	药物采取恒速释放，提高用药的安全性，可降低药物的副作用，血药浓度比缓释制剂更加平稳
注射剂	系指药物与适宜的溶剂或分散介质制成的供注入体内的溶液、乳状液或混悬液及供临用前配成溶液或混悬液的粉末或浓溶液的无菌制剂	起效快，可迅速地通过体循环将药物运送至全身各处，发挥药理作用。患者顺应性差，常有不适和疼痛感

四、给药途径

患者在用药过程中最常用的给药途径为口服和注射。此外，还有一些其他的给药途径，如直肠给药、皮肤黏膜给药、舌下给药等。不同的给药途径，可以影响药物的吸收和药物作用。值得注意的是，同一种药物可能有不同的给药方法，其对应的适应证也有所不同。常见的给药途径见表 8-3。

表 8-3　常见的给药途径

给药途径	主要内容
口服给药	● 药物经口服后经胃肠道吸收进入血液循环，可起到局部治疗或全身治疗的作用 ● 片剂、胶囊剂是目前临床应用最为广泛的口服剂型 ● 口服剂型给药方便，安全，但易受胃肠生理因素的影响
注射给药	● 是指将无菌药液注入体内，达到预防和治疗疾病的目的 ● 静脉注射：包括静脉滴注和推注，将药液直接注入或滴注于静脉血管中，起效速度最快 ● 脊椎注射：将药液注于脊柱的椎管内，多用于手术麻醉 ● 肌内注射：将药液注入肌肉组织，一次剂量一般为 1～5ml ● 皮下注射：将药液注射在真皮和肌肉之间的软组织内，如胰岛素注射液 ● 皮内注射：将药液注射在表皮和真皮之间，一次剂量在 0.2ml 以下，常用于药物过敏试验和疾病诊断，如青霉素皮试
皮肤或黏膜部位给药	是指药物经皮肤和黏膜给药，可起到局部治疗或全身治疗的作用。包括各种软膏、洗剂、搽剂、贴剂等

五、处方药与非处方药

按药品分类管理，药品一般可分为处方药和非处方药。

（一）处方药

处方药是指为了保证用药安全，由国家卫生行政部门规定或审定的，需凭医师或其他有处方权的医疗专业人员开写处方出售，并在医师、药师或其他医疗专业人员监督或指导下方可使用的药品。英文简写为 Rx，R 是 Report 的第一个字母，表示患者（接受者）之意，X 表示处方的内容。处方药只准在专业性医药报刊进行广告宣传，不准在大众传播媒介进行广告宣传。

处方药大多属于以下几种情况：上市的新药，对其治疗作用或副作用等不良反应还要进一步观察；可产生依赖性的某些药物，如吗啡类镇痛药及某些催眠安定药物等；药物本身毒性较大，如抗肿瘤药物等；用于治疗某些疾病所需的特殊药品，如心脑血管疾病的药物、糖尿病的药物。处方药须经医师确诊后开出处方并在药师指导下使用。

（二）非处方药

非处方药是指为方便公众用药，在保证用药安全的前提下，经国家卫生行政部门规定或审定后，不需要医师或其他医疗专业人员开写处方即可购买的药品，一般公众凭自我判断，按照药品标签及使用说明就可自行使用。英文简称为 OTC（over the counter）。OTC 药品分为甲类非处方药（红底白字）、乙类非处方药（绿底白字，安全性更高）。甲类非处方药须在药店由执业药师指导下购买和使用；乙类非处方药除可在药店出售外，还可在经食品药品监管部门批准的超市、宾馆、百货商店等处销售。

非处方药大都用于多发病、常见病的自行诊治，如感冒、咳嗽、消化不良、头痛、发热等。为了保证人民健康，我国非处方药目录中明确规定药物的使用时间、疗程，并强调指出“如症状未缓解或消失应向医师或药师咨询”。

值得注意的是，处方药和非处方药不是药品本质的属性，而是管理上的界定，无论是处方药还是非处方药，都是经过国家药品监督管理部门批准的，其安全性和有效性是有保障的。处方药（Rx）与非处方药（OTC）区别见表 8-4。

表 8-4 处方药（Rx）与非处方药（OTC）区别

项目	处方药（Rx）	非处方药（OTC）
疾病类型	病情较重需医师确诊	小伤、病或解除症状
疾病诊断者	医师、药师等专业人士	自行诊治
安全性	较小，需在医师指导下用药	相对而言更安全、副作用小
取药凭据	执业医师或执业助理医师处方	不需要处方，消费者自行选购
宣传对象	医师、药师等专业人士	消费者
广告	只能在专业性医药报刊宣传	经相关部门审批后可在大众媒介（报纸、电视、广播）宣传
警示语	凭医师处方销售、购买和使用	请仔细阅读药品使用说明书，并按说明书使用或在药师指导下购买和使用

六、假药与劣药

《中华人民共和国药品管理法》（简称《药品管理法》）规定，禁止生产、销售、使用假药、劣药。有下列情形之一的为假药：①药品所含成分与国家药品标准规定的成分不符；②以非药品冒充药品或者以他种药品冒充此种药品；③变质的药品；④药品所标明的适应证或者功能主治超出规定范围。有下列情形之一的为劣药：①药品成分的含量不符合国家药品标准；②被污染的药品；③未标明或者更改有效期的药品；④未注明或者更改产品批号的药品；⑤超过有效期的药品；⑥擅自添加防腐剂、辅料的药品；⑦其他不符合药品标准的药品。禁止未取得药品批准证明文件生产、进口药品；禁止使用未按照规定审评、审批的原料药、包装材料和容器生产药品。

七、药物不良反应

药物不良反应是指在正常用量范围内，使用合格药品所引起的与用药目的无关的有害反应，任何不合格药品以及用药不当所引起的反应则不属于药物不良反应范畴。诱发药物不良反应的因素主要有患者因素和药物因素。患者因素主要包括患者年龄、性别、遗传及所处环境等；药物因素主要包括药物的毒性作用、相互作用以及药物制剂中主要有效成分之外的（如赋形剂等）其他成分的影响。根据药物不良反应和药理作用的关系，一般可将药物不良反应分为 A 型、B 型和 C 型。此外，根据不良反应的性质可分为副作用、毒性作用、后遗效应、继发反应、首剂效应、停药反应和药物依赖性、过敏反应、特异质反应、致癌作用、致突变或致畸作用。常见的不良反应分类及常见的不良反应种类分别见表 8-5 和表 8-6。

表 8-5 常见的不良反应分类

不良反应类型	特点	备注
A 型	● 药品的药理作用增强所致 ● 与剂量或合并用药有关 ● 一般容易预测 ● 停药或减量后症状减轻或消失 ● 发生率高、死亡率低	主要包括副作用、毒性反应、首剂效应、停药反应和后遗效应等

续表

不良反应类型	特点	备注
B型	● 与药品的正常药理作用无关，与患者的特异体质有关 ● 一般很难预测 ● 发生率低、死亡率高	临床表现包括药物变态反应和特异质反应等 最典型的如青霉素引起的过敏性休克
C型	● 与药物本身药理作用无关 ● 长期用药后出现，潜伏期较长 ● 用药与反应发生没有明确的时间关系 ● 背景发生率高，用药史复杂，难以试验重现	此类不良反应难以简单地归于A型或B型，其发病机制有些与致畸、致癌、永久长期用药后的心血管疾病、纤维蛋白溶解（简称纤溶）系统变化等有关，有些机制尚不清楚

表8-6　常见的不良反应种类

不良反应	定义	备注
副作用	在规定的常用剂量范围内使用药品时产生的、与用药目的无关的作用	一般都较轻微，多为一过性可逆性功能变化，伴随治疗作用同时出现
变态反应（过敏反应）	药物或药物在体内的代谢产物作为抗原刺激机体而发生的不正常的免疫反应	是少数具有特异体质的患者对某些药物产生的异常反应，如口服阿司匹林，大多数人无异常反应，但少数人会出现皮疹、发热、皮炎、哮喘、白细胞减少等症状，严重者会发生过敏性休克
继发反应	由药物的治疗作用引起的不良后果	主要是因为长期、大剂量使用广谱抗生素，使敏感的细菌被杀死了，不敏感的细菌则大量繁殖，从而引起新的感染，如葡萄球菌引起的肠炎等
毒性作用	在药物剂量过大或用药时间过长、药物在体内积蓄过多时，机体发生的毒性反应	药物在常用剂量范围内使用时，一般不会产生毒性反应，只有过量、过久使用才会引发毒性作用，如卡那霉素、庆大霉素等肾毒性，抗肿瘤药阿霉素的心脏毒性等
后遗效应（宿醉现象）	停药后血浆中药物浓度降至阈浓度以下时仍残存的生物效应	药物的后遗效应可以短暂或较持久，如服用长效巴比妥类催眠药后，次晨有嗜睡的“宿醉现象”；长期应用肾上腺皮质激素停药后引起的肾上腺皮质功能减退
停药反应（反跳反应）	突然停药后，原有疾病出现加剧现象	应用此类药品时，如需停药，应逐步降低剂量，以免发生停药反应。如长期服用糖皮质激素、抗乙肝病毒、质子泵抑制剂等药物

八、正确阅读药品说明书

药品说明书是经国家药品监督管理局审核批准的法定文件，是医师、药师、护士和患者合理用药的科学依据。药品说明书必须注明药品名称、主要成分、适应证或功能主治、用法用量、不良反应、禁忌证、注意事项、规格、有效期、贮存要求、批准文号以及生产企业地址、电话等信息。在使用药物进行治疗前，一定要认真阅读说明书，正确判断自己的疾病是否与药品说明书中所列适应证相符，并按照药品说明书的规定使用药物，才能达到理想的治疗效果。药品说明书是指导用药的根据之一，具有法律效力，用药前准确阅读和理解说明书是合理用药的前提。

（一）看清药品的名称

药品名称是药品质量标准的首要内容，目前最常见的药品名称有商品名和通用名，通用名是国家规定的或世界通用的名称，一种药物只有一个通用名，而同一个通用名可能有多个商品名。因此患者在购买和使用药品前，除了要知道其商品名外，一定要了解其通用名，以避免重复用药而导致对身体的伤害。

（二）掌握适应证

药品适应证也称为作用与用途，是指该药品可以用来治疗哪些疾病，或者哪些情况下可以服用这种药品。适应证一般列出该药能够治疗的病症或是疾病类别，如高血压、糖尿病、感染性疾病等。中药制剂（中成药）说明书中用“功能主治”表示。患者选用药品时，一定要注意药品的适应证，只有对症下药，才能达到治病的目的。患者购买处方药时，必须先经过医师诊断，凭医师处方才可购药；患者购买非处方药时，若能够自我判断自己的疾病与适应证相符、对症下药，可在药师的指导下选择购买。患者在仔细阅读药品说明书适应证时，若发现超说明书用药，应该积极和医师、药师沟通，以确保您购买服用的药品对应自己的疾病症状。

（三）了解药品的用法用量

用药时患者应根据药品说明书了解药物的用法用量，并按要求使用。用法主要包括如饭前、饭中还是饭后服用；每日用药次数；是口服、外用还是注射。用量一般指体型正常成人的用药剂量，包括每次用药剂量及每日最大用量。药品说明书中的用量是一种推荐剂量，一般指体型正常的成人用药剂量，药物用量应根据患者年龄、体重不同而区别。一般 18 岁以上使用成人剂量；60 岁以上老年人通常用成人剂量的 3/4；小儿用量可根据年龄按成人剂量折算，也可按体重或按体表面积计算用药量。对于个体差异大或存在肝肾功能损害等特殊患者，说明书中的推荐剂量可能并不合适，需要去医院请医师对用量进行调整。

（四）认真对待药物的不良反应

正常情况下，说明书中会标明所有可能发生的药品不良反应，即使其发生率有高有低，严重程度有重有轻，不存在没有不良反应的药品，说明书上所列的不良反应不是每个人都会发生。患者不能因害怕不良反应，而拒绝用药。对于出现轻微不良反应而又需要继续治疗的药物，可以边治疗边观察，同时向医师及药师咨询；较严重的应立即停药并到医院就诊。

（五）重视禁忌和注意事项

禁忌主要是指禁止在某些情况下使用该药物，注意事项主要是对服药和服药期间的相关要求。说明书中常列出禁用、慎用、忌用对象，需要引起注意。“禁用”是绝对禁止使用的。“忌用”是不适宜使用或应该避免使用的程度，标明“忌用”的药，说明其不良反应比较明确，发生不良后果的可能性很大，但人有个体差异而不能一概而论。“慎用”是可以使用，但必须慎重考虑，权衡其利弊，在服用之后，要细心地观察有无不良反应出现，如有就必须立即停止服用，最好在医师指导下使用。

（六）了解药物的相互作用

药物相互作用是指两种或两种以上的药物同时应用时所发生的药效变化。患者若一次使用多种药物，多种药物联合使用时会发生相互作用，可能对患者身体造成损害，使用时要特别注意，要遵医嘱，咨询药师，同时详细阅读药品说明书中的相互作用。

（七）禁止超效期使用

有效期指药品在规定贮存条件下，能够保持质量的期限，通常标注在药品说明书和标签上。通过批号可以推算出药品的有效期，若超过有效期则视为劣药，应禁止使用。因此，患者服用药品时，应该注意药品的有效期，避免服用过期的药品。需要注意的是，有效期的前提是药品未开封和在规定条件下贮存，药品开封后有效期以及药品重新分装或拆零后有效期则另有要求。

（八）注意药品的贮存条件

药品贮存过程中，影响药品质量的因素主要包括空气、温度、湿度、光线等。如果药品需要特殊保存，药品的说明书上会明确注明。因此，患者应该严格按照药品说明书上注明的方式贮存药品。注意药品一般是在多条件下保存，如：遮光、密闭保存；密封，置阴凉处；密闭，阴凉、避光干燥处保存。

总之，在阅读药品说明书时，应重点阅读药品的名称及主要成分、适应证、用法用量、注意事项；谨慎阅读药物不良反应、妊娠及哺乳期妇女用药、药物相互作用；对于药理毒理和药代动力学等专业性较强的内容，不必过多钻研。对于老年人、儿童、妊娠及哺乳期妇女、肝肾功能不全等特殊人群，在用药前要特别注意说明书上是否对其有特殊要求或禁忌事项。另外，阅读药品说明书时，如果遇到自己不是很清楚或者看不懂的地方，一定要去咨询药师等专业人士，切勿盲目服药，以防造成不良后果。

案例 8-1 分析讨论

1. 不合理，药物不良反应是指在正常用量范围内，使用合格药品所引起的与用药目的无关的有害反应。正常情况下，说明书中会标明所有可能发生的药品不良反应，即使其发生率有高有低，严重程度有重有轻，不存在没有不良反应的药品，说明书上所列的不良反应不是每个人都会发生。患者不能因害怕不良反应，而拒绝用药。对于出现轻微不良反应而又需要继续治疗的药物，可以边治疗边观察，同时向医师及药师咨询；较严重的应立即停药并到医院就诊。

2. 李同学服用的药物对乙酰氨基酚和复方氨酚烷胺含有相同的成分，同时服用就存在了重复用药，服药时间也不正确。在阅读药品说明书时，应重点阅读药品的名称及主要成分、适应证、用法用量、注意事项，避免不合理用药。

第二节　合 理 用 药

案例 8-2　　**不合理用药**

（1）张同学 2 天前感冒发热，因担心病情加重，就私自服用了阿莫西林胶囊，每天早上一次。刚服用 2 天，张同学自感感冒症状明显好转，便又私自停药。

（2）大三学生王同学最近在学习驾驶，当日由于感冒症状严重，在去驾校前便吃了两颗感冒药，在学习驾驶的过程中王同学觉得头脑昏昏沉沉、一直在打瞌睡，竟然将车开到对向的车道，还好驾驶教练及时刹车，并将车停至安全区域，避免酿成大祸。

（3）王同学近日受凉出现感冒咳嗽症状，自行从药店购买了止咳糖浆，每次服用药后，王同学会习惯性的喝一小杯白水，用药3天后，王同学的咳嗽症状并没有明显好转，同学怀疑是药物质量的问题。

问题：上述同学分别存在哪些不合理用药？

合理用药是指以现代的、系统的医药知识，在了解疾病和了解药物的基础上，安全、有效、适时、简便、经济地使用药物。世界卫生组织提出合理用药标准有以下五条：①开具处方的药物应适宜；②在适宜的时间，以公众能支付的价格保证药物供应；③正确地调剂处方；④以准确的计量，正确的用法和用药时间服用药物；⑤确保药物质量安全有效。目前我国在药物使用方面还存在着较为严重的不合理现象，不合理用药主要表现为选用药物不适宜，无指征用药、错误的用法用量、不合理的联合用药、重复用药、频繁换药等。

一、影响合理用药的药物因素

1. 药物的剂型和剂量　药物可以制成不同的剂型，以满足临床实际的需要。

2. 给药途径　给药途径不同，可因其吸收、分布、代谢、排泄的不同而使药物的效应强弱不同，甚至可改变药物效应的变化，如硫酸镁静脉注射可治疗妊娠高血压疾病，而口服则导泻。临床上主要依据病情和药物的特点决定给药途径。

3. 反复用药的影响　在长期用药的过程中，体内受体发生调节，影响药效。

4. 给药间隔时间、疗程及用药时间　给药间隔时间对于维持稳定的有效血药浓度甚为重要，如不按规定的间隔时间用药，可使血药浓度发生很大的波动，过高时可发生毒性反应，过低时则无效。

5. 联合用药与药物相互作用　某一种药物由于其他药物的存在而改变了药物原有的理化性质、体内过程（吸收、分布、生物转化和排泄）或组织对药物的敏感性等，从而改变了药物的药理效应或毒性效应，使原有的药效增强或减弱。

除了药物因素外，机体方面的因素（如年龄、性别、精神因素、遗传因素等）、人员因素及社会因素都会影响药物的合理使用。

二、抗菌药物的合理使用

抗菌药物是指对细菌有抑制或杀灭作用的药物，包括各种抗生素和化学合成抗菌药物。抗菌药物是临床应用范围广、品种繁多的一大类药物，这类药物在控制危害人类健康的感染性疾病当中发挥了重要的作用，随着抗菌药物的广泛应用，临床上细菌对常用抗菌药物的耐药性不断增强，耐药性的出现降低了抗菌药物的疗效。抗菌药物的不合理使用导致的细菌耐药已经成为全球性的公共卫生问题，威胁到了人类健康和生命安全。不合理使用抗菌药物可延误疾病的治疗、浪费医药资源、产生药物不良反应，甚至酿成药疗事故。

（一）滥用抗菌药物的危害

1. 毒副作用　许多抗菌药物都具有毒副作用，如氨基糖苷类抗菌药物可产生耳毒性和肾毒性，氯霉素可引起再生障碍性贫血，四环素类可引起小儿四环素牙（黄牙）等。部分抗菌药物若擅自加大剂量，很可能会损伤神经系统、肾脏、血液系统，尤其是肝肾功能出现异常的患者，更要慎重。

2. 过敏反应　是抗菌药物常见的不良反应，多发生在具有特异性体质的人身上，其表现以过敏性休克最为严重，过敏反应严重时可能致命。

3. 二重感染　在人体表面及与外界相通的腔道中（如消化道、呼吸道）寄居有多种无害的微生物，它们成为人体的“正常菌群”。正常菌群是机体与微生物、微生物与微生物在进化过程中互相适应而形成的特定的微生物组合。当用抗菌药物抑制或杀死敏感的细菌后，有些不敏感的细菌或霉菌却继续生长繁殖，造成新的感染，这就是“二重感染”。这在长期滥用抗菌药物的患者中很多见。因此治疗困难，病死率高。

4. 耐药　随着抗菌药物的广泛及大量的使用，许多病原菌逐渐对抗菌药物产生了适应性，增加了抵抗力，对原来敏感的药物，敏感性降低甚至不敏感。而且由于药物长期刺激，使一部分致病菌产生变异、成为耐药菌株。这种耐药性既会被其他细菌所获得，也会遗传给下一代。“超级细菌”很大程度上就是抗菌药物滥用催生出来的。如果这种情况继续恶化下去，很可能使人类面临感染时无药可用的境地。

（二）使用抗菌药物的误区

1. 认定抗菌药物等同于消炎药　抗菌药物不直接针对炎症发挥作用，而是针对引起炎症的细菌起作用。消炎药是针对炎症的，如常用的对乙酰氨基酚、双氯芬酸钠等解热镇痛药。多数人误以为抗菌药物可以治疗一切炎症。实际上抗菌药物对由病毒引起的炎症无效。因此，日常生活中经常发生的局部软组织的瘀血、红肿、疼痛，以及过敏性皮炎、药物性皮炎等非细菌性炎症，都不宜使用抗菌药物来进行治疗。

2. 感冒就用抗菌药物　病毒或者细菌都可以引起感冒。病毒引起的感冒属于病毒性感冒，细菌引起的感冒属于细菌性感冒。一般的普通感冒、发热、咽痛等，大部分是由病毒引起的，而对病毒来说抗菌药物一般是无效的。抗菌药物只对细菌性感冒有用。

3. 发热就用抗菌药物　发热不一定是由于细菌感染，因此不是都需要用抗菌药物。如自身免疫性疾病、肿瘤性发热、过敏性发热、药物热等。抗菌药物仅适用于由细菌和部分微生物引起的炎症，而对病毒、麻疹、伤风、流感等疾病无效。

4. 腹泻时随便应用抗菌药物治疗　引起腹泻的原因很多，例如，腹部受凉引起肠蠕动加快；对乳品、鱼虾蟹等食物过敏引起的肠变态反应；外出旅行或迁居外地因生活环境改变时肠道内正常菌群的生活环境发生变化，发生“菌群失调”；婴幼儿秋冬季腹泻和夏季“流行性腹泻”系病毒感染所引起，而霉菌性肠炎是由霉菌引起。病因不同，治疗方法就不应该完全相同，所以应用抗菌药物应当慎重。许多抗菌药物服用后可引起不同程度的胃肠道不良反应，如恶心、呕吐、腹泻或食欲下降，甚至影响肝肾和造血功能，其中以广谱抗菌药物引起的胃肠道不良反应较为严重。因此腹泻不能随便应用抗菌药物。

5. 广谱抗菌药物优于窄谱抗菌药物　抗菌药物使用的原则是能用窄谱的不用广谱的

（抗菌范围广泛的抗菌药物）；能用低级的不用高级的；用一种能解决问题的就不用两种；轻度或中度感染一般不联合使用抗菌药物。在没有明确病原微生物时可以使用广谱抗菌药物，如果明确了致病的微生物最好使用窄谱抗菌药物。否则容易增强细菌对抗菌药物的耐药性。

6. 频繁的更换抗菌药物　药物起效需要一定时间，一般抗菌药物使用 72 小时后对抗感染治疗进行评估，依据评估结果有指征的更换抗菌药物。

抗菌药物的使用原则：能用窄谱的不用广谱、能用低级的不用高级的、能用一种抗菌药物解决的不用联合抗菌药物。

7. 一旦见效就停药　抗菌药物的使用有一个疗程，用药时间不足的话，有可能根本见不到效果；即便见了效，也应该在医师的指导下服用够必需的疗程。如果有了一点效果就停止用药，即便已经好转的病情也可能因为残余细菌作怪而反弹。

同样地，一旦见效就停药，症状复发再次用药，如此反反复复，相当于增加了药物对细菌的自然选择时间，容易促使细菌对这种药物产生耐药性。

（三）合理使用抗菌药物的注意事项

1. 严格掌握适应证，谨慎使用抗菌药物　只有诊断为细菌感染者才可以使用抗菌药物，对于不明原因发热、病毒性感染及非细菌性炎症不可盲目使用抗菌药物。对于病毒引起的普通感冒、流感，痛风、风湿性关节炎，眩晕、偏头痛，水痘、带状疱疹，过敏性皮炎、湿疹以及皮肤癣等真菌感染均没有使用抗菌药物的指征。

2. 选用适宜的抗菌药物，不盲目联合用药　在医师指导下选择，根据可能引起感染的病原菌来选择针对性强、窄谱、安全、价格适当的抗菌药物，避免长时间大剂量的应用广谱抗菌药物。注意单一药物可有效治疗的感染，不需联合使用多种抗菌药物，不合理的联合用药不仅不增加疗效，反而可能增加不良反应和细菌耐药性，还可能造成二重感染。

3. 确保合理的用法用量　抗菌药物不仅要选择恰当，还应该选择合适的剂量和给药频次，不同的抗菌药物其用法用量会有所不同。为保证药物在体内能发挥最大药效，杀灭感染灶病原菌，应根据药动学和药效学相结合的原则给药。青霉素类、头孢菌素类和其他 β-内酰胺类、红霉素、克林霉素等时间依赖性抗菌药物，需要一日多次给药；氟喹诺酮类和氨基糖苷类等浓度依赖性抗菌药物一般一日只需给药一次。建议患者在服用抗菌药物时应严格按照医嘱在规定的时间内足量服用药物，不可私自减少用药次数或用药剂量。

为避免抗菌药物的不合理使用，以及滥用抗菌药物带来的不良后果，患者不要自行购买和自行选择抗菌药物，应坚持在医师指导下合理使用抗菌药物和坚持抗菌药物用足量、用足疗程，切忌随意服用和停用抗菌药物。

三、驾驶与合理用药

有些药物的不良反应会影响驾驶员开车的安全性，服用某些药物后会出现不同程度的疲倦、嗜睡、困乏和精神不振、视物模糊、辨色困难、多尿、平衡力下降等，影响其反应能力，容易出现危险和人身事故。特别是对中枢神经系统，尤其是视神经、耳神经可能产生毒副作用的药物会降低驾驶员的观察判断能力，从而导致交通事故的发生。根据已有的研究和临床实践，有多种药物包括镇静催眠、止痛解痉、抗过敏、降血压、抗心律失常类等药物是驾驶员慎用或禁用的。驾驶期间应慎用的药物及用药注意事项见表 8-7。

表 8-7　驾驶期间应慎用的药物及用药注意事项

慎用或禁用药物副作用	药物类型	用药注意事项
嗜睡	● 抗感冒药 ● 抗过敏药 ● 镇静催眠药 ● 抗偏头痛药：苯噻啶 ● 质子泵抑制剂：奥美拉唑、兰索拉唑、泮托拉唑	1. 开车前 4 小时慎用本表中的药物，或服后休息 6 小时再开车 2. 注意复方制剂中有无对驾驶能力有影响的成分 3. 对易产生嗜睡的药物，服用的最佳时间为睡前半小时。有些感冒药分为日片或夜片，如日夜百服宁片、白加黑感冒片，日片不含抗过敏药，极少引起嗜睡，在白天宜尽量服用日片 4. 改用替代药，如过敏时尽量选用对中枢神经抑制作用小的抗过敏药如依巴斯汀、氯雷他定、地洛他定。感冒时选用不含镇静药和抗过敏药的日片 5. 如患糖尿病，在注射胰岛素和服用降糖药后稍事休息，如血糖过低或头晕、眼花、手颤，可进食少量食物或巧克力、水果糖 6. 千万不要饮酒或含酒精饮料，乙醇是一种中枢神经抑制剂，可增强催眠药、镇静药、抗精神病药的毒性 7. 注意药品的通用名和商品名，有时同一药品有不同的商品名
眩晕或幻觉	● 镇咳药：右美沙芬、那可丁、喷托维林 ● 双氯芬酸 ● 金刚烷胺 ● 双嘧达莫、氟桂利嗪 ● 降糖药	
视物模糊或辨色困难	● 布洛芬、吲哚美辛 ● 东莨菪碱、阿托品 ● 二氢麦角碱 ● 硝酸甘油 ● 卡马西平、苯妥英钠、丙戊酸钠、利培酮	
定向力障碍	● 哌替啶 ● 雷尼替丁、西咪替丁、法莫替丁 ● 避孕药长期服用	
多尿或多汗	● 利尿药：阿米洛利及复方制剂 ● 抗高血压药：利舍平、氨苯蝶啶、吲达帕胺、哌唑嗪	

四、药物滥用与药物依赖性

（一）药物滥用

药物滥用是指非医疗目的反复、大量地使用具有依赖特性的药物（或物质），使用者对此类药物产生依赖（瘾癖），强迫和无止境地追求药物的特殊精神效应，由此带来严重的个人健康与公共卫生和社会问题。

（二）药物依赖性

药物依赖性，又称药物成瘾性，是指药物与机体相互作用所形成的一种特殊精神状态和身体状态。它表现出一种强迫的连续或定期的用药行为和其他反应，目的是感受它的精神效应，或是避免由于断药所引起的不舒适，可以发生或不发生药物耐药性。药物成瘾可分为精神依赖性和生理依赖性两个方面，精神依赖性（心理依赖性）一旦产生很难祛除。

（三）致依赖性药物的分类

1. 麻醉药品　是指连续使用后易产生生理依赖性和精神依赖性，停药后产生戒断症状，能形成瘾癖的药品。主要包括以下几种：①阿片类，包括阿片粗制品及其主要生物碱吗啡、可待因、二醋吗啡（海洛因）以及人工合成麻醉性镇痛药哌替啶、美沙酮和芬太尼等；②可卡因类，包括可卡因及其粗制品古柯叶和古柯糊；③大麻类，包括印度大麻、粗制品大麻浸膏和主要成分为四氢大麻酚的药物。

2. 精神药品　是指作用于中枢神经系统，使之兴奋或抑制，反复使用能产生依赖性的药品。主要包括以下几种：①镇静催眠药和抗焦虑药，如巴比妥和苯二氮䓬类；②中枢兴奋药，如苯丙胺、甲基苯丙胺（冰毒）和亚甲二氧基甲基苯丙胺（摇头丸或迷魂药）；③致幻药，如麦角二乙胺和氯胺酮（K 粉）。

3. 其他药品　主要包括烟草、酒精及挥发性有机溶剂等精神活性物质。

（四）防止药物滥用、药物成瘾的措施

无特殊情况，不要使用易成瘾性药物，更不要因一时的好奇心而接触易成瘾性药品及毒品。对于经医师诊断明确，确实需要服用相关药品，要严格执行医嘱，不可私自增加剂量。值得注意的是，一些感冒药、止咳药水中也含有可待因、麻黄碱等精神药物，避免长期使用。此外，对于已发生药物滥用和药物成瘾的患者，应接受治疗。

五、安全、合理用药知识

（一）适宜的服药时间

许多药物的疗效与用药时间密切相关，同一种药物，同一剂量，在一天中的不同时间给药，其疗效和毒性可能相差几倍甚至几十倍。运用时辰药理学知识来制定合理的给药方案，按时辰规律给药能准确而及时地将药物送达病灶，使给药时间与人体生物节律同步，使用药更加科学、有效、安全、经济。此外，药物的用途、药物的化学性质、药物剂型、对胃的刺激性等都会影响药物的给药时间。因此，要想达到最佳的药物治疗效果，必须了解正确的给药时间。常见的给药时间有清晨、空腹、餐前、餐时、餐后、睡前等。晨服是指清晨起来服用；空腹是指餐前 1 小时或餐后 2 小时；餐前服药指餐前 30 分钟服药；餐时服药是指进食少许后服药或饭后片刻；餐后服药指餐后 15～30 分钟；睡前服药通常指睡前 15～30 分钟服药。常见药品适宜的服用时间见表 8-8。

表 8-8　常见药品适宜的服用时间

服用时间	药品类别	药品名称	注释
清晨	糖皮质激素	泼尼松 泼尼松龙 地塞米松	人体的肾上腺皮质激素的分泌有明显的昼夜节律，峰值在早晨 7：00～8：00，谷值在午夜 0：00。因此，需长期服用糖皮质激素类药物时，宜采用每日早晨一次给药
	抗高血压药	氨氯地平 依那普利、贝那普利 氯沙坦、缬沙坦	人的血压在一天 24 小时中是有一定变化规律的，高血压患者以 7：00 和 14：00 分 2 次服药为宜，使药物发挥最大疗效时间正好与高血压自然波动的两个高峰期相吻合，每天服 1 次的长效抗高血压药宜在晨间 7：00 左右服药为宜

续表

服用时间	药品类别	药品名称	注释
清晨	利尿药	呋塞米、氢氯噻嗪、螺内酯	避免夜间排尿次数增多，影响睡眠
	抗抑郁药	氯西汀、帕罗西汀	抑郁、焦虑、猜疑等症状常表现为晨重晚轻
餐前	胃黏膜保护药	氢氧化铝及其复方制剂、磷酸铝、复方三硅酸镁、复方铝酸铋	可充分地附着于胃壁，形成一层保护屏障
	促胃动力药	甲氧氯普胺、多潘立酮、莫沙必利	以利于促进胃蠕动和食物向下排空，帮助消化
	抗菌药物	头孢克洛、氨苄西林、阿莫西林	进食可延缓药物吸收
餐中	助消化药	酵母、胰酶、淀粉酶	发挥酶的助消化作用，并避免被胃酸分解
	肝胆辅助药	熊去氧胆酸	于早、晚进餐时服用，可减少胆汁、胆固醇的分泌，有利于结石中胆固醇的溶解
	减肥药	奥利司他	进餐时服用，有效减少脂肪吸收率
	抗结核药	乙胺丁醇、对氨基水杨酸	进餐时服用可减少对胃肠道的刺激
餐后	非甾体抗炎药	阿司匹林片、对乙酰氨基酚、吲哚美辛、布洛芬、双氯芬酸	减少对胃肠道的刺激；唯有塞来昔布除外，因食物可延缓其吸收
	维生素	维生素 B_1、B_2	随食物缓慢进入小肠以利于吸收
	组胺 H_2 受体阻断剂	西咪替丁、雷尼替丁、法莫替丁	餐后服比餐前服效果佳，因为餐后胃排空延迟，有更多的抗酸和缓冲作用时间
睡前	催眠药	艾司唑仑、地西泮、硝西泮、苯巴比妥	失眠者可择时选用，服后安然入睡
	平喘药	沙丁胺醇、二羟丙茶碱	哮喘多在凌晨发作，睡前服用可有效止喘（氨茶碱应早晨 7：00～8：00 使用为佳）
	调节血脂药	洛伐他汀、普伐他汀、辛伐他汀、氟伐他汀、阿托伐他汀	人体内的胆固醇合成有昼夜节律性，在午夜至清晨之间合成最旺盛，晚餐后服药有助于提高疗效
	抗过敏药	苯海拉明、氯苯那敏、赛庚啶、酮替芬	服后易出现嗜睡、困乏，睡前服用安全并有助于睡眠
	钙剂	碳酸钙、醋酸钙	以清晨和睡前服用为佳，以减少食物对钙吸收的影响

（二）饮食与吸烟对药物的影响

患者服药期间免不了一日三餐、水果、饮料，许多食品中的某些特殊成分与药物之间可能产生相互作用，通过不同环节影响药物的代谢和药理作用。适当的饮食有助于药物的疗效，而不适当的饮食不仅危害健康，还有可能影响药物的疗效，甚至产生严重的后果。常见食物和烟草对药物的影响见表 8-9。

表 8-9　常见食物和烟草对药物的影响

项目	对药物的影响	备注
酒	• 抑制神经中枢，扩张血管，刺激或抑制肝药酶代谢系统	饮酒时服用头孢哌酮钠、头孢曲松、甲硝唑、替硝唑等药物可能发生双硫仑反应
	• 药与酒的相互作用：降低疗效、增加不良反应的发生率	在使用镇静催眠药、抗癫痫药、降压药、解热镇痛药、降糖药时，尽量不要饮酒

续表

项目	对药物的影响	备注
茶	● 茶叶中含有大量的鞣酸、咖啡因、儿茶酚、茶碱	鞣质与地高辛形成不溶性沉淀，影响药物的疗效 咖啡因和茶碱降低催眠药的疗效
醋	● 与碱性药及中性药同服，可发生酸碱中和反应，使药物失效	食醋不与磺胺类药物同服 服用抗痛风药物时不宜多食醋
奶制品	● 奶制品中的无机金属离子与某些药物结合形成不溶性螯合物	与多西环素、米诺环素、阿仑膦酸钠、左甲状腺素形成不溶性螯合物，减少药物吸收，降低疗效
	● 奶制品中的蛋白质与含钙、铝制剂合用形成凝块，影响吸收	降低左旋多巴的吸收
葡萄柚汁	● 葡萄柚汁主要影响 CYP3A4 的代谢，同时可抑制其活性	与非洛地平、阿托伐他汀、辛伐他汀、胺碘酮环孢素、西地那非联用时可增加其生物利用度，应避免合用
烟	● 吸烟影响吸收、作用和药效 ● 烟草中的烟碱可以诱导药物代谢	在服用麻醉药、镇痛药、镇静、解热镇痛药和催眠药期间，最好不要吸烟

合理选择食物不仅不会影响药物的疗效，反而有利于药物疗效的发挥，减少不良反应的发生。所以患者在服用药物期间为避免食物对药物的影响，应用白开水送服，不用各种饮料如果汁、奶制品、茶、酒等送服，并且服药期间忌烟、酒、各种饮料。对于食物可显著减少或增加药物吸收的药物，应按照药品说明书或医师、药师告知的服药时间、方法进行服药。

（三）剂型的正确使用

为了达到最佳的治疗效果，同时根据用药途径不同，可将药物加工成不同的剂型供临床使用。片剂是药品最常用的剂型，普通片剂服用方便，温水送服即可，老年人、儿童服用不方便还可以掰开碾碎，服用方法灵活多变。除了常规的片剂、胶囊，生活中也遇到一些特殊剂型，如泡腾片、舌下片、咀嚼片、滴眼剂、气雾剂、干粉吸入剂、软膏剂、乳膏剂、栓剂及缓、控释制剂等。不同的剂型也有着不同的使用方法和注意事项，不正确的使用方式会影响药物疗效，甚至增加副作用。常见特殊剂型的使用及注意事项见表 8-10。

表 8-10 常见特殊剂型的使用及注意事项

剂型	使用及注意事项
胶囊剂	● 宜用温开水送服 ● 直接口服会使胶囊黏附在咽喉和食管壁上引起刺激、恶心不适
包衣片	● 不宜在口中久含，以免包衣溶解影响其包衣的目的
糖浆剂	● 不宜稀释，服用时不宜立刻饮水，以免冲淡药物，降低药效 ● 服用糖浆之后，应该用少量清水漱漱口，以免糖浆附着在牙齿上
泡腾片	● 供口服的泡腾片一般宜用 100～150ml 凉开水或温水浸泡，可迅速崩解和释放药物，应待完全溶解或气泡消失后再饮用 ● 不应让幼儿自行服用 ● 严禁直接服用或口含 ● 药液中有不溶物、絮状物时不宜服用

续表

剂型	使用及注意事项
舌下片	• 给药时宜迅速，含服时把药片放于舌下 • 含服时间一般控制在 5 分钟左右，以保证药物充分吸收 • 不能用舌头在嘴中移动舌下片以加速其溶解，不要咀嚼或吞咽药物，不要吸烟、进食、嚼口香糖，保持安静，不宜多说话 • 含后 30 分钟内不宜吃东西或饮水
咀嚼片	• 在口腔内的咀嚼时间宜充分 • 咀嚼后可用少量温开水送服 • 用于中和胃酸时，宜在餐后 1～2 小时服用
滴眼剂	• 清洁双手，将头部后仰，眼向上望，用示指轻轻将下眼睑拉开成一钩袋状 • 将药液从眼角侧滴入眼袋内，一次滴 1～2 滴。滴药时应距眼睑 2～3cm，勿使滴管口触及眼睑或睫毛，以免污染 • 滴后轻轻闭眼 1～2 分钟，用药棉或纸巾擦拭流溢在眼外的药液，用手指轻轻按压眼内眦，以防药液分流降低眼内局部药物浓度及药液经鼻泪管流入口腔而引起不适
气雾剂、干粉吸入剂	• 尽量将痰液咳出，口腔内的食物咽下 • 用前将气雾剂摇匀 • 将双唇紧贴近喷嘴，头稍微后倾，缓缓呼气尽量让肺部的气体排尽 • 于深呼吸的同时揿压气雾剂阀门，使舌头向下；准确掌握剂量，明确 1 次给药揿压几下 • 屏住呼吸 10～15 秒，后用鼻子呼气 • 含激素类制剂用温水漱口
软膏剂、乳膏剂	• 涂敷前将皮肤清洗干净 • 对有破损、溃烂、渗出的部位一般不要涂敷 • 涂敷布部位有烧灼或瘙痒、发红、肿胀出疹等反应，须立即停药，并将局部药物洗净 • 涂敷后轻轻按摩可提高疗效 • 不宜涂敷于口腔、眼结膜
栓剂	• 如栓剂变软，可放入冰箱或凉水中，直到变硬为止 • 给药后 1～2 小时不排尿 • 直肠栓推入直肠，距肛门口成人 3cm
缓、控释制剂	• 服药前一定要看说明书或请示医师，因为各制药公司的缓、控释型口服药的特性可能不同 • 除另有规定外，一般应整片或整丸吞服，严禁嚼碎和击碎分次服用 • 缓、控释制剂每日仅用 1～2 次，服药时间宜固定

（四）药品效期管理

有效期指药品在规定贮存条件下，能够保持质量的期限，通常标注在药品说明书和标签上。通过批号可以推算出药品的有效期，若超过有效期则视为劣药，应禁止使用。因此，患者服用药品时，应该注意产品的有效期，避免服用过期的药品。需要注意的是，有效期的前提是药品未开封和在规定条件下贮存，药品开封后有效期以及药品重新分装或拆零后有效期则另有要求。具体药品效期管理见表 8-11。

表 8-11　药品效期的管理

药品	常见剂型及药品	药品有效期
未开封的药品	所有制剂	药品说明书储存条件下，以药品包装盒标示的有效期为准

续表

药品	常见剂型及药品	药品有效期
开封的药品	如眼用制剂、鼻用制剂、涂剂、涂膜剂及胰岛素	在正确的贮存条件下，通常使用时间不超过 4 周
拆零药品及重新分装后的药品	如片剂、胶囊	常温下药品有效期为分包日期到标签失效日期的 25%时间，最多不超过 6 个月（举例：拆分日期为 1 月 1 日，失效期为 5 月 1 日，则现有效为 4 个月×25%=1 个月）

（五）药品贮存的管理

药品贮存过程中，影响药品质量的因素主要包括空气、温度、湿度、光线、时间等。一般来说，说温度高、光照强、湿度大都会加速药物变质的速度。药物在贮存时需要一定的储藏条件以保证药品的质量。《中华人民共和国药典》(简称《中国药典》) 规定的贮藏条件有避光、密闭、密封、熔封或严封以及阴凉处、凉暗处、常温、冷处，药物的贮藏条件及贮存举例见表 8-12。如果药品需要特殊保存，药品的说明书上会明确注明。注意药品一般是在多条件下保存，如遮光、密闭保存，密封、置阴凉处，密闭、阴凉、避光干燥处保存。如果没有规定贮存温度的，则一般指常温保存。对于患者来说，大多药品均已是密封包装，对贮藏条件的控制主要表现为对温度的控制。

表 8-12　药物的贮藏条件及贮存举例

贮藏条件	贮藏条件定义	贮存举例
避光	系指不透光的容器包装	主要光下易变质的药品：如氨茶碱、维生素 C、硝酸甘油等，应放置在棕色瓶中并置于暗处保存
密闭	系指防止尘土和异物进入	要密闭保存的药物应放在玻璃瓶内，瓶口要封严，不能用纸盒贮存，否则易变质
密封	系指防止风化、吸潮、挥发或异物进入	易风化药品、易潮解药品（如阿司匹林、酵母片、维生素 B_1、葡萄糖酸钙及一些含糖多的糖衣片，胶囊制剂）；易挥发药物（如红花油、碘酊及其他含酒精的制剂）
熔封或严封	系指防止空气和水分侵入并防止污染	如大多数注射针剂（安瓿瓶制剂）
阴凉处	系指不超过 20℃	一些易挥发的药品如芳香水剂应放置在阴凉处
凉暗处	系指避光并不超过 20℃	青霉素类、头孢类制剂、维生素 AD 制剂、复方甘草合剂、硫糖铝混悬液等
冷处	系指 2～10℃	一般药品说明书要求 2～8℃，主要包括微生态活菌制品（双歧杆菌三联/四联活菌制剂）、生物制品、血液制品、受热后易变形的药品（如栓剂）
常温	系指 10～30℃	大部分普通药品

（六）获得合理用药知识的方法

合理用药知识有助于患者获得有效、安全、经济、规范的药物治疗。患者不可通过偏方传言、非法刊物及非法广告等不正当途径来获取用药知识，以免延误病情甚至危及生命。常见的获得合理用药知识的方法见表 8-13。

表 8-13 常见的获得合理用药知识的方法

获得合理用药知识方法	主要内容
药品说明书	药品说明书是由国家药品监督管理局核准，指导医药护专业人员和患者治疗用药的科学依据，也是保障公众用药安全的重要依据，具有法律效力。签约患者可以通过阅读说明书了解药品的适应证或功能主治，明确用法用量、不良反应、禁忌证和注意事项等内容
咨询医师、药师等专业人士	越来越多的医院开设合理用药咨询窗口或药学门诊，患者可以前往向药师咨询。患者在医院就诊时，同样可以向就诊医师咨询。患者通过医师、药师等专业人士获取药物治疗知识是有效且可靠的
合理用药宣传资料、科普讲座	医院诊室和药房窗口均提供健康教育、用药教育等科普小册，患者可以免费领取阅读。此外，社会或学校相关组织会定期开展用药科普宣教讲座。大家可以通过合理用药的宣传资料和科普讲座获取相关的药物治疗知识
合理用药科普平台	越来越多的医院药学部（药剂科）、专业学会机构和专业人士通过网络平台为公众提供权威、专业的科普资讯及用药服务，常采用科普文章、漫画、视频等通俗易懂的形式刊登有关科普资讯，内容涉及疾病常识、用药指导咨询、健康饮食等。患者可以选择专业权威的科普平台获取药物治疗知识，如国内知名医院药学部公众号、合理用药 APP 等

（七）自行购药的注意事项

药品是一种特殊的商品，患者在药店自行购药时要仔细了解服用药品的适应证，判断自己的疾病是否与适应证相符，以便对症下药。如果自我判断有困难，可请医师或药师给予指导。患者到药店购买适宜药品的同时，应避免买到假冒伪劣药品，到药店购买药品的注意事项见表 8-14。此外，在药店自行购买药品时，应控制购买数量，不要因为促销等活动大量购买，避免因病情变化药物调整，或药物过期产生浪费。

表 8-14 到药店购买药品的注意事项

注意点	注意事项
要到合法药店购买	一定要去已取得《药品经营许可证》和《营业执照》的正规药店购药
了解相关药品信息	• 买药要根据病情需要，不盲目相信广告，不轻信销售人员的推荐 • 在决定购买某种药品之前，应仔细阅读药品说明书 • 对于病情不确定或购买处方药时最好先咨询医师，请医师开具处方，凭处方到药店购买
注意药品包装及质量	注意查看药品的外包装和药品标签或说明书： • 产品批号、生产日期、有效期标识不全的药品不能购买 • 绝对不能购买无批准文号（注册号）、无注册商标、无生产厂家的“三无”产品和过期产品 • 不要买包装破损或封口已被打开过的药品
保管好购药凭证	不要忘记向店家索取有效票据。一旦药品质量存在问题，有效票据可以作为向药品监督部门举报投诉，并向店家退货和要求赔偿的证据

（八）辨别假冒伪劣药品的方法

药品作为治病救人的特殊商品，与使用者的生命、健康息息相关。使用假冒伪劣药品，轻者会延误治疗，重者会危及生命。市场上药物种类繁多，难辨假冒伪劣，消费者如果不慎购买并使用了伪劣药品，不但会延误治疗，还可能使身体遭受损害，甚至会威胁生命。患者需学习辨别假冒伪劣药品的方法，确保他们购买并使用正规、合格的药品。

1. 看批准文号 合格药品均采用新批准文号格式，即国药准字+1 位拼音字母+8 位数字，字母用拼音字头表示药品类别，例如，H 表示化学药，Z 表示中成药，S 表示生物制品，J 表示进口药品；数字表示批准药品生产的部门、年份及顺序号；而假冒伪劣药品仍会采用原批准文号格式，即[×卫药准字]和[×卫药健字]，国家药监局规定自 2003 年 6 月 30 日后生产的药品实施新的批准文号，废止原批准文号。

2. 看标签及外包装 合格药品的标签有明确的药品名称、剂量、规格、生产厂家、生产批号及有效期等；外包装质地好、字体和图案清晰、印刷套色精致、色彩均匀、表面光洁、防伪标志亮丽。而假冒伪劣药品的标签内容不齐全，且外包装质地差、字体和图案印刷粗糙、色彩生硬、防伪标志不清晰。

3. 看批号 合格药品的包装上应标明产品批号、生产日期和有效期至，三项缺一不可；而假冒伪劣药品常三项中缺一至两项。此外，通过批号可以推算出药品的有效期，若超过有效期则视为伪劣药品。

4. 看说明书 合格药品的说明书内容准确齐全，有成分、症状、适应证、用法用量、不良反应、禁忌、贮藏等说明，且印刷纸张好，排版均匀、字体清晰；而假冒伪劣药品的说明书内容不全，随意夸大疗效和适应范围，且纸张质量差、字迹模糊、排列有误。

5. 看药品外观 合格药品的外观均完好，而假冒伪劣药品的外观常存在一些问题，如片剂出现变色、粘连、松片、潮解等；胶囊出现发霉、破裂或变软；颗粒剂出现发黏、结块、溶化、颗粒不均匀；散剂出现板结、发霉；水剂出现混浊、沉淀、变色等；膏剂出现失水、干涸、水油分离、有油败气味。

此外，应注意和保健品区别开来，药品需要注明“国药准字”，如注明“国食健字”则是保健品，不能当作药品使用。以上介绍的是鉴别假冒伪劣药品的一般直观方法，权威可靠的鉴别还需要药品检验部门的技术鉴定。为了谨防买到伪劣药品，建议广大消费者到合法正规的医疗机构和药店购买，并且保存好药品包装、说明书和发票。遇到怀疑质量有问题时，及时与药品监督部门联系，提供发票、实物、包装等证据。

（九）辨别宣传广告真伪的方法

药品广告能使患者了解药品的性能、成分、用途和特点，以及适应证、作用机制、注意事项等，有助于患者选择药物。药品广告的内容必须真实、合法，虚假的药品广告可能延误病情，甚至危及生命。因此，广大公众识别药品广告的真实性是非常重要的。谨防非药品广告宣传药品疗效的忽悠手段，从广告批准文号和广告内容入手辨别广告产品身份真假。切勿轻信违法广告宣传内容，应通过正规渠道购买药品，并在医师或药师的指导下使用。

1. 看药品广告批准文号

（1）如没有药品广告批准文号，又宣称能治疗疾病，则内容可信度存疑。

（2）有药品广告批文的，判断其是否过期，药品广告批准文号的有效期为一年，可以从广告批准文号中判断出广告发布是否在有效期内，如已过期，则为未经批准刊播，同样视为虚假广告。

（3）注意批准文号是“药准字号”还是“食健字号”“消字号”“械字号”“妆字号”等以区别是药品还是保健品、消毒产品、器械及化妆品。

（4）登录国家药品监督管理局数据库进行查询，对照审批内容，判定其是否为药品，宣传是否属实。签约患者还可以拨打当地市场监督管理局电话，以确定广告真伪。

2. 看药品广告宣传内容　药品广告的内容必须真实、合法。

（1）药品广告内容涉及药品适应证或者功能主治、药理作用等内容的宣传，应当以药品监督管理部门批准的说明书为准，不得进行扩大或者恶意隐瞒的宣传，不得含有说明书以外的理论、观点等内容。

（2）药品广告中有关药品功能疗效的宣传应当科学准确，不得含有根治、根除，包治百病，安全无毒副作用、毒副作用小，最新技术、最高科学、最先进制法等用语。

（3）药品广告应当宣传和引导合理用药，不得直接或者间接怂恿任意、过量地购买和使用药品，不得含有免费治疗、免费赠送、有奖销售、以药品作为礼品或者奖品等促销药品；不得含有“家庭必备”“无效退款”“保险公司保险”等内容；不得含有评比、排序、推荐、指定、选用、获奖等综合性评价等内容。

（4）药品广告不得含有利用医药科研单位、学术机构、医疗机构或者专家、医师、患者的名义和形象作证明的内容；不得使用国家机关和国家机关工作人员的名义；不得含有军队单位或者军队人员的名义、形象；不得利用军队装备、设施从事药品广告宣传。

（5）药品广告不得含有涉及公共信息、公共事件，或其他与公共利益相关联的内容，如各类疾病信息、经济社会发展成果或医药科学以外的科技成果。

（6）药品广告不得含有医疗机构的名称、地址、联系办法、诊疗项目、诊疗方法以及有关义诊、医疗（热线）咨询、开设特约门诊等医疗服务的内容。如果药品广告包含以上违法宣传内容，同样视为虚假广告。

谨防药品广告宣传的忽悠手段，从广告批文入手辨别广告产品身份的真假，切勿轻信违法广告宣传内容，任何以疑难杂症都见效、以专家教授名义吹疗效、患者群众证奇效、奇方祖方包有效、无效退款保疗效等进行宣传的药品广告均不可信。患者应学会辨别宣传广告的真伪，避免购买虚假、非法的药品。

（十）忘记服药的处理原则

不少人都有过忘记服药的经历，忘记服药会影响药物浓度，从而影响疾病的治疗效果。一般情况下，漏服药物后，切不可等到下次服药时加倍剂量服用，以免出现严重不良反应。漏服的药物需不需要补上，可根据发现药物的种类、作用特点和漏服药的时间来决定如何处理。对于大多数药物（如感冒药），通常可遵守以中点时间划分的原则，如果漏服药物的时间还没到正常用药间隔时间的一半，可按原量补服1次，且下次的服药时间需要往后延长；如果漏服药品的时间已超过用药间隔时间的一半，就没有必要补服了，下次正常用药即可。对于口服的抗菌药物，如青霉素类或头孢菌素类等药物，一旦出现漏服，应立即补服，下次服药时间可适当向后延长。对于降压、降糖等特殊药物，患者最好咨询专科医师或临床药师，并根据具体情况进行处理。

（十一）常备药物的管理

为了使一些小毛病能得到及时治疗、尽早控制，或至少能在去医院前做些临时处理。对自己不能确诊或症状较重、变化较大的疾病，不能擅自用药。

1. 自我备药品种建议

（1）常用的药物主要包括治疗感冒、发烧、腹泻等的药物。

（2）还需要一些外用药，如创可贴、伤湿止痛膏、碘伏、云南白药等以及处理小的外伤的药品。

（3）可以根据季节来配备一些常见药物，如春天配备一些抗过敏药，夏季配备中暑及防蚊虫叮咬药，秋季配备些止泻药，冬季备些防治感冒、哮喘、胃病的药品。

2. 自我备药的注意事项

（1）应选价格适中、疗效确切、安全性高的药品。

（2）普通人容易掌握、方便服用的药品。

（3）以前有病用剩下的一些药品，一定要贴上标签，注明有效期。

3. 药品管理注意

（1）药品应用原包装物包装，便于识别，便于掌握用法、用量。

（2）药品最好分类存放，如内服药和外用药应分类存放。不要用一种药的瓶子去装另一种药，以免误用。

（3）药品应按照包装、标签、使用说明书上规定的储藏条件保存。

（4）要经常（一般为 3 个月）检查药品是否超过有效期或变质失效。

（5）药品说明书要保存好，以备查用。

此外，储备的药物不要过多，因为药物都有一定的保质期，过期的药物不但无效，还可能会对身体造成伤害，也容易造成药品资源的浪费。对于过期或变质的药品，应送至指定回收点，请不要随意丢弃。

（十二）服药前后的注意事项

1. 服药之后不能马上运动 因为药物服用后一般需要 30～60 分钟才能被肠胃溶解吸收、发挥作用。

2. 服药之后不能马上睡 服完药马上就睡觉，特别是饮水量少的时候，往往会使药物粘在食管上而不易进入胃中。有些药物腐蚀性较强，在食管溶解后，会腐蚀食管黏膜，导致食管溃疡。

3. 服药前后少食水果 蔬菜和水果中含有一些化合物和生物酶，这些物质可以和药物发生化学反应，使药物作用发生改变。

4. 服药勿饮酒 乙醇可与多种药物发生反应，会降低药效或增加药物的毒副作用。服药时一定不能用酒来送服药物，在服药前后也不能饮酒。

案例 8-2 分析讨论

1. 张同学患的普通感冒，大都为病毒引起感冒，没有使用抗菌药物的指征。

2. 王同学在驾驶过程中，服用的感冒药可能会引起不同程度的疲倦、嗜睡、困乏和精神不振，影响驾驶安全，应避免使用。

3. 王同学服用止咳糖浆后，喝一小杯白水会冲淡药物，降低了药效。

第三节　常见疾病的用药知识

案例 8-3　　　不合理的感冒治疗

某高校大一新生刘同学最近感冒，出现头痛、发热、咳嗽、咽喉痛、鼻塞等症状，起初未服用药物。因症状明显加重，于是前往校医务室就诊，医师给她开了感冒灵和布洛芬。服用 2 天后，因症状无明显改善，刘同学便到药店自行购买了头孢拉定、双黄连口服液、通宣理肺片、感冒清片，并同时服用这些药物，但她仍有低热、咽痛、鼻塞症状，她便又到学校附近的诊所就诊，接受了头孢和抗病毒药物静脉输液。经治疗刘同学发热症状缓解，但出现了乏力、恶心、呕吐、上腹隐痛等不适。后到市医院就诊，经检查刘同学肝功能指标明显异常，谷丙转氨酶、谷草转氨酶均高于正常值 10 倍左右，完善相关检查后医师诊断为“药物性肝损害”，后入院接受保肝治疗，目前肝功能已逐渐恢复。

问题：该同学感冒的治疗合理吗?

一、感　　冒

普通感冒是最常见的急性呼吸道感染性疾病。普通感冒大部分是由病毒引起的，抗菌药物不能杀灭病毒，故不建议用抗菌药物治疗普通感冒，且抗菌药物预防细菌感染是无效的。由于感冒目前尚无特效的抗病毒药物，因此，对于无并发症的普通感冒是不需要进行药物治疗的；而对于伴有明显临床症状（如发热、头痛、咳嗽、鼻塞、打喷嚏、流鼻涕）的普通感冒则以对症治疗、缓解感冒症状为主。临床常用的药物种类有以下几类。

（一）减充血剂

该类药物可以使感冒患者肿胀的鼻黏膜和鼻窦的血管收缩，有助于缓解感冒引起的鼻塞、流涕和打喷嚏等症状。伪麻黄碱能选择性收缩上呼吸道血管，对血压的影响较小，是普通感冒患者最常用的减充血剂。其他缩血管药物（如麻黄碱等）如超量使用，可导致血压升高等，应特别注意。这类药物除口服外，还可直接滴鼻或喷鼻，但一般连续使用不宜超过 7 天。

（二）抗组胺药

该类药物具有抗过敏作用，通过阻断组胺受体抑制小血管扩张，降低血管通透性，有助于消除或减轻普通感冒患者的打喷嚏和流涕等症状。但该类药物的常见不良反应包括嗜睡、疲乏等，从事车船驾驶、登高作业或操作精密仪器等行业的工作者慎用。第一代抗组胺药，如马来酸氯苯那敏和苯海拉明等，具有穿过血脑屏障、渗透入中枢神经细胞与组胺受体结合的能力，因其具有一定程度的抗胆碱作用，有助于减少分泌物、减轻咳嗽症状，因此推荐其为普通感冒的首选药物。第二代抗组胺药尽管具有非嗜睡、非镇静的优点，但因其无抗胆碱的作用，故不能镇咳。抗组胺的鼻喷剂局部作用较强，而全身不良反应较少。

（三）镇咳药

常用的镇咳药根据其药理学作用特点分为两大类：

1. 中枢性镇咳药 为吗啡类生物碱及其衍生物。该类药物直接抑制延髓咳嗽中枢而产生镇咳作用。根据其是否具有成瘾性和麻醉作用又可分为依赖性和非依赖性两类。①依赖性镇咳药，如可待因，可直接抑制延髓中枢，镇咳作用强而迅速，并具有镇痛和镇静作用。由于具有成瘾性，仅在其他治疗无效时短暂使用。②非依赖性镇咳药，多为人工合成的镇咳药。例如，右美沙芬，是目前临床上应用最广的镇咳药，作用与可待因相似，但无镇痛和镇静作用，治疗剂量对呼吸中枢无抑制作用，亦无成瘾性。多种非处方性复方镇咳剂均含有本品。

2. 周围性镇咳药 通过抑制咳嗽反射弧中的感受器、传入神经及效应器中的某一环节而起到镇咳作用。这类药物包括局部麻醉药和黏膜防护剂。①那可丁：阿片所含的异喹啉类生物碱，作用与可待因相当，无依赖性，对呼吸中枢无抑制作用。其适用于不同原因引起的咳嗽。②苯丙哌林：非麻醉性镇咳药，可抑制外周传入神经，亦可抑制咳嗽中枢。

（四）祛痰药

祛痰治疗可提高咳嗽对气道分泌物的清除率。祛痰药的作用机制包括：增加分泌物的排出量，降低分泌物黏稠度，增加纤毛的清除功能。常用祛痰药包括愈创木酚甘油醚、氨溴索、溴己新、乙酰半胱氨酸、羧甲司坦等。其中愈创木酚甘油醚是常用的复方感冒药成分，可刺激胃黏膜，反射性引起气道分泌物增多，降低黏滞度，有一定的舒张支气管的作用，达到增加黏液排出的效果。其常与抗组胺药、镇咳药、减充血剂配伍使用。

（五）解热镇痛药

解热镇痛药主要针对普通感冒患者的发热、咽痛和全身酸痛等症状。该类药物如对乙酰氨基酚、布洛芬等，通过减少前列腺素的合成，使体温调节中枢产生周围血管扩张、出汗与散热而发挥解热作用，通过阻断痛觉神经末梢的冲动而产生镇痛作用。对乙酰氨基酚是其中较为常用的药物，但应注意对乙酰氨基酚超量使用可能造成肝损伤，甚至肝坏死。有报道，布洛芬可增加感染的严重性。

感冒患者应首选口服药物对症治疗，市场上的感冒药大多为复方制剂，含有上述各类药物的两种或两种以上成分。目前临床应用以解热镇痛药复方制剂为主，其中对乙酰氨基酚应用最多。常用治疗感冒的复方制剂见表 8-15。尽管治疗感冒的药物品种繁多，名称各异，但其组方成分相同或相近，药物作用大同小异，因此复方抗感冒药应只选其中的一种，如同时服用两种以上药物，可导致重复用药、超量用药，增加上述药物不良反应的发生率。同时注意休息、适当补充水分、保持室内空气流通，避免继发细菌感染。

表 8-15 常用治疗感冒的复方制剂

药品名称	组方成分					
	解热镇痛药	缩血管药	镇咳药	抗组胺药	抗病毒药	其他成分
新康泰克（蓝装）	/	伪麻黄碱 90mg	/	氯苯那敏 4mg	/	/

续表

药品名称	组方成分					
	解热镇痛药	缩血管药	镇咳药	抗组胺药	抗病毒药	其他成分
新康泰克(红装)	对乙酰氨基酚 500mg	伪麻黄碱 30mg	右美沙芬 15mg	氯苯那敏 2mg	/	/
泰诺感冒片	对乙酰氨基酚 325mg	伪麻黄碱 30mg	右美沙芬 15mg	氯苯那敏 2mg	/	/
日夜百服咛	对乙酰氨基酚 500mg	伪麻黄碱 30mg	右美沙芬 15mg	/	/	/
日夜百服咛（夜片）	对乙酰氨基酚 500mg	伪麻黄碱 30mg	右美沙芬 15mg	氯苯那敏 2mg	/	/
新速效伤风胶囊	对乙酰氨基酚 250mg	/	/	氯苯那敏 2mg	金刚烷胺 100mg	咖啡因 15mg 人工牛黄 10mg
日夜百服宁	对乙酰氨基酚 500mg	伪麻黄碱 30mg	右美沙芬 15mg	氯苯那敏 2mg（仅夜片）	/	/
快克	对乙酰氨基酚 250mg	/	/	氯苯那敏 2mg	金刚烷胺 100mg	咖啡因 15mg 人工牛黄 10mg
感冒通	双氯芬酸 15mg	/	/	氯苯那敏 2.5mg	/	人工牛黄 10mg
感康片	对乙酰氨基酚 250mg	/	/	/	金刚烷胺 100mg	咖啡因 15mg 人工牛黄 10mg
白加黑	对乙酰氨基酚 325mg	伪麻黄碱 30mg	右美沙芬 15mg	/	/	/
白加黑（夜片）	对乙酰氨基酚 325mg	伪麻黄碱 30mg	右美沙芬 15mg	苯海拉明 25mg	/	/
惠菲宁	/	伪麻黄碱 6mg/ml	右美沙芬 2mg/ml	氯苯那敏 0.4mg/ml	/	/

二、腹　　泻

排便在一日内超过3次，或粪便中脂肪成分增多，或带有未消化的食物、黏液、脓血者称为腹泻。腹泻分为急、慢性两种类型，超过2个月者属慢性腹泻。急性腹泻多见于肠道感染、急性局限性肠炎等。慢性腹泻可见于消化道疾病。《国家非处方药目录》收载的止泻药其活性成分和制剂包括药用炭、鞣酸蛋白、盐酸小檗碱、口服补液盐、乳酸菌素、双歧三联活菌制剂、地衣芽孢杆菌活菌制剂、复方嗜酸乳杆菌片、复合乳酸菌胶囊、口服双歧杆菌活菌制剂等。常见的治疗腹泻的药物见表8-16。

表8-16　常见治疗腹泻的非处方药

治疗腹泻的非处方药	药理作用	代表药物	注意事项
吸附剂	通过吸附多种刺激性物质，减轻肠内容物对肠壁的刺激，肠蠕动减少，达到止泻目的	如药用炭、蒙脱石等	蒙脱石需搅匀后服用，建议同时口服微生态制剂
抗菌药	抑制细菌，达到止泻目的	盐酸小檗碱	不宜与鞣酸蛋白合用、不宜与铁剂同服

续表

治疗腹泻的非处方药	药理作用	代表药物	注意事项
肠道菌群调节药	调节肠道菌群，达到止泻目的。主要用于肠道菌群失调引起的腹泻	含乳酸菌素、双歧杆菌等	微生态制剂多为活菌制剂，不宜与抗生素、药用炭、盐酸小檗碱和鞣酸蛋白同时应用，以避免效价的降低。对由细菌或病毒引起的感染性腹泻早期不用

除了常用的非处方止泻药外，感染性腹泻及细菌感染引起的急性腹泻可选择处方药，如洛哌丁胺、左氧氟沙星、环丙沙星。对腹痛较重者或反复呕吐腹泻者腹痛剧烈时可服山莨菪碱，一次 5mg，一日 3 次或痛时服用。对于长期或剧烈腹泻的患者，应及时补充水和电解质（如口服补液盐Ⅲ）。由于腹泻是由多种不同病因所致，因此在应用止泻药物，对症治疗的同时，不可忽视对因治疗。若症状持续无改善，应及时去医院就诊。

三、便　　秘

便秘是指大便次数减少，一般每周少于 3 次，常伴排便困难、粪便干结和排不干净。根据便秘的病因可分为功能性便秘和器质性便秘，长期经常便秘者称为习惯性便秘。由于便秘形成的原因很多，各种急慢性病均可引起，一时解决便秘并非为根治。故应找准病因进行针对性治疗，或增加运动量，改变不良的饮食习惯，多食用蔬菜和水果，尽量少用或不用缓泻药。常见的治疗便秘的药物见表 8-17。

表 8-17　常见治疗便秘的药物

治疗药物	药理作用	用法及注意事项
乳果糖	通过渗透作用增加结肠内容量，刺激结肠蠕动，保持大便通畅，缓解便秘，同时恢复结肠的生理节律	• 宜在早餐时一次服用 • 成人起始剂量每日 30ml，维持剂量每日 10～25ml • 两天后仍未有明显效果，可考虑加量 • 开始会引起胃肠胀气和绞痛，一般为暂时性的 • 剂量过大，可引起水样腹泻
比沙可啶	刺激肠壁的感受神经末梢，引起肠反射性蠕动增强而排出柔软而成形的粪便	• 每日 1 次，整片吞服，不得嚼碎 • 有较强刺激性 • 服药前后 2 小时不要喝牛奶、口服抗酸药或刺激性药
甘油栓	润滑并刺激肠壁，软化大便，使粪便易于排出	• 每日 1～2 次，每次 1 枚 • 肛门给药，其作用温和
硫酸镁	升高肠内容积渗透压，刺激肠壁，增加肠蠕动	• 作用强烈，排出大量水样便 • 清晨空腹服用，大量饮水
聚乙二醇 4000	有效增加肠道体液成分，刺激肠蠕动，引起水样腹泻	• 保持适量饮水
微生态制剂	直接补充人体正常生理细菌，调整肠道菌群平衡，抑制并清除肠道中对人具有潜在危害的细菌	• 温开水或温牛奶冲服
莫沙必利	兴奋胃肠道胆碱能受体，促进乙酰胆碱的释放，从而增强上消化道（胃和小肠）运动	• 成人通常为一日 3 次，每次 1 片（5mg） • 饭前或饭后口服

四、口腔溃疡

口腔溃疡又称复发性口疮，是慢性的口腔黏膜小溃疡，深浅不等，为圆形或椭圆形损害，可反复和周期性复发。胃肠功能紊乱、体内缺乏锌铁、微循环障碍、免疫功能低下、维生素缺乏、精神紧张、睡眠不足、肠道寄生虫病、局部创伤等常诱发溃疡。本病有自愈性，病程 7～10 天，严重者此起彼伏，连绵不断。口腔溃疡临床常用的药物种类有以下几类。

（一）西地碘含片

本品可直接卤化细菌的体蛋白，杀菌力强，对细菌繁殖体、芽孢和真菌也有较强的杀菌作用。含服，一次 1.5～3mg，一日 3～5 次。

（二）地塞米松粘贴片

本品具有很强的抗炎作用，可降低毛细血管的通透性，减少炎症的渗出，贴片用量较小而作用直接、持久，可促进溃疡愈合。外用贴敷于溃疡处，每处 1 片，一日总量不得超过 3 片，连续使用不得过 1 周。频繁应用可引起局部组织萎缩，使由皮肤、黏膜等部位侵入的病原菌不能得到控制，引起继发的真菌感染等。

（三）甲硝唑含漱液

早晚刷牙后含漱，一次 15～20ml，一日 2～3 次，连续 5～10 天为 1 个疗程。用后可有食欲不振、口腔异味、恶心、呕吐、腹泻等反应，偶见有头痛、头晕、失眠、抑郁、皮疹、荨麻疹、白细胞减少，停药后可迅速恢复。

（四）氯己定含漱液

早晚刷牙后含漱，偶可引起接触性皮炎，高浓度溶液有刺激性，长期使用氯己定含漱液可使牙齿着色，舌苔变黑，味觉失调，儿童和青年口腔偶可发生无痛性浅表脱屑损害。

（五）口服维生素类药物

口服维生素类药物可维持正常的代谢功能，促进病损愈合，在溃疡发作时给予维生素 C，0.1～0.2g，一日 3 次，复合维生素 B，每次 1 片，一日 3 次。

五、昆虫叮咬

昆虫叮咬是指被昆虫、节肢动物叮咬，或因接触昆虫的毒毛而引起的皮肤炎性反应，一般表现为水肿性丘疹、风团、水肿性红斑、丘疹、丘疱疹等，表面可出水疱及大疱，皮损中心可见叮咬痕迹，并伴有不同程度的瘙痒、刺痛、灼痛。一般药物治疗包括内服抗组胺药物（如氯苯那敏、西替利嗪、氯雷他定等），适当选用外用安抚止痒药物（如炉甘石洗剂），继发感染者给予抗生素。

六、甲状腺疾病

（一）甲状腺功能亢进

因甲状腺腺体功能亢进，产生甲状腺激素过多而引起以神经、循环、消化等系统兴奋性增高和代谢亢进为主要表现的一组临床综合征，称甲状腺功能亢进症，简称甲亢。甲状腺疾病有一定的遗传倾向，女性、有家族史发病率较高。主要的临床表现有多食、消瘦、畏热、多汗、心悸、激动等高代谢症候群；神经和血管兴奋性增强，如手颤、心动过速、心脏杂音，严重者可有心脏扩大，心房纤颤、心力衰竭等严重表现以及不同程度的甲状腺肿大和突眼等。

除了需要注意休息，补充足够热量和营养外，甲亢的治疗主要包括药物治疗、^{131}I 同位素治疗及手术治疗。抗甲状腺药物治疗最为常见，主要治疗药物有甲巯咪唑和丙硫氧嘧啶。其他治疗药物有碳酸锂，可抑制甲状腺激素分泌，主要用于对于抗甲状腺药和碘剂均过敏的患者，临时控制甲状腺毒症。首选抗甲状腺药治疗，分为三个阶段，即初始阶段、减药阶段和维持阶段。

1. 初治阶段 服药 3 个月如症状仍明显，应检查有无干扰因素，如不规则服药、服用碘剂、精神或感染应激等。

2. 减药阶段 当症状显著减轻，体重增加，心率下降至 80～90 次/分，三碘甲腺原氨酸（T_3）或甲状腺素（T_4）接近正常时，可根据病情每 2～4 周递减药量 1 次。

3. 维持阶段 甲状腺功能在 1～3 个月内恢复正常，之后改为维持量，维持期为 1～1.5 年，在疗效不稳定而不愿采用其他方案者，维持阶段可延至 2～3 年或更长。

抗甲状腺药物常见副作用有粒细胞减少、皮疹、肝损以及粒细胞缺乏。若出现粒细胞缺乏则可危及生命。因此，在治疗早期应每周查白细胞一次，若白细胞少于 2.5×10^9/L，中性粒细胞少于 1.5×10^9/L 应考虑停药；患者用药过程中如果出现咽痛、发热、全身不适等症状应迅速到医院检查。

（二）甲状腺功能减退

甲状腺功能减退症是由于甲状腺激素合成和分泌减少或组织利用不足导致的全身代谢减低综合征，简称甲减。症状主要表现以代谢率减低和交感神经兴奋性下降为主，病情轻的早期患者可以没有特异症状。典型患者畏寒、乏力、手足肿胀感、嗜睡、记忆力减退、少汗、关节痛、体重增加、便秘，女性月经紊乱或者月经过多、不孕。

甲减的治疗为左甲状腺素替代治疗，剂量取决于患者的年龄和体重，遵循个体化原则。左甲状腺素钠片应于早餐前半小时，空腹，将 1 日剂量 1 次性用水送服。长期甲状腺素替代治疗患者建议每 2～3 个月监测 1 次促甲状腺激素（TSH）水平，根据患者年龄及心脏状况，TSH 目标应个体化。

七、高尿酸血症与痛风

高尿酸血症是一种嘌呤代谢障碍引起的代谢性疾病，是导致痛风发病的最重要基础和直接病因。随着生活方式以及饮食结构的改变，高尿酸血症与痛风的患病率持续升高，严重危害患者身体健康。

高尿酸血症是指日常饮食下，不论男性还是女性，非同日两次空腹血尿酸水平超过420μmol/L。血尿酸超过其在血液或组织液中的饱和度可在关节局部形成尿酸钠晶体并沉积，诱发局部炎症反应和组织破坏，即痛风。高尿酸血症是一种由嘌呤代谢障碍引起的代谢性疾病，痛风与高尿酸血症直接相关。值得注意的是，血尿酸水平升高不一定会患痛风，但高尿酸血症是痛风发病的最重要基础和直接病因。痛风及高尿酸血症首选非药物治疗，建议所有高尿酸血症与痛风患者保持健康的生活方式，包括控制体重、规律运动；限制酒精、高嘌呤（如动物内脏、海鲜、肉汤、干豌豆等）以及高果糖饮食的摄入；鼓励奶制品和新鲜蔬菜的摄入及适量的饮水；对于豆制品（如豆腐）的摄入为不推荐也不限制。若单纯的生活方式干预无法取得很好的效果时，则需要进行药物治疗。痛风急性发作患者，应尽早开始服用抗炎镇痛药物。而无痛风者经非药物治疗 3 个月后，血尿酸≥420μmol/L、痛风患者血尿酸≥360μmol/L，应给予降尿酸药物治疗。

（一）痛风急性期治疗

痛风一旦急性发作，应在 24 小时内使用抗炎镇痛药物。痛风急性期主要以消炎止痛、缓解症状为主，推荐使用的药物有秋水仙碱、非甾体抗炎药以及糖皮质激素。

1. 秋水仙碱　可阻止中性粒细胞的活化、脱粒、迁移。常见的不良反应有腹泻、骨髓抑制、肝细胞损害、过敏等，用药期间需定期监测血常规及肝功能。

2. 非甾体抗炎药　可抑制环氧化酶（COX_2）活性，阻断花生四烯酸向前列腺素的转化，常见胃肠道不适，可首选选择性 COX_2 抑制剂减少不良反应的发生，如依托考昔。

3. 糖皮质激素　可减轻和防止炎症反应，主要用于不能耐受秋水仙碱和非甾体抗炎药以及肾功能不全的人群。常见胃肠道不适、体重增加、白细胞增多、过敏反应等不良反应。

（二）抑制尿酸生成

除了急性发作期的处理之外，更多的是在于尿酸控制的治疗。降尿酸治疗主要包括抑制尿酸生成和促进尿酸排泄两类药物。抑制尿酸生成的代表药物有别嘌醇和非布司他。

1. 别嘌醇　通过抑制黄嘌呤氧化酶，减少尿酸生成。别嘌醇的初始剂量为一次 50 mg，每日 1～2 次，最大日剂量为 600 mg，每日 2～3 次，应根据病情和血尿酸水平酌情调整剂量。别嘌醇常见胃肠道不适、皮疹、肝功能损害，其严重不良反应与所用剂量相关，一般推荐从小剂量开始。

2. 非布司他　通过抑制黄嘌呤氧化酶，降低血清尿酸水平。非布司他的起始剂量为每次 20～40mg，每日 1 次。最大日剂量为 80 mg，每日 1 次。非布司他常见皮疹、关节疼痛、头痛、腹泻、肝功能异常等不良反应，当谷丙转氨酶超过正常值上限 3 倍，应暂停使用。

（三）促进尿酸排泄

促进尿酸排泄的代表药物有苯溴马隆和丙磺舒。

1. 苯溴马隆　通过抑制肾小管对尿酸的重吸收，降低血中尿酸浓度。苯溴马隆的推荐剂量为每次 50～100mg，每日 1 次，早餐后服用。苯溴马隆可见胃肠道不适、皮疹、肝功能损害等不良反应，肾小球滤过率＜20 ml/min 以及严重肾结石患者禁用。

2. 丙磺舒 通过抑制尿酸盐在肾小管的主动重吸收，增加尿酸盐的排泄。丙磺舒的推荐剂量为每次 0.25～0.5g，每日 2 次。该药可见胃肠道不适、皮疹、肝功能损害等不良反应；用药时需大量饮水，并碱化尿液，防止尿酸盐在泌尿道沉积形成尿结石。肾小球滤过率＜20ml/min、严重肾结石患者禁用。

高尿酸是引起痛风的根本原因，无高尿酸血症无痛风。因此积极的控制尿酸水平是预防痛风的最根本方法。急性痛风发作时应积极给予抗炎镇痛治疗，一般待急性症状缓解后再开始降尿酸治疗。此外，在药物治疗期间，需密切监测药物不良反应，保证安全用药。

案例 8-3 分析讨论

该同学治疗感冒存在以下不合理用药现象：①患者为普通感冒，大部分是由病毒引起的，抗菌药物不能杀灭病毒，故不建议用抗菌药物治疗普通感冒。②患者同时服用多种感冒药物，存在重复用药、超量用药。

问题与思考

1. 如何区分处方药和非处方药？
2. 如何正确阅读药品说明书？
3. 如何合理使用抗菌药物？
4. 驾驶期间应慎用的药物及用药注意事项分别有哪些？
5. 常见的易成瘾药物有哪些？如何防止药物滥用、药物成瘾？
6. 常见的药物剂型该如何正确使用？
7. 如何自行购买药品和进行药品管理？
8. 如何辨别药品及药品广告的真伪？
9. 王同学最近感冒，并出现头痛、发热、咳嗽、咽喉痛、鼻塞等症状，请问该如何进行药物治疗？

（黄富宏　徐　媛　夏海建）

参考文献

艾东明. 2014. 大学生体质健康研究[M]. 北京：新华出版社：227-244.
毕重增，王晓刚，桂亚莉. 2016. 心理测量学[M]. 重庆：西南大学出版社：11- 17.
陈家伦. 2011. 临床内分泌学[M]. 上海：上海科学技术出版社：1230-1245.
丁香医生. 2020. 2020 中国大学生健康调查报告[EB/OL]. [2020-01-07].
董惠娟. 2002. 青少年性生理与性心理教育[M]. 北京：群言出版社.
董珊，王进鑫. 2004. 大学生性健康教程[M]. 成都：四川科学技术出版社.
杜萍. 2016. 大学生心理健康教程[M]. 南京：南京大学出版社.
房静远，杜奕奇，刘文忠，等. 2017. 中国慢性胃炎共识意见（2017 年，上海）[J].中华消化杂志，37（11）：721-738.
高小莲，胡慧. 2013. 内科护理学[M]. 武汉：武汉大学出版社：470-487.
谷晨. 2009. 现代生活方式与青少年健康：e 时代的健身方略[M]. 南昌：江西科学技术出版社：34-41.
顾晓松. 2014. 人体解剖学[M]. 4 版. 北京：科学出版社：154-169.
国家食品药品监督管理总局，执业药师资格认证中心. 2018. 国家执业药师考试指南药学综合知识与技能[M].北京：中国医药科技出版社.
韩宇. 2020. 新时代大学生人际交往问题研究[D]. 石家庄：河北师范大学.
华婉晴. 2020. 在校大学生抑郁、焦虑及压力现况研究[D]. 长春：吉林大学.
贾绪计，王庆瑾，李雅倩，等. 2019. 健康素养的内涵与评价[J]. 北京师范大学学报（社会科学版），（2）：66-72.
健康中国行动推进委员会. 2019. 健康中国行动（2019—2030 年）[EB/OL].[2020-04-20].
金瑜. 2001. 心理测量[M]. 上海：华东师范大学出版社：8-19.
李丹琳，杨蓉，王锦，等. 2019. 健康素养与中国青少年健康危险行为关系的 Meta 分析[J]. 中国健康教育，35（7）：596-600.
林果为，王吉耀，葛均波. 2017. 实用内科学[M]. 15 版. 北京：人民卫生出版社：919-925.
刘鸣，谢鹏. 2008. 神经内科学[M]. 北京：人民卫生出版社：456-460.
刘文忠，谢勇，陆红，等. 2017. 第五次全国幽门螺杆菌感染处理共识报告[J]. 胃肠病学，22（6）：346-360.
欧晓霞，罗杨. 2017. 大学生心理健康[M]. 2 版.北京：清华大学出版社：34-45.
钱铭怡，武国城，朱荣春，等. 2000. 艾森克人格问卷简式量表中国版（EPQ-RSC）的修订[J]. 心理学报，32（3）：317-323.
瞿海源，毕恒达，刘长萱，等. 2013. 社会及行为科学研究方法（二）——质性研究法[M]. 北京：社会科学文献出版社：7-32.
宋专茂，丁霞. 2005. 大学生心理健康测量与导向[M]. 广州：暨南大学出版社.
孙傲琼. 2019. 团体沙盘游戏技术对改善大学生宿舍人际关系的效果研究[D].太原：山西大学.
孙洪静. 2015. 大学生网络人际交往的特点及影响[J]. 辽宁经济职业技术学院学报，（6）：96-98.
王登峰，崔红，朱荣春. 2004. 艾森克人格问卷简式量表（EPQ-RS）测量的是什么[C]//北京师范大学，北京市社会科学界联合会. 小康社会：文化生态与全面发展——2003 学术前沿论丛. 北京：北京师范大学出版社：252-270.
王家琦，翟玥，刘泽豫，等. 2018. 大学生电子产品使用与视疲劳发生的相关性分析[J]，眼科新进展，38（1）：65-68.
王建民，尚建彬，张红军. 2001. 青少年性生理健康教育新概念[M]. 拉萨：西藏人民出版社：62-64.
王荔，蔡艳梅，舒亚玲. 2019. 心理学基础[M]. 北京：北京师范大学出版社：184-188.
王秀阁，等. 2010. 大学生人际交往理论与方法[M]. 北京：人民出版社.
文书锋，胡邓，俞国良. 2019. 大学生心理健康通识[M]. 3 版. 北京：中国人民大学出版社：68-79.
吴敏筱. 2019. 网络文化对大学生人际交往影响的研究[D]. 杭州：杭州电子科技大学.
吴晓玲，赵志刚，于国超. 2020. 临床药物治疗管理学家庭药师版[M]. 北京：化学工业出版社.
谢晶，方平，姜媛. 2011. 情绪测量方法的研究进展[J].心理科学，34（2）：488-493.
谢幸，孔北华，段涛. 2019. 妇产科学[M]. 9 版. 北京：人民卫生出版社：366-376.
辛勇，陈幼平，杨慧琴，等. 2017. 大学生心理健康教育[M]. 北京：科学出版社：9- 21.
杨艳杰，曹枫林. 2017. 护理心理学[M]. 4 版. 北京：人民卫生出版社：8-109.
叶健健. 2015. 当代大学生人际交往方式及引导研究[D]. 长春：东北师范大学.
尤黎明. 2002. 内科护理学[M]. 3 版.北京：人民卫生出版社：610-613.
俞延波. 2014. 大学新生心理健康状况及影响因素研究[D]. 杭州：浙江大学.
张平丽. 2010. 当代大学生人际交往现状及对策研究[D]. 贵阳：贵州大学.
章小童，李月琳. 2018. 大学生学习型团队信息搜寻行为影响因素探究——以大学生数学建模团队为例[J].图书情报工作，62

（5）：54-67.

郑日昌，吴九君. 2015. 心理与教育测量[M]. 3 版.北京：人民教育出版社：7- 15.

中国医师协会呼吸医师分会，中国医师协会急诊医师分会. 2012. 普通感冒规范诊治的专家共识[J]. 中华内科杂志，51（4）：330-333.

中国营养学会. 2014. 中国居民膳食营养素参考摄入量（2013 版）[M]. 北京：科学出版社.

中国营养学会. 2016. 中国居民膳食指南（2016）[M]. 北京：人民卫生出版社.

中国营养学会缺铁性贫血营养防治专家共识工作组. 2019. 缺铁性贫血营养防治专家共识[J]. 营养学报，41（5）：417-426.

中华人民共和国国家卫生和计划生育委员会. 2016. 中国公民健康素养——基本知识与技能（2015 年版）[EB/OL]. [2019-12-30].

中华人民共和国国家卫生和计划生育委员会. 2018. 卫健委举行全国老年护理工作和中国居民健康素养监测报告（2018 年）发布会[EB/OL]. [2019-08-27].

中华人民共和国卫生部疾病控制司. 2006. 中国成人超重和肥胖症预防控制指南[R]. 北京：人民卫生出版社.

中华人民共和国中央人民政府，国家卫生健康委员会发布会：中国居民健康素养监测结果（2018）[OB/OL]. [2020-07-25].

中华医学会，中华医学会杂志社，中华医学会全科医学分会，等. 2020. 肥胖症基层诊疗指南（2019 年）[J]. 中华全科医师杂志，19（2）：95-101.

中华医学会内分泌学分会. 2007. 中国甲状腺疾病诊治指南-甲状腺功能减退症[J]. 中华内科杂志，46（11）：967-971.

中华医学会内分泌学分会. 2007. 中国甲状腺疾病诊治指南-甲状腺功能亢进症[J]. 中华内科杂志，46（10）：876-882.

中华医学会内分泌学分会. 2020. 中国高尿酸血症与痛风诊疗指南（2019）[J]. 中华内分泌代谢杂志，36（1）：1-13.

中华医学会糖尿病学分会. 2018. 中国 2 型糖尿病防治指南（2017 年版）[J]. 中华糖尿病杂志，10（1）：4 - 67.

周湘斌. 2012. 性的生理心理与文化[M]. 北京：冶金工业出版社.

[美]丹尼尔·夏克特. 2016. 心理学[M]. 上海：华东师范大学出版社：400-401.

《抗菌药物临床应用指导原则》修订工作组. 2015. 抗菌药物临床应用指导原则[M]. 北京：人民卫生出版社.

Beck K L，Conlon C A，Kruger R，et al. 2014. Dietary determinants of and possible solutions to iron deficiency for young women living in industrialized countries：a review [J]. Nutrients，6（9）：3747-3776.

Chahardah-Cherik S, Gheibizadeh M, Jahani S, et al. 2018. The relationship between health literacy and health promoting behaviors in patients with type 2 diabetes[J]. International Journal of Community Based Nursing and Midwifery，6（1）：65-75.

Gerring R J，Zimbardo P G. 2016. 心理学与生活[M]. 19 版. 王垒，等译.北京：人民邮电出版社：43-91.

Jackson J，Williams R，McEvoy M，et al. 2016. Is Higher Consumption of Animal Flesh Foods Associated with Better Iron Status among Adults in Developed Countries? A Systematic Review [J]. Nutrients，8（2）：89.

Office of Disease Prevention and Health Promotion.U. S. 2005. Department of Health and Human Services. Healthy People 2010[EB/OL]. [2005-05-01]

Timothy Garvey W，Jeffrey I，Mechanick，et al. 2016. American Association of Clinical Endocrinologists and American College of Endocrinology Comprehensive Clinical Practice Guidelines for medical care of patients with obesity [J]. EndocrPract，22（3）：1-203.

White M，Garbez R，Carroll M，et al. 2013. Is “teach-back” associated with knowledge retention and hospital readmission in hospitalized heart failure patients[J]. Journal of Cardiovascular Nursing，20（2）：：137-146.

Wilson F L, Mayeta-Peart A, Parada-Webster L，et al. 2012. Using the teach-back method to increase maternal immunization literacy among low-income pregnant women in Jamaica：a pilot study[J]. Journal of Pediatric Nursing，27：451-459.